이 책에 대한 찬사

이 책은 기존의 지혜를 되새기면서 기후 변화를 늦추고 되돌리기 위한 우리의 실존적 의무를 실행할 도구를 쥐어준다. 우리는 탄소를 적극적으로 줄여야 한다는 것을 안다. 그러나 이 심오하고 시의적절하며 중요한 책이 알려주듯이 우리는 이미 대기에 있는 탄소를 활용하여 이 지구에 다시 심는 전통적인 해결책을 추구할 수도 있다.

개빈 뉴섬 | 제40대 캘리포니아 주지사

조시 티켈은 경운과 농약 사용이 어떻게 토양 침식을 초래했는지, 생태, 건강, 기후에 어떤 피해를 주었는지 추적한다. 그는 재생농업을 통해 황폐해진 땅을 복원하고 탄소를 줄이는 해결책을 찾았다.

뉴욕타임스

재생농업은 전 세계 어디에서나 적용할 수 있으며 무경운 시스템, 작물 다양성, 가축 방목 및 탄소 포집을 통해 사막화를 역전시킬 수 있다.

엘에이타임스

음식은 우리 생명의 원천이고 토양은 음식의 원천이다. 이 책은 우리 모두가 지구를 존중하는 법을 가르쳐주고 우리 몸과 지구의 건강을 유지할 수 있는 이해하기 쉬운 방법들을 보여준다.

우디 해럴슨 | 영화배우

요리사로서 배운 가장 중요한 교훈은, 우리가 지구를 돌보지 않으면 지구가 계속해서 우리를 돌볼 수 없다는 것이다. 농부와 요리사, 부모와 자녀, 사업가와 세계 지도자 등 우리 모두는 지구를 건강하게 유지하는 데에 힘써야 한다. 토양에 영양분을 공급하고 재생시키는 방식으로 먹는 행위가 기후 변화를 되돌리고 우리 삶에 더 큰 활력을 가져다줄 수 있다. 이를 위한 청사진을 제공하는 이 책을 발견하게 되어 기쁘다.

볼프강 퍽 | 유명 요리사, 사업가

식량, 토양, 먹는 것, 이 모든 것은 보다 높은 삶을 살기 위한 노력의 근본적인 문제다. 이 책은 생물학과 지리학, 종의 다양성을 인간 마음의 열망에 연결하기 때문에 정보와 영감을 준다.

매리앤 윌리엄슨 | 뉴욕타임스 베스트셀러 작가

KB064437

음식을 선택하는 것은 개인의 건강뿐만 아니라 우리 모두가 살고 있는 세계의 건강에도 영향을 미친다. 이 책은 우리의 건강과 대기에서 일어나는 일을 연결하는 첫번째 책이다. 우리의 자녀, 자녀가 먹는 음식, 지구의 미래에 관심이 있다면 이 책을 읽어야 한다.

배니 해리 | 뉴욕타임스 베스트셀러 작가, foodbabe.com 창립자

이 책은 토양을 더 건강하게, 우리를 더 건강하게, 궁극적으로 기후를 더 건강하게 만들 수 있는 식량 재배 방법에 대한 희망적이고 달성 가능한 그림을 그린다. 새로운 재생 운동에 환호하는 사람으로서 자신과 지구를 치유하고자 하는 모든 이에게 추천한다.

킴벌 머스크 | 더키친*The Kitchen* 공동창립자

이 책은 탄소 포집과 균형 잡힌 기후로 향하는 길을 밝힘으로써 성장하는 전 세계 재생농업 운동에 길잡이 역할을 한다. 명확하고, 이해하기 쉽고, 위트와 유머가 넘치는 이 책은 독자들에게 인류 앞에 놓인 가장 큰 도전을 극복할 수 있는 강력한 도구를 마련해준다.

테리 태미넨 | 리어나도 디캐프리오 재단 CEO, 전 캘리포니아 환경보호청장

티켈은 새로운 농업을 생생하게 보도한다. 그의 비전은 매혹적이다.

퍼블리셔스위클리

이 저널리스트이자 활동가, 영화 제작자는 토양에 민감한 농업 관행이 어떻게 기후 변화에 영향을 미칠 수 있는지 조사한다. 시각적으로 풍부한 내러티브 또한 돋보인다.

커커스리뷰

이 책은 모두가 해결책에 참여할 수 있는 단계를 구체적으로 소개하며 독자를 모험으로 이끈다.

퍼머컬처매거진 노스아메리카

티켈은 매력적이고 유창한 스타일로 전문 용어를 설명한다. 이 잘 쓰인 책은 우리를 열성적인 지지자로 만든다.

라이브러리저널

대지에 입맞춤을

KISS ^{THE} GROUND

조시 티켈 지음
안기순 옮김

우리 세계를
온전히 회복할 수 있을까

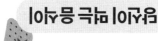

당신의 몸을 치유하며

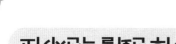
기후 변화를 역전시키고

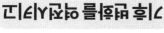

당신이 먹는 음식이

대지에 입맞춤을
KISS THE GROUND

뜨겁게 타오르던 땅은 늪이 되고 바싹 마른 땅은 샘터가 되며
승냥이가 살던 곳은 풀 대신 갈대와 왕골이 자라리라.

—이사야서 35장 7절

추천사

2003년 가을에 새로 선출된 캘리포니아 주지사 아널드 슈워제네거는 나를 캘리포니아주 환경보호청장에 임명했다. 그 일을 수행하면서 아마도 내가 직면한 가장 큰 도전은 당시 지구상에서 여섯번째로 큰 경제 규모를 자랑하던 캘리포니아를 위해 기후변화 행동계획의 초안을 만들라는 그의 명령에 응답하는 것이었다.

우리는 캘리포니아주가 2020년까지 깨끗하고 재생 가능한 에너지로 실질적인 전력을 공급받는다는 목표를 밀어붙이기 위해 "100만 호 태양에너지 지붕 계획Million Solar Roofs Initiative"을 전개했고, 비용 절감과 발전소로 인한 오염 저감을 위해 가전제품 및 건물의 새로운 에너지 효율 표준을 만들었다. 또한 자동차를 더 깨끗하고 효율적으로 만들기 위해 온실가스 배출을 제한하는 저탄소 연료 표준을 제정했고, 전기자동차와 함께 깨끗한 수소 동력 자동차를 캘리포니아주에 가져오기 위한 "수소 고속도로" 프로그램을 추진했으며, 2006년 지구온난화 해결법Global Warming Solutions Act에서 지역 탄소 배출권 거래시장에 관한 조치 등 여러 가지 조치를 팔을 걷어붙이고 펼쳤다.

10년이 지난 지금, 우리의 노력으로 캘리포니아는 기후변화 문제

해결에 앞장서면서도 더 강력한 경제를 구축할 수 있음을 증명하는 세계적인 리더가 되었다. 그러나 그 모든 노력에도 불구하고, 지구 평균 기온이 역사적 평균보다 섭씨 2도를 초과해 상승할 경우 발생할 "티핑 포인트"를 세계가 피할 수 있을 만큼 우리의 노력이 충분하지는 않다는 두려움이 줄곧 남아 있었다.

그때 조시 티켈[Josh Tickell]이 내 팀에 있었더라면!『대지에 입맞춤을』에서 조시는 기후변화와 2050년까지 100억 명에 이를 것으로 예측되는 인구의 미래 지속 가능성을 고심하며 우리 경제의 가장 중요한 부문(사실상 모든 인간 생명의 근원)을 활용해서 그 틈을 메운다. 그것은 바로 식량 공급이다.

우리는 오늘날 현대식 산업 농업이 하듯이 생명을 독살하고 괴롭히는 대신 대지에 입을 맞춰야 한다. 왜냐하면 조시가 이 책에서 묘사하는 "재생"농업은 (우리가 식료품점에 들르거나 전등 스위치를 켤 때마다 계속해서 추가되는 오염 수준을 줄일 뿐 아니라) 실제로 너무 늦기 전에 대기에서 온실가스를 제거할 수 있는 유일한 방법이기 때문이다.

만약 조시가 우리 행정부에서 일했더라면, 우리는 그가 이 책을 교재로 삼아서 지속 가능한 식량 공급뿐만 아니라 산업혁명이 도래하기 전 수천 년 동안 인간이 지구상의 다른 모든 살아 있는 존재와 평화롭게 공존할 수 있었던 교훈을 다시 알려주는 강연을 하게 했을 것이다. 우리가 충분히 영리해서 상상하고 발명할 수 있었던 변화들은 확실히 인류 문명이 번성하고 질병을 치료하며 멋진 땅콩버터 샌드위치를 만드는 데 기여했다. 그러나 우리는 화석연료를 기반으로 한 기계와 농사법을 사용하는 데 한계가 없다고 생각하는 어리석은 실수를 저질렀다.

이제 우리는 이와 같은 책들 덕분에 더 잘 알게 되었다. 지구를 더 건강하게 만드는 동시에 우리를 더 건강하게 만드는 새로운 종류의 혁명으로 다시 한 번 진화하는 방법을 알게 되었다. 그리고 이것은 이 책의 가장 중요한 주제일지도 모른다. 낙관주의 말이다. 우리는 공상과학소설에서나 상상했던 한계점까지 지구 행성을 몰아붙여왔다. 그렇지만 만약 우리가 서로에게(그리고 지도자들에게) 매우 구시대적인 방식의 경제학뿐 아니라 지구의 과학에 귀를 기울이도록 요구한다면, 우리가 스스로 파놓은 구덩이에서 벗어나는 데 도움이 될 것이다. 이것은 과학적 사실이다.

셰익스피어는 말한다. "자연의 유산은 영원히 주는 것이 아니라 빌려주는 것이다. [...] 그렇다면 자연이 그대를 죽음으로 부를 때, 그대는 어떤 용인될 만한 결산서를 남길 수 있는가?" 만약 당신이 『대지에 입맞춤을』의 "행동하라"는 상식적 요청에 귀를 기울인다면, 우리 세대는 윌리엄 셰익스피어가 영감을 받아 찬미의 시를 쓸 만한 유산을 남길 수 있을 것이다.

리어나도 디캐프리오 재단 CEO
전 캘리포니아 환경보호청장
테리 태미넨^{Terry Tamminen}

영화감독으로 일하는 아내 레베카와 나는 여러 훌륭한 사람들의 도움을 받아 이 책을《대지에 입맞춤을》이란 동명의 다큐멘터리로 만들었다. 이 책이 영화에서 다룰 수 없는 방대한 정보를 제공하는 데 비해, 영화《대지에 입맞춤을》은 깊은 감정적인 경험을 선사한다. 당신이 이 책을 좋아한다면 그 영화도 좋아할 것이고, 그 반대도 마찬가지일 것이다.

이 책과 영화는 모두 하나의 촉매에 기인한다. 이 경우 점화에 도움이 된 불꽃은 라일랜드 엥겔하트^{Ryland Engelhart}라는 이름의 청년이다. 라일랜드와 그의 가족은 카페 그래티튜드^{Café Gratitude}라는 이름의 유기농 비건 레스토랑 체인을 운영하며, 그의 아버지 매슈^{Matthew}와 양어머니 터시스^{Terces} 역시 "비 러브 팜^{Be Love Farm}"이란 이름의 농장을 경영하는데, 이에 대해서는 9장에서 소개할 것이다.

라일랜드는 대기로부터 이산화탄소를 끌어당기는 토양의 힘과 우리가 토양을 다루는 방식을 바꿀 수 있는 음식의 힘에 대해 처음으로 귀가 따갑도록 이야기해준 사람이다. 그때 이후로 그와 그의 아내 세라는 나와 내 아내가 한때 살았던 집으로 이주했다. 라일랜드는 헌신적인 사람들과 함께 비영리단체 "키스 더 그라운드^{Kiss the Ground}"를 운영하고 있다.

그들의 사명은 "전 세계의 토양 복원을 옹호하며 그것에 영감을 주는 것"이다. 그들의 활동은 온라인에서 입소문을 탄 교육 비디오 제작에서부터 공동체 텃밭 만들기, 그리고 이산화탄소를 포집하고 물을 저장하는 동시에 더 많고 더 건강한 식량을 재배하는 건강한 토양의 힘에 대해 지역 사회와 주와 국가의 지도자들에게 알리는 것까지 광범위한 영역에 걸쳐 있다. 그들의 사명은 대담하며 우리 종의 미래를 위해 극도로 중요하다. 따라서 나는 이 책의 수익금의 50퍼센트를 "키스 더 그라운드"에 영구 기부하고 있다.

차례

일러두기

1. 이 책은 조시 티켈Josh Tickell이 쓰고 인라이브북스Enliven Books/아트리아북스Atria Books가 2017년에 출간한 *Kiss the Ground*를 한국어로 완역한 책이다.

2. 동그라미와 마름모로 표시한 각주는 모두 옮긴이의 주석이다.

3. 원문의 주석 및 참고 문헌은 미주로 표시하였다.

들어가며

캘리포니아는 거의 봄이다.

　나는 조심스럽게 흙을 가르고, 딸의 손을 잡아 아이의 손바닥에 씨앗을 올려놓았다. 우리는 함께 씨앗을 작은 구멍에 떨어뜨렸다. 나는 딸에게 어떻게 씨앗을 덮는지 보여주었다. 나는 물뿌리개를 집어 들고, 그림책『씨앗에는 무엇이 필요할까?*What Does a Seed Need?*』에서 아기 돼지가 알려준 것처럼 씨앗에는 물이 필요하다고 딸에게 말해주었다. 임신한 아내는 꿀벌처럼 우리 주위를 부산히 돌아다니며 잡초를 뽑고 새로운 식물을 보살폈다.

　이것은 우리 가족이 함께 가꾸는 첫번째 텃밭이다. 나의 아내 레베카와 나는 이 씨앗들에 큰 기대를 가지고 있다. 클로버, 해바라기, 옥수수, 콩, 후추, 허브, 베리, 포도 등 과일과 채소와 나무, 다년생식물과 일년생식물. 이러한 식물 중 일부는 이번 여름에 꽃을 피우고 열매를 맺을 것이다. 다른 것들은 여러 해가 걸릴 것이다. 나머지는 우리의 특정한 토양에서는 잘 자라지 않을지도 모른다. 어쨌든 이 땅에 독성이 강한 화학물질을 마지막으로 살포한 지 3년 반이 지났을 뿐이다.

　우리는 새로운 관리자이다. 우리보다 먼저 온 사람들은 로스파드리스 국유림의 작은 언덕에 자리 잡은 이 작은 5에이커의 땅을 연간 수백만 에이커피트의 물과 트럭에 가득 실은 2,4-D◆와 패러콰◆ 같은 액체로 있는 힘껏 심하게 괴롭혔는데, 그중 많은 것이 내가 태어난 루이지애나주 정유공장의 부산물이다.

처음 그 땅을 걸을 때 내가 본 것은 줄지어 선 아보카도 나무 사이에서 어떠한 초록빛도 어떠한 곤충이나 생물도 찾아볼 수 없는 건조하고 갈라진 땅이었다. 그것은 인간이 만든, 인간의 목적에 맞게 개조된 땅이었다. 그 땅은 누렇게 그슬렸다. 그것은 오늘날 우리 종의 토대를 위협할 수 있는 농업 순환이 가족 규모의 버전으로 시행된, 거의 생명이 없는 무대였다.

지난 42개월 동안 우리는 이 땅을 치유할 시간을 거의 갖지 못했다. 우리의 농가주택은 60년이 넘은 것이다. 배관은 망가지고, 전선은 결함이 있고, 가정 하수와 오수는 끊임없는 걱정거리이다. 나무들이 (때로는 자동차 위로) 쓰러진다. 이곳은 작은 농장이지만 날마다 특별한 도전거리가 있다.

그리고 생명이 있다.

우리의 첫째 딸 아테나는 우리가 도착한 지 18개월 만에 여기 이 땅에서 태어났다. 아테나는 지금 두 살이다. 나는 딸에게 묘목 위에서 달리거나 점프하지 말라고 애써 알려주지만, 그중 하나라도 기억하는지 궁금하다.

●   제초제의 일종
◆   그라목손으로도 알려진 독성이 강한 제초제의 일종

텃밭을 가꾸는 방법은 다음과 같다. 당신은 텃밭에 영양을 공급할 수 있지만, 무슨 일이 일어날지는 알 수 없다. 우리가 식량안보를 위해 발전시킨 현대의 기계화된 식량 시스템에도 불구하고 여전히 자연이 책임을 맡는다. 따라서 우리의 영양학적 미래는 오차 범위 안에서만 예측 가능하다.

———————

내가 처음으로 농장에서 일한 경험은 "전 세계 유기농 농장에서 일할 기회World Wide Opportunities on Organic Farms"를 의미하는 우프WWOOF라는 이름의 조직을 통해서였다. 20년도 더 전의 일이다. 그때 이후로 나는 미국의 모든 주요 재배 지역과 대부분의 주에서 생산 농업에 참여해왔다. 나는 수억 에이커의 관행적 단일재배 옥수수와 콩으로 대표되는 세계에서 가장 큰 농업 컨소시엄 중 일부와 함께 일했다.

그러나 내가 어디로 가든지 어떤 유형의 관행농을 만나든지 농작물 병충해, 잘 부서지고 침식되는 토양, 그리고 유독성 화학물질 스프레이에 노출되어 고통 받는 사람들이라는 숨길 수 없는 동일한 징후가 있었다. 현대 농업의 사고방식에도 불구하고 나는 여전히 농부들을 가장 존경한다. 사실 그들이 하는 일은 단순한 직업이 아니라 소수의 사람들만 가지고 있는 믿음과 용기가 모두 필요한 소명이다.

이 모든 이유에서, 지금 하는 뒷마당 농사짓기, 곧 나의 가족과 우리가 살고 있는 자연 사이의 협력은 단연코 인간으로서 가장 정치적이고 급진적이며 강력한 행동이다. 우리는 계약을, 협정을 맺고 있다. 그것은 말로 이뤄지지는 않지만 암묵적이고 모든 당사자가 이해한다.

그 거래에서 우리가 하는 일은 토양이 살 수 있도록 고무하는 것이다. 우리는 토양이 녹색 클로버로 계속 덮여 있게 해야 한다. 벌레가 우글거리더라도 화학적 살충제와 살균제로 죽여서는 안 된다. 우리는 토양에 활력을 주는 (균근균 같은 이름을 가진) 보이지 않는 수십억 생명체들의 공동 관리인이 되어야 한다. 가뭄이 들 때도 물을 공급해야 한다. 이 계약은 지키는 데 많은 노력이 든다.

한편 토양과 자연은 감당해야 할 무거운 짐을 지고 있다. 토양은 너무 작아서 중요해 보이지 않는 씨앗들을 산더미 같은 음식으로 바꾸어야 한다. 자연이 하는 일은 실로 엄청난 기적이다.

이 계약에는 어느 쪽에든 변수가 너무 많고 그르칠 기회가 너무 많기 때문에 신경이 곤두설 수밖에 없다. 나는 하늘을 살펴보았다. 엘니뇨로 큰 비가 온다고 했지만, 너무 천천히 다가오고 있었다. 그렇지만 바람은 큰 나무 몇 그루를 뿌리째 들어 올려 땅 위로 인정사정없이 패대기칠 만큼 강하게 불었다. 마치 누가 이 쇼를 끌고 가는지 알려주려는 듯이.

다음 몇 주 동안 우리는 씨를 뿌리고 관개수로를 점검하고 뿌리덮개를 깔고 퇴비를 더 주느라 하루를(또는 적어도 몇 시간을) 할애했고, 희망을 품었다.

우리는 큰 희망을 품었다.

운이 좋았다. 비가 왔다. 처음에는 흩뿌리다가 다음에는 노아가 기다렸던 것과 같은 앞이 안 보이게 퍼붓는 폭우가 쏟아졌다. 우리의 갈라지고 마른 땅뙈기가 물을 품었다. 내 딸은 마침내 남부 캘리포니아의 건조한 열기 속에서는 거의 입을 일이 없는 공룡 비옷을 입고 장화를 신을 구실이 생겼다. 딸은 물웅덩이에서 물을 튀겼다. 그러면서 자기가 공룡을 봤다고 말했다. 아기 공룡, 아빠 공룡, 엄마 공룡. 딸은 세상의 모든 좋은 것을 상기시켜준다.

나는 이어지는 본문에 나오는 초미의 문제에 더 많은 답을 찾기 위해서 집을 떠났다. 길에서 긴 하루를 보냈던 날, 아내는 나에게 전화해 아테나를 데리고 작은 마을의 장난감 가게에 갔던 이야기를 해주었다. 나는 신음했다. 더 많은 플라스틱, 더 많은 브랜드, 더 많은 쓰레기.

그때 아내는 놀라운 말을 했다. 아내는 딸에게 생일을 맞은 친구와 자기 것까지 장난감 두 개를 고르라고 했다. 아테나는 가게 안의 모든 것을 살펴보았다. 생일을 맞은 남자아이를 위해 아테나는 원예도구 세트를 골랐다. 그리고 자신을 위해서는 작은 녹색 물뿌리개를 골랐다.

정말로, 우리는 우리의 작은 텃밭에 큰 희망을 품고 있다.

그토록 오래된…

이 책의 어떤 것도 새롭지 않다. 모든 문화권에서 수없이 말해진 이야기다. 이것은 문명의 발생과 소멸에 관한 이야기다. 이 이야기에는 음식을 통한 국민의 철학적, 정치적, 사회적 억압이 들어 있다. 자연의 예속이 들어 있다. 이 이야기에는 인간이 자신의 기원을 잊어버렸다가 다시 기억하는 이야기가 들어 있다. 이것은 잠들었다가 깨어나는 것에 관한 이야기이다. 나는 이 이야기가, 그리고 비슷한 다른 이야기들이 너무 늦지 않은 것이기를 바란다.

궁극적으로 이것은 우리 음식의 힘에 대한 이야기이다. 음식이 제공하는 건강이 이 책에 담긴 모든 내용과 연관되지만, 이 책은 음식이 어떻게 우리의 건강에 영향을 미치느냐에 대한 이야기가 아니다. 무엇보다도 건강한 토양이 없다면 정말로 건강한 음식을 가질 수 없다. 이 책은 말 그대로 우리의 미래를 구할 수 있는 음식을 선택하는 비판적 렌즈를 제공하지만, 그것은 무엇을 먹고 무엇을 먹어서는 안 되는지에 대한 절대적인 공식은 아니다.

이것은 또한 기후변화에 대한 책이 아니다. 적어도 오늘날 논의되고 있는 방식으로는 아니다. 이 책은 탄소가 생명의 가장 기본적이고 중요한 구성요소라는 시각을 가지고 있다. 탄소가 있는 토양에는 물이 있다. 그리고 탄소와 물이 있는 토양에서는 식량을 찾을 수 있다. 따라서 이 책은 대기 중 탄소를 피곤한 정치적 문제가 아니라 음식을 통해 접근할 수 있는 생태학적 기회로서 다룬다.

이 책의 핵심은 세계를 바꾸는 음식의 힘에 대한 것이다. 전제는 간단하다. 우리가 어떤 음식을 선택하는지가 우리의 문명을 만들거나 붕괴시킬 것이다. 이 나날의 선택이 우리가 행하는 거의 모든 일보다 더 강력한 힘을 가진다. 음식은 힘이다. 사실상 음식은 우리보다 앞선 40개가량의 중요한 문명의 몰락을 초래한 주요 원인이었을 정도로 강력하다.

누군가는 이 책이 식량, 농업, 토양, 기후, 그리고 지구에 관한 책이라고 말할 것이다. 그러나 그것은 핵심을 놓친 말이다. 이 책은 이 모든 것이 상호작용하는 전체 시스템에 관한 책이다. 앞에서 언급한 각각은 이 시스템 안에서 상호 연결된 여러 순환 중 하나로 작용한다. 대부분 그러한 순환을 바꾸기 위해서는 우리가 먹는 것을 통해 접근해야 한다.

이 책은 또한 사람들에 관한 것이다. 특히 이 책은 자연 시스템에 대한 그들의 합쳐진 이해로 인해 인류를 먹여 살릴 새로운 틀을 제공할 수 있는 사람들의 전 세계적인 움직임에 대한 것이다. 가장 단순한 의미에서 내가 말하는 그 움직임은 "재생농업"이라고 불린다. 앞으로 본문에서 더 잘 다루겠지만, 본질적으로 재생농업은 나무, 관리된 가축 방목과 퇴비, 피복작물, 그리고 "무경운" 농업 시스템의 네 기둥으로 토양을 만드는 것을 의미한다. 토양을 만드는 데에는 엄청난 양의 탄소가 필요하기 때문에, 재생농업은 오늘날 우리 대기 중의 탄소를 땅속으로 되돌리기 위한 열쇠를 쥐고 있다.

100가지 방법

나는 최근 아볼 루킹 호스Arvol Looking Horse 족장이라고 불리는 한 남자와 만나서 인터뷰할 기회를 가졌다. 그는 유명한 토착 아메리카인 시팅 불Sitting Bull 족장의 증손자인데, 시팅 불은 지금 우리가 미국이라고 부르는 곳에 처음 거주했던 토착 아메리카인들을 미국 군대가 "솎아내는" 것에 저항하는 동안 자기 부족을 이끌었던 사람이다. 루킹 호스 족장은 우리 두 민족의 과거에 중요한 연결고리 역할을 한다. 그는 또한 라코타, 다코타, 나코타 부족을 결속하고 예식에서 그들을 하나로 만들어주는 성스러운 담뱃대를 지키는 자이기도 하다.

　루킹 호스 족장은 자신의 부족이 시간과 자연, 그리고 인간을 하나의 연속적인 고리로 상상한다고 설명했다. 그들은 이를 "성스러운 고리"라고 부른다. 그리고 그들은 그 고리를 유지하고 강화하며 필요할 때는 보수하는 것이 일정 기간 동안 땅을 걸어 다니는 거주민으로서의 책임, 아니 해야 할 일이라고 믿는다. 그가 말하기를, 나쁜 소식은 우리 서구인들이 과거와의 연결을 끊고 자연과의 연결을 끊고 서로 간의 연결을 끊음으로써 그 고리를 망가뜨렸다는 점이다.

　루킹 호스 족장은 우리가 그 연결을 다시 손보기를 바란다. 사실 그는 우리 자신과 자연 사이의 고리를 고치는 데 특별히 관심이 있다. 그는 그것이 긴급한 문제라고 말한다. 그는 심지어 꿈속에서도 그것을 보았다. 지구상에서 이 시대를 위한 우리의 사명은 인류와 자연의 관계를 회복하는 것임을 원로들이 꿈에서 보여주었다는 것이다.

　우리가 잊어버린 자연과 인간의 연결 중 하나는 우리가 먹는 것과 그것이 생겨난 곳을 잇는 것이다. 가장 간단히 말해서, 우리가 먹는 것은 대지에서 나온다. 흥미로운 것은 대지는 사물인 동시에 장소라는 점이다. 토양이라고도 하는 이곳은 우리가 서 있고 건물을 짓고 살아가는 장소이다. 그것은 분명 사물이다. 당신은 흙을 집어 던질 수 있으며, 당신이 아이라면 흙을 먹으려고 할 수도 있다.

　흙을 먹으려는 본능은 현대 과학에 따르면 흙도 살아 있다는, 아니 오히려 생명으로 이루어져 있다는 사실과 관련이 있을지도 모른다. 흙 속에서 살아가는 수조 개의 박테리아, 균, 그리고 미생물 중 다수가 우리 내부에서도 살고 있다.

인간은 저마다 적어도 인간의 세포만큼 많은 수의 미생물 세포를 가지고 있다.[1] 과학자들은 그 미생물들이 지구상에서 생명의 시작이었다고 말한다. 그들은 이곳을 좋아했음에 틀림없는데, 왜냐하면 결코 떠난 적이 없기 때문이다. 이 작은 생물들은 우리의 건강과 음식의 열쇠이다. 그들은 우리를 토양과 연결해준다.

미생물이 없으면 토양 생물도 없다. 토양 생물이 없으면 식량도 없다. 식량이 없으면 우리가 존재할 수 없다는 것은 말할 나위도 없다. 이러한 원초적인 관계는 우리의 가장 기본적인 계약이다.

아마도 수 세기 동안, 심지어 수천 년 동안 인간이 토양을 매우 존중해온 것은 그런 까닭에서다. 식물을 관장하는 수메르 신 에메시에서 지하세계와 재생, 곡물을 관장하는 이집트 신 오시리스, 그리스의 가이아(대지), 토착 아메리카의 코코펠리, 루카복음에서 예수의 "땅의 비유"에 이르기까지, 고대인들은 그들을 지탱하는 토양과의 연결을 존중하고 소중히 여겼다.[2]

우리의 문명은 아마도 토양의 중요성에 대해 그 어떤 특별한 신화적 표상도(그리고 상기시켜주는 것도) 갖고 있지 않은 최초의 거대 문명이다. 물론 누군가는 우리가 하늘이나 비 또는 다른 자연현상에 대한 신화적 표상도 갖고 있지 않다고 주장할 수 있다. 그러나 우리가 우리만의 엔터테인먼트, 테크놀로지와 기업의 신격들을 숭배하는 데는 아무런 문제가 없다. 우리는 전등 스위치가 마술적으로 빛을 만들어내고 자동차가 마술적으로 운행하며 음식이 식료품점 선반에 마술적으로 등장하는 세계에 관한 신新신화적 관점을 가지고 있다.

근원에서 멀어질수록 우리의 모든 것이 어디서 왔는지 잊어버리기 쉽다. 그렇지만 그것은 문제가 되지 않는다. 왜냐하면 궁극적으로 우리는 토양 없이는 아무것도 아니기 때문이다. 이것은 큰 깨달음이다. 너무나 커서, 도리토스 한 봉지를 먹거나 콜라 한 병을 마실 때, 또는 빅맥을 먹을 때 그러한 깨달음으로 이어지기는 어렵다. 그런데 지방이 많고, 짜고, 달고, 알록달록하고, 완벽하게 포장되어 있고, 쉽게 구입할 수 있는 오늘날의 음식 세계에도 불구하고, 토양이 대중문화에 다시 등장하고 있다.

　최근 오스카상 후보에 오른 영화 세 편에서 토양은 중요한 구성요소였다. 《인터스텔라》에서 인류는 전 세계의 토양을 파괴했고 그리하여 지구적인 더스트볼dust bowl을 야기했다. 토양이 아직 온전한 또 다른 행성을 발견해서 인류를 구원하는 일은 매슈 매커너히에게 달려 있다. 《매드 맥스: 분노의 도로》에서도 토양은 망가졌고, 샬리즈 시어런과 세이렌 같은 여성 무리가 궁극적으로 물과 씨앗을 되살리기 위해 억압적인 남성 지배 독재국가를 전복한다. 만약 그 두 영화로는 충분하지 않다면 《마션》을 보라. 그 영화에서 맷 데이먼은 농학을 멋지게 활용해서 인간의 배설물을 비료로 사용해 화성의 먼지에 생명을 불어넣은 최초의 지구 밖 농부가 되었다. 마치 우리 시대의 이야기꾼들이 우리에게 뭔가를 이야기하려고 애쓰는 듯하다.

　이 이야기들은 우리의 현대 신화의 일부이다. 모든 기계장치에도 불구하고 우리는 여전히 수렵채집을 하는 조상들과 같은 계약으로 연결되어 있음이 드러났다. 토양은 음식을 주고 그렇게 하면서 생명을 준다. 우리는 화성처럼 근원에서 먼 곳으로 벗어날 수 있다. 그러나 궁극적으로 지구는 우리의 집이며, 우리가 땅이라고 부르는 실체가 없으면 우리는 살아남을 수 없다.

이런 이유에서 우리 인간은 어떤 형식으로든 끝없이 되풀이해서 이와 같은 이야기를 한다. 이런 이유에서 우리는 아이들에게 텃밭을 가꾸는 법과 농사짓는 법을 알려준다. 그리고 이런 이유에서 아이들은 우리에게 흙 먹는 법을 알려준다. 우리와 흙. 그것은 시간이 증명해준 관계이다. 우리가 아무리 자주 서로를 떠나더라도, 우리는 항상 서로에게 되돌아올 것이다.

가뭄에 익숙했던 수피 시인 루미^{Rumi}는 다음과 같이 말했다고 한다.

"무릎을 꿇고 대지에 입을 맞추는 방법은 수백 가지가 있습니다. 집으로 다시 돌아갈 방법은 수백 가지가 있습니다."

대지, 다른 말로 토양으로 알려진 것은 우리의 집이다. 우리가 어디로 가더라도, 아무리 멀리 여행하더라도, 또는 아무리 오래 살더라도, 우리는 언제나 집으로 돌아온다.

바로 그런 이유에서, 그리고 이 책에 나오는 발견들 때문에, 나는 큰 희망을 품는다.

1장
파리에서의 결전

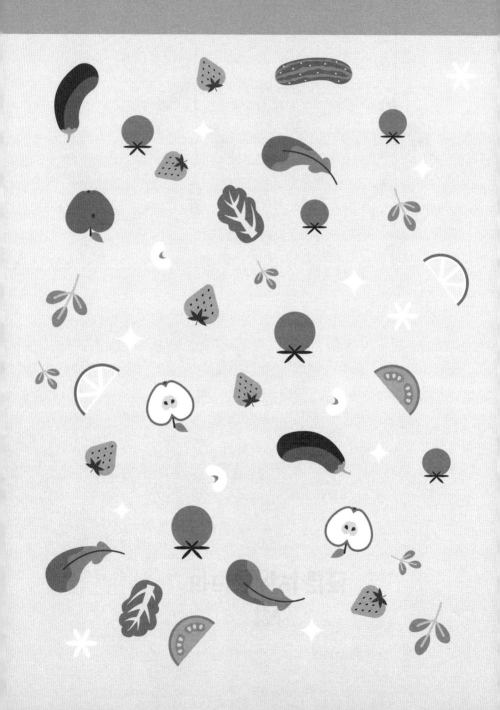

파리의 겨울에는 뭔가 마술적인 것이 있다. 추위는 돌을 더 오래된 것으로 만든다. 비는 커피를 더 맛있게 한다. 포옹은 더 따뜻하다. 특히 이번 겨울에는 삶이 더욱 소중하다.

인간은 홍적세의 빙원이 물러나자마자 이곳에서 거의 만 년을 살아왔다. 이 도시의 생존은 여러 면에서 수천 년 동안 이 도시를 둘러싼 대지의 일부에서 행해져온 프랑스 농업의 증거이다. 프랑스 요리의 기초를 세운 이들이 페니키아인일지도 모른다고 생각하니 이상하다.

한때 번성했던 수많은 위대한 도시들이 황폐한 유적이 된 것과는 달리, 이 대도시는 인간 정신에 대한 성대한 찬사이다. 이 도시의 고대의 장엄함은 어찌 된 일인지 그 혼란스러운 현대성에 의해 돋보일 뿐이다. 파리는 유럽에서 사상과 교육의 초기 중심지였기에(또한 가로등을 채택한 최초의 도시들 중 하나였기에) "빛의 도시La Ville-Lumière"라고 불린다. 그러나 영원이 있는 곳마다 덧없는 존재들은 나타나자마자 곧 소멸한다. 그리고 빛이 있는 곳마다 어둠이 숨어 있다.

내가 파리지앵의 땅을 밟기 불과 며칠 전에, 일련의 끔찍한 총격으로 130명의 시민이 목숨을 잃었고 수백 명의 부상자가 발생했다. 그 공격에 책임이 있다고 주장하는 집단은 다에시Daesh라고 불리며 다른 말로는 ISIS/ISIL로 알려진 테러리스트 조직인데, 원래 이라크에서 생겨났으며 지금은 시리아에 새로운 활동 기지를 두고 있다. 그 공격에 책임이 있는 사람들은 주로 시리아계 벨기에인과 프랑스인이다. 그들 중 상당수는 유럽에 근거지를 둔 지하드 신병 모집자들의 꼬임에 빠져 그 조직에 들어왔다.

그러나 사실 이 모든 것은 정말로 물에서, 아니 물 부족에서 시작되었다고 할 수 있다.

시리아에서 가장 최근의 가뭄은 2006년에 시작되었으며, 연평균 강수량이 비관개농업을 유지하기 위한 "절대 최저치"인 200밀리 이하로 떨어지면서 점점 더 악화되었다. 농부들은 수천 개의 우물을 새로 팠지만 그 지역 대수층帶水層●의 지하수면은 급속히 떨어졌다. 일부 지역에서는 75퍼센트가 흉작이었고 가축의 85퍼센트가 갈증이나 굶주림으로 죽었다. 농부들은 일제히 도시로 피난을 갔다.

시리아의 내부 난민 수는 물론이고 빈곤도 급증했다. 굶주림은 머지않아 폭동을 일으켰고, 피비린내 나는 내전으로 이어졌으며, 그로 인해 400만 명이 자기네 집을 떠나야 했다. 한편 수문이 열려서 모든 종류의 총기 소지자들, 자유 투사들, 테러리스트들이 시리아로 밀려들어와 분열된 나라를 장악하려고 했다.[1] 분노, 굶주림, 절망, 무기, 그리고 수백만 명의 난민들. 시리아는 성냥을 기다리는 화약통이었다. 또한 적을 찾는 싸움이었고, ISIS는 서구에서 손쉽게 적을 찾아냈다.

그래서 과거 파리의 제1공항이던 르부르제에서 버스를 하차할 때, 나는 내 얼굴을 뒤덮는 차가운 안개비를 감사하게 여겼다. 또한 눈길이 닿는 곳마다 베레모를 쓰고 당당하게 서 있는 중무장한 군인들에게도 고마움을 느꼈다. 그렇지만 난 이 오래된 공항에 비행기를 타러 온 것

● 지하수를 함유한 지층

이 아니었다. 나는 COP(당사국총회)라고도 알려진 올해의 유엔기후변화협약에서 이루어질 발표를 보기 위해 여기에 왔다.

파리는 당사국총회21COP21을 알리는 표지판으로 뒤덮였다. 내 배지를 알아본 녹색 조끼를 입은 친절한 청년들이 "당사국총회 멋지게 즐기세요!"라고 웃으면서 말하는데, 재밌기도 하고 사랑스럽기도 했다. 당사국총회의 당사국들은 전 세계 195개 국가들이다. "21"은 대기 중 온실가스 양의 증가로 인한 위협의 해결책을 찾기 위해 그들이 만난 것이 이번으로 21번째임을 나타낸다.

나는 올해의 행사에 공식적으로 참가한 3만 8,000여 명의 외교관, 사업가, 언론인, "시민 사회"의 일원들과 함께 TSA◆ 같은 보안대를 통과해 당사국총회로 들어갔다. 이곳은 예전에는 공항이었기에, 행사는 한때 격납고였던 거대한 건물 안에서 치러졌다. 거대한 시멘트 옥외통로가 미디어 스탠드는 물론 커피와 크루아상(어쨌든 여기는 프랑스다.)을 갖춘 상점의 본거지로 활용되었다. 나는 프랑스 정부의 일원 중 한 명을 인터뷰하러 이곳에 왔기에, 일반 대중과 언론이 접근할 수 없는 영역까지 들어갈 수 있는 외교관 배지를 가지고 있었다. 나는 내 자격 증명서를 이용해서 "파란색" 외교관 구역 중 하나로 걸어갔다.

내부는 다양한 나라들이 자국 최고의 여행지를 광고하며 경쟁하는 라스베이거스 스타일의 국제관광대회 전시장 플로어처럼 꾸며져 있었다. 커다란 상자 모양의 부스들이 격자처럼 배열되어서 가로세로로 길이 나 있는 일종의 가설건물 도시 같았는데, 몇 가지 눈에 띄는 예

◆   미국 여행이나 입국 시 신속한 공항검문 통과를 위해 미국교통안전국에서 운영하는 검사

외를 제외하면 이 전시물들은 막판에 초등학생들이 대충 꿰맞춘 것처럼 보였다.

한국관에는 "전통 한복을 입은 여성과 남성 패널의 오려낸 얼굴에 머리를 대고 사진을 찍으세요."라는 부스가 있었다. 빨간색, 흰색, 파란색 배너들로 완성된 전당대회 무대처럼 꾸며진 미국관(일명 2015년 파리의 유에스 센터US CENTER)에는 미합중국 신분증처럼 보이는 "셀카 찍기" 자리가 마련되어 있었다. 여기저기 둘러보니 태양광, 삼림 벌채 등에 관한 성의 없는 빈약한 전시들이 눈에 띄었다. 그 전시의 효과는 시시함과 우스꽝스러움 사이의 어딘가에 있었다.

중국관 바깥에서 나는 (시끄러운 로봇 영어로) 어디서 왔냐고 소리치며 묻는 로봇에게 붙잡혔다. 나는 로봇에게 도시 이름을 신경 써서 발음하면서 "로오오오스애애앤젤레스"에서 왔다고 말했다. 내 대답에도 당황하지 않고 로봇은 말했다. "내 스크린(로봇의 가슴에 있었다.)을 터치하세요." 내가 간신히 "L-A-X"를 입력하자, 텔레토비 같은 로봇은 (석탄을 태우고 아이폰을 생산하는 국가인 중국이 해마다 얼마나 많은 이산화탄소를 발생시키느냐가 아니라) 내가 파리까지 비행하느라 대기 중에 얼마나 많은 탄소를 쏟아냈는지를 큰 소리로 알려주었다.

크루아상을 찾으러 가다가 "네 사람이 자전거를 타서 디스플레이에 불을 밝혀봅시다."라는 피곤한 전시를 우연히 발견했다. 잘 차려입은 젊은 아시아 여성 외교관들 세 명이 불빛을 유지하려고 미친 듯이 페달을 밟고 있는 동안 네번째 자전거에 탄 늙은 신사는 잠든 것처럼 보였다. 나는 이제 완전히 돌아서서 출구를 찾으려고 복도를 헤맸다. 나는 곧 거액의 건축비를 들인 가설건물들을 발견했다. 이 터무니없는 눈요깃거리의 호화로운 전시들은 탄소 배출을 줄이는 것과는 아무런 관련이 없었으며, 모든 것은 의도된 혼란 같았다. 배출량이 더 많은 나라일수록 전시에 더 많은 돈을 사용한 것 같았다.

중국과 미국에 이어 온실가스를 세번째로 많이 배출하는 국가인 인도는 분명히 이 전시를 위해 상당히 많은 유로를 내놓았을 것이다. 그들의 전시는 볼리우드 영화 세트장과 브룩스톤 매장을 합쳐놓은 것 같았다. 인도 전통혼례 복장을 한 인도 남성 여섯 명이 전시장 외부에 박제된 보초병처럼 서 있었다. 광섬유 조명이 깜빡였고, 화면에는 모든 종류의 이미지가 표시되었으며, 가장자리에 서 있던 외교관들은 감탄하면서 그 장관을 카메라로 촬영했다. 그 광경을 좀 더 흥미롭게 만들 수 있는 유일한 방법은 보초병들이 자발적으로 줄 맞춰 춤을 추는 것일 텐데, 구경꾼이 감 놔라 배 놔라 할 수 없는 일이었다.

그러다가 내가 가장 좋아하는 당사국총회21 전시관인 "걸프협력위원회관"을 우연히 보게 되었다. 여기서 말하는 것은 멕시코만 주변 국가들의 협력이 아니라 다른 걸프, 곧 중동의 거대한 걸프 주변 국가들의 협력이다. 그 전시관은 규모가 다른 전시관의 두 배나 되는 가장 큰 가설건물이었다. 외관에는 어렴풋한 아라비안 격자무늬와 함께 선명한 육각형 로고 안에 자리한 사우디아라비아 지도가 시선을 사로잡았다. 내부에는 대리석풍의 벽이 윤기 나는 원목 바닥과 만나서 매우 공허한 고급 소매상의 분위기를 풍겼다. 내부에서 유일하게 눈에 띄는 것은 보통 크기의 최첨단 에어하키 게임 테이블보다 더 길어 보이는 탁자였다. 좀 더 살펴보고 나서 나는 이 물건이 걸프만 국가들을 가로지르는 석유 사업의 효율성을 광고하기 위해 고안된 터치스크린 테이블이라는 것을 알아차렸다. 만약 내가 그 쇼의 필수 코스인 칵테일 시간이 끝난 뒤에 이 가설건물에 우연히 들어왔다면, 누군가가 두바이 애플 매장의 컴퓨터를 몽땅 훔쳐왔다고 생각했을 것이다.

하나를 보면 열을 알 수 있다고들 한다. 적어도 유엔이 온실가스와 기후변화 문제를 다룰 경우에는 확실히 그렇다. 세계의 운명을 결정할 회의가 열리는 곳에서 텔레토비 로봇, 셀카 스폿, 터치스크린 에어하키 테이블이 등장하는 지경에까지 이르렀는지를 이해하려면 1950년대로 거슬러 올라가야 한다.

저 위의 공기

찰스 데이비드 킬링Charles David Keeling은 열렬한 야외활동 애호가이자 콘서트 피아니스트였다. 그는 또한 환경에 깊은 관심을 가진 과학자였다. 킬링은 인간이 지구 대기의 이산화탄소 수준에 영향을 미치는지 여부를 알고 싶었다. 그래서 1955년에 이산화탄소 농도를 측정할 수 있는 적외선 가스 분석기를 만들었다.

킬링은 스크립스 해양연구소Scripps Institution of Oceanography 및 미국기상청과 협력해서 남극대륙(남극 근처), 하와이 빅아일랜드(마우나로아 관측소), 캘리포니아의 라호야에 관측소를 세웠다. 1960년에 킬링은 첫 조사 결과를 신중한 논문으로 발표했다. 이 보고서는 과학계에 충격파를 날렸다.

킬링은 두 가지 중요한 발견을 했다. 첫째는 전반적으로 대기 중 이산화탄소의 배출량이 증가하고 있다는 것이다. 남극에서 그가 측정을 시작한 1957년부터 보고서를 출판한 1960년까지 단 3년 만에 이산화탄소는 약 310ppm에서 약 315ppm으로 증가했다. 일부 과학자들은 인간 활동으로 대기 중 이산화탄소 농도가 증가할 수 있다고 오랫동안 가정해왔는데, 이것이 최초로 발견된 절대적 증거였다.[2]

킬링의 두번째 발견은 전혀 예상하지 못했던 것이다. 표본 데이터를 그래프에 표시하자, 그것은 단순한 상향 곡선이 아니라 진동하는 곡선을 닮아갔다. 곡선은 여름에는 내려갔다가 겨울에는 (전보다 더 높이) 다시 올라갔다. 나중에 "킬링 곡선$^{Keeling\ Curve}$"으로 알려지게 된 이 곡선은 놀라운 사실을 나타낸다. 매우 일반적인 말로 표현하자면, 지구가 숨을 쉬고 있다는 것이다.

좀 더 정확히 말하면, 숨을 쉬는 것은 지구상에 살아 있는 엄청난 양의 식물 물질이다(호흡작용으로 알려졌다). 봄과 여름에 식물과 작물이 광합성을 통해 성장하면서, 햇빛을 이용해 이산화탄소를 식물 조직, 잎, 씨앗, 뿌리, 그리고 뿌리 분비물(탄수화물과 당)로 전환한다. 그러고 나서 가을과 겨울에 나무가 잎을 잃고 식물이 씨앗으로 돌아가고 죽고 분해되면서 탄소는 산화되어(산소와 결합해 이산화탄소를 형성한다.) 대기 중으로 돌아간다. 이러한 과정은 잘 알려져 있었지만, 누구도 이러한 생물학적 과정이 지구화학적 규모로 미치는 영향을 본 적이 없었다.

킬링 덕분에 식물의 호흡작용은 문서화되었다. 식물과 식물을 지원하는 미생물 군집은 한 번에 대기로부터 엄청나게 많은 이산화탄소를 끌어당겨서 전 세계 이산화탄소 농도를 주목할 만하게 감소시킬 수 있는 것으로 밝혀졌다. 지난 60년 동안 이 발견은 과학계에서 간단히

1958년부터 현재까지 마우나로아 관측소에서 측정한 대기 중 이산화탄소 농도

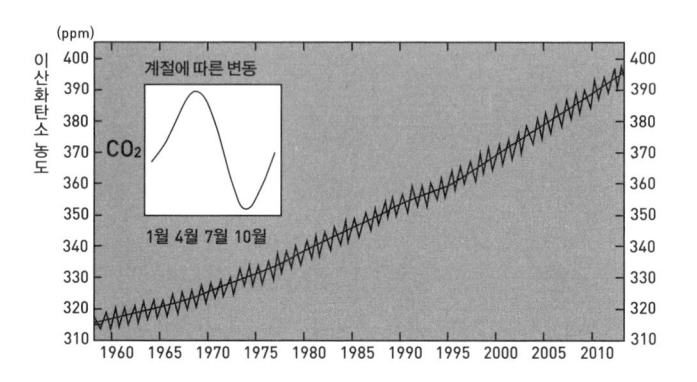

마우나로아 관측소에서 채취한 대기 샘플의 대기 중 이산화탄소 측정값. 흰색 상자 속 확대한 그래프는 지구가 호흡하고 있음을 보여준다. 겨울에 곡선이 상승하는 것은 식물이 죽어 이산화탄소를 방출하기 때문이다. 봄에는 식물이 자라면서 이산화탄소를 빨아들여 곡선이 하락한다. (출처: 미국 국립해양대기청NOAA)

해결할 수 있는 종류의 시시한 사건으로 여겨졌던 것 같다.

그러나 이것은 대기의 이산화탄소를 안정시키고 훨씬 더 좋은 식량을 훨씬 더 많이 생산하는 데 중추적인 역할을 할 수 있는 발견이다.

킬링의 최초 측정 이래, 대기 중 이산화탄소 농도는 계속 상승해왔다. 오늘날 대기에는 대략 이산화탄소 400ppm이 포함되어 있다. 분명히 이전의 당사국총회 모임 중 어느 것도 이산화탄소 증가율을 늦추지 못했다. 오히려 회의를 위해 필요한 수십만 번의 비행과 자동차 여행을 감안할 때, 당사국총회는 아마 이산화탄소 농도를 증가시켰을 것이다. 또한 이전 당사국총회의 결과로 지속적인 변화가 일어난 경우는 전혀 없었던 것 같다. 대부분의 회의는 합의하겠다는 합의나 결정하겠다는 결정, 혹은 나중에 어떤 일을 하겠다는 방법만 말하며 끝났다.

이제 파리로, 21번째 당사국총회로 되돌아가자. 바로 여기서 당사국들은 "결투용 장갑을 내려놓고" 인간이 만든 이 거대한 이산화탄소 괴물을 어떻게 최종적으로 처리할 것인지에 대해 "단호하고 지속적인 결정"을 내릴 것이다. 그렇다. 그들은 또한 저녁식사를 하고 물론 술도 마실 것이고, 사업도 좀 할 것이다. 참석자들 중에는 시민뿐만 아니라 수조 달러 규모의 기업 경영인, 백만장자와 억만장자가 있고, 그들 중에는 이산화탄소가 그대로 유지(혹은 상승)되면 이득을 보는 이들도 있고 이산화탄소가 줄어들면 이득을 보는 이들도 있다. 모든 면에서 압력이 가해질 것이고, 인간은 인간적일 테고 부패는 그대로일 것이다.

자신들의 연구와 회원 기반을 활용하여 빈곤, 산림 벌채, 재생에너지 등의 문제를 해결하기 위해 열심히 일하는 비영리단체들이 있을 것이다. 대중이 배제되고 있다는 인식이 생기면서 엄청나게 많은 시위와 언론의 관심을 끄는 행동이 나타날 것이며, 그에 따른 부수적 사건들이 끊임없이 일어날 것이다.

그러나 내가 그런 일을 하려고 여기 온 것은 아니다. 대신 나는 대기 중 이산화탄소 배출량 증가에 대한 해결책을 실제로 가지고 있을지도 모르는 한 사람을 만나러 이곳에 왔다. 그의 해결책은 지구온난화 논쟁과는 아무런 관련이 없고, 전적으로 음식과 관련이 있다.

호텔에서

나는 프랑스 총리 관저 바깥의 거리에서 새벽이슬을 맞으며 서 있었다. 경비원들과 이야기하는 것은 이번이 두번째인데, 그들은 아까 내게 거리로 내려가서 커피나 마시라고(달리 말하면 꺼지라고) 말했다. 나는 약속이 있다고 설명하려고 했다. 그렇지만 내 미국 여권과 형편없는 프랑스어는 도움이 되지 못했다.

마침내 내 연락책이 도착해서 더 많은 경호원들을 거느린 좀 더 공인처럼 보이는 신사에게 다행히도 그 회의의 성격을 설명할 수 있었다. 그리고 오랜 기다림 끝에 나는 한 무리의 무장한 사람들과 함께 실내로 안내되었다. 또 한 번의 여권 확인과 몇 건의 전화통화, 또 다른 보안 검사를 거친 뒤, 나는 마티뇽 호텔 안뜰로 들어갈 수 있었다. 그곳은 1722년에서 1725년 사이에 건축된, 왕에게 어울릴 법한 석조건물로 360도 사방이 둘러싸인 놀라운 장소였다.

나는 뜰 저편으로 걸어가 한 돌담 꼭대기에 새겨진 글귀를 감탄하며 바라보았다. 그것은 프랑스혁명 초기에 라파예트 장군이 토머스 제퍼슨의 도움을 받아 초안을 작성한 "인간과 시민의 권리선언"이었다.

안뜰로 향하는 거대한 내리닫이 쇠창살문이 경고도 없이 위로 솟구쳤고, 차량을 막는 금속 기둥 장애물이 내려갔다. 번쩍이는 불빛과 함께 수많은 차량이 끼익 소리를 내며 주차장 안으로 들어왔다. 경찰과 경호대가 사방에 깔렸다. 바로 내 앞에 자리 잡은 방탄조끼를 입은 덩치 큰 두 사람 사이로, 나는 키 작은 대머리 남자가 차에서 나오는 것을 볼 수 있었다. 그는 프랑스 대통령 프랑수아 올랑드^{François Hollande}였다. 그가 등장하는 모습은 흡사 007의 제임스 본드(프랑스로 치면 OSS 117) 같았지만, 그는 내가 여기서 만나려는 사람이 아니었다.[3] 그는 건물 안으로 쏜살같이 들어갔고, 전문 경호원들은 도착했을 때와 마찬가지로 재빨리 사라졌다.

"내 사람"은 다음 차례에 도착할 것이라고 했다. 나는 방탄조끼를 입은 더 많은 프랑스인들에 대비해 마음을 다잡았다. 나는 기다렸다. 누군가 커피를 마시겠냐고 물었다. 나는 거절했다. 좀 더 기다렸다. 점점 더 습하고 추워졌다. 마침내 내가 막 커피를 부탁하려던 순간 내리닫이 쇠창살문이 솟구치더니 키가 큰 50대 중반의 자신감 있는 남성이 격식을 차리지 않고 걸어 들어왔다. 그에게도 이어피스를 착용한 채 정장을 입고 땀을 흘리는 호리호리한 전문 경호원 두 명이 붙어 있었다. 그들은 산책 때문에 숨이 찬 것처럼 보였다. 그들은 그다지 위협적이지 않았다. 그도 그럴 것이, 누구도 프랑스 농무부 장관을 암살하려고 시도한 적이 없었다.

190센티미터 가까이 되는 키에 스타일 좋은 흰머리를 하고 언제나

내가 만난 프랑스 농무부 장관 스테판 르 폴
(촬영: 사이먼 발데라스Simon Balderas)

미소를 머금은 스테판 르 폴Stéphane Le Foll은 전염성 있는 확신의 분위기를 풍겼고 빌 클린턴 풍의 카리스마를 가지고 있었다. 그는 나와 악수하며 프랑스에 온 것을 환영했고, 나를 대충 한번 훑어보았다. 그는 건물을 향해 전속력으로 힘차게 걸어가면서 자신을 따라오라는 몸짓을 했다. 그는 시간을 낭비하지 않는 사람이었다.

걸어가면서 그는 내게 커피를 마시겠냐고 물었다. 나는 고맙지만 괜찮다고 말해주었다. 나는 르 폴을 따라 공원이 내려다보이는 아름다운 사무실로 들어갔다. 긴 탁자 주위에는 잘 차려입은 남녀 여러 명이 앉아서 서류 더미를 자세히 살펴보고 있었다. 르 폴은 자리에 앉아서 그를 위해 준비된 신문을 재빨리 훑어보았다. 그는 팀에게 최신 정보를 요청했다. 탁자에 있던 사람들은 차례로 다양한 국가들의 탄소 수치를 이야기했다.

그는 신문을 내려놓고 몇 가지 핵심적인 질문을 했다. 그는 잘난 척하는 식으로가 아니라 그들이 말하는 바를 알고 있음을 보여주는 방식으로 그들의 작업을 재확인했다. 이 남녀들은 유럽 최고의 농업 연구기관이자 세계 최고의 농업 과학 센터들 중 하나인 프랑스 국립농업연구소INRA에서 온 사람들이다. 1921년에 설립되고 1946년에 법으로 공식화된 INRA는 토양과 식량에 관해 미국 농무부를 제외한 다른 어떤 조직보다도 많은 자료를 보유하고 있다.

이 자문팀은 각 국가의 탄소 배출을 논의하고 있는 것이 아니다. 오히려 그들은 국가별로 토양에 얼마나 많은 탄소를 저장할 수 있는지를 계산하고 있다. 고풍스러운 탁자에 놓인 엄청난 서류 더미는 인류 농경지의 탄소 격리 가능성에 관하여 정부가 실시한 최초의 전 세계적 분석이다.

그리고 탁자 주위에 모인 INRA 과학자 팀이 추측한 바에 따르면, 그 잠재력은 엄청나다.

토양 해결책THE "SOILUTION"

"생물학적 탄소 격리"(식물과 미생물을 이용한 이산화탄소 격리) 연구의 선구자인 오하이오주립대학의 라탄 랄$^{Rattan Lal}$ 박사에 따르면, 인간은 약 1만 년 전 농업의 탄생 이래 약 500기가톤(1기가톤=10억 톤)의 이산화탄소를 대기 중으로 배출해왔다. 그러나 그 이산화탄소의 대부분은 비교적 최근에 현대 농업의 출현으로 배출되었다. 엄청난 양의 이산화탄소를 방출하는 경운, 산림 벌채, 도시화, 토지 이용의 변화로 우리는 한때 땅속에 저장되어 있던 막대한 양의 탄소를 효과적으로 추출해서 대기 중에 방출했다.

뿐만 아니라 약 250년 전부터 인간은 엄청난 양의 화석연료를 태우기 시작했다. 그로 인해 350기가톤의 이산화탄소가 대기에 추가로 방출되었다(그 가운데 절반은 1980년 이후에 생산된 것이다).[4] 총합해서 우리는 약 850기가톤의 이산화탄소를 공기 중에 배출해왔다. 현재 문명의 탄생 이래 인류가 방출해온 이산화탄소의 대부분은 식물과 토양으로부터 나온 것이다.

농무부 장관 스테판 르 폴은 간단한 계획을 갖고 있다. 탄소를 원래 있던 곳으로 되돌려놓는 것이다. 그리고 이 일을 하는 데 만 년을 소요하는 대신, 20~30년 안에 해내기를 원한다. 그것은 급진적이고 대담하며 우아한, 그리고 파괴적인 발상이다. 그의 INRA 자문단이 계산한 바에 따르면, 이 일은 효과가 있을지도 모른다.

찰스 킬링이 최초로 이산화탄소를 측정한 이후로 생물학적 탄소 격리의 기본 과학은 이해되었다. 그러나 땅과 식물은 그들이 들이쉰 이산화탄소를 항상 배출할 것이라고 가정되었다. 달리 말해서, 땅의 순 이산화탄소 흡수량은 항상 0에 맞춰질 것이라고 여겨졌던 것이다. 그러나 최근 생물학자들은 점점 더 한목소리로 매우 다른 사실을 말하고 있다. 프랑스, 오하이오, 펜실베이니아, 오스트레일리아 등지에서의 토지 테스트에 기초한 그들의 주장에 따르면, 적절히 관리될 경우 농경지는 이산화탄소의 순 "격리자"가 될 수 있다는 것이다. 이 말은 배출되는 것보다 더 많은 탄소를 흡수할 수 있다는 뜻이다. 이것은 매우 엄청난 주장이다.

생물학적 탄소 격리에 관련된 생물학은 복잡하며, 지금껏 기후과학 세계(지금까지는 대기학, 해양학, 그리고 화학 분야에 국한되어 있었다.)에서 거의 무시되어왔다. 과학의 분야들은 사일로●와 같다. 화학자들과 생물학자들은 일반적으로 섞이지 않는다. 물리학과 화학은 예측 가능하고 생물학은 예측이 한없이 어렵기 때문에 생물학적 탄소 격리의 과학은 더디게 알려졌고, 기후변화 과학 공동체에서 더욱 더디게 받아들여졌다.

일반적인 의미에서 탄소는 모든 생명체에 존재한다. 식물, 농작물,

● 곡식 등을 보관하는 원통형 저장창고

또는 식량을 재배하기 위해 부엽토나 토양의 유기물로 알려진 어둡고 풍부한 표토 형태의 탄소를 생물학적으로 이용한다면 식물은 더 잘 자랄 것이다. 오랫동안 과학자들은 식물과 동물이 죽고 분해되어 표토에 더해질 수 있다는 것을 알고 있었다. 그러나 더 고해상도의 현미경과 더 정확한 기기를 사용할 수 있게 되면서, 생물학자들은 생명의 거시적 층위(식물, 잎, 뿌리 등)를 넘어서 미시적 층위(균류, 박테리아 등)를 볼 수 있게 되었다. 바로 거기서 진정한 탄소 작용이 일어난다.

식물은 뿌리를 통해 뿌리 분비물의 형태로 탄소를 배출한다. 이 분비물은 수조 개의 미생물들의 먹이가 되며, 그 미생물들은 엄청나게 복잡한 생물학적·화학적 교환을 통해 뿌리 시스템에 관여한다. 작동하는 생태계에서, 뿌리로부터 배출된 탄소는 상부의 유연하고 "불안정한" 토양층으로 전달되어 더 깊고 움직이지 않는 토양층으로 운반된다. 그것은 마침내 토양 깊숙이 유기 미네랄 복합체의 형태로 퇴적된다. 탄소는 그곳에 수천 년 동안 저장될 수 있다.[5]

세 가지 미래

탄소가 얼마나 많이 저장될 수 있을까? 글쎄, 그건 당신이 누구에게 이야기하느냐에 달려 있다. 르 폴 진영의 농학자들을 비롯해 미국과 오스트레일리아에서 이 문제를 연구하는 사람들은 토양 경운을 줄이고 피복작물을 심는 등 "가벼운" 재생농업 기술을 폭넓게 시행함으로써 오늘날 우리 인간이 해마다 배출하는 양만큼의 이산화탄소를 생물학적으로 격리할 수 있다고 믿는다. 나는 이것을 "중간 경우" 시나리오라고 부른다("최악의 경우"는 우리가 아무것도 하지 않고 유엔이 당사국총회 모임을 더 자주 열어서 이 문제를 해결해주기를 기대하는 것이다). 이러한 토양 기반의 중간 경우 생물학적 탄소 격리 시나리오는 여전히 세계의 화석연료 사용을 서서히 줄여나가는 것을 필요로 하는데, 이는 대기에 더 많은 이산화탄소를 계속 추가하는 현재 시나리오보다는 훨씬 낫다. 그러나 오늘날 기후변화 커뮤니티에서 제시되는 것들, 즉 "북극곰 구하기" 또는 "지구 기온 안정화하기" 때문은 아니다. 이러한 운동은 중요하지만, 훨씬 더 시급한 문제가 있다.

간단히 말해서, 우리가 대기에 이산화탄소를 추가할 때 지구의 자연적인 균형 메커니즘은 그것을 제거하려고 한다. 이산화탄소가 가장 쉽게 흡수될 수 있는 곳은 해양이다. 해양 속에서 이산화탄소는 탄산

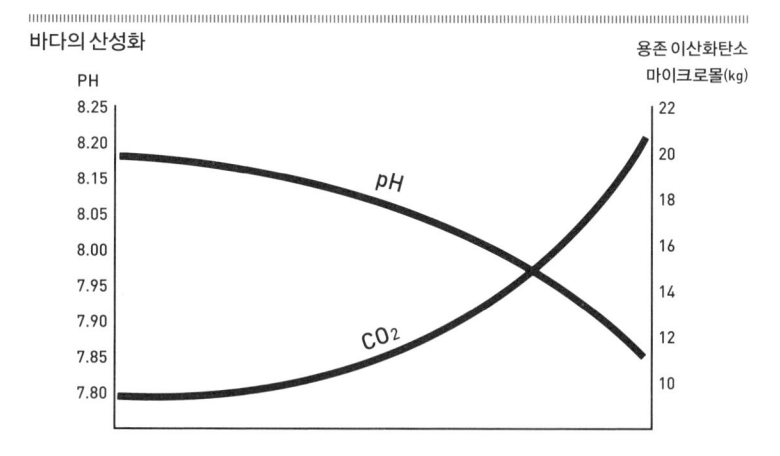

대기 중 이산화탄소가 많아지면 바다는 가능한 한 많은 이산화탄소를 흡수해 탄산으로 바꾼다. 바다의 산성화는 우리가 호흡하는 산소의 절반을 생산하는 식물성 플랑크톤을 위협한다.　　　　(출처: NOAA)

으로 바뀌어 해양의 pH를 산성으로 만든다. 해양이 산성화되면 먹이 사슬의 토대인 식물성 플랑크톤이 죽는다.

이런 이야기는 안 좋게 들릴 텐데, 우리는 더 작은 먹이 생물 층에 의존하는 물고기와 바닷가재 같은 것을 즐겨 먹기 때문이다. 그러나 식물성 플랑크톤이 이 논의에서 중요한 까닭은 그것 때문이 아니다. 이 작고 섬세한 생물은 우리가 호흡하는 산소의 50퍼센트 이상을 생산한다. 따라서 대기 중 이산화탄소가 많아지면 바다가 산성화되고, 바다가 산성화되면 식물성 플랑크톤이 죽게 되며, 식물성 플랑크톤이 죽으면 인류에게 산소가 부족해진다.

지구온난화 논란의 양측에 있는 사람들은 이 중요한 진실을 완전히 놓치고 있다. 우리가 숨 쉴 수 없다면, 대기 중 이산화탄소 농도의 증가가 온난화를 야기하느냐 아니냐 하는 것은 아무 상관이 없는 문제이다. 달리 말하면, 우리 인간이 미래에도 번영하는 세계에서 살고 싶다면, 이산화탄소를 땅속으로 되돌려놓는 것은 우리가 숨 쉬는 공기만큼 중요한 문제이다.

우리가 해마다 배출하는 이산화탄소를 줄이는 "중간 경우" 시나리오는 이론적으로 인류에게 탄소 기반 연료에 대한 끈덕진 갈망을 해소할 시간을 벌어줄 것이다. 그러나 과학자들은 이산화탄소를 400ppm으로 안정화하더라도 우리가 아는 지구는 극적인 변화를 겪게 될 것이라고 말한다. 바다는 계속 산성화되고, 기하급수적으로 더 많은 종이 소멸될 것이며, 인류 문명은 위협받을 것이다. 이것은 "최악의 경우"인 "세계의 정부들이 협력해서 이 문제를 해결하기를 기대한다"는 시나리오보다는 낫지만, 여전히 암울하다.

그렇지만 "최선의 경우" 시나리오가 있다. 당연히 그것은 전 세계 농업을 핵심에 두고 다시 생각하는 것이다. 심지어 음식 자체에 대해 다시 생각하는 것까지 포함한다. 그러나 최선의 경우 시나리오는 입맛에는 맞을지라도 실제로 행하기는 힘이 든다. 이 시나리오에서는 집중적인 대규모의 무경운 유기농업 또는 재생농업을 위해 제초제, 농약, 유전공학, 옥수수와 콩과 밀과 쌀의 단작, 합성질소, 좁고 사방이 막힌 가축 비육장肥育場, 경운 등 거대 돈벌이 사업을 포기하도록 농업을 개혁해야 하며, 이를 위해 적극적인 글로벌 프로그램이 마련되어야 할 것이다.

제대로 행해질 경우, 수치는 인류가 지금까지 배출해온 이산화탄소의 전부는 아니더라도 대부분을 격리할 수 있음을 보여준다. 최선의 경우 시나리오는 매우 이론적이고 어쩌면 순진한 것일 수도 있지만, 그

이산화탄소의 세 가지 가능한 미래

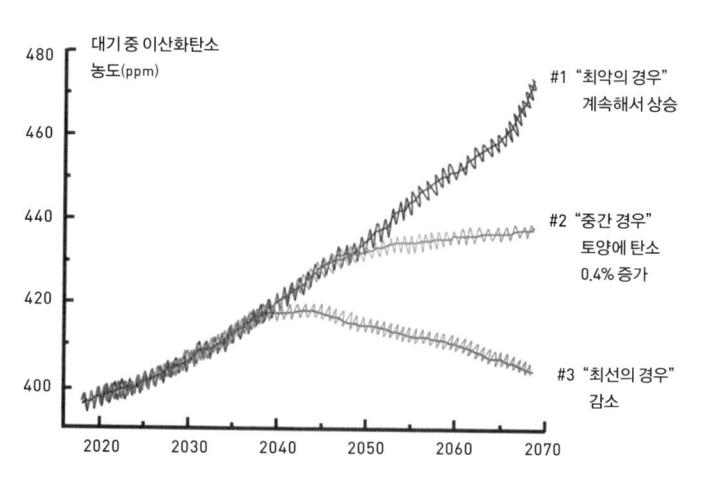

것은 우리 종의 미래에 진정한 희망을 주는 최초의 수학적 모델이다. 이 시나리오는 우리가 석탄과 석유 기반 연료 사용을 중지해야 한다(지정학적으로나 경제적으로 안정적인 미래를 위한 신중한 조치)는 당위를 면제해주지 않겠지만, 자연의 복원력을 이용함으로써 지구 생태계의 대부분을 온전하게 유지하는 미래를 만들 수 있다.

내가 르 폴과 그의 자문단 사이의 대화를 앉아서 듣고 있을 때, 그들은 어떤 토양 탄소 시나리오를 제안해야 하는가의 문제를 안고 씨름하고 있었다. 르 폴이 당사국총회에서 발표하려는 수치들은 달성 가능할 만큼 충분히 보수적일까? 광범위한 연구를 토대로 그들은 그렇다고 믿고 있었다. 좀 더 공격적으로 최선의 경우 시나리오를 제안해야 할까? 그 질문에 대해서는 잠시 침묵이 흘렀고, 장관의 말이 침묵을 깨뜨렸다.

"우리는 우선 국제적 동의를 얻어야 합니다. 일단 연합이 시작되고 결과가 나온다면 우리 입장을 다시 생각해볼 시간이 있을 것입니다."

르 폴은 잠시 생각해볼 시간을 주었다. 아무도 말을 하지 않았다. 장관이 다시 말했다.

"좋습니다. 우리, 갈까요?"

그 말과 함께 그는 대단히 빠른 속도로 자신의 밴을 향해 걸어갔고, 그렇게 다시 떠났다.

파리의 거리에서

나는 르 폴과 그의 전문 경호원, 수행원 몇 명과 함께 작은 미니밴 안으로 구겨져 들어갔다. 훨씬 더 많은 경호원들이 선두 차량 안으로 뛰어들어갔다. 차량이 솟아오른 쇠창살문을 지나 사이렌을 울리며 엄청난 속도로 자갈길 도로를 덜컹거리며 내달리는 동안 르 폴은 신문을 계속 읽으려고 애썼다. 창밖으로 파리가 획획 지나갈 무렵 르 폴 장관은 탄식하며 신문을 내려놓았고, 일간지 헤드라인을 읽는 대신 세계를 구하려는 자신의 계획을 천천히 공개했다. 그가 말했다.

"자, 어디서부터 시작할까요?"

나는 그에게 어떻게 해서 토양에 탄소를 저장한다는 생각을 떠올리게 되었는지 물어보았다. 르 폴은 말했다.

"당신이 질문한 문제와 관련해서, 농사에서 첫번째 도구는 토양이라는 사실을 이해할 필요가 있습니다. 트랙터나 콤바인 수확기, 인공위성, 컴퓨터 따위가 아닙니다. 이 사실은 매우, 매우 중요한데, 왜냐하면 토양 안에 탄소를 저장함으로써 온실가스를 줄일 수 있기 때문입니다."

장관은 우리가 애초에 농업이 어떻게 이루어지는지를 잊어버렸다는 사실이야말로 토양 탄소 저장이 그저 공표에 불과한 것으로 보이는 이유라고 설명했다. 그는 자신이 말하는 것이 새로운 것이 아니라 오히려 매우 오래된 지식을 새로운 지구적 맥락에서 제시하는 것이라고 강조했다.

그는 토양의 중요성을 확실히 강조한 것에 만족하면서 말했다.

"나는 유럽의회에서 근무한 이래 10년 동안 줄곧 이 일을 해왔습니다. 미국에는 탄소 저장 문제를 연구하는 연구자와 농부 들이 있다고 알고 있습니다. 심지어 빌 클린턴이 작성한 제안서도 있는데, 미국 토양의 탄소 저장 잠재력을 검토한 문서입니다. 그렇지만 결국 실현되지는 못했지요."

르 폴은 연구가 중요하지만 전 세계 정책을 바꿀 수 있을 경우에만 의미가 있으며, 프랑스가 바로 그 일을 시도하고 있다고 구별해 말했다.

장관은 프랑스가 수년 동안 구세계 최고의 지식과 최고의 현대적 관행을 결합하는 새로운 농업 모델을 연구해왔다고 말했다. 그것은 "농생태학^agroecology"으로 일컬어진다. 그는 그 모델을 다음과 같이 설명했다.

"농생태학은 경제적 성과, 생태학적 성과, 사회적 성과라는 세 요소가 결합한 것입니다. 이것들 뒤에는 농부들이 있으며, 앞으로도 언제나 그럴 것입니다. 이것이 프랑스의 개념에 들어 있는 것입니다. 나는 '환경은 농업의 적이 아니며 농업은 환경의 적이 아니다.'라고 말하는 법률을 만들고 있습니다. 정반대입니다. 그 둘은 완전히 연결되어 있습니다."

이 이야기는 멋지게 들렸지만 약간 "손잡고 쿰바야를 부릅시다." 같은 느낌이었다. 결국 농업의 목표는 우리가 미국에서 지겹도록 듣던 대로 세계를 먹여 살리는 것이다. 그래서 나는 르 폴에게 어떤 식으로 그 일(농생태학으로 세계를 먹여 살리는 일)을 하려 하는지 물었다. 그는 숨을 들이쉬고 말을 시작했다.

농부 교육	경제적·환경적 지지 집단	농약 사용 축소	생물학적 방제
농생태학 교육	같은 목표를 공유하고 자원을 공동 이용하는 농부 집단	식물성 곤충기피제 사용	식물 보호를 위해 자연적 방법 사용
항생제 사용 축소	고부가가치 단백질 작물 재배	물 관리	양봉에서의 생물 다양성
항생물질 내성을 피하기 위해 항생제 줄이기	육류 소비를 상쇄하기 위해 농부들이 단백질 작물을 재배하도록 돕기	이용 가능한 물을 최적화해 사용	양봉 발전을 위한 연구 및 지원
메탄화	유기농업	지속 가능한 종자 계획	삼림농업
농업 및 농식품 폐기물로 에너지 창출	유기농 제품의 생산과 소비 촉진	농경 및 기후 조건에 적응 가능한 종자 연구	생물 다양성 증진과 토양 개선을 위해 나무 심기를 작물과 접목

프랑스의 농생태학 프로그램은 세계에서 가장 발전된 정부의 재생농업 프로그램이다. (출처: INRA)

"10월에 우리는 밀 수확이 끝난 밭에 서 있었습니다. 그 밭에는 콩, 귀리, 알팔파가 1미터 넘게 자라 있었습니다. 10월에 말이지요! 1미터가 넘게요! 우리가 거기 서 있었을 때는 거의 겨울이었습니다. 10년 전에는 누구도 이런 일이 가능하다고 상상하지 못했을 겁니다."

장관은 이 시험장이 농생태학으로 에이커당 훨씬 더 많은 식량을 생산할 수 있음을 보여준다고 말했다. 그는 농작물이 더 잘 자라는 비밀은 토양의 탄소 함량을 높이는 것이라고 했다. 그렇게 하기 위해서는 토양을 식물로 계속 덮어주어야 하고 결코 맨땅으로 내버려두어서는 안 된다는 것이다. 그는 그러한 생각에 고무되었고, 그의 대답은 점점 더 단호해졌다.

"우리는 토양에 탄소를 저장하고, 더 많은 식량을 생산하며, 계획된 순환에 따라 농작물을 유지하고, 동시에 생물 다양성을 구하는 매우 기술적인 농부들을 보게 될 것입니다. 이것이 전 세계 농업에 암시하는 바는 엄청난 것입니다."

만약 그의 말이 사실이라면, 농생태학은 전 세계를 먹여 살리는 데에도 큰 역할을 할 것이다.

우리 밴은 한동안 교통체증에 갇혀 있었는데, 마침내 르 폴은 시계를 보고 운전사에게 말했다. "기번, 우리 늦겠어요."(달리 말하면 뭔가를 하라는 뜻이었다.) 바로 그때 뒤에서 사이렌과 엔진이 돌아가는 소리가 들렸고, 외교관 호송차량이 반대편 길을 역주행으로 내달리며 비명을 질러댔다. 그 순간 르 폴의 운전사는 운전대를 돌려 가속페달을 밟으며 무전기에 대고 말하기 시작했다. 밴은 앞으로 빠져나와 시끄러운 사이렌을 울리며 서두르는 차량 호송대의 일부가 되었다. 엔진이 시끄럽게 윙윙거려서 나는 속도계에 흘끗 눈길을 주지 않을 수 없었다. 시속 100킬로미터를 훌쩍 넘어섰고, 가속이 붙고 있었다. 우리는 주도로에 진입했고, 이제 고속도로를 역주행으로 내달리는 일종의 준準외교 차량 무리의 일부가 되었다. 전문 경호대는 모두 이어피스로 말을 주고받았다. 밴 내부의 긴장은 손으로 만져질 듯했다.

르 폴은 잠깐 동안만 혼란에 빠진 듯했다. 그에게 오늘은 그저 공직을 수행하는 또 다른 날에 불과했다. 그는 나를 보며 말했다. "그럼, 또 뭐가 있죠?" 나는 그가 오늘 당사국총회21에서 발표할 프로그램을 어떻게 생각해냈는지 설명해주기를 바랐다. 그의 보도자료에서 이 프로젝트는 "1,000에 대한 4" 프로젝트로 일컬어졌다(번역을 도와준 나의 프랑스계 미국인 친구들도 혼란스러워했다).

르 폴은 사이렌을 덮을 만큼 큰 목소리로 기본적인 수학을 참을성 있게 설명했다. 해마다 인류는 탄소 43억 톤(4.3기가톤)을 대기 중으로 배출한다. 한편 전 세계의 토양은 1,500기가톤의 탄소를 고정적으로 함유하고 있다. 따라서 만약 우리가 토양의 탄소를 해마다 1,000분의 4퍼센트(0.4퍼센트)씩 증가시킬 수 있다면, 약 6기가톤의 이산화탄소를 토양 속에 다시 저장할 수 있을 것이다. 식물이 방출하는 이산화탄소의 여지를 남겨두더라도, 이는 인류가 해마다 배출하는 4.3기가톤을 상쇄한다.[6]

만약 이러한 산수가 우습게 들린다면, 아마도 우리가 일반적으로 퍼센트를 분모에 대한 분자의 약칭으로 생각하기 때문이다. 미국에서는 "4퍼센트"라고 말하는 반면, 프랑스인은 "100에 대한 4"라고 말한다. 그것은 같은 것, 100분의 4를 뜻한다. 따라서 "0.4퍼센트"는 "1,000분의 4"로 표현될 수 있으며, 또한 "0.004"로 표기할 수 있다. 프랑스인들은 "천분율"을 의미하는 특수 숫자 기호 ‰를 사용하기 때문에 영어로 번역할 때 더욱 혼란스러워진다. 미국인이 보기에 4‰는 "4퍼센트"로 쉽게 오인할 수 있지만, 전혀 다른 뜻이다. 그것은 "1,000분의 4"를 뜻한다(당신은 "토마아토"라고 하고, 나는 "토맛토"라고 하는 차이다).

요점은 프랑스 장관이 1,000에 대한 4(글로 쓸 때는 4‰로 표기)라고 부르는 프로젝트는 매년 전 세계 이산화탄소 배출량을 상쇄하기 위해서 해마다 지구상의 50억 헥타르의 농경지에서 평균 0.4퍼센트씩 토양 탄소를 증가시킬 필요가 있으며 그것은 이산화탄소를 원래 나온 곳에

1,000에 대한 4 프로젝트

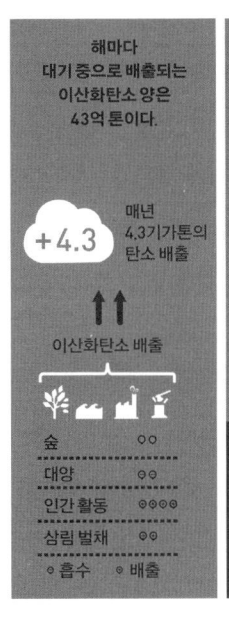

식량 안보와 기후를 위한 토양의 탄소 격리

해마다 대기 중으로 배출되는 이산화탄소 양은 43억 톤이다.

매년 4.3기가톤의 탄소 배출

+4.3

이산화탄소 배출

숲
대양
인간 활동
삼림 벌채

흡수 · 배출

전 세계 토양은 1,500기가톤의 탄소를 유기물의 형태로 고정적으로 함유하고 있다.

식물의 의한 이산화탄소 흡수

토양에 유기탄소 저장

1,500

기가톤의 탄소

토양의 탄소를 해마다 0.4%(1,000분의 4%)씩 증가시킬 수 있다면, 약 6기가톤의 이산화탄소를 토양 속에 저장할 수 있다. 식물이 방출하는 이산화탄소의 여지를 남겨두더라도, 이는 인류가 해마다 배출하는 4.3기가톤을 상쇄한다.

식물에 의해 증가된 이산화탄소 흡수

농지, 목초지, 숲…

전 세계 토양에 탄소 0.4% 증가

= 더욱 비옥한 토양
+ 기후변화의 영향에 더 잘 대처할 수 있는 토양

1,000에 대한 4 프로젝트의 목표는 건강한 농업 토양이 에이커당 더 많은 식량을 생산하면서 이산화탄소를 격리할 수 있음을 입증하는 것이다. (출처: 프랑스 농무부)

다시 격리하려는 작지만 의미심장한 움직임이라고 말하는 유럽식 표현일 뿐이라는 점이다. 이것은 특히 중무장한 남자들로 가득한 밴을 타고 파리를 가로지르는 좁은 도로를 날 듯이 달리고 있을 때에는 이해하기 벅찬 이야기이다.

르 폴은 1,000에 대한 4 프로젝트가 상당한 공동 이익을 가져온다고 말했다.

"우리는 기후변화에 맞서 싸우는 동시에 지구 토양의 비옥함을 보장하며, 이에 따라 지구 전체를 먹여 살릴 만큼의 농업 생산을 장담합니다."

나는 이것이 좀 더 산업화된 형태의 농업을 향해 가는 전 세계 과반의 흐름에 역행하는 것은 아닌지 물었다. 다 안다는 듯한 미소가 그의 얼굴에 번졌다.

르 폴은 시계를 다시 확인하고 창밖을 내다보았다. 그러고는 목을 부러뜨릴 수도 있는 속도에 만족하고는 이렇게 설명했다.

"첫번째 녹색혁명에서 우리는 기계와 화학물질을 사용했습니다. 그러나 우리는 너무 지나쳤어요. 당신의 국가를 예로 들면, 미국에서는 유전자변형 작물GMO의 사용이 전 세계 기아라는 엄청난 문제를 해결하기 위한 해법으로 제시되었습니다. 그 주장에 따르면, 이러한 유전자변형 작물은 화학물질을 더 적게 필요로 한다는 것입니다. 그런데 15년, 20년 후의 결과에 따르면, GMO는 이러한 화학물질 사용을 증가시킵니다. 그러므로 이것은 세계의 기아 문제를 해결하지 못합니다. 그래서 나는 다국적 농업기업 몬산토의 GMO 농업 모델과 그들의 제초제 글리포세이트를 광범위하게 이용하는 것으로는 세계를 먹여 살릴 수 없다고 확신합니다. 우리는 그 모델의 끝에 다다랐습니다. 우리는 막바지에 다다랐습니다."

참고로 글리포세이트는 2장에서 좀 더 논의할 유독성 제초제 라운드업Roundup의 주요 화학성분이다.

르 폴은 몬산토와 그들의 동맹이 포기하지 않았다고 말했다. 그들은 당사국총회에서 그들만의 농업 모델을 제시했는데, 그것은 1,000에 대한 4 프로젝트와 직접 경쟁하는 것이었다. 그들은 이를 "기후 스마트 농업climate-smart agriculture"이라고 부르는데, 놀랄 것도 없이 그것은 몬산토가 후원하는 "기후 스마트 농업을 위한 국제연맹GACSA"이라는 이름의 "비영리" 컨소시엄에 의해 추진되고 있다. 본질적으로 GACSA는 특허 받은 GMO가 기후 위기를 해결하기 위한 방법이라고 홍보한다. 화학산업의 자체 연구들조차 GMO와 필수 화학약품을 사용하면 토양에 탄소가 추가되지 않음을 보여주었지만, 그들은 실제로 토양을 "재생"할 수 있다고 주장한다. 르 폴은 말했다.

"만약 우리가 그저 기후 스마트 농업만을 고수한다면, 농업의 미래에 대해 제대로 된 대화조차 할 수 없을 것입니다."

놀랍지도 않게 이것은 미국 농무부 장관인 톰 빌색Tom Vilsack이 지지하는 모델이다.[7] 르 폴은 다음 날 빌색을 만나서 1,000에 대한 4 프로젝트에 합류하도록 그를 설득해볼 것이라고 말했다(달리 말해서, "죽음의 별을 떠나 한 솔로와 반란군 동맹에 가입하세요").

우리 밴은 고속도로를 벗어나 훨씬 더 많은 경찰 오토바이 및 경호 차량들과 합류했는데, 대부분의 도로가 경찰에 의해 통제되었기에 이 차량들은 어디든 달릴 수 있는 유일한 무리였다. 아침 통근자들에게는 다행스럽게도 지하철 시스템이 시계처럼 움직이고 있었다.

보안 검문소를 거쳐 안으로 들어가면서 나는 르 폴에게 긴장되느냐고 물어보았다.

"긴장이오? 아닙니다. 왜 긴장해야 하지요? 나는…… 그러니까 당신들은 뭐라고 표현하지요? 의욕에 차 있습니다."

순조로운 발표

우리는 밴에서 내렸다. 그토록 많은 땀과 아드레날린을 분출한 뒤에 맞이하는 시원하고 습한 공기는 더욱 상쾌하게 느껴졌다. 장관과 그의 참모들에게는 다행스럽게도 우리는 제시간에 도착해서…… 담배를 한 대 피울 수 있었다.

프랑스인들은 다른 수많은 영역에서는 진보를 이루었지만 여전히 엄청나게 담배를 피워댄다. 그러나 최근 몇 년 사이에는 (고맙게도) 지하철을 비롯한 여러 공공장소에서 흡연이 금지되면서 그나마 많이 줄었다.

스마트폰을 확인하기 시작할 만큼 휴식시간이 길다고 느껴질 때쯤, 보좌관이 다가와서 단호히 말했다.

"시간이 됐습니다."

담뱃불은 재빨리 꺼졌고, 르 폴은 다시 움직였다. 그의 패거리와 마찬가지로 나도 장관을 따라 뛰다시피 걸었다. 우리는 뒷문의 보안대를 통과했고, 수행원은 약 20명의 고문, 더 많은 경호원, 다른 여러 VIP들로 늘어났다. 우리 모두는 당사국총회의 다양한 국제 관광 가설건물들을 빠른 걸음으로 지나갔다.

인도와 걸프만 국가들의 호화로운 가설건물과 달리, 프랑스의 가설건물은 화려한 파란색 무대조명 몇 개가 달린 인상적이지도 않고 장식도 없는 나무상자였다. 겨우 200명이 빠듯하게 앉을 수 있을 정도의 크기였다. 우리가 장관과 함께 걸어 들어갈 때쯤에는 거의 300명이 작은 발표장 안에 꽉 들어차 있었고, 입석만 남아 있었다. 르 폴은 맨 앞

줄의 좌석으로 안내되었다. 나는 손짓에 따라 옆쪽 벽에 어색하게 서 있을 수밖에 없었다.

방 안의 찌는 듯한 열기로 판단하건대 그 프로그램은 한참 동안 계속되었을 것이다. 국가 대표자들이 연이어 마이크 앞으로 나와 자신들의 나라가 1,000에 대한 4 프로젝트에 참여하겠다는 의사를 표명했다. 몇몇 아프리카 국가들 다음으로 독일, 벨기에, 오스트레일리아, 뉴질랜드를 비롯한 다른 많은 나라들이 뒤를 이었다. 그들은 모두 동의했다. 모두가 발언한 후 카메라가 준비된 작은 단상에 올라가서 자기네 농업 전체를 이 프로그램으로 전환하겠다고 약속하는 공식적인 1,000에 대한 4 참여 문서에 서명했다. 그들이 펜을 내려놓는 장면이 각각 촬영되었다. 이제 그들은 참여 의사를 철회할 수 없다.[8]

구소련 공화국 출신의 한 외교관이 톨스토이 식으로 긴 연설을 하는 동안, 나는 연설자 뒤쪽 벽에 투사된 조인국 지도에서 몇 군데 빠진 부분이 두드러진다는 사실을 알아차렸다. 인도, 중국, 걸프만 국가들, 그리고 미국은 모두 회색으로 표시되어 있었다. 달리 말해서, 지구상에서 가장 많이 이산화탄소를 배출하는 국가들 중 어느 하나도 오늘 1,000에 대한 4 프로젝트에 서명하지 않은 것이다. 나는 호주머니 속에서 구겨진 프로그램을 꺼내 다시 확인해보았는데, 미국에서는 단 한 사람도 발언조차 하지 않았다. 빨강, 하양, 파랑으로 꾸며진 미국의 가설건물은 단지 몇 발자국 떨어진 곳에 있었는데, 왜 그런지 모르겠지만 세계 최대의 농업 생산국은 이 프로그램을 주도한 프랑스인들에게 감사의 사절을 보내는 일조차 하지 않았다.

드디어 내 사람이 말할 시간이다. 르 폴이 단상에 올라가자 회의장은 활기를 띠었다. 그가 연단의 투명 플라스틱을 너무 꽉 잡아서 나는 그가 맨손으로 그것을 으스러뜨릴지도 모른다고 생각했다. 그러나 그 손은 곧 허공에서 활기를 되찾았다.

르 폴은 조용히 말했다.

신사숙녀 여러분, 친애하는 동료 여러분, 불과 몇 주 전에 바로 이곳, 이 도시는 테러리스트의 공격을 받았습니다. 파리에서 이 기후회의를 개최한다는 것은 인류가 스스로 결집하고 연합해서 희망을 가져올 수 있어야 한다는 생각을 품는 것입니다. 우리는 지구상의 모든 남녀, 모든 나라의 모든 사람이 함께 미래를 건설할 능력이 있고 형제애를 가지고 평화롭게 그렇게 할 수 있다는 것을 깨달아야 합니다.

저는 이 1,000에 대한 4 프로젝트가 자랑스럽습니다. 이것을 시작했기 때문에, 이 프로젝트가 여기 프랑스에서 태동했기 때문에 자랑스러운 것이 아니라, 인식을 이끌어냈기 때문에 자랑스럽습니다. 이러한 1,000에 대한 4라는 비율의 발상은 농업용 토양과 숲의 토양에도 엄청난 잠재력이 있다는 것입니다. 해결할 수 있는 능력, 이것은 희망이고, 기후변화에 맞서 싸우는 우리 앞에 놓인 거대한 도전입니다. 이것은 어마어마합니다. 이것은 우리가 생존하기 위해 애써 노력해야 할 가능성입니다.

그러나 탄소 저장 문제를 해결하기 위해서는 공공정책을 수반해야 합니다. 우리는 농부들 없이는 성공할 수 없습니다. 우리의 농부들은 오래전에 이 일을 시작했습니다. 브르타뉴의 할아버지들은 말했습니다. "농사에는 세 가지 요소가 있다. 거름, 거름, 그리고 거름." 이처럼 자연과 함께 일한다는 생각은 이곳에서 농업이 시작된 이래 줄곧 존재해왔습니다. 우리는 농업 생산의 발전 과정에서 자연의 메커니즘을 거스르기 전에 그것을 더 잘 활용할 것입니다. 프랑스에서 우리는 이를 농생태학이라고 부르는데, 이를 통해 자연이 우리에게 줄 수 있는 것을 훨씬 더 많이 활용해서 더 좋은 것을 더 많이 생산할 수 있습니다.

이것은 자기 보존에 대한 것만은 아닙니다. 오히려 인류의 미래에 대한 인식과 관련된 것입니다. 1,000에 대한 4, 그것은 가능성입니다. 1,000에 대한 4, 그것은 이 거대한 프로젝트의 목표입니다. 1,000에 대한 4, 그것은 우리 모두가 함께 가진 능력이며, 우리가 성공할 수 있는 방법입니다. 감사합니다.[9]

장관이 마지막 말을 끝내자 방 안에 전율이 흘렀다. 모두가 일어나 박수를 쳤다. 박수 소리에 묻혀 다른 소리는 모두 사라지고 카메라 플래시만 번쩍였다. 스테판 르 폴은 단지 한 유럽 국가의 농업 분야 피임명인에 불과하지만, 바로 이 순간 이 방에 있는 300여 명의 사람들에게 그는 토양의 모세였다.

사진사들에게 둘러싸인 르 폴에게 사람들이 몰려들어 악수하고 껴안고 키스했다(어쨌든 여긴 프랑스다). 이벤트 기획자는 "가족사진"을 찍기 위해 다양한 서명자들을 가까스로 무대로 불러 모았다. 그곳에 그들이 있었다. 1,000에 대한 4의 국가들을 대표하는 스무 명의 남성과 다섯 명의 여성, 그 중심에는 르 폴이 있었다.

단체사진 속에서 나는 내 인터뷰 목록에 있는 오스트레일리아인 앙드레 류^{Andre Leu}를 발견했다. 류는 국제유기농업운동연맹^{IFOAM}이란 조직의 책임자로 전 세계 농업 정책을 다루는 데 많은 시간을 할애하고 있다. 나는 1,000에 대한 4 서명 이벤트가 그에게 무엇을 의미하는지 물었다. 그는 말했다.

"나는 2009년 코펜하겐부터 줄곧 당사국총회에 참석했습니다. 내게 파리는 가장 중요합니다. 21번의 당사국총회, 21년 동안 이번이 농업의 날이 있는 최초의 당사국총회입니다. 그리고 우리에게는 유엔식량농업기구^{FAO}, 국제농업개발기금^{IFAD}, 국제농업연구협의그룹^{CGIAR}, 지구환경기금^{GEF} 등 주요 세계 조직들이 있고, 세계 도처의 30개국이 우리와 함께합니다."

류는 숨 가쁘게 설명을 이어갔다.

"이 NGO들은 모두 여기에 서명했습니다. 이는 농업에서 가장 중대한 변화 중 하나가 될 것입니다. 1,000에 대한 4를 달성하기 위해서는 농업 방식을 바꾸어야 하기 때문이지요. 따라서 내게 오늘은 세계가 '농업을 기후변화의 문젯거리에서 해결책으로 바꾸기로' 결심한 날입니다."

류는 또 다른 중요한 점을 지적했다. 거대 농업 주체들(그들은 또한 가장 큰 오염원이기도 하다.)이 서명하지 않은 반면, 식량농업기구의 위임으로 대표된 국가는 193개국이 넘었다는 것이다. 또한 류는 이들 조직이 서명한 것은 단지 종이 한 장이 아니라고 주장했다. 그러한 전환에 자금을 제공하기 위해 엄청나게 많은 돈이 투입되었다. 거의 10억 달러가 다양한 자금조달기관들에 의해 충당되었다.

그 돈이 밑바닥에서부터 진정한 변화를 일으킬지 아니면 부패와 관료제에 흡수되어버릴지는 두고 볼 일이다. 그러나 한 가지 분명한 점은, 2015년 12월 1일 농무부 장관 스테판 르 폴은 1,000에 대한 4 프로젝트를 위해 확실히 자기 말뚝을 땅에 박아 넣었다는 것이다.

스테판 르 폴의 비밀 정원

나는 또다시 프랑스 총리의 관저 밖에 서 있었다. 오늘은 경비원들이 좀 더 친절해 보였고, 내 연락책이 도착하기 전에 나를 들여보내주었다. 보안대를 통과하자 누군가가 커피를 권했다.

나는 장관과의 인터뷰를 마치기 위해 앉아서 기다릴 수 있는 사무실로 안내되었다. 이번에는 아침식사와 커피를 들겠느냐고 했고, 나는 받아들였다. 훌륭한 도자기와 진짜 은식기에 담겨져 나온 식사는 미국의 트리플 플래티넘 레스토랑에서 나올 법한 아침식사였다. 이 특별한 아침식사를 위해 달걀과 빵, 장식에 특별한 풍미를 더한 것 같았다. 그리고 커피는? 말할 것도 없이 최상급이었다. (내가 미국 관공서에서 오래된 도넛 외에 뭔가를 대접받은 것이 언제였는지 기억조차 나지 않는다. 그조차 누군가의 봉급으로 사놓은 것이었다.) 나는 어느 레스토랑에서 음식을 가져왔는지 물어보았는데, 안내원의 대답은 믿을 수 없었다.

"레스토랑 음식이 아닙니다. 우리 요리사가 여기서 신선한 음식을 준비합니다. 우리에게는 모든 것이 완비된 주방이 있지요."

(당연한 일이다.) 나는 사과했고, 환대에 감사를 표했다.

내가 한창 포크 가득 음식을 집어 입으로 가져갈 때 르 폴이 도착해서 나를 알아보았다. 내가 포크와 냅킨을 내려놓고 일어나려 하자 르 폴이 웃으며 말했다.

"그냥 앉으세요. 드세요. 우리 음식을 조금이라도 즐기세요. 식사가 끝난 뒤에 돌아오겠습니다."

나는 그의 말대로 고풍스러운 방에 앉아서 신록의 정원을 내다보면서 한 입 한 입을 음미했다.

웨이터가(그래, 웨이터가) 내 음식을 치웠을 때 르 폴이 다시 나타났다. "이리 오세요." 나는 그를 따라 대리석 층계를 내려갔고, 그의 고문들이 서류를 검토하고 있는 사무실을 지나 아름다운 정원으로 들어섰다. 그런데 여기 와서 보니 이곳이 전형적인 관상용 정원이 아니라 먹을거리 정원이라는 사실을 깨달았다.

르 폴은 여전히 빨리 걸었지만, 오늘 그는 좀 더 차분하고 생각에 잠긴 듯했다.

"나는 사르트라는 작은 마을에서 자랐습니다. 그곳에는 농사짓는 사람들 265명이 살았지요. 나는 농부들 주변에서 자라났고, 아주 어렸을 때부터 농부가 되고 싶었어요."

푸른 잔디를 가로질러 덤불이 우거진 구역을 향해 걸어가면서 르 폴이 말했다.

덤불 뒤에는 나뭇잎과 퇴비가 쌓인 거대한 더미가 있었다. 프랑스 토마토처럼 생긴 통통한 남자가 쇠스랑으로 퇴비 작업을 하고 있었다. 그와 르 폴은 즉시 퇴비에 관한 이야기를 나누기 시작했다. 음식과 농사에 관한 대화의 묘미는 두 로망어가 쉽게 번역이 가능하다는 점에 있다. 영어에서 프랑스어로, "soil(토양)"은 "sol", "compost(퇴비)"는 "compost", "organic(유기농의)"은 "biologique" 등과 같이 번역된다. 어원적으로 말해서, 인간에게 가장 기본적으로 필요한 자양분이 언어학의 뿌리에 공유되어 있다는 것은 이치에 맞다.

르 폴은 그들의 정원이 농약도 합성비료도 벌레잡이용 화학 스프레이도 쓰지 않고, 토양을 위해 아주아주 많은 퇴비를 사용하는 완전한 유기농이라고 설명했다. 프랑스 토마토처럼 생긴 남자는 신이 나서 그의 거대한 퇴비 더미를 내게 보여주었고, 그들이 키우는 모든 것에 대해 말해주려고 했다.

르 폴은 진짜 토마토와 허브, 그리고 꿀벌을 가리키면서 정원을 계속 둘러보았다. 그는 자신의 작은 농장이 매우 마음에 드는 듯했다. 나는 그가 이 모든 식용 식물을 들여놓은 것을 보고 프랑스 정부의 다른 장관들이 그를 미쳤다고 생각하지 않느냐고 물어보았다.

"미쳤다고 생각하냐고요? 음, 그렇지 않습니다. 전혀 아니지요. 당신은 프랑스에서 우리가 매우 훌륭한, 그러니까 당신들은 그걸 뭐라고 말하지요? 요리*cuisine*를 먹는 것을 보았을 거예요. 우리는 이 정원에서 우리가 기른 것을 먹습니다."

나는 르 폴을 따라 위층으로 다시 올라갔다. 우리는 고풍스러운 사무실로 가 자리에 앉았다. 잠시 침묵이 흐르는 동안 나는 내 노트를 훑어보았다. 르 폴이 말했다.

"좋습니다. 그리고 또 뭐죠?"

르 폴은 내게 놀라운 환대를 베풀었지만 지금은 다소 불편한 질문을 해야만 했다. 나는 말했다.

"농무부 장관으로서 당신의 재임 기간은 곧 끝납니다. 이 1000에 대한 4 프로젝트가 완전히 실패한다면 어떻게 될까요?"

르 폴은 숨을 깊이 들이쉬고 나를 응시했다. 그러고는 입을 열었다.

"만약 아무 일도 일어나지 않는다면…… 토양의 사막화가 심각하게 진행될지 모릅니다. 세계적으로 일어나는 물과 바람의 토양 침식은 재앙을 가져올 것입니다. 둘째로, 우리가 이 프로젝트를 구체적으로 진행하지 않는다면, 토양 자체의 생물 다양성이 소실될 수도 있습니다. 만약 우리가 아무것도 하지 않는다면, 토양이 비옥함을 잃을지도 모릅니다. 생물 다양성도 잃겠지요. 농토를 잃고, 결국에는 기아가 확대되고 전 세계를 먹여 살리는 것과 관련해서 엄청난 문제들이 발생할 것입니다. 나는 이런 일들이 생길까 봐 두렵습니다. 우리가 더 오래 지체할

사막화와 식량 부족, 폭력의 연관성

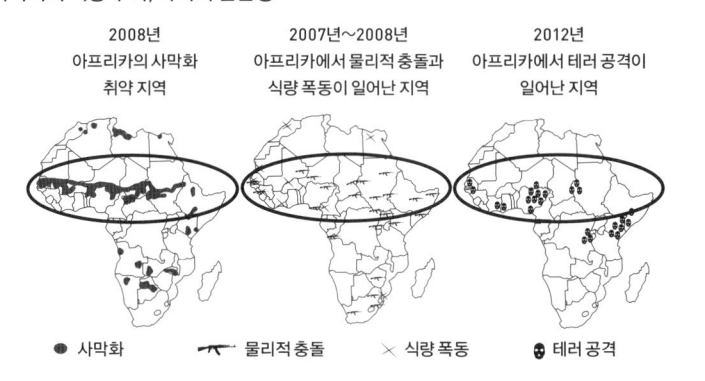

황폐한 토양이 사막화를 일으키고, 이는 차례로 대규모 이주와 국가의 불안정화, 그리고 간접적으로 테러리즘으로 이어진다. 스테판 르 폴이 두려워하는 이런 일은 아프리카에서 이미 일어나고 있다.

(출처: 글로벌 테러 데이터베이스)

수록 이러한 돌이킬 수 없는 일이 생길 가능성은 더 높아집니다. 일단 토양이 메마르기 시작하면 토양이 다시 비옥해지는 데에는 매우 오랜 시간이 걸리니까요."

바로 어제 토양으로 전 세계의 문제들을 해결할 수 있다고 선언했던 사람에게서 나온 이 말은 무시무시하게 들렸다. 그러나 바로 여기에 르 폴이 토양 기반의 탄소 포집을 홍보하는 진정한 이유가 있다. 그가 염려하는 것은 지구온난화가 아니다. 오히려 점점 증가하는 지구의 인구를 먹이는 문제다.

르 폴이 계속 설명했다.

"농업이 더는 많은 사람들에게 일자리를 제공하지 않을 때 무슨 일이 일어날까요? 그것은 대규모 이주를 야기합니다. 이러한 이주는 도시로 강하게 끌리는 경향이 있습니다. 이는 더 많은 실업과 더 많은 굶주림을 야기하지요. 불안정해진 국가는 취약해집니다. 그러면 여기서 이익을 얻으려는 자들의 먹잇감이 되지요. 이러한 일이 5년 전에 시리아에서 일어났습니다. 엄청난 가뭄으로 150만 명이 난민이 되었고 시리아가 불안정해지는 데 한몫을 했습니다. 시리아와 이라크의 이슬람국가(다에시)와 함께 우리가 직면한 문제가 바로 그것입니다. 일단 그 과정이 시작되면, 그 지역은 통제력을 잃습니다. 농산품 및 식량과 관련된 비용은 한 나라를 불안정하게 만들 수 있으며, 그로부터 한 대륙을 불안정하게 만들 수 있습니다. 정치적 불안정은 굶주림과 연결되어 있습니다. 우리는 이것을 알고 있습니다."

르 폴은 시리아에서 일어난 일이 수십억 명의 사람들에게 닥칠 위기의 시작에 불과하다고 믿는다.

"아프리카 국가들과 논의해보면, 그들은 50년, 어쩌면 40년 안에 그들의 인구가 두 배가 될 것이라는 사실을 잘 알고 있습니다……. 두 배! 만약 미래의 청년들에게 일자리를 제공할 농업이 없다면, 지정학적 규모의 정치적 재앙이 일어날 것입니다."

장관이 볼 때 기후 위기와 기아 사이의 연결고리는 끊을 수 없다. 그 둘은 동일한 근본적인 문제에서 비롯된 밀접한 결과이다. 나는 기후운동에 참여하는 사람들에게 자신의 견해를 어떻게 설명하는지 그에게 물어보았다.

"전 세계는 북극곰에 초점을 맞추고 있지만, 또 다른 현실이 있습니다. 만약 기후변화가 통제 불가능한 상태에 이른다면 수백만 명의 기후 난민이 생겨날 것입니다. 수백만! 그 사람들은 어디로 갈까요?"

근래에 셀 수 없이 많은 난민들이 새로운 집을 요구하며 유럽 국가들을 압박하고 있기에, 르 폴의 요점은 명백하다. 프랑스 국경 도시들에서 촬영된 충격적인 영상에는 난민들이 마치 인체로 이루어진 강물처럼 펜스를 넘어 쏟아져 들어오는 모습이 담겨 있다. 이러한 충격적인 실제 영상들은 모든 희망이 사라진 세계를 그린 브래드 피트의 좀비영화 《월드 워 Z》의 한 장면처럼 보인다.

르 폴이 이어 설명했다.

"그러한 까닭에 우리가 프랑스에서 농업경제를 위해 개발하는 모든 것은 이 순환을 바꾸기 위한 것입니다. 농생태학 혹은 집약적 생태학이라고 부르는 것으로 확실히 전환하고, 농업에서 자연적 메커니즘을 강화하고 기계나 화학약품의 사용을 늘리지 않는 것입니다. 왜냐하면 우리는 그 과정의 끝에 서 있기 때문입니다. 이것이 우리가 세계를 먹일 수 있는 유일한 방법입니다. 나는 전적으로 확신합니다."

　미국에서 세계의 식량 공급에 대해 이야기할 때 그것이 실제로 뜻하는 바는 농업 및 식품 회사들의 이익 증진이다. 그러나 르 폴은 세계의 식량 공급에 대해 이야기할 때 아프리카와 같은 곳에서 가난한 나라들에 식량을 공급하는 것에 대해 직접적으로 말한다. 그리고 그가 보는 바와 같이, 세계에 식량을 공급하는 것은 화학물질을 통해 만들어진 과잉 생산된 곡물을 구호품으로 나눠주는 것이 아니라, 밑바닥부터 농업을 다시 설계함으로써 이루어지는 일이다.

　이 모든 상황에서 미국이 참여를 거부하고 심지어 1000에 대한 4 행사가 열리는 방에 나타나지도 않은 것은 프랑스와 개발도상국 정부 모두에게 훨씬 더 큰 타격을 주었다. 미국 정부가 그 행사를 모르고 있었던 것 같지는 않다. 르 폴은 이후 미국 농무부 장관 톰 빌색을 만났다(나는 르 폴의 보좌관에게 그냥 재미로 두 사람이 만나는 사진을 문자로 보내달라고 부탁했다).

　장관과 함께하는 시간은 거의 끝났지만, 내게는 질문이 하나 더 남아 있었다. 나는 그에게 미국이 1000에 대한 4 프로젝트의 서명을 위해 하급 행정보좌관조차 보내지 않았다는 사실에 화가 나지 않는지 물었다. 그의 대답은 조심스럽고 외교적이었다.

　"바라건대, 우리는 기후변화와 세계의 굶주림에 대항하는 싸움을 완벽하게 아우르는 아름다운 프로젝트의 시작 단계에 있습니다. 네, 미국이 거기에 서명하지 않은 것은 사실이지요. 그러나 우리는 토양에 탄소를 저장하는 것이 공동의 목표라는 점에는 일반적으로 동의하고 있습니다. 그들이 왜 거기서 후퇴했을까요? 아마 미국 농업에는 토양과 무관한 거대한 목표가 존재하기 때문일 겁니다. 그것은 산업과 관련이 있습니다."

나는 그가 내 질문에 대답하지 않았다고 말했다. 나는 미국이 나타나지 않은 것이 개인적으로 그의 심기를 건드렸는지 알고 싶었다. 그는 다시금 회피했다.

"적어도 우리는 협력을 시도해야 합니다. 좋아요, 미국은 당사국총회21에 GACSA라는 프로젝트를 가져왔습니다."

GACSA, 곧 기후 스마트 농업을 위한 국제연맹은 유전공학을 장려하는 몬산토가 후원하는 비영리단체인데, 미국과 다른 국가들이 거기에 서명했다. 르 폴은 이 기후 스마트 농업은 비정부 조직이 그들의 합의에 실제로 참여하는 것을 허용하지 않는다고 했다. 왜냐하면 소수의 기업들이 유전자변형 농산물에 관한 모든 기술의 특허권을 소유하고 있기 때문이다. 여기서는 "고기 낚는 법을 가르치는" 모델이 설자리가 없기 때문에 비정부 조직은 사실상 참여할 수 없다. 이 모든 것은 식량 근원(종자)의 통제와 그로 인한 이익에 기초한다.

르 폴은 말을 이었다.

"이것은 진정한 지구적 규모의 프로젝트가 아닙니다. 이 프로젝트는 우리가 요구하는 무게나 필요를 감당할 만큼 충분히 역동적이지 않습니다."

그가 명확히 밝히지는 않았지만, 기후 스마트 농업이 특허기술을 팔고 거기서 이익을 얻는 수단이라는 점은 명백하다.

조명과 카메라 뒤에서, 그리고 무대 뒤에서 당사국총회21 최후의 결전이 있었다. 그것은 1000에 대한 4 프로젝트와 GACSA가 제안한 유전공학에 의한 "기후 스마트 농업" 사이의 대결이었다. 오케이목장에서의 결투 같은 것은 벌어지지 않겠지만, 르 폴과 생물학적 탄소 격리와 1000에 대한 4와 농생태학이 도도새처럼 사라지는 것을 보고 싶어 하는 사람들이 엄청난 압력을 가하고 있었다.

나는 르 폴을 다시 밀어붙이면서, 세계 최대의 농업 생산자들이 기본적으로 그를 무시했다는 사실이 생살을 찢는 것 같지 않았느냐고 물어보았다.

"네, 좌절감을 느꼈지요……. 네, 그래요, 낙담했습니다!"

그는 드물게, 음, 그러니까 좌절감이 폭발한 것을 인정했다. 그는 곧 마음을 가라앉혔다.

"음, 미국을 무시해버릴 수는 없습니다. 우리는 미국이 우리와 함께하도록 계속 설득할 거예요. 결국에는 그들도 서명하기를 바랍니다."

그가 알면서도 말하지 않은 것은, 미국이 없다면 1000에 대한 4 프로젝트는 탄소를 흡수할 수 있는 가장 큰 단일 농업 경관들 중 하나를 놓치게 된다는 점이다.

미국의 농지가 지구상에서 방목과 경작이 이루어지는 50억 헥타르의 토지 중 일부에 불과한 것은 사실이지만, 북아메리카의 드넓은 공간에서 이루어질 수 있는 공간 집약적인 경작 유형 때문에 그 토지는 탄소 격리 잠재력이 불균형적으로 높다. 1000에 대한 4가 진정으로 전 지구적으로 작동하기 위해서는 미국이 참여해야만 한다. 이익의 정치를 고려할 때, 이것은 어려운 과제이다.

르 폴은 떠나기 전 마지막 순간에 사기를 높이려고 다시 한 번 재치 있게 말했다.

"나는 항상 이러한 비전을 마음에 품고 있습니다. 지구 위 어디에나 있는 60센티미터의 흙은 우리에게 생명을 주고, 가축을 기를 수 있게 해주며, 과일과 채소, 곡식, 우유 등을 생산하게 해줍니다. 그러나 우리는 지구의 흙에 대해 잊어버리고 있어요. 우리는 그 위를 걷고 또 밟으면서도 그것이 거기 있다는 것을 알아차리지도 못합니다. 토양은 이 논쟁의 중심에, 핵심에 놓일 필요가 있습니다."

인터뷰를 마무리하며 그가 말했다.

꼬리가 몸을 흔들다

2015년 12월 12일 토요일 아침, 나는 캘리포니아로 돌아왔다. 세계 반대편 파리의 뉴스 피드는 당사국총회21 회의장의 잘 차려입은 사람들의 모습을 보여주었다. 큰 탁자의 맨 앞줄에는 유엔 사무총장 반기문, 프랑스 외무부 장관이며 당사국총회21 의장인 로랑 파비위스^{Laurent Fabius}, 프랑스 대통령(그의 차가 마티뇽 호텔의 안뜰에서 거의 나를 칠 뻔했다.)이 자리하고 있었다.

이제 파리협정을 발표할 시간이 되었다.

반기문은 기쁘게 선언했다.

"오늘 우리는 아이들과 손주들의 눈을 바라보면서, 마침내 우리가 그들과 미래 세대에게 더 살기 좋은 세상을 물려주기 위해 손을 잡았다고 말해줄 수 있습니다."

프랑스 대통령 프랑수아 올랑드가 말했다.

"2015년 12월 [12일]은 역사에 남을 만한 날일 뿐 아니라 인류에게도 위대한 날입니다."

중대한 순간이 가까워지면서 트위터 피드에 #cop21, #기후 등이 올라오기 시작했다. 마침내 그 일이 일어났다. 작은 녹색 의사봉이 탁자를 두드렸고, 합의가 공식화되었다. 카메라는 TV용 함박웃음을 짓는 앨 고어^{Al Gore}에게로 넘어갔는데, 그는 마치 미식축구팀 테네시 타이탄스에서 방금 터치다운을 한 선수처럼 박수를 쳤다. 그의 오른쪽에 있던 작은 남자가 그를 어색하게 안았다(고어 씨는 같이 안아주지 않았다). 마치 일부러 짜 맞춘 것처럼 피드는 울고 있는 두 여성의 사진으로 바뀌었다. 그들이 포옹할 때 기쁨의 눈물이 뺨을 타고 흘러내렸다. 피드는 박수치는 외교관들의 바다로 되돌아왔다.

사람들은 소셜미디어에 "역사적 순간"에 대해 숨 가쁘게 포스팅을 했다. 트위터에는 다시 메시지가 올라오기 시작했다. 우주비행사 스콧 켈리^{Scott Kelly}는 국제우주정거장에서 트윗을 올렸다.

"#COP21_대표들의_역사적_합의를 #축하합니다! #지구도_당신에게_감사하고_나도_그래요! #우주에서의_한해."

큰 탁자 앞의 지도자들은 카메라 앞에서 포즈를 취하기 위해 일어나서 맞잡은 손을 머리 위로 들어 올렸다. 마치 축구 경기에서 고무된 군중이 손을 흔들며 "가자, 세계여! 가자, 인간이여! 우리가 해냈다!"라고 말하는 것 같았다. 그때 큰 탁자에서 두 여성이 포옹을 했다. 그 장면은 너무나…… 타이밍도 좋고, 조명도 좋고, 기분도 좋고, 그림도 완벽했다. 할리우드 스튜디오도 이보다 더 잘할 수는 없을 것이다.

잠시 후 오바마 대통령이 TV에 나타났다. 그 역시 미국으로 돌아와 있었다.

"몇 시간 전에, 우리는 성공했습니다. 우리는 세계가 필요로 하는 강력한 합의를 위해 하나가 되었습니다."

오바마 대통령의 말은 국제적 친선과 형제애의 완벽한 이야기에 대한 완벽한 마무리였다. 우리의 두려움 없는 지도자들이 인류와 지구에 안전을 선사했으니, 나는 이제 자유세계의 다른 사람들과 마찬가지로 노트북을 덮고 TV를 끄고 기분 좋게 주말을 시작할 수 있을 것이다.

그러나 뉴스 피드를 좀 더 면밀히 들여다보면, 당사국총회의 모든 사람이 웃으며 박수치는 것은 아니라는 점이 드러난다. 적어도 카메라 한 대는 의사봉이 내려오는 순간 마셜제도의 외무부 장관인 70세의 토니 드 브룸Tony de Brum과 그의 두 보좌관들의 표정을 포착했다. 그들의 표정은 충격과 슬픔이 뒤섞인 것이었다. 마셜제도에서 온 한 무리의 유능한 청년들이 회의 기간 동안 엄청난 스크린 타임을 얻었지만, 파리협정은 그들이 두려워하는 해수면 상승이 그들의 집을 집어삼키는 것을 막기 위해 아무것도 하지 못했다. 미안합니다만 드 브룸 씨, 《뉴욕타임스》에 나왔듯이 "마셜제도는 사라지고 있습니다."

변화하는 지구의 기후에 직접적인 영향을 받는 드 브룸을 비롯한 사람들은, 흥을 깨려는 것이 아니라 전 세계적으로 축하받는 최종적인 파리협정에 실제로 들어 있는 것, 혹은 오히려 들어 있지 않은 것 때문에 심란했을 것이다. 협정의 성격은 대체로 2009년 코펜하겐협정에서 이미(대개의 경우 단어 하나하나) 상세히 설명되었는데, 그 협정은 명백히 의견 불일치로 끝났다. 따라서 파리협정은 사실상 6년 전 COP15

에서 제시된 조항들에 최종적으로 동의하기로 한 협정이다.

그러면 그 조항들은 무엇이었을까?

근본적으로 세계 각국은 또 다른 5년 안에(2020년 안에) 탄소 배출을 제한하는 계획의 초기 내용을 설정할 것이라는 데 동의한다. 그 시점부터 해마다 배출을 "조금씩 낮출" 계획이다. 달리 말해서, 21년이 지나고 21번의 당사국총회를 거친 뒤 파리의 중요한 순간은 배출을 제한하기 위해 또 다른 5년을 기다려야 한다는 합의였다. (앞으로 훨씬 더 많은 당사국총회가 있을 테니 외교적인 일자리 보장 면에서는 좋은 뉴스이다.) 이러한 배출 제한이 지구 기온의 평균 상승을 "섭씨 2도 아래"로 낮출 것이라는 발상이다.

그러나 정상회담에 제출된 180개국 기후행동계획에 대한 평가에 따르면, 이 계획들이 추진되더라도 세계에는 섭씨 3도에 근접한 기온 상승이 이루어질 것이다. 이러한 계획들은 전적으로 자발적이기 때문에, "국가적으로 결정한 자발적 온실가스 감축목표[INDCs]"라고 적절히 일컬어진다. 국가들이 스스로 제안한 숫자를 성취하도록 법적으로 구속할 수 있는 것은 전혀 없다. 역사의 선례에 비추어 보건대, 이러한 좋은 의도는 어떤 국가는 많은 일을 하는 반면 다른 나라들은 이산화탄소 배출량을 감축하는 것보다 단기적인 경제적 이익을 우선시하는 것으로 막을 내릴 수 있다.[10]

COP21 협정에는 이산화탄소 배출량 보고에 대한 의무가 없으며, 당연히 투명성이 거의 없다. 195개 참가국의 배출량을 확인하기 위한 절차도 존재하지 않는다. INDC는 회계와 보고를 위한 표준화된 형식이 존재하지 않기 때문에 갖가지 형식으로 표시되고 계산된다.

21년이 지났지만 참가국들이 표준적인 방식으로 계산된 표준 이산화탄소 배출량을 적어 넣어야 할 표준 마이크로소프트 엑셀 스프레드시트 템플릿을 아무도 만들지 않았다는 것은 놀랄 만한 실책이다 (빌 게이츠도 실제로 COP21에 있었지만, 그조차 그러한 스프레드시트를 만들지 않았다). 이러한 눈에 띄는 누락은 이 회의의 닫힌 문 뒤에서 실제로 무슨 일이 벌어지는지 궁금하게 만든다.

또한 어떤 유형의 지도자가 이러한 협정을 성사하도록 파견되는지도 궁금하다. 확실히 기본적인 생태학적 교육을 받은 사람들은 빠져 있다. 그리하여 파리협정은 탄소의 가장 큰 두 가지 "흡수원", 곧 바다와 토양을 언급하지 않았다. 20년 동안의 기후 관련 대화에서 이산화탄소 배출량을 감축할 책임이 있는 지구 행성의 겁 없는 지도자들은 탄소가 어디에 왜 저장되는지에 관해 고등학교 수준의 교육도 받지 못한 것으로 보인다.

파리협정은 무슨 수를 써서라도 서약*pledge*과 책무*commitment*라는 단어를 피한다. 서명 전 마지막 순간에 미국 대표들은 선진국이 자국의 배출량을 감축할 책임과 관련해서 법적 구속*shall*을 도덕적 권고*should*로 대체하자고 주장했다. 각국이 달성해야 할 목표 수치는 없다. (태양광 발전을 늘리는 등) 감축을 달성하기 위한 메커니즘에 관한 모든 언어는 의도적으로 모호하게 남겨졌다.[10]

우리가 알다시피 수명을 다해가는 화석연료에 대한 그 모든 소동에도 불구하고, 파리협정에는 "탈탄소화"에 대한 문구도, "화석연료 감축"에 대한 문구도, "수압균열법*hydraulic fracturing*"이나 "역청탄"이나 "휘발유"나 "석탄"에 대한 문구도 전혀 포함되어 있지 않다. 21년이 지난 후, 세계의 지도자들은 이러한 원천으로부터의 배출량 감축과 연관된 합의와 관련해서 이 단어들을 쓸 수 없는 것처럼 보인다. 이는 유엔 헌장에 의해 설립된 기후변화에 관한 정부간 협의체[IPCC]에 정면으로 맞서는 것인데, IPCC는 화석연료의 연소가 대기의 이산화탄소 배출량 상승의 주요 원인이라고 지적한다.

투명성의 부재, 법적 구속력이 없는 합의, 생태학적 방법론의 부재, 자발적인 배출량 감축, 그리고 대기 중 이산화탄소 증가의 해결책에 대한 명확한 언어가 부재한 결과로, 파리협정은 당사국총회21 자체와 마찬가지로 순전한 허풍에 지나지 않게 되었다. 다른 당사국총회와 마찬가지로 이것은 정치적 무대였다. 처음부터 그것은 몇몇 작은 선의를 가진 국가들에 의한 탄소 배출량 감축을 제외하고는, 대기 중 이산화탄소 배출량 증가에 대처할 어떠한 실행 가능한 계획도 전혀 없다는 현실에서 주의를 분산시키기 위해 능숙하게 연출되었다.

놀랄 것도 없이, 기후변화위원회의 데번[Deben] 경과 크레브스[Krebs] 경은 "수많은 지도자들이 파리협정을 들고 수도로 돌아갔지만, 새로운 국제 협정에 비추어 국내 정책을 변경할 필요는 없다고 발표했다"고 보고했다.[12] 분명히 그 지도자들 중 일부는 인도처럼 COP21에서 호화로운 전시를 선보인 국가 출신이다.

인도는 10억이 넘는 국민에게 전기를 제공하기 위해 455기의 신규 석탄발전소를 건설하는 계획을 세웠다. 그것은 인도에서 이미 가동 중인, 세계에서 가장 더럽고 비효율적인 148기의 석탄발전소 외에 추가로 건설하는 것이다. 태양에너지의 기치 아래 출마했던 나렌드라 모디[Narendra Modi] 총리는 이후 지구상 가장 큰 탄광의 생산량 증가를 포함하는 시골 전력화 계획을 선호하며 기후변화 과학을 맹렬히 비난했다.

그러나 모디는 인도가 태양광으로 갈 수 있는 길을 제시했다. 그는 선진국들이 비용을 부담한다면 인도가 친환경적으로 될 수 있다고 말했다. 비용은? 거금 2조 5,000억 달러다. 향후 15년 동안 매해 1,660억 달러 이상의 액수, 그것이 세계가 인도의 태양광 발전을 위해 지불해야 할 비용이다.[13]

아직까지 어떤 국가나 집단도 인도의 녹색 전기를 위해 비용을 지불하겠다고 나서지 않았고, 석탄으로 향하는 인도의 막무가내식 계획은 전속력으로 진행되고 있다. 인도가 석탄화력발전소들을 가동하기 시작하면, 세계의 모든 나라가 지금껏 해온 탄소 절약은 무의미해질 것이다.

그래서인지 당사국총회21에서 마셜제도의 드 브룸 씨가 가라앉고 있는 그의 작은 섬나라를 위해 탄원했을 때, 인도의 환경부 장관인 프라카시 자바데카르Prakash Javadekar는 "그래서 어쩌라는 겁니까?"라고 반문했다.[14] 결국 세계의 선진국들은 화석연료로 자신의 힘을 구축했고, 이제 인도의 차례이다.

저술가이며 환경주의자인 폴 호컨Paul Hawken에게 당사국총회21을 어떻게 보았는지 물었을 때 그가 내게 해준 말은 사실처럼 들렸다.

"우리가 하나의 체제에서 또 다른 체제로 넘어왔다고 말해주는 일종의 카리스마적인 행사를 개최하려는 욕망이 있었다고 생각합니다. 그리고 COP21이 바로 그 행사였습니다."

몇 해 동안 폴은 이산화탄소 배출량에 대한 100가지 해결책 목록을 두고 과학자들과 작업해왔다. 그는 이 프로젝트를 "드로다운

Drawdown"이라고 부르며 동명의 책•을 출간하기도 했다.

폴은 재생가능 에너지로 신속히 전환하는 것과 에너지 효율이 중요하지만, 그중 어느 것도 대기 중에 존재하는 기존의 탄소 부하를 줄이는 데 도움이 되지 못할 것이라고 말했다.

"감축을 달성하려면, 우리는 지구에게 고마운 마음을 갖고 경의를 표해야 합니다. 그리고 우리가 지난 150년 동안 해왔던 것과 매우 다른 방식으로 식물과 나무를 경작하고 재배하기 시작해야 합니다."

사실상 이것은 스테판 르 폴과 그의 팀이 세계 도처의 지도자들이 서명하도록 애쓰고 있는 것과 동일한 메시지이다.

그것을 재생농업, 농생태학, 생물학적 탄소 격리, 혹은 드로다운 등 뭐라고 부르든 간에, 유엔과 세계 대부분은 지금 탄소 배출에 대한 하나의 간단한 해결책에 눈을 감고 있다. 역설적인 것은 탄소를 토양 속으로 보내는 것이 수많은 지구적 문제를 해결해준다는 점이다. 그것은 대기 중 이산화탄소를 줄이고, 토양의 비옥함을 증가시키며, 농부들이 더 많이 재배하도록 돕고, 우리가 호흡하는 산소를 생산하는 식물성 플랑크톤을 산성으로 만드는 이산화탄소를 바다가 방출하게 해준다(대기 중 이산화탄소 농도가 감소함에 따라, 바다는 자연히 초과된 이산화탄소를 대기 중으로 다시 배출한다). 본질적으로 당신이 이러한 문제들 중 어떤 것에 관심이 있는지는 중요하지 않다. 우리 앞에 놓인 대단히 중요한 하나의 해결책에 긴밀히 협력하는 것만이 중요하다.

● 　국내에는 『플랜 드로다운』(이현수 옮김, 글항아리사이언스, 2019)이라는 제목으로 번역되었다.

만약 르 폴, 호컨, 그리고 다른 사람들이 옳다면, 우리가 무엇을 타고 다니느냐 혹은 우리가 어떻게 전기를 얻느냐 하는 것보다 우리가 무엇을 먹느냐의 문제가 지구 위 생명의 미래에 훨씬 더 큰 영향을 미친다. 문제는, 적어도 미국에서 우리가 먹는 것은 대규모의 복잡한 농업 시스템에서 나온다는 것이다. 그리고 오랫동안 그 시스템은 생명보다는 죽음과 훨씬 더 많이 관련되어 있었다.

2장
나치와 질소

나는 동물을 먹이기 위해 재배되는 종류의 옥수수이며 북아메리카에서 가장 흔한 작물인 "사료용 옥수수" 바다의 한복판에서 녹색과 노란색의 커다란 강철 콤바인 옆에 서 있었다. 그 콤바인은 특별하지 않았다. 사실 그 장치는 오래전 제2차 세계대전 중에 개발되었다. 이 옥수수밭에도 특별한 것은 없었다. 어떤 면에서 그 단일성과 단조로움은 나를 차분하게 진정시켜주었다. 마치 누르스름한 바다 속에 있는 듯했다. 그러나 이 역시 20세기 전반에 인류의 많은 관심을 끌었던 세계적인 충돌의 결과물이다.

나를 초대한 데이비드는 키가 크고 건장한 남자인데, 그의 스칸디나비아인 할아버지가 이 땅을 경작했다고 한다. 그와 함께 콤바인 안에 타고 있으니 내가 빌린 렌터카의 안락함이 그리워졌다. 그렇다. 거기에는 현대성이 존재했다. 전문화된 농업용 GPS가 앞유리에 투박하게 부착되어 있었고, AM 방송국에 맞춰진 라디오는 지역 정치에 대해 시끄럽게 떠들어댔다. 하지만 이것은 우리 도시 거주자들이 농부 대부분이 타고 다닌다고 상상하는 에어컨이 달린 고급 차가 아니었다.

좌석은 불편했다. 공기는 옥수수 가루의 옅은 안개로 가득했다. 너무 시끄러워서 데이비드와 나는 둘 다 귀마개를 착용했다(그래서 라디오는 최대 볼륨으로 틀어져 있었다). 이 기계의 이빨이 끝없이 늘어선 옥수수 대열을 무찌르는 것을 보면서 느낀 신기함도 한 시간 전에 사라져버렸다. 마치 울퉁불퉁한 흙길 위를 달려가는 낡은 통학버스의 뒷자리에 영원히 처박혀 있는 것 같았다.

내가 만난 대부분의 농부들처럼 데이비드와 그의 가족은 수수한 집에서 살고 있었다. 벽돌로 지어진 정사각형 모양의 단층집은 매우 단정해서 마치 길 건너 옥수수밭을 거울로 보는 듯했다. 실내도 공간의 크기를 비롯해 그 무엇도 호화롭지 않았다.

나는 데이비드에게 집 밖에서 그의 가족사진을 찍어도 괜찮겠느냐고 물었다. 그의 아내와 세 자녀는 잘생기고 건강해 보였다. 그들은 부끄러워하면서 작은 집 앞의 깔끔하게 다듬어진 잔디밭 위에 섰다. 그들은 "치즈"라고 말했다. 그들 뒤에서 때마침 미국 국기가 펄럭였다. 찰칵. 바로 이것이 현대 미국의 농부 가족의 완벽한 그림이다.

지금 내가 아무것도 묻지 않고 걸어 나간다면, 나는 미국의 심장부에서 모든 일이 잘 되어간다고 확신하며 쉴 수 있을 것이다. 물론, 노래 속에 등장하는 맥도널드 할아버지Old MacDonald는 우리가 기대했던 것보다 더 크고 더 통일된 기업을 갖고 있다. 하지만 그래서 어쩌라고?

바람이 더 강해지고 점점 추워졌다. 나는 호텔로 돌아가서 침대에 누워 로비에 마련된 쿠키를 먹으며《사인필드Seinfeld》재방송을 한두 편 보는 것이 어떨까 생각했다.

하지만 난 더 좋은 생각을 뒤로하고 데이비드에게 몇 분만 할애해서 주변을 구경시켜줄 수 있는지 물었다.

내가 만난 대부분의 미국 농부들과 마찬가지로 데이비드와 그의 가족은 정말로 좋은 사람들이다. 말이 많은 사람들은 아니지만, 만약 당신이 타이어가 펑크 나서 길가에서 꼼짝 못 하게 된다면 가장 먼저 멈춰 서서 도와줄 사람들이다.

이 "심장부"의 농부들에게는 뭔가, 설명하기 어려운 뭔가가 더 있다. 그것은 의무감, 명예, 그들이 하는 일에 대한 애정, 그리고 언론이 아무리 그들을 나쁘게 다루더라도, 그들이 아무리 멸시당하더라도,

우리가 그들을 필요로 한다는 깊은 이해의 조합이다.

물론 데이비드는 자신의 철제 헛간을 가리키면서 기꺼이 나를 안내해주겠다고 말했다.

걸어가면서 나는 그에게 왜 옥수수만 경작하느냐고 물어보았다. 그는 자신의 할아버지는 다양한 농작물과 동물을 키웠지만, 시간이 지나면서 옥수수와 콩의 수요가 더 많아졌다고 설명했다. 나는 그가 경작한 옥수수가 어떻게 되는지 알고 있느냐고 물었다. 그는 알고 있을 뿐 아니라 그 비율까지 말해주었다. 약 43퍼센트는 동물 사료가 되고, 28퍼센트는 에탄올 연료가 되며, 13퍼센트는 수출되고, 11퍼센트는 (대부분 옥수수 시럽으로) 가공식품과 음료수가 되며, 5퍼센트는 공업용 화학물질 및 생분해성 플라스틱 컵과 같은 제품이 될 것이다.

데이비드는 이 수치가 그와 다른 옥수수 "생산자들"이 말하는 "세계를 먹인다"는 슬로건을 정확히 반영하지는 않는다는 사실로 고심하고 있다고 말했다. 그러나 옥수수는 여러 면에서 오늘날 미국의 식량 피라미드의 기초를 형성하고 있다. 예를 들어 데이비드에 따르면, 그를 비롯한 대부분의 옥수수 농부들이 재배하는 유형의 옥수수는 미국인들이 먹는 동물을 먹이기 위한 것이다. 따라서 "옥수수 먹이[feed corn]"라는 부정확한 표현이 흔히 쓰이는 것이다.● 마이클 폴란[Michael Pollan]이 『잡식동물의 딜레마[The Omnivore's Dilemma: The Natural History of Four Meals]』에서 적절히 지적했듯이, 옥수수는 우리의 식량 공급에서 너무나 기본적인 부분이

● 사료용 옥수수를 가리키는 말이 "field corn"인데, "feed corn"이라는 표현도 종종 사용되는 것을 가리키는 말이다.

라서 오늘날 우리의 머리카락에까지 화학적 표지를 남기고 있다.

데이비드는 자기 같은 농부들이 더 효율적으로 될수록 옥수수로 수익을 얻을 수 있는 더 많은 방법을 찾거나 아니면 아예 사업을 포기해야 하기 때문에, 옥수수로 옮겨가는 것이 진퇴양난이라고 말했다. 나는 헛간에서 경작, 살포, 수확, 곡물 운반이 가능한 초대형 톤카 트럭들이 죽 늘어서 있는 것을 바라보면서 데이비드에게 "효율적"이란 말이 무슨 뜻인지 물어보았다.

그는 자기 할아버지 시대 이래로 에이커당 옥수수 산출량이 급증했다고 설명했다. 그의 할아버지는 운이 좋아서 에이커당 30이나 40부셸● 정도를 수확할 수 있었다고 했다. 이와는 대조적으로, 오늘날 "우리"는 소음이 심한 콤바인 안에서 에이커당 약 150부셸을 수확하고, 그가 아는 어떤 농부는 180부셸까지도 생산량을 끌어 올렸다고 했다.

땅의 생산성을 확보하기 위해 필요한 투입물과 투자에 대해 물어보자, 데이비드는 그것들이 모두 지나치게 상승했다고 말했다. 그의 말에 따르면, 농장의 화학은 복잡해질 수 있지만 기본적인 응용 규칙은 단순하다. 옥수수(혹은 콩)의 건조 중량이 더 많이 나가기를 원할수록 더 많은 질소(N), 인(P), 칼륨(K)을 추가한다. 그러나 투입물을 더 늘리는 것은 단지 어느 지점까지만 성과를 거두는데, 그것을 최대 산출량(MY)이라고 한다. 투입물에 불필요한 돈을 쓰지 않도록 그 지점이 정확히 어디인지 측정하느냐고 묻자, 데이비드는 그것이 "과학적 추

● 곡물, 과실 따위의 무게를 잴 때 쓰는 단위로, 1부셸은 영국에서는 약 28킬로그램, 미국에서는 약 27킬로그램에 해당한다.

측"과 "많은 기도" 사이 어딘가에 있다고 말했다.

그는 응용을 위한 기본 숫자는 다음과 같이 세분된다고 설명했다. 오늘날 1에이커의 옥수수를 재배하기 위해 약 140파운드의 질산암모늄(질소), 약 60파운드의 인산염(인), 그리고 약 80파운드의 칼륨(포타슘)을 도포한다. 거기에 추가되는 것은 에이커당 약 2, 3파운드의 제초제(라운드업의 주요 화학약품인 글리포세이트 같은), 살충제 그리고/또는 살균제이다.

미국 중부에 위치한 2,000에이커의 좁은 땅인 데이비드의 농장의 경우 이러한 수치는 빠르게 증가한다. 종자, 화학약품, 그리고 장비에 대한 투자는 해마다 수백만 달러에 이른다. 작황이 좋지 않으면 정부 보험이 그가 심은 작물의 최저 가격을 보상해줄 것이다. 그러나 그렇다고 해서 그가 매일 새벽 4시에 일어나 해가 떨어진 뒤에도 일하는 것을 막아주지는 못한다.

그의 말에 따르면, 에탄올 연료가 그와 다른 옥수수 농부들에게 가져다준 "충격파" 덕분에 데이비드 가족의 수입은 지난 7년 동안 더 좋아졌다. 그것은 (주식시장에서 선물先物 거래자들에 의해 정해지는) 옥수수 시장가격의 오르내림에 대한 유일한 완충장치다. 알코올 연료에서 오는 여분의 돈 약간으로 그의 아내는 농장 밖에서 노동하는 시간을 줄일 수 있게 되었다. 부가된 안전장치가 오래 지속되지 않을까 봐 불안해서, 그와 그의 아내는 부업으로 사냥 투어 사업을 시작하려고 한다. 그의 아내는 생계를 유지하기 위해 직장을 계속 다니면서 여전히 아르바이트도 하고 있다.

시시포스의 밭

내가 만난 거의 모든 농부들에게는 공포감이 만연했다. "농장을 잃는 것"에 대한 공포가 많은 농부들을 끝없이 일하게 만들었다. 그들 대부분은 자신들이 시시포스의 덫에 걸린 것을 알고 있었다. 그들이 더 많이 생산할수록 농산물의 시장가격은 떨어지는데, 그들의 수익은 영원히 가라앉고 있기 때문에 사업을 계속하려면 더 많이 생산해야 한다(바위를 언덕 위로 밀어 올리면 다시 아래로 미끄러지는 일이 되풀이된다).

효율성(또한 "과잉생산"으로도 알려져 있다.)은 수백만 명의 농부들을 땅에서 몰아냈다. 농업이 한창이던 1930년대에 미국에는 약 650만 개의 농장이 있었다. 오늘날 그 숫자는 100만 개에 가깝다(미국 농무부는 농장 수가 200만에 다다른다고 제시하지만, 그 숫자는 약 100만 개의 작은 주말 농장을 포함한 것이다). 농장의 숫자는 지금도 줄어들고 있다. 사실 미국에서는 1년 365일, 하루 24시간 동안 시간당 2개꼴로 농장이 사라지고 있다.

남아 있는 농장들 중 대다수는 남편이 "농부"로 등록된 부부 기업이다. 그들 100만 명의 농부들이 나머지 3억 2,400만 명이 먹는 식량을 생산한다. 달리 말하면, 현대 농업은 엄청난 효율성으로 농부 한 명이 317명의 비농업인을 먹여 살리는 것을 가능하게 했다. 정말로 기적이다.

더 많은 식량을 더 작은 에이커에서 더 저렴하게. 이것은 전례 없던 세계 인구 증가의 기반이 되었다. 1927년 현대 농업의 석유연료 혁명이 시작되었을 때, 인류는 단지 20억 명에 불과했다. 내가 이 말을 쓰고 있는 지금, 우리 종의 수는 약 73억 명에 달한다. 유엔에 따르면 우리는 2050년까지 지구에 24억 명의 인구를 더해서, 이번 세기 중반까지 인류는 약 97억 명이 될 것이다.

너무 많은 식량. 너무 많은 인간. 또 다른 기적.

그러나 이러한 기적들, 즉 거의 무한한 양의 칼로리를 생산하는 현대 농업의 능력과 전 세계 인구 폭발은 전례 없는 규모의 충돌을 겪고 있다. 두 가지 기적은 모두 엄청난 대가를 치른다. 단일작물(단작물이라고도 한다.) 농업을 위해 필요한 화학약품은 양이 엄청나게 많고, 재생 불가능하며, 유독하다. 한편 상품작물과 파생상품에 대한 거의 만족할 줄 모르는 욕구를 가진 인간의 수가 점점 더 많아짐에 따라 더 많은 칼로리를 배출해야 한다는 압력이 가중되는데, 이를 위해 기하급수적으로 많은 독소를 사용해야 한다. 그것은 분명 시시포스의 덫, 곧 갈등에서 시작해서 고통으로 끝날 수밖에 없는 순환이다.

식량과 전쟁. 그것들은 전혀 상반되며 본질적으로 양립할 수 없는 것처럼 보인다. 그러나 역사적으로 인간이 전쟁을 더 잘하게 될수록 대학살의 테크놀로지를 더욱 손쉽게 식량의 대량생산에 적용할 수 있게 되었다. 따라서 오늘날 우리가 계획적으로 식량을 생산하는 방식이 자연과의 전쟁인 것은 우연이 아니다.

역사는 되풀이된다고 하는데, 농경의 역사도 예외가 아니다. 문명은 붕괴하거나, 일시적으로 토양을 지탱할 또 다른 한정된 자원을 찾을 때까지 성장한다. 지금 우리는 역사상 처음으로 지구적 규모로 이 게임을 하고 있다. 절망에 의해 형성되고 전쟁으로 구축된 오늘날의 농업은 우리의 경관을 너무 크게 바꾸고 있고 토양을 재생하는 지구의 능력을 너무 빠르게 앞지르고 있어서, 지금 농업은 지구의 생명 자체를 위협하고 있다.

농업 역사의 지난 세기는 우리의 식량 시스템에서 무엇이 잘못되었고 왜 그러한지를 말해준다. 그러나 더욱 중요한 것은, 이 역사는 우리의 식량과 우리 자신을 구원할 방법을 드러내는 비밀을 담고 있다는 점이다.

압력을 가하다 UNDER PRESSURE

19세기가 시작될 무렵, 유럽과 미국은 급속히 산업화되고 도시 인구가 빠르게 팽창하면서 저장 가능하고 운송 가능한 식량, 즉 곡물에 대한 수요가 급증했다. 대서양 양쪽의 농부들은 작물 생산량을 늘리기 위해 새로운 질소 공급원을 찾기 시작했다. 그때쯤에 많은 양의 작물을 재배하기 위해서는 질소, 인, 칼륨이라는 세 요소가 균형 있게 혼합되어야 한다는 것이 널리 받아들여졌다. 인과 칼륨은 채굴할 수 있는 데 비해 질소를 얻는 것은 더 어려웠다. 한동안 남아메리카에서 가져온 새의 분화석糞化石●에서 서구의 농업을 확장하기 위한 질소를 얻었다. 그러나 수요는 빠르게 공급을 앞질렀다.

질소의 문제는 분화석, 초석, 가축의 배설물을 제외하고는 지구상 질소의 대부분이 대기 속에 고정되어 있다는 점이다. 공기의 대략 80퍼센트가 질소이다.

● 새의 배설물이 굳어진 것

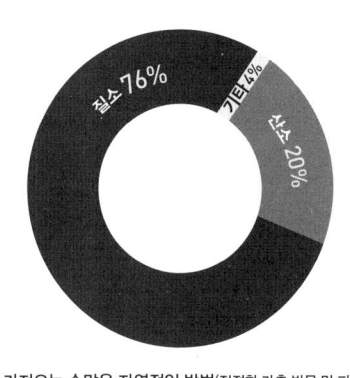

질소 76%

기타 4%

산소 20%

대기에서 토양으로 질소를 가져오는 수많은 자연적인 방법(적절한 가축 방목 및 피복작물 재배 등)이 있지만 현대 농업은 전적으로 합성질소를 기반으로 한다.

세계 도처의 화학자들은 공기에서 질소를 빼내어 손쉽게 토양에 도포할 수 있는 형태로 만드는 방법을 알아내려고 애썼다. 독일의 바스프BASF 화학회사에서 일하던 프리츠 하버Fritz Haber라는 유대인 화학자가 비밀을 밝혀냈다. 하버는 낭만적인 시를 쓰고 펜싱을 취미로 하면서 질소를 합성하는 방법에 대해 생각하고 있었다.

하버는 압력을 가해 수소를 가열하는 수소화라고 불리는 공정을 시도하기로 했다. 실험실에서의 시도는 곧 질산암모늄 몇 방울로 보상을 받았다. 이것은 BASF 회사에서 일하는 또 다른 사람 카를 보슈Carl Bosch가 하버의 아이디어를 위해 분투하도록 설득하기에 충분했다.

보슈는 하버와 협력해서 그의 설계를 개선했다. 그리고 나서 그는 합성질소를 생산할 수 있는 최첨단 가공처리 공장의 건설을 위한 기금 마련 캠페인을 다년간 진두지휘했다. 1913년에 BASF 본부에서 단지 몇 마일 떨어진 곳에서 고압 수소화가 가능한 우뚝 솟은 새로운 시설

비료 사용량과 세계 인구

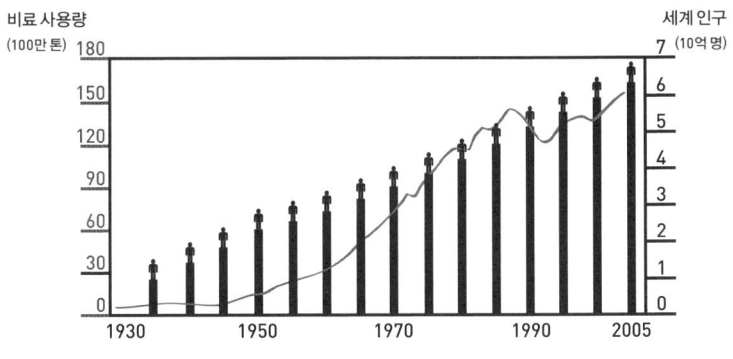

합성질소의 출현이 없었다면 세계 인구가 이렇게 빨리 팽창했을까?

이 가동을 시작했다. 그 시설은 곧 비료로 사용될 질산암모늄 수백 톤을 생산하게 되었다.

하버-보슈 공정이 미친 영향은 너무나 방대하고 광범위하기 때문에 어떤 역사가들은 이 하나의 산업적 성과가 1913년 이후 발생한 수십억 명의 인구 증가를 뒷받침한다고 믿는다. 그러나 이 하나의 발명은 인류 역사의 훨씬 더 어두운 장에서도 중추적인 역할을 했다.

화학으로 더 나은 생활을

최초의 하버-보슈 공장이 가동된 지 불과 몇 달 만에 독일은 제1차 세계대전에 저돌적으로 뛰어들었다. 독일 정부는 군부대에 전쟁물자를 지원하도록 하버와 보슈에게 협력을 요청했다. 처음에 그 두 사람은 폭탄용 질소를 만들기 위한 새로운 시설을 건설하는 임무를 맡았다. 그러나 새로운 공장을 짓는 데 너무 오랜 시간이 걸리자 두 화학자는 새로운 종류의 무기를 창조하는 데 에너지를 집중했다.

하버의 합성질소가 경작지에 뿌려지자마자 의도하지 않은 부작용이 생겼다. 합성질소는 작물이 크고 튼튼하게 자라도록 해줄 뿐 아니라 잡초 또한 폭발적으로 증가하게 만들었다. 잡초에 이어 예기치 못한 또 다른 문제는 해충이었다. 합성질소는 처음으로 농부들에게 광대한 에이커에 단일작물을 재배할 힘을 부여했다. 그러나 동일한 작물로 이루어진 밭은 다양한 작물이 자라는 밭보다 훨씬 더 많은 해충을 유인했다. 잡초 및 해충과 싸우기 위해 하버는 살충제와 농약으로 알려진 새로운 유독성 화합물을 조합했다.

독일군과의 협력을 통해서 하버는 곧 그의 치명적 화학약품의 새로운 용도를 찾아냈다. 하버는 독가스를 화학무기로 사용하는 것을 최초로 직접 설계하고 감독했다. 전쟁이 격화되고 연합군도 화학무기를 입수하면서, 하버는 화학적 살상제의 레퍼토리를 계속 확대했다.

역시 뛰어난 화학자였던 하버의 첫번째 부인은 하버가 독일의 화학무기를 감독하는 것에 혐오감을 느꼈고, 어느 날 밤늦게 집 밖으로 걸어 나가서 하버의 군용 리볼버로 자신의 가슴을 쏘았다. 아내의 자살에도 불구하고, 다음 날 아침 프리츠 하버는 러시아인들에 대한 화학무기 공격을 감독하기 위해 동부전선으로 떠났다.

독일은 허세와 선견지명의 부족으로 곧 전쟁에서 패배했다. 그 여파로 유럽의 나머지 국가들에게 배상금을 내야 했던 독일은 대형 화학회사들을 하나의 우산 아래 합병했다. 그 새로운 기업은 이게파르벤IG

Farben(염료공업주식회사)으로 불렸다. 하버의 파트너인 카를 보슈가 그 기업을 이끌 예정이었다.

　나치당이 집권하고 아돌프 히틀러가 중앙 무대로 등장하면서 보슈와 이게파르벤은 제3제국과 수익성 있는 장기 계약을 체결했다. 반면 프리츠 하버를 비롯해서 운 좋게 살아남은 다른 고위층 유대인들은 독일에서 도망쳤다.

　카를 보슈도 깨우쳤겠지만, 악마가 되고 싶지 않다면 악마와 거래해서는 안 된다.

악마의 작업장

아마도 제2차 세계대전만큼 우리가 먹는 방식에 더 깊고 오래 지속되는 영향을 미친 사건은 없을 것이다. 누군가는 합성질소에서부터 화학무기, 농장의 과잉생산 주기에 맞춰 가격을 담합하는 기업에 이르기까지 현대 식량 시스템을 형성하게 될 모든 요소가 이미 작동하고 있었다고 주장한다. 그러나 그러한 요소들 자체가 시스템을 만드는 것은 아니다. 우리의 현대 식량 시스템이 형성되기 위해서는 전 세계적인 전쟁이 필요했다.

　제1차 세계대전은 주로 참호에서 치러졌지만, 이 새로운 전쟁은 중앙집중식 통제, 기계화, 석유 발전 및 효율성을 요구했다. 이러한 이질적인 조각들이 모여서 새로운 전체를 형성했다. 이 새로운 사회정치적·산업적 전쟁 기계의 목적은 엄청나게 큰돈을 버는 것이었다. 세계 최대의 화학회사보다 이 목적을 더 두드러지게 추구한 곳은 없었다.

1936년 독일 하계올림픽에서 이게파르벤의 선량한 기업 시민의 얼굴은 바이엘 아스피린 광고와 바닥 광택제, 사카린, 비누 및 기타 제품의 광고와 함께 도처에 도배되었다. 그러나 이게파르벤의 이름은 베를린 곳곳에 도배된 다른 종류의 표지로 대체되었다. 나치의 문양인 만(卍)자가 그것이다. 이러한 두 가지 실체, 즉 제3제국과 그때까지 세계에 알려진 최대의 화학회사가 결합함으로써 나치 전쟁 기계는 우위를 점하게 되었다.

올림픽 성화가 나치 문양 현수막의 바다 앞에서 행진하고 있을 동안, 이게파르벤은 이미 나치 군대에 물품을 판매하는 데서 큰 이익을 내고 있었다. 1939년까지 3년 동안 23만 명의 고용인들이 세계 역사상 가장 큰 전쟁을 위해 분주히 준비하는 가운데 이게파르벤의 이익은 71퍼센트나 뛰어올랐다.

이게파르벤은 하버와 보슈가 질소 비료를 위해 개발한 수소화 기술을 활용해서 식품에 사용되는 합성지방을 분주하게 만들어냈다. 이게파르벤의 합성물질에는 휘발유, 고무, 질산염도 포함되었다. TNT, 헥소겐, 니트로펜타nitropenta 등 길게 늘어선 수많은 폭발물에 이게파르벤 회사의 스탬프가 찍혔고, 그것들은 독일 화력의 약 85퍼센트를 차지했다. 이게파르벤은 각 나치 병사의 장비 구성품의 약 25퍼센트를(부츠까지도) 책임졌다. 이 회사는 탱크용 금속, 엔진용 니켈, 폭격기용 알루미늄, 엔진용 윤활유, 차량용 강철판, 심지어 나치의 악명 높은 암호화 기계의 자판용 플라스틱까지 만들었다. 그러나 이 모든 것은 이게파르벤의 가장 치명적인 전시戰時 발명품의 뒤틀린 본질과 비교하면 빛을 잃는다.

이게파르벤은 하버가 개발한 제초제, 살충제, 화학무기 기술을 사용해서 머스터드가스 및 타분가스와 같은 혼합 화학물질을 무기화했는데, 그것은 중추신경계를 공격해서 치명적인 수축을 일으켰다. 타분의 개발은 최소량의 흡입으로도 끔찍하고 고통스러운 죽음을 야기하는 사린가스^{isopropylmethylphosphorofluoridate}의 발명으로 이어졌다.

그러나 단연코 이게파르벤의 가장 어두운 업적은 강제수용소에 있다. 그 카르텔은 재소자의 노동력을 이용해서 합성연료와 고무를 모두 생산할 수 있는 대규모 수소화 공장을 건설했다. 그 화학공장 근처에 이게파르벤은 자체의 강제수용소를 세웠다. 그들은 그들의 새로운 화학시설을 "이게 아우슈비츠"라고 불렀다.

그로부터 머지않아, 이게파르벤은 하버의 화학무기를 잠재적인 후보자들에게 사용했다. 독일 전역의 강제수용소 가스실에서 치클론 베^{Zyklon B}라는 이름의 화합물, 곧 흡착제와 혼합된 시안화수소 화합물인 죽음의 가스가 적어도 100만 명의 유대인들을 살상하기 위해 사용되었다. 가스를 마시고 죽은 사람들 중에는 그 자신도 유대인이었던 프리츠 하버의 친척도 있었다.

이게파르벤은 또한 요제프 멩겔레^{Josef Mengele} 박사의 실험에 자금을 투자하고 주의 깊게 감독했다. 멩겔레는 이게 카르텔의 과학자들과 친위대의 의사들, 나치당의 관리들과 협력해서 화학적·생물학적 무기의 긴 목록을 생각해내고 그것을 인간에게 주사해서 상상할 수 있는 가장 끔찍한 방법으로 그들을 죽였다. 멩겔레의 실험은 다른 강제수용소에서 이게파르벤이 승인한 비슷한 실험과 함께 첨단 화학가스, 액체,

신경독 및 생물학적 무기뿐 아니라 신약 개발로 이어졌다.

전쟁의 여파로 이게파르벤은 그들의 지적재산을 최대한 많이 영국과 미국으로 옮겼다. 실험실, 문서, 장비들은 추가 연구를 위해 독일 밖으로 선적되었다. 한편 미국의 대기업들은 수지맞는 봉급과 "자유의 땅"에서의 새로운 삶을 제안하면서 이게파르벤의 최고 기술자들과 화학자들을 골라 갔다.

이게파르벤의 화학제품, 공정, 기술, 그리고 비밀은 세계를 형성하는 화학의 힘에 대한 풍부한 지식으로 인해, 질책도 거의 받지 않은 채 곧 미국의 상점 진열대 위에 오를 것이다. 플라스틱에서 공산품, 의약품, 특히 식품에 이르기까지, 제2차 세계대전 발발 이후 서구 산업의 많은 부분은 나치가 운영한 거대 화학기업의 보이지 않는 지문을 품고 있다.

이게파르벤의 특허가 기업에서 기업으로 국제적으로 이동하고 많은 기술자들이 미국에 다시 정착하면서, 이게파르벤의 가장 치명적인 화학물질도 용도가 변경되어 사용되었다. 대표적으로 치클론 베는 미국 농장에서 살충제로 광범위하게 사용되었다.[1]

한편 목장에서는

제1차 세계대전이 끝날 무렵, 유럽의 농업은 혼란에 빠졌다. 미국 농부들은 곧 구조에 나섰다. 미국은 "국방을 위해 울타리까지 쟁기질하라!", "싸울 수 없다면, 농사를 지어라."라는 구호로 입이 떡 벌어지는

4,000만 에이커의 새로운 땅을 식량 생산에 투입했다. 그 결과 1916년에 50억 달러로 추산된 농가 수입이 1919년에는 대략 90억 달러로 가파르게 상승했다.[2]

더 많은 식량이 절실하게 필요하다는 시장과 정부의 신호에 귀를 기울이면서, 미국 농부들은 더 많은 토지, 더 많은 종자, 더 많은 장비를 구입하기 위해 자신의 땅을 저당 잡혀 많은 돈을 빌렸다. 이러한 지출 급증은 농지 가격을 부풀리는 부도덕한 땅 투기꾼들을 꾀어 들였고 그로 인해 국가적인 농가 부채가 부풀어 올랐다. 한편 유럽 농가들은 다시 기반을 마련했고, 미국 곡창지대의 식량 수출 수요는 갑자기 급감했다.

최고치에 달한 지 불과 2년 뒤인 1921년 무렵 미국 농가 수입은 34억 달러로 추락했는데, 이는 그 세기의 가장 낮은 수치였다. 식량 가격이 치솟는 것을 목격한 농부들은 더 많은 땅에 더 많은 장비로 더 많은 종자를 심었고, 이는 다시 식량의 과잉생산으로 이어졌으며, 곡물이 너무 많아져서 결국 가격이 하락했다. 농가의 도산 이후 몇 년 동안은 대공황이 시작되어 불확실성이 더욱 악화될 뿐이었다. 농가 소득은 1929년에서 1932년 사이에 추가로 52퍼센트 감소했다.[3]

그리하여 벼락 경기, 과잉생산, 그리고 파산의 순환이 시작되었고, 그것은 오늘날에도 여전히 미국 농부들을 괴롭힌다. 이러한 "많을수록 좋다."라는 사고방식은 아직도 현대 농업이 모든 가용 토지에서 가능한 모든 칼로리를 짜내기 위해 페달을 밟도록 몰아댄다. 대부분의 농부들은 이러한 순환이 자기 파괴적이라는 것을 알고 있다. 그러나 정치가들과 농업 관련 기업들은 똑같은 노래를 계속 되풀이한다. 미국 농부들은 "세계를 먹이는 일"을 할 수 있고, 할 것이며, 해야만 한다는 것이다.

대공황 이전에도 농민들은 미국 동부 해안과 정치권력이 있는 곳에 그들의 불만을 집중시키기 시작했다. 그레인지(농민공제조합), 전국 농민연합, 농민연맹은 중서부에서 일어난 새로운 진보운동에 결합한 단체들 중 하나였다. 이러한 "농민 이익 대표단"은 곡물 가격을 안정시키려는 노력의 일환으로 곡물이 생산되기 전에 팔고 사는 관행인 선물先物 거래의 철폐를 요구했다.

농민들은 스스로 가격을 책정하기를 원했다. 그러나 뉴욕시의 상인들은 수용하지 않았다.

농민들이 조직됨에 따라, 워싱턴 D.C.와 뉴욕시에서는 민중 폭동에 대한 두려움이 커지고 있었다. 프랭클린 델러노 루스벨트Franklin Delano Roosevelt 대통령이 1933년에 취임했을 때, 그는 즉시 프로그램을 만들어 농민들에게 재배하지 말라고 돈을 지불했다. 수백만 에이커의 면화와 수백만 마리의 돼지들이 처분되었는데, 모두 고삐 풀린 과잉생산을 줄이고 농산품 가격의 하락을 막으려는 시도였다.

프랭클린 루스벨트는 자신이 동부 해안의 강력한 지지자들 사이에서 평화를 유지해야 한다는 것을 알고 있었지만, 또한 농민들 입장도 일리가 있다는 것을 알고 있었다. 소수의 사람들이 곡물 가격을 좌우하는 한 농민은 항상 더 많이 재배하고 더 낮은 가격을 받아들이도록 강요받을 것이다. 그의 먼 친척인 시어도어 루스벨트Theodore Roosevelt 대통령과 마찬가지로 프랭클린 루스벨트는 미국 경제가 자유시장에 기반을 둔다고 믿었고, "기업연합 해체trust busting", 즉 대규모 독점의 해체를 약속하며 출마했다.

루스벨트 대통령은 이러한 개방형 시장 체제가 다양성과 경쟁, 그리고 회복력을 고취한다고 믿었다. 반대로, 그는 전체 수직선(예를 들어 식량)을 통제하는 산업은 (구매 가격을 낮추고 판매 가격을 높게 고정할 만큼) 과도한 경제권력을 가지게 될 것이고, 분명히 (입법에 영향을 미칠 정도로) 과도한 정치권력을 휘두르게 될 것이라고 믿었다. 그러나 프랭클린 루스벨트와 이후의 미국 대통령들은 일단 독점이란 질병에 감염되고 나면 최선을 다하더라도 자유시장을 재건하는 것이 극도로 어렵다는 것을 배우게 된다.

루스벨트 대통령이 폭주하는 농장 생산량을 줄이고 농민이 적절한 몫을 지급받을 수 있는 장치를 갖추려고 시도할 때쯤에는 중앙집권식 식량 통제와 분배가 미국의 곡창지대 일대를 꽉 움켜쥐고 있었다. 철도와 곡물 상인들은 가격과 중서부를 관통하는 곡물의 흐름 모두를 확고히 통제하고 있었다. 철도가 없으면 농민들은 생산물을 시장에 내놓을 방법이 없었다. 뉴욕시의 상인들이 없으면 시장도 없었다.

가격은 멀리 뉴욕 월스트리트에서 결정되어서 중서부를 가로지르는 철도 지선에 게시되었다. 농부에게는 두 가지 선택지가 있었다. 게시된 가격으로 곡물을 팔거나 호주머니에 돈이 없는 상태로 집으로 돌아가거나. 독점 금지와 농장 정책에 대한 프랭클린 루스벨트의 모든 시도에도 불구하고, 이러한 중앙집권식 가격 시스템은 오늘날까지 여전히 존재한다.

농산물 직거래 장터를 제외하고 농산품의 가격은 농부가 아니라 오히려 미국 정부, 무역업체, 화물 운송업체, 포장업체 및 유통업체에 의해 정해진다. "세계 식량 시장"으로 통칭되는 것은 농부가 아니라 이러한 실체들이다.

당신의 농장을 싸움터로 만들어라!

제2차 세계대전 중에 중서부의 농민들은 새로운 문제에 직면했다. 도시의 공장과 해외의 전쟁터가 농장의 인력을 빼앗아서 농사지을 사람이 충분하지 않았던 것이다. 전쟁을 위해 더 많은 식량을 더 적은 일손으로 생산해야 한다는 압박 속에서 해야 할 일은 단 하나였다. 농민들은 더욱 효율적으로 되어야 했다. 그렇게 하기 위해서 그들에게는 새로운 장난감이 필요했다.

1943년 포드-퍼거슨 트랙터 광고는 "*여성과 어린이가 힘센 남성의 일을 할 수 있도록 도와주는 트랙터가 여기 있습니다!*"라고 선언했다. 광고에 적힌 작은 글씨는 다음과 같이 강조했다. "퍼거슨 시스템과 퍼거슨 도구가 장착된 포드 트랙터는 여성, 어린이, 노인이 농장의 노동력을 늘리고 미래의 엄청난 식량 생산 목표를 달성하는 데 귀중한 도움을 줄 것입니다." 그 광고는 매디슨애버뉴상 수상작은 아니지만, 가족 농장을 관리해야 하는 남겨진 여성들의 마음에 와 닿았다.

탱크, 총, 비행기의 수요에 힘입어 미국 농기계 회사들은 스테로이드 주사에 맞먹는 것을 얻었다. 매시해리스는 탱크와 항공기 날개, 트럭을 대량으로 찍어냈다. 존디어는 탱크 변속기, 항공기 부품, 탄약을 만들었다. 케이스는 폭격기 날개, 항공기 엔진 부품, 그리고 포탄을 제작했다. 앨리스차머스는 선박용 터빈과 프로펠러 축을 가공했다. 그 회사는 심지어 일본에 투하된 두 개의 원자폭탄 "리틀보이"와 "팻맨"의 케이스를 만드는 영광을 누렸다.

제조사들은 그들의 신기술을 새로운 유형의 농기계를 만드는 데 활용했다. 유압식 기계, 동력인출장치(PTO), 3점 히치 등 전쟁터에서 가져온 이 모든 전시 혁신은 농업용 트랙터의 표준이 되었다. 한편 트랙터는 더 작아지고, 관리하기 쉬워지고, 훨씬 더 강력해졌다.

게다가 트랙터는 단지 도구를 끌거나 밀어낼 뿐 아니라 많은 작업을 수행할 수 있는 복잡한 "트랜스포머"와 연결될 수도 있었다. 매시해리스는 전시의 공학에서 배운 교훈을 적용해서 밀을 베고 겉껍질을 분리할 수 있는 최초의 자주식 기계를 만들었다. 문명의 주요 곡물에 핵심적인 두 가지 노동집약적인 작업을 결합combining함으로써, 그 기계는 농업 기술의 분수령이 되었다. "콤바인combine"●에 참여하라.

매시해리스는 전시 할당량이 허용하는 것보다 더 많은 자주식 콤바인을 생산하기를 원했고, 구매자가 2,000에이커의 밀을 생산하겠다는 계약에 서명할 경우 허용해주도록 전시생산국을 설득했다. 그들은 자기네 프로그램을 신문광고에 대문짝만하게 실었다. "모집! 1945년 수확을 위한 농장 최전선 전사!" 『포춘』 잡지는 이러한 "분투"에 관해 여덟 페이지짜리 양면 기사를 실었고, 매시해리스는 이를 광고하기 위해 20분짜리 총천연색 영화에 돈을 지불했다. 놀랄 것도 없이 콤바인은 주문이 밀릴 정도로 많이 팔렸다. 트랙터 판매량만 1940년에 160만

● 　조합이란 뜻도 있다.

대에서 1945년에는 240만 대로 뛰어올랐다.

인류 역사상 가장 큰 전쟁 덕분에 기계화된 농업의 시대가 열렸다. 미국 농지의 칼로리 산출량은 곧 치솟았고, 농가 수입은 1940년 44억 달러에서 1945년 전쟁이 끝날 무렵에는 123억 달러로 거의 세 배가 되었다.

그러나 이 모든 것은 곧 닥칠 새로운 전쟁을 위한 준비운동에 지나지 않았다.

식량 붐

1944년 6월 연합군이 프랑스 노르망디를 공격할 무렵, 독일의 화학 지식과 미국의 기계 설비는 전례 없던 수준에 이르렀다. 남자들은 전쟁터에서 곧 돌아올 것이다. 새로운 결혼식이 치러질 것이다. 세계적인 베이비붐이 지금껏 유례없던 가장 큰 세대를 만들어낼 것이다.

새로운 인구를 먹이기 위해서 다른 종류의 결합 또한 이루어졌다. 이러한 새로운 결합은 독일의 치명적인 화학물질과 미국의 강력한 기계를 융합해서 문명 역사상 가장 큰 강력한 농업 집단, 곧 화학산업-농업 복합단지를 만들어냈다.

독일인들이 합성질소를 채택한 후 알게 된 것처럼, 미국 농부들은 지금껏 다양한 작물들과 동물들이 순환되던 땅에서 가능한 한 많은 밀을 생산하려다가 장애물을 발견하게 되었다. 무한정의 땅에서 동일 작물을 재배하는 것을 막는 첫번째 장애물은 해충, 두번째는 잡초, 세번째는 곰팡이였다. 식물을 지탱하기 위해 필요한 모든 미생물이 함유된 균형 잡힌 토양이 없다면, 자연은 작물을 도태시킬 것이다. 자연에서 다양성은 예외가 아니라 규범이다. 따라서 불균형 상태(동일 식물이 너무 많은 상태)의 생태계는 곤충, 잡초, 식물 질병 등을 통해 스스로 균형(다양성)을 회복하려고 할 것이다.

전쟁의 종식은 칼로리를 생산하는 쳇바퀴 위에 있던 중서부 농민들에게 안도감을 주었다. 전시의 제조 규제는 마침내 철회되었다. 반짝거리는 새로운 농기계를 전국의 대리점에서 구할 수 있게 되었다. 그리고 중요한 것은 작물 마름병, 군대개미, 메뚜기, 조명충나방 등 곤충 떼로 고생하는 농부들에게 갑자기 이러한 성가신 문제들을 마술처럼 제거해주겠다고 약속하는 새로운 스프레이와 분말이 쏟아져 나왔다는 점이다.

농약산업은 화학무기를 제조하는 전시 기술을 활용해서 대규모 확장을 시작했다. 미국에서 농업용 화학물질을 생산하는 새로운 기반시설과 설비에 38억 달러가 투자되었다.[4] 전후 처음 7년 동안 약 1만 개의 새로운 농약이 미국 농무부USDA에 등록되었다. 당연히 화학산업의 이익은 급증했다.

제초제, 살균제, 그리고 살충제는 곧 "농업용 화학물질agrochemicals" 혹은 더욱 혼란스럽게는 "작물보호제crop protection"라고 불렸다. 질소, 인산, 칼륨의 "성聖 삼위일체"의 끝없는 공급과 함께, 이러한 새로운 화학적 혼합물들은 전례 없이 많은 양의 밀, 옥수수, 그리고 콩에 이르기까지 "상품"작물의 생산을 촉진했다. 엄청난 생산량 덕분에 상품작물은 곧 동물 사료로 사용되기 시작했고 소고기, 돼지고기, 그리고 나중에

전 세계 곡물 생산량(1960년~2011년)

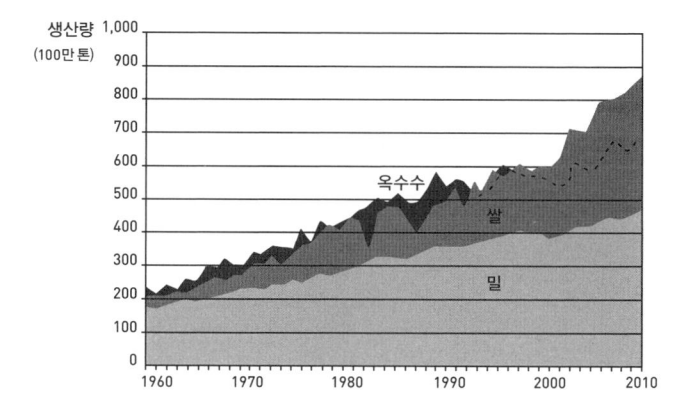

제2차 세계대전 이후의 곡물 생산 붐은 과식과 영양 불균형 문제를 초래했다.

전 세계 연간 추정 농약 판매량

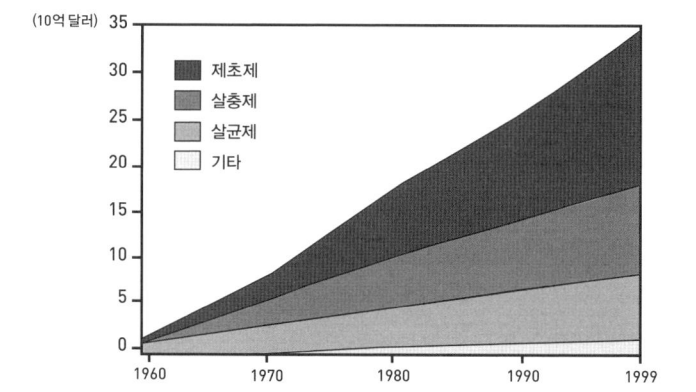

곡물 생산량을 계속 늘리려면 독성 화학물질을 매년 훨씬 더 많이 투입해야 한다. 농약 생산량은 그것을 필요로 하는 곡물의 생산량보다 훨씬 빠르게 증가했다.

(출처: 『식물병리학*Plant Pathology*』[조지 아그리오스*George Agrios*, 2005])

는 닭고기의 전례 없는 생산을 가능하게 했다.

"옥수수-공장식사육시설Corn-CAFO 복합단지"가 세워졌다. 중서부의 사료용 옥수수 상품은 해안 도시들을 위해 고기를 생산하는 캔자스주 같은 지역의 공장식사육시설로 운송되었다. 더 많은 식량은 더 많은 인구를 위한 길을 열었다.

미국은 식량 생산을 선도했고, 나머지 세계도 그 뒤를 따랐다. 세계 곡물 생산량은 1940년에서 1970년까지 두 배가 되었고, 1970년에서 2000년까지 다시 두 배가 되었다. 그러나 단일 곡물 생산이 지속적으로 성장하기 위해서 전 세계 농약 생산량은 농작물 생산량보다 더 빠르게 증가해야 했다. 1945년에 거의 0에 가까웠던 농약 생산량은 1955년에는 50만 톤, 1960년에는 100만 톤 이상, 1975년에는 200만 톤, 1990년에는 300만 톤, 오늘날에는 약 500만 톤으로 증가했다.[5]

농업의 세계에서는 모든 것이 잘되고 있는 것 같았다. 많을수록 결국에는 더 좋은 것이다.

그러나 그 만 가지 화학 살충제, 제초제, 살균제 중에서 몇 개만 살펴봐도, 제2차 세계대전 이후 농업에서 실제로 어떤 일이 일어났는지에 관해 매우 다른 그림이 그려진다.

디디티는 나한테 좋은 거야!

전후 미국의 농업 경관에 스며들게 될 화학물질 중 하나를 개발한 곳은 스위스의 화학 및 제약회사였다. 파울 헤르만 밀러Paul Hermann Müller

는 가이기 주식회사$^{Geigy\ AG}$에서 일하는 화학자였다. 스위스에서 식량부족을 겪었던 뮐러는 당시에 구할 수 있던 "값비싼 천연제품"보다 벌레를 더 잘 죽일 수 있는 화학물질을 찾고 싶었다.[6] 그는 디디티^{DDT}로 알려진 다이클로로다이페닐트라이클로로에테인$^{dichloro\text{-}diphenyl\text{-}trichloroethane}$이라는 멋진 화합물에 정착했다.

전쟁 전과 전쟁이 지속되는 동안 가이기는 독일에 공장과 자회사를 두었고, 원료의 약 80퍼센트를 독일에서 수입했다. 나치의 화학 전쟁 기계와 디디티 개발 사이에 직접적인 연관성이 있었는지는 불분명하지만, 1940년대 게르만 세계의 시대정신은 살상할 수 있는 화학물질을 개발하는 데 집중되었고, 디디티는 그러한 필요에 딱 들어맞았다.[7] 디디티는 전시의 선호품이었다. 디디티는 모기를 신속히 죽이기 때문에 유럽 전역에서 효과적인 말라리아 퇴치 스프레이로 사용되었다.

───────────

전쟁이 끝난 후, 디디티는 미국에서 농약으로 많이 팔렸다. 1946년에 나온 신나는 총천연색 영화《디디티를 모든 곳에 뿌리자$^{DDT\ Let's\ Put\ It\ Everywhere}$》에서 아나운서는 디디티에 대해 기적적으로 벌레를 죽이면서도 어떻게든 인간은 살려주는 "현대 과학이 만든 악마의 무기"라고 칭찬했다. 트럭, 항공기, 휴대용 스프레이에서 분사되는 엄청난 양의 디디티가 미국과 해외에서 말라리아를 크게 감소시킨 것은 사실이다. 그러나 대부분의 유독성 화학 스프레이와 마찬가지로, 디디티의 부작용은 시간이 지난 후에야 가시화되었다.

《디디티를 모든 곳에 뿌리자》는 (믿거나 말거나) 페인트 회사인 셔윈윌리엄스의 광고였는데, 이 회사는 거실에 칠할 수 있는 제형으로 만들어진 디디티를 페스트로이라는 이름으로 홍보하고 있었다. 페스트로이 캠페인과 함께 디디티를 홍보하는 다른 회사들의 광고가 홍수처럼 쏟아졌는데, 그중 하나인 펜실베이니아 소금제조회사의 『라이프』지 광고는 개, 사과, 가정주부, 암소, 감자, 그리고 닭이 모두 "디디티는 나한테 좋은 거야!"라고 노래하는 행복한 합창 장면을 묘사했다.

미국의 가정, 거리, 농지에 수년간 디디티를 분무하고 칠하고 퍼붓고 섭취하고 뒤덮은 후, 환경보호청[EPA]은 1970년대에 이 화학물질을 연구하기 시작했다. 환경보호청은 디디티가 달걀 껍데기를 얇게 만들고 배아를 죽여서 새의 번식률을 줄인다는 것을 발견했다. 그것은 물속에서 디디티를 탐지하는 "능력이 부족한" 물고기에게 "매우 유독"하다. 농경지로부터 대수층, 강, 호수, 그리고 바다로 흘러 들어가는 물까지 포함해서, 물속에서 디디티의 반감기는 약 150년이다.[8]

디디티는 1972년에 미국에서 금지되었지만, 우리 대부분의 혈액에는 아직도 디디티가 남아 있다. 그것은 세계 도처의 빗물 샘플에서도 여전히 발견된다. 디디티를 "발암물질[probable human carcinogen]"로 분류한 환경보호청에 따르면, 디디티에 노출된 포유동물에게는 간 종양이 발생한다. 디디티는 또한 인간의 지방세포에 축적되는 경향이 있다.[9] 당연히 디디티가 많이 뿌려진 지역에서는 모유에서 디디티가 높은 수준으로 발견되었다.[10]

2015년에 샌프란시스코만 일대에서 1만 5,000명의 어머니, 딸, 손녀를 대상으로 3대에 걸친 디디티 추적 연구가 수행되었다. 공중보건

연구소가 실시한 이 연구에 따르면, 디디티(캘리포니아의 농지에서 많이 사용되었다.)에 가장 많이 노출된 여성은 적게 노출된 여성보다 유방암 진단을 받을 확률이 3.7배 더 높았다.[11]

디디티는 끔찍한 화학약품이다. 그러나 그것은 제2차 세계대전 이후 우리의 농지에 뿌려진 화학약품 양동이 중 작은 한 방울에 불과하다.

지금은 오렌지색이 대세다 ORANGE IS THE NEW BLACK

제2차 세계대전이 끝날 무렵, 미국 농장에 도입된 수많은 화학약품 중 하나가 위던 Weedone 이란 상표로 팔렸다. 그것의 주요 성분은 2,4-다이클로로페녹시아세트산이며, 2,4-D로도 알려져 있었다. 벌레를 죽이기 위해 사용하는 디디티와는 달리, 2,4-D는 잡초를 죽이기 위해 사용하는 "선택적 농약"이다. 그것은 식물의 잎에 흡수되어 작용하는데, 그 식물은 너무 자라서 시들어 죽게 된다.

2,4-D는 물분자에 부착된다는 의미에서 친수성 물질이다. 이러한 성질로 인해, 그것은 베트남에서 일어난 또 다른 전쟁에서 개발된 화학물질과 결합해 완벽한 동반자가 되었다.

1962년과 1971년 사이의 전쟁 동안, 미국 군대는 지붕처럼 우거져서 적을 가려주는 성가신 나무들을 모두 제거할 방법을 원했다. 미국과 영국이 제2차 세계대전 중에 입수한 "제초 무기"에 관한 지식을 이용해서, 그들은 두 가지 화학물질, 곧 2,4-D와 2,4,5-트라이클로로페

녹시아세트산 혹은 간단히 2,4,5-T라고 불리는 물질을 결합했다. 그들은 새로운 혼합물을 "에이전트 오렌지"라고 명명했다.

이론적으로 에이전트 오렌지는 "고엽제"로서 나무의 잎을 죽여 군용 항공기와 헬리콥터가 아래의 마을사람들을 더 잘 볼 수 있게 해주는 역할을 해야 했다. 그러나 1962년 에이전트 오렌지 살포 프로그램을 시작할 때부터 미군은 나무가 아니라 농작물을 목표로 삼았다. 그 프로그램이 진행되는 동안 수백만 갤런의 에이전트 오렌지가 남베트남 상공에 뿌려졌다. 그 결과 수십만 명의 사람들을 굶주리게 만든 광범위한 기근이 발생했다.

에이전트 오렌지에 노출된 사람에게 발생할 것으로 추정되는 혹은 발생 가능성이 있는 질병을 몇 가지만 들어보면, 백혈병, 림프종, 암, 심장병 등이 있다. 베트남에서 에이전트 오렌지의 노출과 구개열, 정신장애, 다지증多指症을 가지고 태어난 아이들 사이의 연관성을 지적하는 논란의 여지가 있는 연구가 있다. 전쟁 중 유독성 화합물을 사용한 미국 정부를 상대로 수많은 소송이 제기되었다. 미군 참전용사들이 재정적, 의료적 지원을 일부 얻어낸 데 비해 베트남의 희생자들은 미국으로 더 많은 플라스틱 장난감을 팔도록 권장된 것 외에는 거의 아무것도 얻지 못했다.

이 중 어느 것도 오늘날 농약 회사들이 2,4-D를 판매하는 것을 막지 못했다. 오늘날 약 75개의 회사가 적어도 100개 이상의 상표명으로 2,4-D가 함유된 제초제를 팔고 있다. 그들의 표준적인 반응은 에이전트 오렌지의 유독한 성분은 다이옥신이 함유된 2,4,5-T라는 것이다. 그러니 미국의 농지, 골프장, 공원, 운동장, 잔디밭에 2,4-D를 되는대로 계속 살포해도 괜찮다는 것이다. 세계보건기구WHO는 심지어 2,4-D를 "섭취"한 "지원자들"이 48시간 후 소변으로 대부분을 배출했다는 연구 결과를 발표하기도 했다[12](어떤 방법을 써서 2,4-D를 "섭취"하도록 설득했는지 궁금하다). 그 이후로 WHO는 2,4-D를 "발암 가능" 목록으로 분류하고 있다.

소량의 유독성 화학물질의 영향은 오랜 시간에 걸쳐 누적되는 것이기에, 시간의 경과에 따라 측정해야 한다. 이런 이유에서 오늘날 대부분의 독성학 연구는 종단적 연구에 기초한다. 2,4-D와 관련한 종단적 연구는 그것이 광고된 것보다 훨씬 더 위험한 화학물질임을 보여준다.

미국에서 검사된 대부분의 음용수에서 2,4-D가 검출되었다. 사

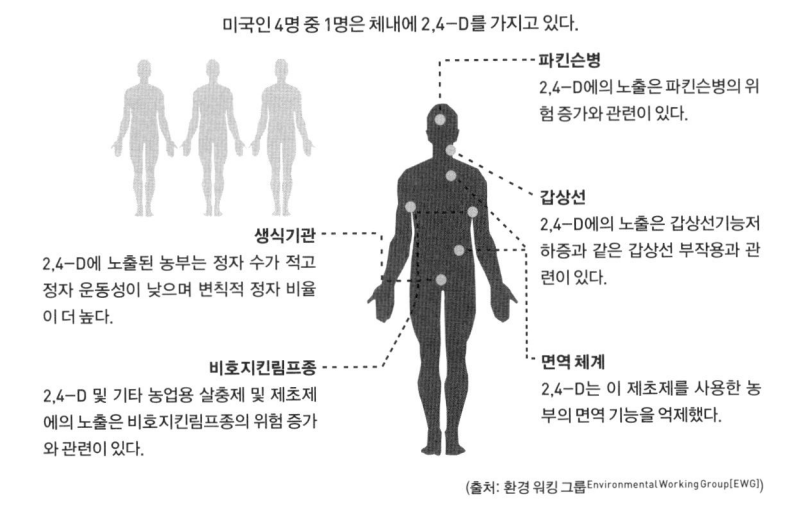

2,4-D 노출과 건강에 관한 연구

미국인 4명 중 1명은 체내에 2,4-D를 가지고 있다.

파킨슨병
2,4-D에의 노출은 파킨슨의 위험 증가와 관련이 있다.

갑상선
2,4-D에의 노출은 갑상선기능저하증과 같은 갑상선 부작용과 관련이 있다.

생식기관
2,4-D에 노출된 농부는 정자 수가 적고 정자 운동성이 낮으며 변칙적 정자 비율이 더 높다.

비호지킨림프종
2,4-D 및 기타 농업용 살충제 및 제초제에의 노출은 비호지킨림프종의 위험 증가와 관련이 있다.

면역 체계
2,4-D는 이 제초제를 사용한 농부의 면역 기능을 억제했다.

(출처: 환경 워킹 그룹Environmental Working Group[EWG])

2011년 미국의 연간 2,4-D 추정 사용량

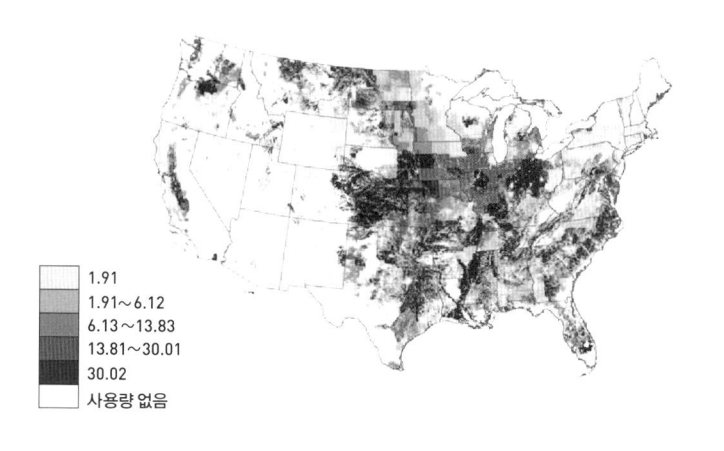

1.91
1.91~6.12
6.13~13.83
13.81~30.01
30.02
사용량 없음

주별 2,4-D 예상 사용량

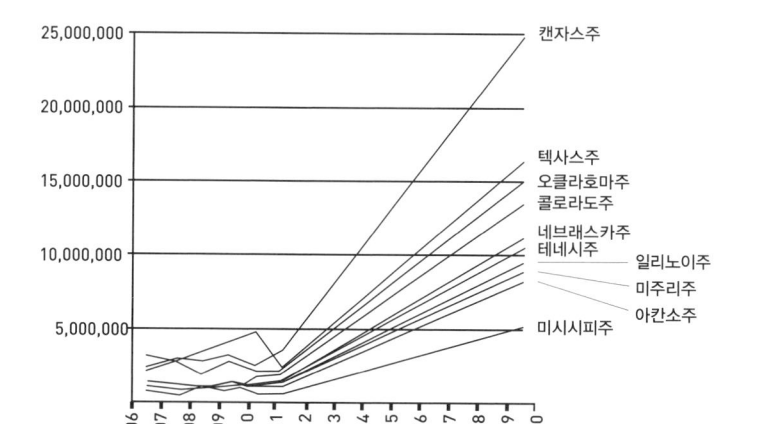

2,4-D 노출과 건강과의 관계를 파악한 여러 연구들에도 불구하고 이 독성 화학물질은 계속 증가할 것으로 예상된다.

(출처: USDA, USGS)

람들이 2,4-D가 변한 화학물질(2,4-다이클로로페놀)이 리터당 0.3마이크로그램만큼 미량이더라도 그 맛을 느낄 수 있게 되면서 상수도 공급이 중단되었다. 한편 미국에서 검사된 상수도에서는 리터당 0.1에서 0.5마이크로그램의 2,4-D가 측정되었다.[13]

『농약 개선 저널*Journal of Pesticide Reform*』은 2005년에 2,4-D의 영향에 관한 전 세계의 연구를 상세히 다룬 사실 자료를 만들었다. 이 화학물질은 부작용을 많이 가지고 있는데, 그중 가장 충격적인 것은 내분비계의 교란, 정자 수 감소, 고환 손상, 그리고 유전적 손상이다. 2,4-D는 친수성이기에 인간의 세포에 "달라붙는" 경향이 있다. 또한 이 화학물질은 환경에서 쉽사리 분해되지 않는 장기적 독성물질인 다이옥신을 포함한 다른 화학물질에 "달라붙는" 것을 좋아한다.

2,4-D는 또한 모유에 직접적으로 전달된다. 이 화학물질은 개의 암과 고환 문제의 위험 증가와 관련이 있다. 그리고 그것은 눈에 띄게 해를 미치지 않을 정도로 소량 사용하더라도 식물에게 유전적 손상을 일으킨다.[14] 미국 질병통제센터Centers for Disease Control에 따르면, 미국인 중 약 25퍼센트는 현재 체내에 2,4-D를 가지고 있다.

한 가지 더 있다. 2,4-D는 우리의 음식 안에도 들어 있다. 미국에서는 해마다 약 4,600만 파운드(매년 미국인 1명당 약 2~3온스)의 2,4-D가 뿌려진다. 주로 사용되는 곳은 (미국의 동물들이 풀을 뜯는) 목초지와 방목장, 밀, 그리고 잔디, 골프장, 공원 및 정원이다.[15]

다우 애그로사이언스Dow AgroSciences에 따르면, 그들의 새로운 인리스트Enlist™ 브랜드 "잡초 방제 시스템"은 2,4-D에 "내성"이 있는 유전자변형 옥수수와 콩을 만들기 때문에 2,4-D의 사용은 증가할 것으로 보인다. 인리스트 마케팅 전용으로 만들어진 번드르르한 웹사이트도 있다. 당신이 먹는 음식과 자녀가 노는 놀이터에 더 많은 2,4-D가 있다고 생각되더라도, 걱정하지 말라. 이 웹사이트에는 "인증된 고급 특성 기술" 검인이 있다. 얼마나 안심이 되는지.

그 사이트는 이렇게 말한다. "콜렉스-디Colex-D® 기술을 탑재한 인리스트 듀오Enlist Duo® 제초제만이 새로운 2,4-D와 글리포세이트의 검증된 성과를 결합합니다. 목표물에 착지해서 유지되도록 설계한 결과, 무적의 잡초 방제가 가능해졌습니다. 인리스트 듀오는 (내성이 있고 통제하기 어려운 종을 포함해서) 수확물을 앗아 가는 넓은잎잡초를 두 가지 작동 방식으로 제거합니다. 밭을 장악하세요. 그리고 수익률을 최대한 끌어 올리세요."[16]

다이옥신(2,4,5-T)과 2,4-D를 결합한 에이전트 오렌지 대신, 이 새로운 제초제는 2,4-D와 장기적으로는 마찬가지로 위험할 수 있는 무언가를 결합한다.

농장에 새로 온 녀석THE NEW KID ON THE FARM

1970년대 초반에 몬산토는 자신들이 글리포세이트라고 부르는 새로운 잡초 방제 분자(N-(포스포노메틸)글리신)의 특허를 얻었다(이 화학물질은 사실 제2차 세계대전 직후 독일 국경을 넘어 스위스에서 최초로 개발되었다).

글리포세이트는 아미노산의 생산에 매우 중요한 식물 효소를 교란함으로써 식물 성장을 중단시킨다. 또한 글리포세이트는 미네랄에 붙어서 그것들을 결합하고 식물이나 동물, 인간이 사용할 수 없게 만드는 킬레이트제이다.

글리포세이트와 그 주요 브랜드 상품인 라운드업에 대한, 기업의 후원을 받은 과학적 연구는 엄청나게 많다. 심지어 글리포세이트 프로젝트팀은 이 놀라운 화학물질의 혜택을 홍보해서 유럽연합에 판매하려고 기업의 후원을 받아 웹사이트도 만들었다.

제2차 세계대전 이후 화학산업단지에서 개발된 대부분의 다른 "살殺" 제품들과 마찬가지로, 글리포세이트를 사용할 때의 최종적인 결과는 예상 가능하다. 세계보건기구는 그것을 "발암추정물질"로 분류하며, 캘리포니아 환경보호청은 에두르지 않고 그것을 바로 "발암물질"이라고 부른다.

기업에서 기금을 받은 연구들이 모유에서 글리포세이트가 검출되지 않는다고 말하는 반면 다른 연구들은 검출된다고 하는 것은 놀랄 일도 아니다.[17] 글리포세이트 독성이 유발한다고 추정되거나 유발할 가능성이 있는 문제의 목록에는 생물 축적, 유방암 세포 증가, 심각한 장기 손상, 유선종양, 어류 간에 미치는 독성 영향, 내분비 교란 등이 포함되며, 이러한 것들은 화학물질로 유발된 인간의 건강 문제의 친숙한 목록이다.[18,19,20]

글리포세이트는 흔히 수확 직전에 농작물 위에 분무된다. 달리 말해서, 글리포세이트는 식재료가 음식으로 바뀌기 직전에 분무된다. 그것은 여러 번의 분무를 견디도록 유전적으로 변형된 옥수수와 콩에 주로 사용되며, 둘째로 밀과 면화에, 셋째로 목초지와 건초에 뿌려진

글리포세이트 사용 지역

미국에서 글리포세이트 사용은 유전자변형 작물 도입 이후 급격히 증가했으며 여전히 주요 재배 지역으로 확대되고 있다.

(출처: USGS)

다. 글리포세이트가 뿌려지는 1억 에이커에 관한 미국 지질조사국USGS의 지도는 글리포세이트의 사용이 미국의 "대량 농업" 지대와 분명히 대응하며, 중서부와 미시시피강 유역 아래쪽에 가장 집중되어 있다는 것을 보여준다. 또 다른 집중 영역은 동부 해안을 따라 뻗어 있다. 마지막으로, 글리포세이트가 아주 많이 사용된 땅은 캘리포니아 센트럴밸리의 성장하는 지역에 상응한다.

글리포세이트의 사용은 1996년 중반에 화학물질에 "내성"이 있는 유전자변형 작물이 도입된 이래 급증해왔다. 모두 합해서 약 3억 파운드(매년 미국인 1명당 약 1파운드)의 글리포세이트가 미국 전역의 농지와 도시의 보도에 뿌려진다.

생물에 축적되는 독성물질로 미국을 뒤덮는 것은 오늘날 우리의 유기농 아침식사에서 높은 수준의 글리포세이트가 검출된다는 사실을 고려할 때 더욱 문제가 된다.[21] 심지어 글리포세이트는 우리의 공기와 물에도 퍼지고 있다. 미국 지질조사국에 따르면, 1995년과 2007년에 미시시피 삼각주를 따라 채취한 표본에서 공기 표본의 86퍼센트, 빗물 표본의 77퍼센트가 글리포세이트를 함유하고 있었다.[22] 건강에 미칠 수 있는 영향은 잠시 제쳐두자. "가능한 한 많이 생산"한다는 견지에서 글리포세이트의 주요 문제는 농부들이 글리포세이트를 더 많이 뿌릴수록 잡초를 죽이는 효과는 줄어든다는 점이다.

어마어마한 양의 글리포세이트가 뿌려지기 시작한 직후, 화학물질을 뿌린 바로 그 자리에서 새로운 계통의 "슈퍼 잡초"가 튀어나오기 시작했다. 오늘날에는 망초, 돼지풀, 단풍잎돼지풀, 팔머아마란스, 물대마, 실망초, 이탈리안라이그라스, 리지드라이그라스, 존슨그라스 등을 포함해서 약 65가지의 "글리포세이트 내성이 확인된 잡초들"이 있다. 조사 대상 농부의 50퍼센트가량은 그들의 땅에 글리포세이트 내성 잡초가 있다고 말한다.[23]

농약회사들이 자연보다 한 수 앞섰다고 생각한 바로 그때, 제초제에 내성이 있는 이 모든 잡초들이 생겨났다. 이처럼 힘 빠지게 하는 적들 앞에서 화학회사가 해야 할 일은 무엇일까?

대답은 간단하다. 더 많이 사용하세요.

옥수수의 아이들

오늘날 미국은 매년 10억 파운드의 제초제와 살충제, 그리고 살균제를 농작물에 뿌린다. 그것은 매년 미국인 1명당 약 3파운드에 해당하는 양이다. 이러한 "살殺" 제품들 중 일부는 토양과 식물에 의해 좀 더

미국인 1명당 연간 농약 사용량: 3파운드

미국에서 사용되는 10억 파운드의 살충제, 제초제 및 살균제 중 일부는 우리 몸에 침투해 우리 몸을 파괴한다. 내분비계에 영향을 미치고 소아암과 같은 질병의 위험을 증가시킬 수 있다.

빨리 대사작용이 되어 분해된다. 그러나 이러한 화학물질의 대부분은 여전히 상당한 양이 남아서 "어딘가"로 가야 한다. 그 어딘가의 선택지는 제한되어 있다. 그곳은 우리의 음식, 우리의 물, 우리의 토양, 그리고 우리의 공기이다. 그리고 그 모든 장소는 다른 하나의 장소, 곧 우리의 몸으로 이어진다.

글리포세이트 다음으로 두번째로 많이 사용되는 제초제는 아트라진이라고 불린다. 최근 아트라진은 상당히 부정적인 평가를 받았다. 2004년 유럽연합은 식수에서 높은 수준의 아트라진이 검출된 후 아트라진을 금지했다. 미국 지질조사국은 미국의 지하수 연구를 통해 아트라진이 지하수에서 가장 흔히 발견되는 제초제라는 사실을 알아냈다.[24] 환경보호청에서 발표한 연구와 『스테로이드 생화학 및 분자생물학 저널*The Journal of Steroid Biochemistry and Molecular Biology*』에 실린 연구에 따르면, 아트라진은 내분비계 교란물질이다.[25,26] 이는 아트라진이 인체의 호르몬 체계를 교란한다는 것을 의미한다. 내분비계 교란에 가장 취약한 사람은 아이들이다.

대부분의 제초제, 살충제, 살균제와 마찬가지로, 아트라진은 건강하게 보이는 꽃핀 식물 사진이 붙어 있는 병과 항아리에 담겨 수많은 상표명으로 판매된다. 이렇게 병에 담긴 화학물질들 중 일부는 잔디밭, 공원, 옥수수 작물, 콩 작물 등에 대한 목표 잡초 개체군에 따라 아트라진을 유기인산염, 다이옥신 및 기타 화학물질과 결합한 것이다. 사실 미국 전역의 철물점 선반 위와 농장화학 협동조합에서 팔리는 대부분의 살殺 제품들은 "콤보"이다. 단 하나의 독성 화학물질이 장기적으로 건강에 미치는 영향을 확신할 수 없다면, 여러 개의 독성물질을 결합한 효과를 이해하는 것은 훨씬 더 어렵다. 불행히도 우리 국가의 농약 실험에서 탄광의 카나리아는 아마도 우리의 아이들일 것이다.

캘리포니아 살리나스의 산모와 자녀의 건강평가센터The Center for the Health Assessment of Mothers and Children of Salinas, California, CHAMACOS는 버클리대학과의 공동 프로젝트로 농약과 오염물질이 임신부와 어린 자녀에게 미치는 영향을 연구했다. 그들은 여성 600명을 대상으로 임신과 출산 과정을 통해 추적 연구를 진행했다. 그리고 나서 그들은 그 여성들의 자녀를 연구했다. 혈중 농약수치가 최고치였던 여성들의 자녀는 두 살이 되었을 때 정신 발달이 가장 나빴고 발달장애의 사례도 가장 많았다. 농약에 가장 많이 노출되었던 어머니들의 자녀는 다섯 살 때 다른 아이들보다 주의집중 시간이 더 짧았다. 당연히 연구에 참여한 여성들은 캘리포니아 센트럴밸리의 농업 재배 지역에서 살고 있다. 그러나 미국 질병통제센터는 농업에의 근접성과 무관하게, 전국의 가정에서 높은 수준의 농약을 발견했다.[27]

캘리포니아대학교 데이비스캠퍼스는 2014년에 농장에서 1마일 이하 거리에서 태어난 970명의 아이들을 추적하는 또 다른 연구를 수행했다. 그 연구에 따르면, 유기인산염 농약을 사용한 농장 근처에 살았던 어머니의 자녀는 농약을 사용한 농장 근처에 살지 않은 어머니의 자녀들에 비해서 자폐증에 걸릴 확률이 60퍼센트 더 높았다.[28]

우리가 유독한 화학물질이 아이들에게 미치는 영향을 "캘리포니아의 문제"로 일축하지 않도록, 미국 국립보건원 산하 신시내티 아동병원 의료센터는 『환경 건강*Environmental Health*』 저널에 연구 결과를 발표했다. 그 연구는 피레트로이드 농약 사용과 주의력결핍과잉행동장애 ADHD 사이의 연관성을 발견했다. 피레트로이드는 해충을 쫓는 유기화합물이다. 피레트로이드는 가장 일반적으로 사용되는 가정용 살충제의 주성분이다. 사람들은 그것이 인체에 무해하며 햇빛에 의해 분해된다고 믿는다.

그 연구는 8세에서 15세까지 아이들 687명을 대상으로 한 횡단면 연구였다. 소변에서 3-PBA(피레트로이드 노출의 생물지표인 분해 화학물질)가 검출된 소년들은 3-PBA가 검출되지 않은 소년들에 비해 ADHD에 걸릴 가능성이 3배 더 높은 것으로 나타났다. 소년들의 3-PBA가 10배 증가할 때마다 과잉행동과 충동성은 50퍼센트씩 증가했다.[29] 피레트로이드는 일반적인 가정용 화학약품이고, 슈퍼마켓, 철물점, 원예용품점에서 수많은 상표명으로 팔린다는 점을 기억하라.

미국인들은 매년 10억 파운드의 농약에 노출된다. 이는 우리 아이들의 아이큐에도 영향을 미치는 것으로 보인다.

컬럼비아대학교의 연구자들과 뉴욕시의 마운트 시나이 아이칸

의과대학은 수백 명의 산모들을 임신부터 출산에 이르기까지 추적해 왔다. 산모들의 유기인산염 수준을 측정한 후, 연구자들은 그들의 자녀가 한 살, 두 살, 세 살, 그리고 일곱 살일 때의 운동 능력을 평가했다. 결과는? 태아의 유기인산염 화학물질 노출이 증가할 때마다 자녀의 아이큐는 1.4퍼센트씩 떨어졌고, 작업 기억 점수는 2.8퍼센트씩 감소했다. 그러한 관계는 비례 그래프로 나타난다. 달리 말해서, 많이 노출될수록 아동의 능력은 더 많이 손상된다.[30]

농약 노출이 아동의 폐, 뇌 및 신체의 손상과 관련이 있다는 최근의 연구는 200건이 넘는다. 이들 살충제와 제초제는 아동의 백혈병, 림프종, 암, 육종과 관련이 있다. 아동의 인지기능 감소는 복잡한 무기 구조를 가진 살충제와 제초제에 노출된 것과 관련된다. 특정 살충제와 장애를 갖고 태어난 아기를 직접적으로 연결 짓는 수많은 연구가 있다.

농약은 죽이기 위해 고안된 것이다. 매년, 특히 모종을 심는 여름철에, 우리는 이제껏 어떤 사회도 시도하지 않은 엄청난 양의 농약을 생태계에 주입한다. 그러면 이러한 독은 식물, 물고기, 동물, 그리고 마침내 우리의 생체 내에 축적된다.

방대한 증거들은 시간이 지나면서 이 같은 농약이 우리를 죽이고 있다는 것을 보여준다.

자료에 따르면, 이러한 독은 식품의 최대 98퍼센트에 함유되어 있다.[31] 때로는 소량이, 때로는 많은 양이 함유되어 있다.[32] 우리의 식품을 검사하는 기관인 미국 농무부는 이러한 독극물(특히 2,4-D, 글리포세이트 혹은 아트라진)이 주로 살포되는 식품(옥수수, 콩, 밀)의 독극물 위반을 대부분 검사하지 않는다.[33,34]

워싱턴 D.C.의 대형 농업기업, 규제 기관들, 그리고 이들을 감독해야 할 상원과 하원 위원회들 사이의 "회전문"은 이러한 화학물질로부터 시민을 보호하는 데 거의 도움이 되지 않는다. 미국인들은 그들을 보호해줄 사람이 아무도 없는 상태로, 인류가 지금껏 수행해온 가장 대규모의 화학실험에서 기니피그가 되었다.

우리는 연간 10억 파운드의 유독성 화학물질에 3억 2,400만 명이 목숨을 걸고 주사위를 굴리는 도박을 하고 있으며, 승률은 우리에게 불리하다. 과학, 생태학, 경제학이 그러한 시스템이 재앙임을 보여주고 있음에도 왜 그것이 지속되는지 궁금하다면, 이 나라의 수도를 보라.

선심성 보조금

미국 납세자들은 연방작물보험이라고 불리는 것에 자금을 댄다. 그것은 끔찍한 먼지폭풍인 더스트볼과 대공황을 겪은 농부들의 회복을 돕기 위해 1930년대에 설립된 연방작물보험공사FCIC에 의해 발행된다. FCIC는 오늘날 미국 재무부로부터 300억 달러의 여신한도를 보유하고 있으며, 대략 100여 가지의 서로 다른 상품작물에 대한 보험을 제공한다. 원칙적으로 FCIC는 미국 농부들이 파산하지 않도록 보장하기 위해 존재한다. 그러나 실제로 그것은 유전자변형 종자의 지속적인 사용, 그것에 필요한 유독성 화학물질 살포, 현대 농업의 토양 파괴적인 관행을 지시하는 가장 강력한 도구가 되었다.

연방작물보험 배후에 깔린 생각은 농부의 농작물이 홍수, 가뭄 혹

최저 가격 보장

2016년 위험관리국이 보장한 평균 최저 가격

상품작물	가격 (단위당)
옥수수	2.90달러 (1부셸당)
콩	8.90달러 (1부셸당)
밀	5.60달러 (1부셸당)
쌀	11.20달러 (100파운드당)
보리	2.80달러 (1파운드당)

(출처: RMA)

은 우박 등의 악천후로 인해 부정적인 영향을 받거나, 또는 수확된 농작물이 갑작스러운 가격 하락으로 시장가치보다 가치가 떨어진다면, 정부는 그 농작물이 완전히 실패하더라도 기준치 대비 가격을 제공한다는 것이다. 이것은 농부가 스스로 통제할 수 없는 상황으로 인해 사업을 중단하지 않도록 보장해주며, 그렇게 함으로써 아마도 미국의 식량 안보를 보장할 수 있다. 나쁜 생각은 아니며, 특히 수천 또는 심지어 수만 에이커에 단일작물만을 재배하는 농부를 위해서는 그러하다.

그러나 1990년대부터 2000년대까지 미국을 괴롭혔고 결국에 2008년 금융위기를 초래한 규제완화는 작물보험의 DNA도 바꾸었다. 연방작물보험은 이제 농무부의 위험관리국^{RMA}을 통해 발행되며, 이 기관은 농작물의 최저 가격 보험(일명 "가격 보장")을 정하고 있다. 작물보험은 현재 민간 작물보험 중개업자들에 의해서도 발행된다. 월스트리트에서처럼 사고팔 수 있는 새로운 "보험 상품"이 등장한 것이다.

놀라울 것도 없이, 작물보험료의 최대 67퍼센트는 연방정부로부터 민간 회사로 직접 지불된다. 모든 게 알쏭달쏭하게 들린다면, 결론은 민간 기업이 농부들에게 지불되어야 할 세금의 대부분을 흡수하고 있으며, 농민들은 고압적이고 시대에 뒤떨어진 정부의 농작물 재정 계획으로 인해 미국인들을 병들게 하는 바로 그 농작물을 재배하고 있다는 것이다.

작물보험 시스템은 다음과 같이 작동한다. 위험관리국은 작물보험 가격을 열거한 정책을 발표한다. 농부는 보험에 가입된 작물 목록에 기초해서 어떤 작물을 재배할 것인지를 결정한다. 그러고 나서 농부는 자신의 생산이 정부 모델에 부합하는지 확인하여 자신의 생산물을 인증한다. 수확 후에는 면적 보고서를 작성한다. 흔히 그렇듯이 작물이 정부가 설정한 에이커당 예상 생산량보다 적게 생산되면 농부는 손실 보고서를 작성한다. 보험금이 계산되면 연방정부가 보험금을 (대부분 민간 회사에) 지불한다. 농부는 "손실 보상"을 받고, 주기가 다시 시작된다.

수많은 미국 정부 프로그램과 마찬가지로 여기에는 커다란 함정이 있다. 농부가 어떤 형태로든 재난 지원을 받기 위해서는 우선 연방 작물보험 프로그램에 참여해야 한다. 달리 말해서, 당신이 정부 지원을 받고 싶다면 작물보험 프로그램에 필수적으로 참여해야 한다.

하나의 씨앗을 심기 전에, 농부는 파종할 작물의 종류(즉 특허 종자), 재배할 방법(즉 화학물질 살포) 및 작물이 재배되는 시기와 장소에 관한 연방작물보험 프로그램의 엄격한 지침을 따라야 한다. 당연히 농부들은 일반적으로 해당 지역에서 에이커당 보험료가 가장 높은 작물을 재배한다. 연방작물보험 프로그램은 작물에 대해 보장된 가격을 제공하기 때문에, 대다수의 미국 농부들에게 무엇을 재배하고 무엇을 재배하지 말아야 할 것인지를 말해준다.

현재 정부의 작물보험은 한 종류의 식량 안보를 유지하고 있지만, 토양에게 올바른 일을 하는 농부들을 불리하게 만든다. 평균적인 상원 의석 비용이 약 1,000만 달러에 달하며 의원 1인당 1,000명 이상의 로비스트들이 존재하는 워싱턴 D.C.에 기반을 둔 연방작물보험공사는 산업화된 옥수수와 콩, 그리고 그것들이 필요로 하는 화학약품과 기계에서 이익을 얻는 주요 회사들과 보조를 맞추고 있다.

때때로 연방작물보험 프로그램은 "백인 복지"의 한 형태로 언급되곤 하지만, 실제로 그 프로그램은 기록적인 숫자로 파산하는 농부들에게 보조금을 거의 주지 못한다. 오히려 그것은 종자, 비료, 화학물질에서 이익을 얻는 기업에게 안정적이고 성장하는 시장을 보장함으로써 간접적으로 보조금을 지급한다.

가장 큰 패배자

현대 농업에서 가장 빠르게 성장하고 가장 수익성이 높은 제품은 식품이 아니라 오히려 제초제와 살충제이다. 이들 "죽이는 약품들"의 전 세계 사용량은 매년 증가하며, 계속 기하급수적으로 증가할 것으로 예상된다. 에이커당 화학물질의 권장 사용량은 (예를 들어 아트라진의 경우) 2~3파운드 또는 (글리포세이트의 경우) 1.5파운드일 수 있지만, 잡초가 저항력이 더 강해지면 더 큰 효과를 얻기 위해 더 많이 사용할 수 있으며, 많은 농부들이 그렇게 한다. 이들 농약이 무한한 식량 생산의 마법을 약속했음에도 불구하고 전 세계 곡물 생산량은 정체되기 시작했다.

1950년부터 1990년까지 새로운 종자와 화학물질의 "녹색혁명"이 이루어지는 동안, 전 세계 곡물 생산량은 연평균 3.5퍼센트씩 증가했다. 말 그대로 세계는 에이커당 더 많은 식량을 영원히 계속해서 재배할 수 있는 것처럼 보였다. 그러나 그러한 성장은 1990년대에(GMO와 글리포세이트가 도입된 바로 그때) 정체되기 시작했다. 1990년에서 2010년까지 연간 생산량은 단지 1.3퍼센트만 증가했다(60퍼센트 감속).[35] 그러는 동안 1인당 경작지는 전 세계적으로 1961년 약 0.41헥타르에서 오늘날 약 0.21헥타르로 떨어졌다.[36]

달리 말해서, 1인당 토지는 더 작아졌고, 농산물의 끝없는 성장 곡선을 약속했던 "녹색 성장"은 주어진 에이커의 땅에서 퍼낼 수 있는 칼로리의 상한선에 도달했다. 일은 점점 더 꼬이고 있다. 그리고 압박을 가장 많이 느끼는 사람은 다름 아닌 농부들이다.

2009년에 중간 규모 농장들(총수익 10만 달러에서 25만 달러 사이)의 순수익은 정부지원금을 포함해서 평균적으로 약 1만 9,270달러였다. 미국농무부가 "대규모 산업형 농장"(2009년 총수익이 25만 달러에서 50만 달러 사이)으로 지정한 사업장조차 정부지원금 1만 7,000달러를 포함해 평균 5만 2,000달러의 순이익에 그쳤다.[37]

2015년 일리노이대학교의 농업 및 소비자 경제학부의 예산 전망에 따르면, 2016년 옥수수에 대한 농부의 순수익은 마이너스 66달러, 콩은 마이너스 97달러이다. 그 말은, 옥수수를 재배하면 에이커당 66달러, 콩 재배는 에이커당 97달러의 손실을 입게 된다는 뜻이다. 보고서의 권고는? 에이커당 100달러씩 비용을 줄여라. 그러면 적어도 콩으로 에이커당 3달러의 수익을 얻을 수 있을 것이다.[38] 달리 말하면, 농부들이 이러한 작물로 돈을 벌 수 있는 *유일한* 방법은 정부보험금(보조금으로 알려진 것)을 받는 것이다.

이와 같은 수입을 고려할 때, 농부들이 무리 지어 땅을 떠나는 것도 놀랄 일이 아니다. 팜 에이드Farm Aid에 따르면, 매주 330명의 미국 농민들이 그들의 토지를 영원히 떠난다. 인도에서는 농산물의 과잉생산, 압도적인 빚, 그리고 값비싼 농약을 사용하라는 화학회사의 압박이 수많은 농민들을 자살로 몰아넣었다. (유전자변형 작물이 인도에 최초로 도입된) 2000년대 초반 이래, 인도에서는 10만 명 이상의 농민이 자살로 목숨을 잃었다. 멩겔레 박사 같은 부류에게 걸맞은 잔인한 반전으로, 자기를 제물로 삼는 가장 흔한 형태 중 하나는 농약을 마시는 것이었다.

그러나 농업과 관련된 모두가 악전고투하고 있는 것은 아니다. 일곱 개의 가장 큰 농약 및 유전자 종자 회사들은 매년 약 930억 달러를 긁어들이고 있다. 비료산업은 해마다 1,750억 달러가량을 거둬들이고 있다. 비료, GMO, 그리고 화학 살충제 회사들의 "작물보호"산업은 대부분 농부들을 대상으로 연간 약 3,500억 달러의 매출을 올리며 잘 성장하고 있다.[39]

"더 적은 수익으로 더 많이 생산"하는 상품 게임 속의 농부들은 그들이 줄타기하는 줄이 점점 더 가늘어지는 것을 발견하게 될 것이다. 현재 여섯 개 회사가 곡물 취급 시설의 75퍼센트를 통제하면서, 사실상 (실제보다 더 재미있게 들리는) "섹스토폴리sextopoly"●를 형성하고 있다. 옛날과 마찬가지로, 회사들의 이러한 사실상의 독점이 농작물의 가격을 결정하며, 농부들은 그것을 수용해야만 한다.

미국의 먹는 대중 역시 바가지를 쓰고 있다. 대략 20개의 식품회사가 현재 우리가 섭취하는 칼로리의 거의 대부분을 생산하고 있다. 그들의 생산품들은 주로 영양밀도가 낮고 이윤이 높은 벌크 식품이다 (대부분의 "제품"은 상자, 포대, 통에 들어 있다). 실제로 대부분의 미국인들은 유독성 화학물질이 살포된 중서부 상품작물(GMO 사료용 옥수수, GMO 콩과 밀)에서 칼로리의 대부분을 얻는다. 이 모든 것은 전시 나치 테크놀로지 덕분이다.

시간의 흐름에 따라 영양밀도를 측정하기란 어렵지만, 연구에 따르면 지난 60년에 걸친 과일과 채소의 영양 손실은 5퍼센트에서 40퍼센트 사이였다.[40] 한편 채소와 곡물, 단백질 공급원의 크기는 더 커졌다. 이는 우리가 더 많은 칼로리를 섭취하지만 생물학적으로 이용 가능한 영양소는 덜 섭취하는 "희석 효과"라고 일컬어진다. 그래서인지 유엔에 따르면 현재 비만인구(15억 명)가 만성 기아로 고통 받는 사람들(9억 2,500만 명)보다 훨씬 더 많다.

우리는 첫째로 시각적 생물이고 둘째로 인지적 생물이기에, 음식의 본질을 그 모양 및 느낌과 맞바꿔왔다. 인류에게는 불행하게도, 그러한 교환은 치명적인 결과를 가져왔다.

● 여섯 회사의 독점을 가리키는 조어

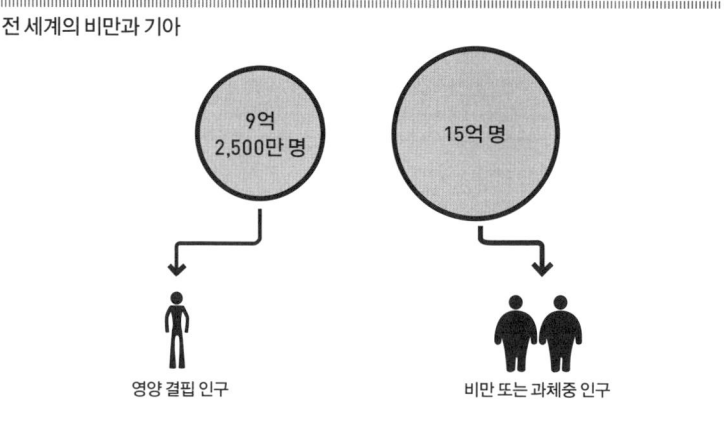

전 세계의 비만과 기아

영양 결핍 인구

비만 또는 과체중 인구

비만 또는 과체중 인구는 영양 결핍 인구의 두 배 가까이 있다. 현대 농업은 인류 역사상 가장 뚱뚱하고 가장 굶주린 인구의 출현으로 이어졌다.

식량을 얻기 위한 수압파쇄법

옛날 민족국가들은 질소, 인, 칼륨의 "성 삼위일체"를 얻기 위해 극단으로 치달았다. 오늘날 미국에서 사용되는 이러한 투입물의 양만 계산해도 연간 수조 파운드에 이른다. 우리는 더는 새똥을 얻으려고 멀리 떨어진 섬으로 배를 보내지 않지만, 이제 우리는 훨씬 더 큰 함의를 가진 무언가를 하고 있다. 바로 질소를 얻기 위해 수압파쇄법을 이용하고 있는 것이다.

인과 칼륨은 모두 노천 광산에서 채굴된다. 이러한 투입물 공급의 한계가 다소 염려되지만, 그것들의 채굴과 이용이 즉각적으로 환경에 미치는 영향이야말로 더욱 시급한 문제이다.

그렇지만 진짜 결정타는 인이나 칼륨이 아니라 질소이다. 지구 대기의 80퍼센트가 질소이기에, 이 원소는 가까운 미래에 인류가 필요로 하는 목적을 위해서는 무한하다. 하버-보슈 공정은 공기에서 바로 질소를 빨아들이는 것이기에 합성질소를 만드는 것은 간단히 해결할 수 있는 일처럼 보인다. 그러나 합성질소를 만들기 위해서는 수소가 필요하다. 엄청나게 많이 필요하다. 그리고 또한 엄청나게 많은 에너지가 필요하다. 그런 이유에서 하버-보슈 공정은 천연가스에 의존한다.

천연가스(CH4)는 지구의 지각에서 시추된 수소가 풍부한 가스이다. 가스를 시추하는 가장 새로운 형태는 수압파쇄법 또는 프래킹으로 일컬어진다. 그 공정에는 땅 밑에서 긴 굴착 파이프를 수평으로 구부리고, 폭발물을 아래로 보내고, 엄청난 양의 물을 쏟아내 관정을 만

수압파쇄용수

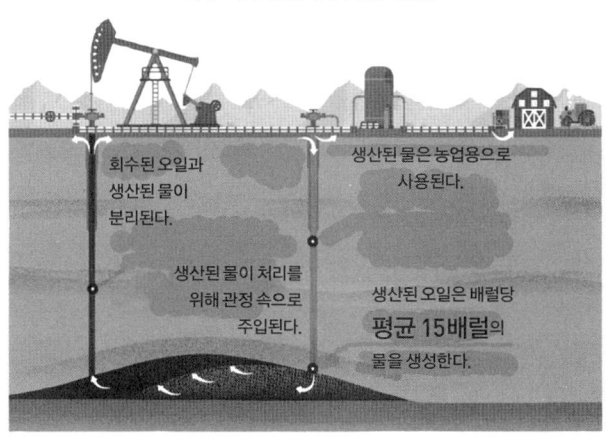

생산된 물:
• 생산 과정에서 오일에서 분리된 물
• 공공 급수 시스템에 적합하지 않음.
• 캘리포니아에 5만 개의 주입정이 있음.

회수된 오일과 생산된 물이 분리된다.

생산된 물은 농업용으로 사용된다.

생산된 물이 처리를 위해 관정 속으로 주입된다.

생산된 오일은 배럴당 **평균 15배럴**의 물을 생성한다.

드는 작업이 포함된다. 무엇보다도 전력 생산 및 비료 생산을 위한 천연가스 수요가 증가해왔기 때문에 수압파쇄법은 지난 10년 동안 널리 유행했다. 오늘날 미국에서 생산되는 천연가스의 50퍼센트가량은 주로 노스다코타, 오클라호마, 뉴멕시코, 텍사스, 루이지애나, 그리고 캘리포니아에 위치한 수압파쇄 관정에서 나온다.

수압파쇄법은 오염된 식수 공급, 지진, 그리고 극심한 환경오염과 관련이 있다. 그러나 수압파쇄법은 미국이 합성질소(질산암모늄)를 만드는 공장을 지탱하기에 충분한 천연가스를 생산할 수 있는 유일한 길이다. 그리고 그러한 합성질소 없이는 미국에서 재배되는 농작물의 90퍼센트 이상이 실패할 것이다.

2015년 듀크대학교 연구에 따르면, 미국에서 수압파쇄법은 2009년부터 2014년까지 2,500억 갤런●가량의 물을, 즉 매년 270억 갤런의 물을 사용했다.[41] 그 물의 대부분은 "생산된produced" 물로 간주된다. 그 물의 대부분은 유독성 화학물질과 방사성동위원소로 채워져 있다. 그러나 석유화학업계가 그 물이 "정화되었다"고 수많은 보증을 한 후 그 물을 다시 사용하게 되었다. 좋은 소식은 이 시스템이 무해한 것으로 보인다는 점이다. 나쁜 소식은? 아마 당신은 수압파쇄용수로 재배된 음식을 이미 먹었을 것이다.

캘리포니아 농부들은 감귤류와 견과류 같은 작물에 물을 주기 위해서 20년 동안 석유회사에서 생산된 물을 구매해왔다. 컨 카운티에서는 단 한 곳의 정유공장에서 생산된 2,100만 갤런의 물이 4만 5,000에

● 1갤런은 약 3.8리터다.

이커의 센트럴밸리 농작물에 공급된다. 그러나 현재 파쇄수$^{frack\ water}$가 증가하면서 농부들은 석유뿐 아니라 고농도의 아세톤 및 염화메틸이 함유된 것으로 밝혀진 물을 구매하고 있다.[42]

캘리포니아의 대수층이 점점 더 낮아지고 있기 때문에 수압파쇄법으로 생산된 물은 지하수로 "재주입"되어야 한다. 캘리포니아에는 5만 개의 "처리정$^{disposal\ wells}$"이 존재하며, 시추업자들은 연간 200억 갤런 이상의 수압파쇄수를 그 속에 저장한다.[43] 주 및 연방 검사기관의 느슨한 규제 기준과 더욱 느슨한 감독하에서 미국 최대 농업 주(캘리포니아)에서 재배되는 과일, 견과류, 그리고 채소는 상당한 몫의 미심쩍은 물을 마시고 있다. 이 사실이 염려스럽다면, 이런 식으로 생각해보라. 오염된 지하수는 농작물에 필수적인 합성질소를 생산한다는 더 큰 이익을 위한 작은 희생에 지나지 않는다. 그런데 정말 그럴까?

더 나쁜 소식이 있다. 미국의 농장에서 사용되는 합성질소의 대부분은 농작물 속으로 들어가지 않는다. 최근의 연구에 따르면, 농작물은 대략 30퍼센트의 질소를 흡수한다. 이것은 도포된 질소의 70퍼센트가 대기 속 또는 물속으로 들어간다는 것을 의미한다. 따라서 "미국 식수의 3분의 2는 발암성 질산염 또는 아질산염으로 상당 수준 오염되어 있는데, 이는 거의 대부분이 합성질소 비료의 과도한 사용으로 인한 것이다."[44]

아이오와주의 디모인시에서 알게 되었듯이, 합성질소는 상수도를 오염시킨다. 멕시코만과 다른 강 삼각주 지역의 어민들이 알게 되었듯이, 질소가 풍부한 농업 유출수는 생명을 죽이는 산소 결핍 환경을 만든다. 유독한 농도의 질소의 영향을 받은 그 물은 데드존$^{dead\ zone}$으로

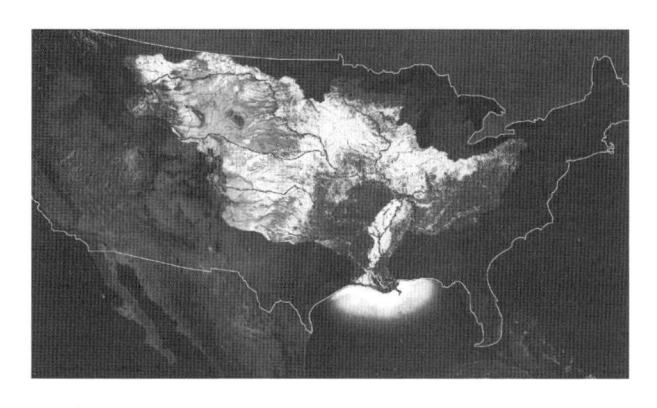

미국 전역에서 농업으로 유출된 질소는 멕시코만과 같은 지역에 산소가 결핍된 "데드존"을 만든다.

(출처: NOAA)

일컬어지는데, 왜냐하면 먹이사슬의 대부분이 죽어버리기 때문이다.

현대 화학농업의 역사를 요약해보자. 질소. 전쟁. 농약. 기계. 나치. 더 많은 갈등. 상품작물. 과잉생산. 빚에 시달리는 농민. 더 많은 전쟁. 곡물상. 식량 독점. 병든 아이들. (또다시) 질소. 그리고 마지막으로, 오염된 물. 달리 말해서, 현대 화학농업은 악순환을 스스로 촉진하고 있다. 그것은 사람들의 건강을 뒷받침한다고 알려져 있지만 실은 건강에는 관심이 없고 이익에만 반응한다.

내가 방문 중인 미국 중부의 옥수수 농장으로 되돌아가서, 농부 데이비드와 나는 고요한 땅거미 속에서 그의 밭을 바라보고 있었다. 화학농업과 연관된 문제에 대해 물어보자, 그는 어깨를 으쓱하면서 자신이 농사를 좋아한다고 대꾸했다. 그는 이렇게 말했다.

"죽어서 차가워진 내 손에서 이곳을 떼어내야 할 거예요.● 고독,

고요, 자연. 내가 사랑하는 게 바로 이런 거지요."

그렇지만 현대 농업과의 이러한 밀회는 최근의 일이다. 그것은 우리보다 앞선 거의 모든 문명의 운명을 결정한 일련의 매우 오래된 관습의 연장선에 있다. 만약 우리가 무엇을 어떻게 먹느냐를 개혁함으로써 다른 길로 나아가려 한다면, 훨씬 더 과거로, 즉 인류가 처음 농사짓기 시작한 때로 거슬러 올라가야 한다.

● "죽어서 차가워진 내 손에서 총을 떼어낼 때가 되면 당신에게 내 총을 주겠소. I'll give you my gun when you pry it from my cold, dead hands." 이 말은 미국 총기협회에서 사용된 뒤 다양한 방식으로 변형되어 널리 쓰이는 관용적 표현이 되었다.

3장
끝없는 여름

세계 최대의 식량 재배 지역 중 하나의 남쪽 끝에서 맞이하는 5월의 목가적인 날이었다. 아침의 구름은 짙었고, 공기는 서늘했으며, 남실바람이 불어왔다.

나는 작은 아보카도 과수원 근처에 서 있었다. 수확기였다. 아보카도를 분류하는 것이 내 일이었다. 아보카도 광고에 출현할 수 있을 만큼 큰 것들은 움푹한 통 속으로 들어가 지게차로 옮겨질 것이다. 작고 변색된 것, 다람쥐가 베어 문 자국이 있는 것 등 "불량품"은 여러 개의 큰 쓰레기통 속으로 들어갔다.

내 아내 레베카와 두 살배기 딸 아테나가 간식을 가지고 도착했다. 그들은 남아서 계속 도왔다. 아테나는 내가 쓰레기통에 넣으라고 건네준 작은 아보카도를 던지며 키득거렸다. 마침내 아테나는 커다란 아보카도 통으로 기어 올라갔다. 큰 통의 아보카도는 곧 선과포장시설로 가서 크기별로 분류되어 전국의 (어쩌면 전 세계의) 식료품점으로 가는 배에 실릴 것이다. 흠잡을 데 없이 완벽한 순간이었다. 풍부한 초록빛 음식의 바다 속에 작고 사랑스러운 빨간 머리가 앉아 있었다. 그렇지

캘리포니아 남부 빅픽처 랜치 아보카도
과수원에 있는 필자의 딸 아테나
(촬영: 사이먼 발데라스)

만 이 그림은 더 심층적인 현실을 배반한다.

우리의 작은 5에이커 농장에서 이루어진 오늘의 작업은 아메리카, 유럽, 그리고 그 밖의 나라들이 신선한 농산물을 풍부하게 누릴 수 있도록 캘리포니아 이쪽저쪽에서 일어나고 있는 일의 축소판이다. 비록 작지만, 우리 농장은 올해 미국에서 채소의 3분의 1 이상, 과일과 견과류의 3분의 2 이상을 생산하게 될 캘리포니아의 7만 6,400개의 농장 및 목장 중의 하나로 집계된다. 캘리포니아는 모두 합해서 400가지 주요 식품 "상품"을 생산하며, 여기에는 주요 수입원인 우유, 아몬드, 포도, 소고기, 딸기, 양상추, 호두, 토마토, 피스타치오 등이 포함된다.[1]

또한 캘리포니아주는 미국의 살구, 대추, 무화과, 키위, 천도복숭아, 올리브, 자두의 대부분을 생산한다. 그리고 아보카도, 레몬, 멜론, 복숭아, 자두의 주요 생산지이기도 하다. 우리는 감귤류 역시 많이 생산한다. 오직 플로리다에서만 더 많은 오렌지를 생산한다. 그리고 캘리포니아주는 브로콜리, 당근, 아스파라거스, 콜리플라워, 셀러리, 마늘, 버섯, 양파, 후추의 주요 생산지이기도 하다. 축산물도 있다. 텍사스만이 더 많은 가축을 생산한다.[2] 당신이 세계 어느 곳에 있든지 이들 식품 중 무엇이라도 먹는다면 우리 주에서 생산된 것을 먹게 될 가능성이 있다.

캘리포니아의 농장과 과수원에 자유롭게 살포되고 우리의 동물에게 주입되는 화학물질 외에도 이 모든 식품은 항상 빠듯하게 공급되는 한 가지 중요한 투입물을 필요로 한다. 바로 물이다.

캘리포니아에서 재배되는 대부분의 식품과 마찬가지로, 아보카도는 이 지역의 토종 작물이 아니다. 아보카도는 연중 3개월에서 6개월까지 매일 비가 내리는 중앙아메리카에서 왔다. 따라서 아보카도를 재배하기 위해서는 나무마다 하루에 최소 23갤런의 물을 사용해야 한다.[3] 우리의 작은 농장에는 300그루의 나무가 있다. 1년 365일(곱하기 나무 300그루, 곱하기 물 23갤런) 물을 주려면, 권장되는 물의 양은 연간 250만 갤런이다. 그저 아주 작은 과수원 하나를 위해서도 말이다. 관개의 비효율성을 감안해 20퍼센트까지 더한다면, 5에이커 농장을 위해서 연간 275만 갤런이라는 엄청난 양의 물이 필요한 것이다.

만약 우리의 나무들이 완벽하다면(그렇지 않다.) 나무들은 해마다 각각 약 200개의 아보카도를 생산할 수 있을 것이다. 파운드 대 파운드로 생각해보면(물은 갤런당 8.3파운드이다.) 단지 6만 파운드의 열매를 위해서 2,280만 파운드의 물이 필요하다. 그러나 그것조차 정직한 계산이 아닌데, 아보카도 무게의 상당 부분을 차지하는 것은 씨앗이기 때문이다.[4]

캘리포니아의 수백 만 그루의 과일나무와 견과류 나무, 수십만 에이커의 다른 농작물과 동물의 거대한 계획에서 이것이 의미하는 바는 캘리포니아가 엄청난 양의 식량을 생산하기 위해 기하급수적으로 많은 물을 필요로 한다는 점이다. 캘리포니아는 매일 거의 가늠할 수 없는 양인 380억 갤런의 물을 사용하는데, 그 가운데 3분의 2가량은 농업용수로 사용된다.[5] 캘리포니아와 먹기 좋아하는 우리에게는 불행하게도, 우리의 식량을 재배하기 위해 필요한 물은 보충되는 속도보다 더 빠르게 고갈되고 있다.

기록적인 가뭄에도 불구하고, 일반적으로 농부들은 자연의 요구, 투입 비용(그 가운데 최대 비용은 물이다.), 그리고 농산물로 버는 돈 사이의 완벽한 연금술에 도달할 때까지 계속 성장해야 한다는 압박을 받는다. 농부들은 카지노와 맞먹는 것에 참여하고 있다. 룰렛 휠을 한 번만 더 돌리면, 어쩌면 이번에는 대박을 터뜨릴 수 있을지도 모른다.

———

나는 선두에서 수확하는 사람에게 계곡에서 페꾸에뇨스 pequeños(작은 것들)가 많이 보이는지 물어보았다. "아예, 무초스 페꾸에뇨스 에스떼 아노, Aye, muchos pequeños este ano.(네, 올해는 작은 것들이 많아요.)" 그는 대규모 농장에 이르기까지 모든 과수원에서 똑같은 상황이라고 말했다. 열매는 더 많지만, 그중 상당수는 크기가 너무 작아서 판매할 수 없다는 것이다. 나는 그에게 왜 이런 일이 일어난다고 생각하는지 물었다. "아르볼레스 비호시 포코 아구아, Arboles viejos y poco agua.(나무는 오래되었고 물은 부족합니다.)" 좀 더 적절히 요약하면, 마지막 물까지 빨아먹으려고 하는 낡은 농업 시스템 때문이다.

아내와 나는 우리가 재배한 식량이 버려지는 것을 차마 볼 수 없기 때문에, "거부된" 아보카도는 지역 사회에 선물로 재분배하고, 일부는 우리를 위해 남겨둘 것이며, 적어도 한 번은 과카몰리 파티를 열 것이다. 그러나 내 딸의 예쁜 사진처럼, 파티는 현대 식량 생산이 직면한 근본적인 문제를 다루는 데 아무런 도움이 되지 않는다.

계급, 인종, 젠더에 따른 농장 노동의 불평등한 구분에서부터 가게에 도달하기도 전에 버려지는 우리 식량의 30퍼센트의 폐기물에 물을 남용하는 데 이르기까지,[6] 우리 농장은 캘리포니아, 미국, 그리고 세계의 대규모 산업 농업 시스템의 축소판이다. 그러나 우리의 작은 농장과 전 세계 농업 시스템에서 일어나고 있는 가장 중요한 일은 바퀴가 발명된 이래 농업을 실행하는 거의 모든 문명이 회피했던 바로 그 일이다.

우리는 정말로 우리가 살아가는 미기후를 창조, 아니 오히려 파괴하고 있다.

달리 말하면 강수량 감소, 수분 부족, 땅에서 나오는 열, 전 세계 농경 지역을 괴롭히는 정체된 "뜨거운 공기"는 우연이 아니다. 오히려 겉보기에 통제 불가능한 것처럼 보이는 이러한 상황은 우리가 땅을 이용해온 방식, 곧 주로 농업에서 비롯된 것이다.

그것은 매우 오래전에 시작되었다.

기원전 1만 년

비옥한 초승달 지대로 알려진 지역에서 약 1만 2000년 전에 초기 인류가 곡물을 경작하기 시작했다. 이것은 소위 신석기 혁명의 시작이었다. 식물을 "재배"하는 행위는 인간이 수렵채집인의 생활방식을 벗어버리고 읍과 도시에서 더 안정적인 생활을 시작할 수 있게 했다.

"문명의 요람"으로 알려진 비옥한 초승달 지대는 오늘날 우리가 이라크, 시리아, 레바논, 요르단, 이스라엘, 이집트, 터키 동남부와 이란 남서부로 알고 있는 곳을 한때 아울렀던 지역이다. 오늘날 그 일대는 대체로 강수량이 적고 모래와 바위가 많은 마르고 건조한 지역이다. 미국의 풍족함에 비해, 이 지역에는 비옥한 토양이라고 할 만한 것

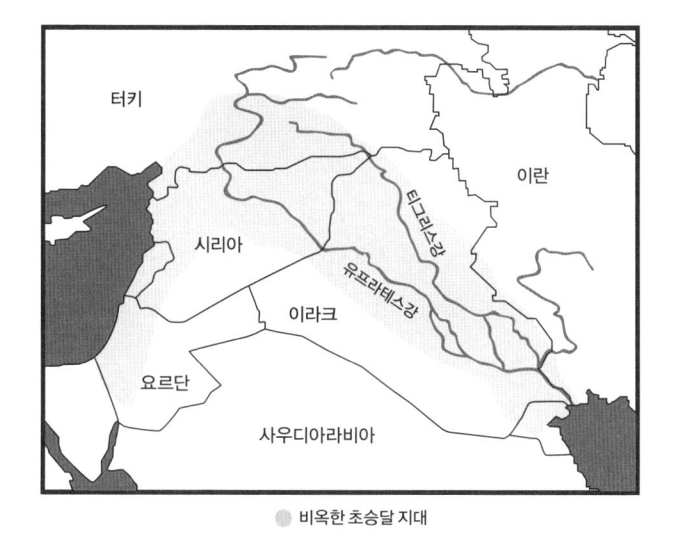

● 비옥한 초승달 지대

농업의 발상지는 오늘날 불안정한 민족국가들을 아우르는 지역으로, 강수량이 적은 사막 지대가 대부분이다.

이 거의 없다. 그러나 고대에 그 지역은 티그리스강과 유프라테스강과 나일강이 가져온 생명이 무성했다.

바로 여기서 인간은 초기 관개, 바퀴, 그리고 글쓰기를 발전시켰다. 한때는 푸르고 촉촉했던 이 땅에서 신석기시대의 8대 시조 작물이 생겨났다. 이 작물에는 엠머밀, 일립계밀, 보리 등 세 가지 곡식뿐 아니라 렌틸콩, 완두콩, 병아리콩, 쓴살갈퀴 등 네 가지 콩과식물에 한 가지 지방종자, 곧 아마가 포함된다.[7] 또한 가장 중요한 가축 종인 소, 염소, 양, 돼지 등이 그 지역에서 유래했다.

홍적세(빙하기)의 종말은 홍수, 숲, 그리고 매서운 추위를 몰아냈고, 이는 우리가 오늘날 알고 있는 생태계를 만들었다. 빙하의 후퇴는 농업의 탄생과도 일치했다. 예리코 같은 유적지에서 수행된 고고학 조사에 따르면, 최초의 농부들은 늦은 봄과 여름에는 "야영"을 하면서 그 기간 동안 제한된 수의 농작물을 경작했을 가능성이 높다. 기온이 따뜻해지면서 사람들은 좀 더 오랫동안 그 지역에 머무를 수 있었고, 마침내 농지에 둘러싸인 야영지에 연중 정착하게 되었다.[8]

흥미롭게도 그와 비슷한 시기에 "여신들"에 관한 묘사가 신석기 문화에서 나타나기 시작했다. 이러한 조각들과 그림들은 인간에게 나타난 중요한 변화를 보여주는데, 그들은 이제 스스로를 자연으로부터 분리되었다고 보기 시작한 것이다. 그렇지만 그들의 주요 신격은 여전히 어머니 대지의 화신인 둥근 풍요의 여성이었다.[9] 숭배할 새로운 신격이 출현하자 새로운 장소로 갈 필요성도 생겼다. 농사짓는 사람들은 곧 그들의 농사 지식, 언어, 우상을 가지고 이주했다.

소아시아와 북아프리카에서, 그리고 인근의 메소포타미아에서 농업 공동체가 생겨났다. 기원전 3000년경 청동기시대가 시작될 무렵, 공동체들은 최초의 큰 도시국가들로 합쳐졌다. 아시아와 중동을 가로질러서 그리고 이집트에서 유럽에 이르기까지 인간 문명의 최초의 제국들 위로 태양이 떠올랐다.

풍부한 식량이 주어진 도시와 문명은 점점 더 커지고 복잡해졌다. 예를 들어 이집트에서는 나일강이 매년 주변 지역으로 자연적으로 범람해서 곡물을 재배할 수 있는 엄청나게 비옥한 영역을 제공했다. 이것은 관개기술의 발달로 이어져 잉여 농작물을 생산하게 되었다. 잉여 곡물은 밀집한 도시, 사회 계급의 분화, 그리고 상비군을 위한 토대를 제공했다.

다음 수천 년에 걸쳐서 진행된 순환은 한때 위대했던 대도시의 폐허에 크게 기록되어 있다. 몇몇 예외도 있지만, 사회가 성장하면서 토지는 혹사되었고 동시에 더 많은 식량을 필요로 했다. 더 많은 식량을 위해서는 더 많은 땅이 필요했다. 인접한 토지는 가장 접근하기 쉽지만 다른 집단이 경작하고 있을 가능성이 컸다. 제국들이 비옥한 토지를 차지하기 위해 경쟁하면서 상비군이 요긴해졌다. 그러고 나서 대규모 농업산업에 기반을 둔 대부분의 도시국가 문명은 그것들이 진화해온 것만큼 빠르게 붕괴했다.

전쟁, 기근, 홍수, 가뭄 그리고 질병은 로마와 그리스, 심지어 메소아메리카의 잉카, 아스테카, 마야를 포함한 세계 도처의 초기 문명의 붕괴를 일으킨 요인이었다. 이러한 변수들에도 불구하고 일정불변의 상수가 있었는데, 그것은 식량이었다. 자연을 뛰어넘어 인구 증가를 따라잡을 만큼 충분한 식량을 생산하지 못한 각각의 사회는 동일한 운명에 직면했다. 무엇보다도 식량은 문명의 토대이다. 인간이 야기한 것이든 자연적인 것이든 생태계의 혼란은 이미 과중한 부담이던 식량 공급을 곧 완전히 무너뜨릴 수 있다. 그로부터 청동기시대의 많은 도시들이 폐허가 되는 것은 시간문제였다.

영국 역사가 아널드 토인비^{Arnold J. Toynbee}는 악명 높은 열두 권의 작품『역사의 연구^{A Study of History}』에서 모든 문명은 발생, 성장, 곤경의 시기, 보편적 국가, 그리고 해체의 단계를 거친다고 이론화했다. 고고학자는 아니지만, 토인비는 일반적으로 환경에 대한 통제 부족이 아니라 오히려 시대에 뒤떨어진 문제 해결 모델에 대한 지배계급의 맹목적인 헌신이 문명의 자멸로 이어졌다고 가정했다. 달리 말해서, "인지적 정체cognitive stagnation"이다.

지도자로서 자신의 이미지에 도취된 것이든, 그저 멸망의 징조를 보지 못한 것이든, 지도자는 그들 사회의 문제에 대한 혁신적 생각을 억누르거나 금지하는 지경에 이른다. 그로부터 머지않아 그들의 제국은 정글의 폐허가 되고 인디애나 존스가 채찍을 들고 숲속을 달리게 된다.

토인비는 생애 대부분을 복잡하게 얽힌 문명의 작용을 연구하면서 보냈고, 자신의 이론을 되풀이해서 증명했다. 그러나 그의 이론에는 다음의 사실이 추가된다. 지리, 종교, 정치와 무관하게 어떤 문명에서든 사회가 환경의 제약에 맞설 때 가장 "다시 생각"해야 할 점은 사람들을 어떻게 먹여 살릴 것인가 하는 문제이다. 이러한 도전은 사회가 얼마나 오래 지속될 수 있는지를 결정하는 유일한 요인인 것처럼 보인다.

제국의 몰락

토인비처럼 정치 및 사회구조의 렌즈를 통해서가 아니라 토지의 렌즈를 통해 문명을 연구한 또 다른 인물로 로즈 장학생이자 토양 보존주의자인 고故 월터 클레이 로더밀크Walter Clay Lowdermilk가 있다.

1930년대를 황폐하게 만든 더스트볼 직후에, 미국 정부는 로더밀크와 토지 및 고고학 전문가 팀을 세계 도처로 보내 다년간 여행을 하게 했다. 로더밀크의 임무는 과거 문명이 어떻게 토양을 관리했는지를 밝혀내고 그 지식을 미국으로 가지고 돌아와서 1,000년 이상 지속될 수 있는 "영속적인 농업" 시스템을 설계하는 데 기여하는 것이었다.

로더밀크는 토지와 문명 조사를 위해 영국, 네덜란드, 프랑스, 이탈리아, 북아프리카, 시리아, 요르단, 이집트 그리고 극동 지역을 방문했지만, 18개월 뒤 독일의 폴란드 침공으로 제2차 세계대전이 발발하면서 그의 여정은 중단되었다. 로더밀크와 그의 전문가 팀은 도시국가의 토지와 고고학 유적을 하나의 완전한 시스템으로 함께 연구할 수 있었기 때문에 원인과 결과가 매우 명확한 제국 건설 및 몰락의 패턴을 식별할 수 있었다.

로더밀크는 고대 제국의 토지 관리에 관한 자신의 발견을 『7000년에 걸친 토지 정복*Conquest of the Land Through Seven Thousand Years*』이라는 제목의 소책자로 요약했다. 미국 정부는 그 소책자를 수백만 부 인쇄했고, 그 책은 농무부 토양보존청(오늘날에는 자연자원보존청으로 불린다.)의 많은 활동에 영감을 주었다. 그 소책자는 PDF로 제공되어 지금도 무료로 다운로드 할 수 있다.**10**

토양, 토지, 그리고 문명에 관한 자신의 세계적인 연구에 관해 로더밀크는 다음과 같이 말했다.

중국에서 겪은 기근은 마지막에는 모든 것이 식량으로 구매된다는 것을 가르쳐주었다. [...] 당신과 나조차 이 비극적인 선택에 내몰리면 식량을 위해 우리의 자유 또는 그보다 더한 것을 팔 것이다. 식량을 대신할 수 있는 것은 없다.

우리가 식량을 위해 무엇을 포기할 것인지를 살펴보고, 식량으로 무엇을 살 것인지 생각해보자. 돈은 우리가 필요로 하는 상품과 서비스의 교환에서 단지 하나의 상징, 편리한 것에 지나지 않기 때문이다. 식량은 우리 문명을 낳는 노동 분업을 산다. 토양의 경작자들이 그들에게 필요한 것보다 더 많은 식량을 재배한 후에야 비로소 그들의 동료들은 식량 재배 이외의 다른 일을 하도록 풀려난다. 즉 문명의 발달과 함께 더욱 복잡해진 노동 분업에 참여하게 된다. [...]

식량은 거룩한 땅에서 나온다. 물이 있는 토지는 우리에게 양분을 준다. 대지는 아는 자와 근면한 자에게는 풍성하게 보상해주지만 무지하고 나태한 자에게는 냉혹하게 벌을 준다. 토지와 농부의 이러한 협력 관계는 우리의 복잡한 사회구조의 기반을 이룬다.[11]

로더밀크는 문명이 발달하면서 일순위로 하는 일은 흔히 나무를 베는 것이었다고 설명했다. 나무와 그 목재는 배, 건물, 땔감, 재, 전차, 수레 등 사회에 물리적 구조물을 제공했다. 거기서부터 토지가 개간되었고, 농업이 실행되었으며, 물을 돌려 관개시설이 만들어졌다. 땅을 드러내고 나무와 식물의 보호에는 신경 쓰지 않음으로써 토양은 바람과 물에 의한 침식에 노출되었다.

로더밀크는 같은 운명으로 황폐화된 수백 개의 문명을 목록으로 만들었다. 농업을 지탱해온 귀중한 토양이 침식되면서 도시, 국가, 제국은 농사를 짓기 위해 고군분투해야 했고 이런 일은 몇 번이나 되풀이되었다. 저지대 농지가 바위와 협곡으로 변하면서 산비탈의 나무들이 종종 개간되어 산의 토양은 더 많은 침식에 노출되었다. 땅 위를 흐르는 빗물로 인한 토사는 물길을 방해하여 농작물로 흘러가던 귀중한 물의 흐름을 막을 것이다. 지도자들과 농부들도 모르는 사이에, 이들 문명은 인류 최초의 사막화 실험의 물결에 손을 대고 있었다.

청동기시대가 사막화 1.0버전의 실험이었다면, 철기시대에는 제2의 물결이 나타났다. 그러나 이들 문명은 지역적이었고 자원 기반은 상대적으로 공유되지 않았다. 우리는 지금 사막화 실험의 3.0버전 어딘가에 위치해 있다. 그리고 지금 우리 문명은 전 지구적이고, 우리의 자원은 공유되고 있으며, 엄청나게 큰 이해관계가 걸려 있다.

사막화

*사막화*는 기본이 되는 토양 자원을 인간이 농업을 더는 지탱할 수 없을 정도로 파괴한 것을 이른다.[12] 매우 일반적인 의미에서 인간이 야기한 이 현상은 증가된 인구 압력으로 인한 과도한 경작, 과도한 방목 및 토지 남용에 기인한다.[13]

비옥한 토지가 사막으로 바뀌는 메커니즘을 면밀히 살펴보면, 사막화에는 뚜렷한 세 단계가 있음을 알 수 있다.

- 1단계: 지역 물순환의 교란
- 2단계: 지열과 대기열의 증가
- 3단계: 표토 침식

1단계는 도시화, 도시 외곽의 무분별한 확장, 그리고/또는 농업을 위해 토지가 개간될 때 시작된다. 이 단계에서 자연 생태계는 도로, 건물, 고속도로, 탁 트인 농장 및 방목장 등을 건설하기 위해 정리된다. 한편 땅에서 물을 이동시키기 위해 배수 시스템이 설치된다.

이 단계 이전에는 교목, 관목, 풀 및 기타 유형 식물군의 자연적인 생물학적 시스템이 물을 순환시키고 태양복사로부터 토양을 보호하는 등 수많은 중요한 기능을 수행했다. 태양은 사실은 (우리가 일반적으로 생각하듯이) 지구에 열을 보내지 않는 것으로 밝혀졌다. 오히려 태양은 방사선을 방출한다. 지구의 생태계를 감안하면, 그 방사선은 우리 행성에 도달해 세 가지 잠재적 경로를 따른다. 방사선은 식물에 의해 광합성으로 변형될 수 있고, 증발로 변형될 수 있으며, 열로 변형될 수 있다.

숲, 관목지대, 심지어 사바나 또는 톨그래스 대초원의 다종 생태계와 같은 조밀한 식물 덮개는 태양복사의 80퍼센트가량을 흡수해서 그 에너지를 광합성과 증발산蒸發散에 이용할 것이다. 식물에 의해 흡수되지 않은 나머지 태양복사는 대기로 다시 반사되어 열로 바뀐다.[14]

숲이나 조밀하게 식재된 1제곱미터의 지역에서는 약 3리터의 물이 날마다 공기 중으로 증발한다. 이것은 식물이 증발냉각을 통해 국지적인 공기 온도를 떨어뜨리는 "증발식 냉각기" 효과를 만들어낸다.[15] 그러나 식물의 잎에서 증발하는 모든 물이 지면이나 그 근처에 머무르는 것은 아니다. 그 가운데 일부는 대기로도 들어간다.

제대로 기능하는 생태계에서는 육지에 내리는 강수량의 절반가량이 (바다가 아니라) 육지에서 증발된 물에서 비롯된다. 이러한 육지에

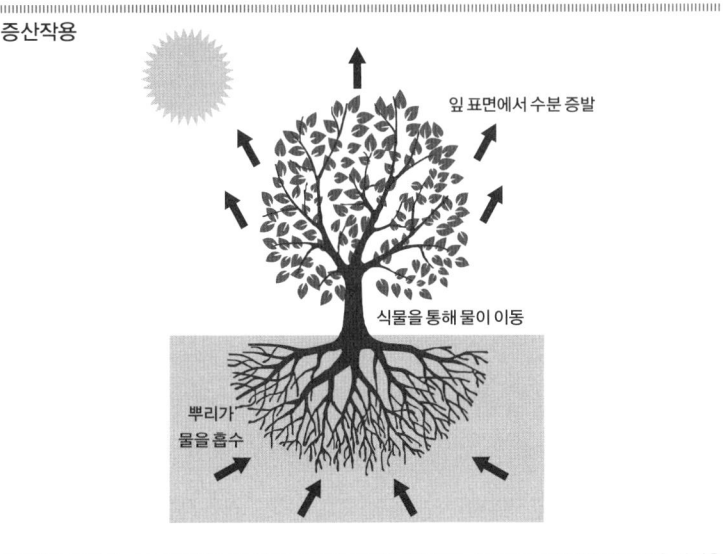

잎 표면에서 수분 증발

식물을 통해 물이 이동

뿌리가
물을 흡수

식물에서 증발되는 물은 공기를 냉각시키고 안개와 이슬을 생성한다. 식물의 증산작용은 이와 같은 과정을 통해 "작은" 물순환을 만든다.

서 육지로의 강수–증발–강수 순환은 "작은" 혹은 "짧은" 물순환으로 일컬어진다. 작은 물순환에서 강수는 가볍고 잦은 비, 안개, 이슬, 그리고 소나기를 특징으로 한다. 그것은 식물을 자라게 하고 식량 재배에 도움이 되는 종류의 강수이다.

　대조적으로, 우리가 초등학교에서 일반적으로 배우는 "큰" 물순환은 물이 바다에서 증발되어 구름을 형성하고 육지에 떨어진다. 이러한 물순환은 억수같은 비를 특징으로 하며, 해당 지역 강수량의 나머지 절반을 차지한다.

　1만 년 동안 문명을 건설하려는 추진력은 인간이 땅을 개간함으로써 그곳을 "정복"하도록 만들었다. 교목, 관목 그리고 식물은 일단 제거되고 나면 물을 증발산할 수 없으며, 짧은 물순환이 무너지기 시작한다. 여기에 더해, 우리는 땅에서 운하, 파이프, 인간이 개조한 강으로 "물을 빼내야" 한다. 해당 지역에서 물을 "제거"하면 토양이 흡수하는 물이 줄어들게 되는데, 이는 증발할 수 있는 물이 줄어든다는 것을 의미한다. 일단 이러한 과정이 시작되면, 그것은 끊임없이 자동적으로 돌아가는 되먹임 고리가 된다. 각각의 연속적인 강수는 지난번보다 덜 "효과적"이 된다.

사막화의 2단계는 도시나 농지에서 초목이 대부분 제거되고 단단한 불침투성 표면(시멘트, 아스팔트, 지붕, 혹은 굳어진 맨땅)만 남게 되자마자 시작된다. 이러한 지역에 도달한 태양복사는 증발이나 광합성으로 변환될 수 없기에 단지 하나의 경로만 남는다. 그것은 곧 열이다. 도시

작은 물순환

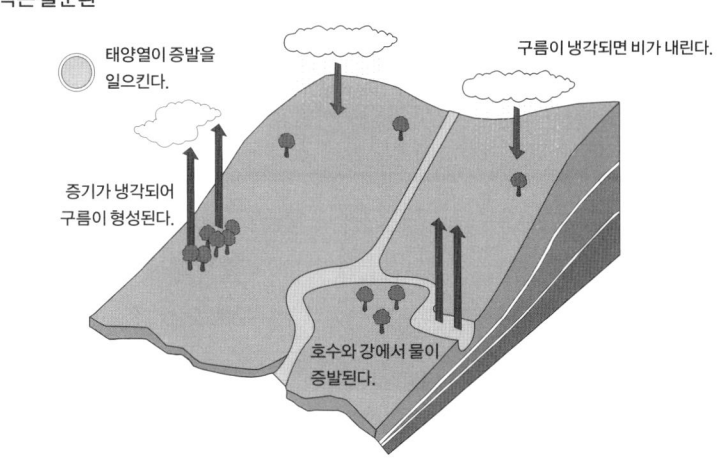

해당 지역 강수량의 절반이 "작은" 물순환에서 비롯된다. 식물이 제거되고 토양이 맨땅으로 남겨지면 작은 물순환이 멈추고 사막화가 진행된다.

지표의 온도

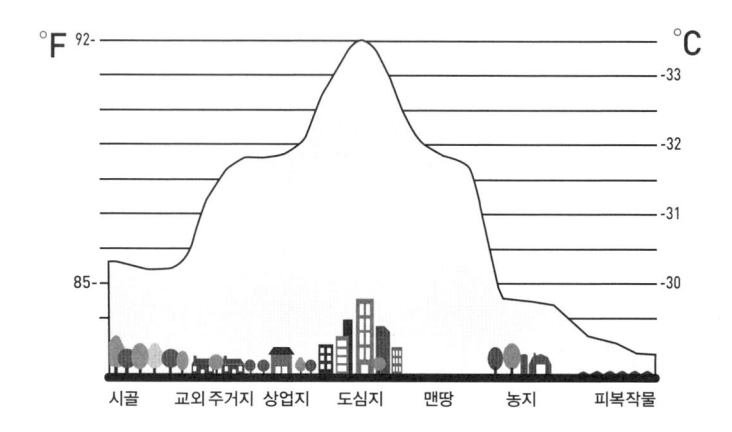

맨땅을 포함하여 단단한 대지의 표면 온도는 식물이 자라는 곳의 표면 온도보다 훨씬 높다.

반사열

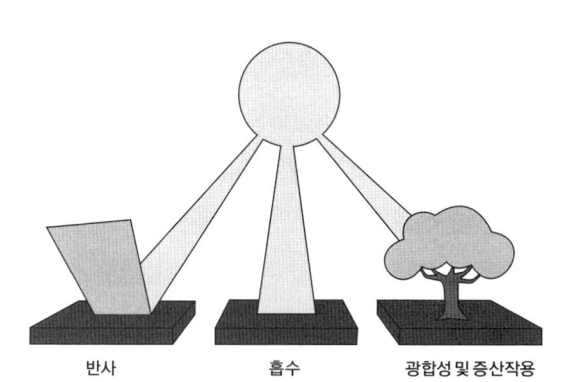

태양복사가 식물에 흡수되거나 광합성에 사용되지 못하면, 지면에 흡수되거나 다시 대기로 반사되어 열 소용돌이를 생성한다.

와 척박한 농지가 확장되면서 그것들은 태양의 엄청난 에너지를 열로 바꾼다. 불침투성 영역이 더 커질수록 그 지역은 더 뜨거워진다.

이러한 "열섬"은 낮과 밤 사이, 그리고 한 지역과 다른 지역 사이의 기온 차이를 유발한다. 열섬 위의 뜨거운 기류가 증가함에 따라 수증기는 초목이 있는 지역이나 고도가 더 높은 지역으로 재빨리 사라진다.[16] 시간이 흐르면서 짧은 물순환의 가볍고 부드러운 잦은 강수는 극도로 드물어진다. 열섬은 그 대신 대규모 물순환으로 인한 계절적이고 주기적인 집중호우를 가져온다. 따라서 열섬은 홍수와 토양침식을 일으키기 쉽다.

미국 환경보호청과 캘리포니아 환경보호청이 실시한 연구에 따르면, 인구 100만 명 이상이 거주하는 도시는 "도시 열섬"이 되어서, 인구 100만 명이 추가될 때마다 기본적으로 주변 지역의 기온은 섭씨 0.56도씩 상승한다고 한다.[17,18] 모든 뜨거운 공기는 본질적으로 비를 "밀어내는" 열 소용돌이로 바뀐다. 미국 항공우주국[NASA]은 열대강우측정위성[Tropical Rainfall Measuring Mission, TRMM]으로 이러한 효과를 측정해왔고, 강수 비율이 도시의 바람이 부는 방향에서 최대 50퍼센트 더 높다는 것을 보여주었다.

건조하고 단단한 표면은 태양복사의 최대 35퍼센트를 대기로 다시 반사한다. 이러한 "반사된 태양에너지"는 공기를 뜨겁게 한다. 그러면 건조한 표면은 나머지 태양에너지(원래의 태양복사의 60퍼센트가량)를 흡수해서 열로 바꾸어 굽기 시작할 것이다(뜨거운 프라이팬을 생각해 보라). 이 "뜨거운 표면"의 열은 느낄 수 있는 열이기에 현열[顯熱, sensible heat]이라고 불린다. 그리하여 2단계에서 땅과 그 위의 공기는 점점 더 뜨거워진다. 그 결과 강수량은 더 적어지고 강수 빈도는 더 줄어든다.

사막화의 3단계는 일단 토양이 노출되면 시작되지만, 일반적으로 그 효과가 나타나기까지는 좀 더 시간이 걸린다. 토양을 서늘하게 유지해주는 식물이 없고 주변 온도가 상승하면 토양은 건조해지고 수분을 잃는다. 한때 미생물로 가득한 비옥한 표토였던 것이 불과 몇 년, 때로는 몇 달 만에 먼지로 환원될 수 있다. 인간이 만든 미기후가 더 뜨거워지면 그 결과 대홍수 같은 강수 현상이 생기고 더 강력한 바람을 몰고 와 표토를 쓸어간다. 생명을 유지하기 위해 필요한 기본 원자재가 이와 같이 침식되는 것이 사막화의 마지막 단계이다. 이것은 또한 인간이 만 년에 걸쳐 농업을 실행해온 방식의 불가피한 결과이기도 하다.

대중적 믿음과는 달리, 사막화는 사막이나 그 근처에서만 발생하는 것이 아니다. 오히려 어디에서나 일어날 수 있다. 가뭄이 사막화 과정을 악화시킬 수 있지만, 사막화가 가뭄의 결과인 것도 아니다. 오히려 사막화는 인간이 만든 현상이다. 약 1만 5000년 전에 빙상이 사라지기 시작하면서 남은 거대한 사막들은 제외하자. 그 대신 한때 생산적인 지역이었으나 인류 문명이 개입하면서 사막으로 바뀐 지역에 초점을 맞추자. 로더밀크와 그의 팀이 조사한 대로 토양을 보존하지 않은 문명들은 바로 그렇게 먼지로 끝나버렸다.

인간이 일반적으로 농사를 지어온 방식은 사막화를 악화시키며 땅을 밀어내고 있다. 텍사스공과대학교의 식물학자 해럴드 드렌지 Harold Drenge에 따르면, 사막화에는 네 단계가 있다.

  • 경미: 토양과 식물 피복의 훼손이 적거나 없음.

- 보통: 원래 식물 종의 50퍼센트 미만이 남아 있거나, 표토의 25~75퍼센트가 소실됨. 토양 염분(염도)으로 농작물 생산이 10~50퍼센트 감소함.
- 심각: 원래 식물 종의 25퍼센트 미만이 남아 있거나, 침식이 실질적으로 표토 전부를 제거함. 염분으로 농작물 생산량이 50퍼센트 이상 감소함.
- 매우 심각: 원래 식물 종의 10퍼센트 미만이 남아 있거나, 토지에 사구 또는 깊은 협곡이 생김. 관개 토양에서 소금층이 발달함.

오늘날 지구 대륙의 23퍼센트 이상이 사막화로 인해 훼손되었고 15억 명의 인구가 영향을 받고 있다.[19] 아프리카, 오스트레일리아, 남아메리카에서는 모두 20~25퍼센트의 사막화가 진행되고 있다. 아시아의 절반가량은 보통 수준으로 사막화되어 있다. 그리고 두렵게도, 북아메리

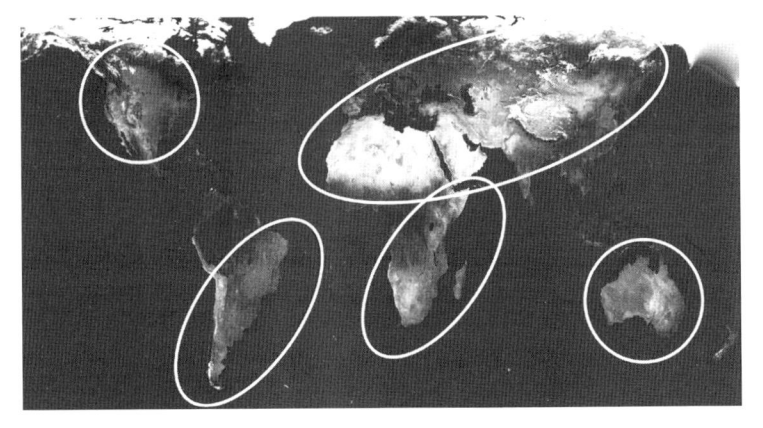

지구상 토지의 3분의 2 이상이 사막화되고 있다.　　　　　(출처: NASA, 세이버리 인스티튜트Savory Institute)

카의 매우 건조한 토지의 최대 90퍼센트는 보통 및 심각 수준으로 사막화되어 있다.[20]

심각한 사막화의 영향을 받는 미국의 지역에는 중서부 재배 지역, 동부 재배 지역, 남부 재배 지역, 그리고 캘리포니아의 센트럴밸리가 있다. 다시 말해 우리가 식량을 재배하는 곳이다. 사막화에 대해 알고 싶으면 차를 몰고 농경지로 가라. 그곳에서 차에서 내려 들판으로 걸어 들어가 아래를 내려다보라.

거기서 당신은 관목이나 농작물 사이로 드러난 메마르고 헐벗은 땅을 보게 될 것이다.

끝까지 쥐어짜기

2014년 2월의 어느 쌀쌀한 날, 오바마 대통령은 에어포스원으로 알려진 개조된 보잉747기를 타고 캘리포니아로 날아갔다. 그때는 1년 중 바쁜 시기였다. 센트럴밸리로 향하는 그의 여정은 이민과 최저임금에 대해 연설한 메릴랜드의 회의와, 이스라엘-팔레스타인 상황과 시리아 내전을 논의하기 위해 팜스프링스에서 개최될 요르단 국왕 압둘라 2세와의 회담 사이에 끼어 있었다. 그러나 그가 화창한 캘리포니아에서 보낸 사흘의 대부분은 가뭄에 대해 농부들과 이해 당사자들을 만나는 데 사용되었다.

방문 첫날에 오바마 대통령은 제리 브라운Jerry Brown 주지사와 톰 빌색 농무부 장관과 팀을 이루었다. 그들은 전형적인 캘리포니아의 한 농장을 방문해서 기자회견을 열었다. 오바마는 그가 자주 입는 빳빳한 흰색 버튼다운 셔츠를 입고 바싹 마른 들판 한복판에 놓인 단상에 서서 긴급 가뭄 구호를 위한 1억 달러의 대출 및 기타 농민 자금 지원을 발표했다.

오바마 대통령은 "현재 캘리포니아의 거의 99퍼센트는 예전보다 더 건조합니다. 그리고 여름까지 물을 공급하는 겨울의 눈 덮인 들판은 예전보다 훨씬 더 작습니다."라고 말했다. 이는 캘리포니아에서 살아가는 우리 모두에게 당혹스러운 일이었지만, 확실히 놀라운 일은 아니었다.

그때 오바마 대통령은 거리의 평범한 사람들에게 다음과 같이 연설했다.

"캘리포니아는 우리의 가장 큰 경제이고, 캘리포니아는 우리의 가장 큰 농경 생산지입니다. 따라서 여기에서 일어나는 일은 모든 일하는 미국인에게 중요합니다. 여러분이 식탁에 올리는 음식의 가격에까지 영향을 미치니까요."

이것은 그가 주의 깊게 기다리다가 마침내 건드린 결정적인 쟁점이었다. 캘리포니아의 가뭄은 *당신의* 식탁 위 음식 가격에 영향을 미칠 수 있다. 모든 훌륭한 정치인과 마찬가지로, 오바마는 값싸고 쉽게 이용할 수 있는 음식이 안정적인 사회의 핵심이라는 것을 알고 있었다. 따라서 만약 캘리포니아가 미국인들이 저렴하게 식량을 얻을 수 있도록 물을 구할 돈이 필요하다면, 무슨 수를 써서라도 정부 자금줄을 열어야 했다.

연설 중간에 오바마는 능숙하게 기어를 바꿔 기후변화에 대해 이야기하기 시작했다.

"과학자들은 특정한 태풍이나 가뭄이 기후변화의 패턴을 반영하는지에 대해 논쟁을 벌일 것입니다. 그러나 부정할 수 없는 것은 기온의 변화가 적어도 세 가지 방식으로 가뭄에 영향을 미친다는 점입니다. 첫째로, 더 많은 비가 극심한 폭우로 내립니다. 이로 인해 더 많은 물이 사용하기 위해 저장되기보다는 흘러넘쳐 유실될 것입니다. 둘째로, 산에서는 더 많은 강수가 눈이 아닌 비로 내립니다. 따라서 그해에 강은 더 빨리 마르게 됩니다. 셋째로, 토양과 저수지는 연중 계속되는 증발로 더 많은 물을 잃어버립니다."

캘리포니아 가뭄에 대한 오바마 대통령의 연설은 무엇이 일어나고 있느냐에 대한 우리 사회의 이해와 왜 그런 일이 일어나고 있느냐에 대한 우리의 혼란을 보여주는 사례이다. 과거 문명에서 그러했듯이, 결과는 명백하지만 인간이 만든 방아쇠는 우리를 교묘히 피해 간다. 대통령은 사막화와 그로 인한 작은 물순환의 붕괴를 정확히 묘사했지만, 그 원인이 이산화탄소 배출이라고 부정확하게 지적했다. 대기 중 이산화탄소 증가로 인한 기온 상승이 인간이 만든 물순환의 중단 및 사막화를 촉진할 수 있다는 것은 정말로 사실이다. 기온이 높아지면 보통 눈이 더 적게 오고 따라서 비가 더 많이 내린다는 것도 사실이다. 그러나 이산화탄소 배출은 캘리포니아 가뭄 악화의 근본 원인이 아니다.

이런 식으로 생각해보라. 캘리포니아 중심부에 위치한 6만 제곱마일에 달하는 센트럴밸리는 대규모 농업을 수행하기 위해 이전의 생태계가 제거된, 대부분이 평평하고 탁 트인 건조한 땅이다. 그중 작은 일부는(너그럽게 말해서 10퍼센트라고 하자.) 식물과 물로 덮여 있다. 나머지

(말하자면 90퍼센트)는 헐벗고 단단하며 대부분 식물이 없는 흙이거나 열을 반사하는 도시나 교외 표면이다. 낮 동안 그것은 대기 중으로 열을 반사하고 또 열을 흡수해서 거대한 프라이팬처럼 굽는다. 그러는 동안 구름과 비는 밀려나고, 토양은 침식된다. 이는 식량을 재배하려면 훨씬 더 많은 물이 필요하다는 것을 의미한다. 이러한 인간이 만든 사막화에 이산화탄소의 지원을 받아 계절마다 발생하는 폭염을 더해 보라.

대조적으로, 북쪽으로는 미국 삼나무가, 남쪽으로는 덤불숲 사바나가 자리한 혼합 참나무 숲이었던 센트럴밸리의 이전 생태계는 대부분의 물을 토양 속에 저장했다. 자연림 생태계에서 토양유기물SOM(일명 "유기물")은 어디에서나 3~7퍼센트 존재한다. 1에이커의 땅은 유기물 1퍼센트당 토양 속에 약 2만 5,000갤런의 물을 보유한다.

따라서 캘리포니아에서 인간이 농사를 짓기 전에는 토양이 에이커당 10만 갤런가량의 물을 보유하고 있었을 것이다. 그 토양 위에서는 여러 종류의 식물이 혼합되어 자랐는데, 그 모든 식물은 대기로부터 이산화탄소를 끌어당겨 땅속으로 보냈고, 땅속에서는 미생물이 그 탄소를 사용해서 토양 안에 물을 저장하는 공극을 만들었다. 바로 이 생태계를 우리가 제거한 것이다.

오늘날 캘리포니아에서는 다른 농업 지역에서와 마찬가지로 기후 변화가 실제로 물 공급을 줄이는 역할을 하고 있지만, 가장 큰 피해를 가져온 변화 유형은 토지 자체의 초기 변화였다.

여기에 미시 기후와 거시 기후의 차이, 혹은 국지적 기후와 지구적 기후 사이의 차이가 있다. 그것은 또한 우리가 바꿀 수 있다고 느끼

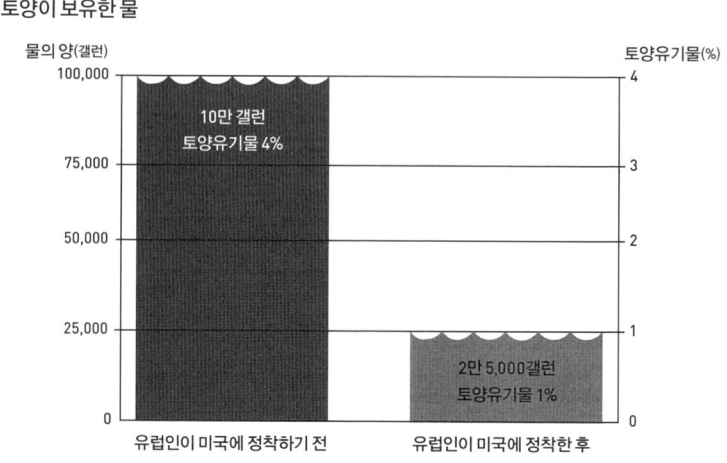

토양이 보유한 물

물의 양(갤런)

100,000

10만 갤런
토양유기물 4%

75,000

50,000

25,000

2만 5,000갤런
토양유기물 1%

0

유럽인이 미국에 정착하기 전　　　　유럽인이 미국에 정착한 후

토양유기물(%)

4

3

2

1

0

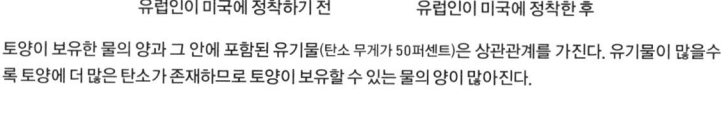

토양이 보유한 물의 양과 그 안에 포함된 유기물(탄소 무게가 50퍼센트)은 상관관계를 가진다. 유기물이 많을수록 토양에 더 많은 탄소가 존재하므로 토양이 보유할 수 있는 물의 양이 많아진다.

는 어떤 것과 이미 작동하고 있는 시스템 사이의 차이이기도 하다. 미시적 수준에서 우리는 지역의 기후, 심지어 농장이나 수원지의 기후("미시 기후")에 대처한다. 거시적 수준에서 우리는 지구 전체의 대기와 씨름하는데, 어떤 농부나 도시 거주자도 그것에 큰 영향력을 발휘할 수 있다고 느끼지 못한다.

이러한 무력감으로 인해 2월의 오바마 연설의 나머지 부분은 "적응"에 대한 것으로 채워졌다. 이는 단지 악화되는 조건 속에서 살아남고 농사를 짓기 위해 애쓰는 것을 의미한다. 1억 달러의 긴급 자금은 바로 이것, 적응을 위한 것이었다. 토인비가 적절히 지적했듯이, 이러한 유형의 "적응" 사고는 흔들리는 거대한 붉은 깃발이다. 사회적 위기의 시대에 진짜 해결책을 내버리는 인지적 정체 상태를 유도하는 지도자들은 종말에 이르기 전 마지막 정거장이다.

분명히 말해서 나는 오바마 대통령이나 기후변화를 경고한 다른 누구도 국지적인 수자원 순환과 사막화의 영향을 알면서도 무시했다고는 믿지 않으며, 그렇게 주장하려는 것도 아니다. 그렇지만 미국 정부가 고용한 농학자들과 전문가들이 거의 80년 동안 이야기해온 바로 그 문제를 조사하지 않고 그에 대한 논의를 시작하지 않음으로써, 기후운동의 지도력은 인지적 정체를 조장했다.

아인슈타인의 말대로 "우리는 문제를 만든 것과 같은 수준의 사고로는 문제를 해결할 수 없다."

노인을 위한 나라는 없다

캘리포니아의 5번 주간 고속도로를 운전하다 보면, 패스트푸드 전광판, 먼지 많은 들판, 농부가 만든 대형 표지판과 현수막 등 눈에 익은 광경을 볼 수 있다. 이 특별한 표지판들은 수년 동안 캘리포니아 고속도로의 이 구간을 특징짓는 중요한 요소이다. 그것들은 세미트럭 컨테이너의 측면에 걸려 있고, 기둥에 부착되어 있으며, 오래된 농기구 부품에 묶여 있다. 거기에는 "식량은 물이 흐르는 곳에서 자란다", "물 없음 = 실직", (캘리포니아의 전·현직 대표자들과 상원의원들을 언급하며) "코스타-펠로시-복서 더스트볼을 멈춰라", "물 없음 = 식량 가격 상승!" 등과 같은 글귀가 인쇄되어 있다. 흔히 도움을 바라는 외침으로 들리지만, 이러한 표지판들은 전성기가 한참 지난 식량 시스템이 죽어가는 소리로 더 잘 해석될 수 있다.

　나는 5번 주간 고속도로의 안전한 아스팔트를 벗어나 캘리포니아 중심부를 향해 동쪽으로 여정을 계속했다. 동쪽을 향해 광활하게 펼쳐진 시에라네바다산맥에 둘러싸인 센트럴밸리 유역은 캘리포니아의 3분의 1(6만 제곱마일) 이상을 차지한다. 센트럴밸리는 너무 커서 18개 카운티에 걸쳐 있으며 650만 명가량이 거주하는 13개 대도시 지역을 포함한다. 그러나 유럽인들이 도착하기 전에, 그 계곡에는 세계에서 가장 큰 습지 중 하나가 자리하고 있었다.

　최북단 경계에서 멕시코와의 남쪽 국경까지, 센트럴밸리에는 아열대 초원, 사바나, 관목지대, 습지, 삼림지대, 호수가 있었다. 초기 정착민의 이야기에 따르면, 지평선까지 뻗어 있는 강어귀에 새들이 너무 많아서 새들의 등을 밟고 강을 건널 수도 있을 것 같았다고 한다. 미국 삼나무들이 200만 에이커에 달하는 해안 및 계곡의 북쪽 노출면을 뒤덮었다. 스페인 정착민들은 네 발 달린 다양한 동물들이 너무나 온순해서 무리를 밀치며 나아가야 했다고 한다.

　살아 있는 참나무들 주변에는 미워크족이나 다른 토착 아메리카인들이 식용으로 재배한 수련이 자라는 샘이 있었다. 강에는 그물로 건져 올릴 수 있을 정도로 연어가 빽빽하게 헤엄치고 있었다고 한다. 200년 전만 해도 지구상에서 가장 중요한 생태계 중 하나였던 이곳은 오늘날에도 여전히 미국에서 가장 생물학적으로 다양한 주라고 여겨진다.

　내가 운전하는 동안 내 앞에 펼쳐진 풍경은 분명히 인간에 의해 변형된 것이었다. 중서부처럼 균일하지는 않지만, 계곡의 황량한 농장

지대에는 대체로 교목과 관목이 거의 없었다. 심고 재배하는 것 외에 이곳에는 동물 생명체도 없었다. 때때로 왜가리나 까마귀가 상추와 브로콜리 또는 밀밭 사이에 앉아 있는 것을 볼 수 있었지만, 자유롭게 돌아다니는 네 발 달린 생물이라고 할 만한 것은 거의 없었다.

풍경 곳곳에는 알팔파와 곡물을 사료로 젖소를 키우는 낙농장이 수두처럼 점점이 흩어져 있었다. 알팔파는 캘리포니아에서 물을 가장 많이 필요로 하는 농작물이며, 우유는 캘리포니아에서 크게 돈벌이가 되는 농업 수출품 가운데 하나이다. 따라서 이러한 낙농장들은 귀중한 물을 현금으로 전환할 수 있는 대표적인 방법이다. 악취가 점점 더 강해지더니 소를 가두는 울타리가 보였다. 아직 초여름이지만 평지의 더위가 기승을 부리면 찌르는 듯한 냄새도 심해질 것이다. 이 울타리는 한때 이 땅을 어슬렁거리던 소 떼의 자연스러운 위풍당당함에 대한 모욕이다.

약 30킬로미터마다 있는 시멘트 관개수로를 건넜다. 이 수로들은 대형 농장에 생명수를 공급하는 캘리포니아 송수로 시스템의 일부이다. 캘리포니아에는 총 길이가 1,000킬로미터가 넘는, 세계에서 두번째로 긴 송수로 네트워크가 있다(레바다스로 알려진 가장 긴 송수로 네트워크는 포르투갈의 마데이라섬에 위치하며, 2,179킬로미터에 달한다). 12미터 너비의 시멘트 골이 있는 캘리포니아 송수로는 북쪽 섀스타호수 주변의 호우 지역에서부터 목마른 농작물이 있는 센트럴밸리까지 물을 분배한다. 북부의 호우가 대체로 겨울에 발생하고 관개는 대체로 여름에 필요하기에, 이러한 인공 물길과 댐은 빗물을 "시간 이동"시킬 수 있다.

달리 말해서, 캘리포니아 송수로는 미국 최대의 농업경제를 위한 정맥주사이다.

송수로의 역사는 농업 자체만큼 오래되었다. 송수로는 바빌론, 아시리아, 이집트, 그리고 나중에는 로마의 청동기 문명 농업의 중심이었다. 그러나 이러한 수로들은 항상 연결이 약했다. 수로는 흔히 상류의 토양침식으로 인해 침전물로 가득 차서 흐름이 완전히 멈추곤 했다. 물이 없으면 농작물은 시들고 따라서 농작물에 의존하는 문명도 시들게 된다.

그러나 역사상 세계 어느 곳에서도 캘리포니아 송수로처럼 단 하나의 수로가 수백만 명의 인간의 삶을 지탱한 적은 없었다.

식량을 재배하기 위해 필요한 물의 양은 어마어마하다. 브로콜리 한 포기에는 5.4갤런의 물이 필요하고, 호두 한 알에는 4.9갤런, 상추 하나에는 3.5갤런, 토마토 한 개에 3.3갤런, 아몬드 한 알에 1.1갤런, 피스타치오 한 알에 0.75갤런, 딸기 한 알에 0.4갤런, 포도 한 알에 0.3갤런의 물이 필요하다.[21]

이것이 나쁘다고 생각한다면, 당신의 옷은 어떨까? 캘리포니아는 미국 최대의 면화 재배지 중 하나이다. 청바지 한 벌을 만드는 면화를 생산하려면 약 1,800갤런의 물이 필요하다.

이 칼로리 생산 지역의 엄청난 중요성에도 불구하고, 구글 지도는 센트럴밸리의 광대한 면적을 가로지르는 도로를 제대로 파악하지 못했다. 내가 가야 하는 곳과 가장 가까운 마을은 파이어보Firebaugh이지만, 그곳은 문명의 가장자리를 가리키는 먼지투성이 이정표 역할을 할 뿐이었다. 그 너머로는 땅 위로 허리를 구부린 일꾼들이 뽑고, 가지치기를 하고, 물줄기를 움직이며 일하는 들판만 펼쳐져 있었다. 자동차가 농작물을 구분 짓는 아스팔트 길을 따라 내려가자 그들의 갈색으로 그을린 얼굴이 내 옆을 스쳐갔고, 곧 갈색 흙먼지로 흐릿해졌다.

이곳에는 낭만적인 것이 전혀 없었다. 멀리 보이는 산을 제외하고는 그림 같은 경치도 전혀 없었다. 비료와 화학약품 냄새가 났다. 마치 달 표면에서 이루어지는 프로젝트처럼 보였다. 수평선 끝까지 뻗어 있는 관개 시스템으로 지탱되는 농작물을 제외하고는 모든 것이 황량했다. 운전하면서 나는 죄책감이 밀려드는 것을 억누르려고 애썼다. 내가 퀴노아를 먹든 타코나 햄버거를 먹든, 내가 먹는 음식은 바로 이런 식으로 재배되는 것이다.

땅이 내려앉고 있다

먼지투성이 들판 한복판에서 하얀 양철 오두막집처럼 보이는 것을 발견했을 때, 태양은 눈에 보이는 모든 것을 굽고 있었다. 하얀 구조물 옆에 주차된 것은 미국 정부 번호판이 달린 1990년대 빈티지 지프 그랜드체로키였다. 갈라진 땅 위로 내 차가 접근하는 소리를 듣고서 초록색 티셔츠를 입은 여성이 작은 건물에서 문 밖으로 머리를 내밀었다. 미국 지질조사국의 미셸 스니드^{Michelle Sneed} 연구원이다.

미국 정부기관이 그렇듯이 미국 지질조사국은 꽤 멋진 조직이다. 그것은 1879년에 국립과학아카데미의 요청에 따라 의회의 법안에 마지막으로 추가됨으로써 만들어진, 기본적으로 토지 연구를 위한 조직이다. 웹사이트에 따르면, 오늘날 미국 지질조사국은 "생명과 생계를 위협하는 자연재해, 물·에너지·광물 및 우리가 의존하는 기타 천연자원, 생태계와 환경의 건강, 기후와 토지 이용 변화의 영향에 대한 과학"을 제공한다. 내가 말했듯이, 그것은 멋진 기관이다.

미국 지질조사국에서 일하는 많은 사람은 미셸 스니드처럼 "괴짜 과학자"로 여겨질지도 모른다. 스니드는 악수도 단호하고, 40대이며, 자녀가 없다. 그녀는 "남편과 개 두 마리가 있어요."라고 설명했다. "그러니 개 세 마리가 있는 셈이지요." 그녀는 씩 웃으며 덧붙였다. 그녀는 자신이 미국 지질조사국의 직원으로서 의견을 제시할 수 없고 단지 데이터만 보고할 수 있다고 설명했다. 적어도 그녀에게는 유머 감각이 있었다.

스니드의 전문 분야는 "지반침하"인데, 그것은 그 말이 들리는 대로의 것을 의미한다. 땅이 내려앉고 있다. 일찍이 1930년대부터, 머지 않아 캘리포니아의 농업 붐을 가능하게 할 주요 수로들을 점검하던 토지 조사관들은 뭔가 이상하다는 것을 눈치챘다. 그들의 조사는 "마무리"되지 않았다. 달리 말해서, 그들이 현장에서 수집해서 적어둔 측량 표시는 그들이 돌아왔을 때 "움직인" 것처럼 보였다. 캘리포니아 토지에서 무언가 이상한 일이 일어나고 있었다.

그때부터 센트럴밸리에서는 땅이 내려앉고, 내려앉고, 또 내려앉았다. 대부분의 지역에서 땅은 지난 수십 년 동안 30센티미터 정도만 내려앉았다. 그러나 다른 지역에서는 1년에 30센티미터가량, 많게는 9미터까지 내려앉았다. 미셸과 내가 서 있던 지점은 델타 멘도타 운하로 알려진 중요한 관개수로 바로 옆인데, 1930년대에 수행된 원래의 조사 이후 3.6미터나 내려앉았다.

지반침하가 이상한 현상이기는 하지만, 중요한 것은 지표 아래에서 진행되고 있는 일이다. 스니드의 설명에 따르면, 대수층은 거대한 스펀지와 같다. 우리가 대수층에서 물을 뽑아내면 점토 입자들이 서로 압착된다. 문제는 일단 입자들이 너무 가까이 압착되면 다시는 스펀지 같은 구조로 되돌아가지 못한다는 점이다. 따라서 물이 심하게 빠져나간 대수층은 결코 완전히 "재충전"될 수 없다. 그러므로 지반침하는 오랜 시간에 걸친 지하수 고갈의 심각성을 측정하는 한 방법이다.

캘리포니아의 경우, 가뭄으로 인해 새크라멘토의 주 당국은 북쪽의 새스타호수에서 수로를 통해 유입되는 물을 제한적으로 공급하게 되었다. 식량 수요의 증가와 물 부족으로 인해 센트럴밸리의 농부들은 우물에서 물을 얻으려고 점점 더 깊이 구멍을 뚫어야 했다. 농작물을 위해 대수층에서 더 많은 물을 뽑아낼수록 대수층은 더 낮아져서 물

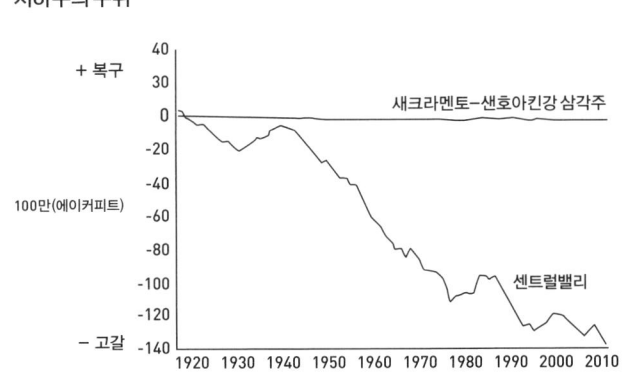

지하수의 수위

2017년 캘리포니아에 오랫동안 기다려온 호우가 왔지만 캘리포니아의 귀중한 대수층의 수위는 계속 떨어지고 있다.
(출처: USGS)

에 대한 수요가 더 커지고 그리하여 농부들은 더욱더 깊이 우물을 파야 하는 끊임없는 순환 고리에 갇히게 되었다. 가뭄은 진행 중인 사막화 과정을 악화시켜서 토양을 더욱 건조하게 한다. 여기에 더해 지반침하는 토양의 염도를 증가시켜서 해마다 더 많은 물이 필요해진다.

지반침하가 캘리포니아에서만 일어나고 있는 것은 아니다. 지반침하는 농업 생산이 활발한 대부분의 지역에서 발생하는 전 지구적 현상이다. 최근 미 항공우주국 위성사진에 따르면, 세계에서 가장 큰 37개 대수층 가운데 21개가 티핑포인트를 지났는데, 이는 지난 10년 동안 보충되는 것보다 더 많은 물이 사라졌음을 뜻한다. 이러한 대수층 가운데 13개는 위태로운 범주에 들어갈 만한 비율로 가라앉고 있다. 미국에서 가장 취약한 지하수 공급원은 놀라울 것도 없이 캘리포니아의 센트럴밸리 대수층이다.[22]

매우 일반적으로 말하면, 인류를 지탱하는 농업을 수행하기 위해 필요한 바로 그것, 지하의 신선한 물이 바닥나고 있다.

역ᄴ 테라포밍●

인구 1,200만 명의 도시 브라질 상파울루에서는 이제 수돗물을 배급할 정도로 물 공급이 매우 제한되고 있다. 떠날 형편이 되는 많은 사람

● 테라포밍은 다른 행성이나 위성 환경을 지구의 환경과 유사하게 바꾸어 인간이 살 수 있게 만드는 작업을 의미한다.

은 재산을 가지고 떠났다. 한때 번창했던 도시 경제는 느리고 꾸준하게 쇠퇴하고 있다.

상파울루를 비롯해 이와 비슷한 도시들은 우리의 파괴적 농업 시스템이 더욱 위태로운 생태계의 꼭대기에서 흔들리고 있다고 경고해주는 탄광의 카나리아 역할을 한다. 이제 전 세계 농업은 그것이 세워진 두 개의 주춧돌, 즉 토양과 물을 위협하고 있다. 오늘날 우리가 농업을 실행하는 방식은 식량을 재배하는 지역의 생산성을 파괴하는 사막화로 이어진다.

25개국의 전문가 200명의 연구를 바탕으로 한 유엔대학교의 2006년 종합 보고서에서, 저자들은 사막화가 우리의 지구 문명이 직면한 가장 긴급한 환경 위기라고 말한다. 보고서에 따르면 "새천년 생태계 평가Millennium Ecosystem Assessment 같은 최근 분석들은 사막화 경향이 전 세계적으로 줄어들고 있다는 징후는 전혀 발견되지 않았음을 분명히 보여준다."[23]

계속해서 보고서는 사막화를 억제하지 않고 방치할 경우 사막화로 인해 수백만 명의 사람들이 집을 떠나게 될 것이라고 경고한다. 불행히도 그 보고서가 발표된 지 10년 만에 보고서의 예상은 맞아떨어졌다. 문명의 요람이었던 지역의 도처에서 이러한 현상이 가장 분명히 나타나고 있다.

『과학적 미국인Scientific American』의 저자 존 웬들John Wendle은 2015년 12월에 쓴 글 "시리아 기후 난민의 불길한 이야기The Ominous Story of Syria's Climate Refugees"에서 시리아의 현 위기를 초래한 기후 사건을 암울하게 그려냈다. 웬들은 다음과 같이 썼다.

기후학자들은 시리아가 더 큰 중동, 지중해, 그리고 세계의 다른 지역들에 어떤 일이 닥쳐올지를 미리 보여주는 음울한 예고편이라고 말한다. 그들은 가뭄이 기후변화에 의해 악화되었다고 주장한다. 약 1만 2000년 전 농경의 발상지였던 비옥한 초승달 지대는 말라가고 있다. 시리아의 가뭄은 농작물을 파괴하고, 가축을 죽이고, 150만 명의 시리아 농민들을 쫓아냈다. 이러한 과정에서 그것은 내전으로 번져 사회적 혼란을 촉발했다.[24]

유엔난민기구에 따르면, 2014년 유엔난민기구는 전 세계적으로 4,700만 명가량을 지원했는데, 이는 사상 최고치였다.[25] 그러나 유엔난민기구조차 그해에 강제로 집을 떠나야 했던 거의 6,000만 명의 사람들을 모두 감당하지는 못했다고 인정한다. 해마다 122명 중 1명이 난민이 되며, 그 수는 증가하고 있다. 전직 유엔난민고등판무관 안토니우 구테레스^António Guterres에 따르면, "우리에게는 더는 사태를 수습할 능력이 없다."[26]

농업이 최초로 실행된 지역에서 가장 심각한 이주가 발생하고 있는 것은 우연이 아니다. 난민 위기에는 많은 요인이 있겠지만, 우리는 그 지역의 사회적 붕괴를 식량과 물의 부족과 연결 짓지 않을 수 없다. 비옥한 초승달 지대로 둘러싸인 영역은 최악의 사막화 시나리오가 되었다.

운명의 꼬임으로, 우리 인간은 조화롭게 서로 맞물린 무성한 생태계의 그물에서 더 크고 광대한 사막으로 우리 지구를 "역逆 테라포밍"했다. 오늘날 시리아의 기후 난민 위기가 헤드라인을 장식하고 있지만,

캘리포니아 센트럴밸리의 식량 재배 지역은 내일의 헤드라인을 차지할 잠재적 경쟁자이다. 우리만 그런 것이 아니다. 농업, 물 부족, 인간의 고통으로 이어지는 연쇄 작용은 인도, 중국, 아프리카 그리고 브라질 같은 습윤 기후에서조차 뚜렷하게 나타난다.

청동기시대의 고대 도시국가들은 사라졌지만 여전히 우리에게 말을 건넨다. 돌무더기 사이를 걷다 보면 당신은 (한동안) 사막화에 기초한 농업을 성공적으로 실행했던 많은 문명들로부터 명확한 경고의 종소리를 들을 수 있을 것이다. 말할 수 있다면, 그들의 궁전과 신전의 부서진 벽들은 우리의 오만함을 조심하라고 이야기해줄 것이다.

우리는 지금 작은 물순환을 방해하고 땅을 사막화하며 거대도시 규모로 토양침식을 일으키고 있다. 로스앤젤레스, 뉴욕시, 상하이, 델리 등을 생각해보라. 각각의 대도시에는 필연적으로 더 큰 초대형 농장이 등장한다. 오늘날 도시 주변에는 헐벗은 토지가 가능한 모든 방향으로 수천 혹은 수만 제곱마일에 걸쳐 뻗어 있다. 센트럴밸리를 생각해보라.

우리의 현대 농업 시스템은 그 어느 때보다 더 많은 칼로리를 생산할지 모르겠지만, 우리가 식량을 재배하는 방식은 제한된 시간 동안만 가능할 것이다.

과거 문명에서 그러했듯이, 현대 사회를 일으킨 바로 그 식량 시스템은 이제 끊임없이 가라앉는 기반 위에서 기울어지고 있다. 로더밀크는 다음과 같이 말했다.

간단히 말하자면, 우리 문명은 근본적인 위험을 안고 있다. 경사진 토지를 개간하고 경작함으로써(우리의 토지 대부분은 어느 정도 기울어져 있다.) 우리는 토양을 물이나 바람에 의한, 때로는 물과 바람 모두에 의한 가속화된 침식에 노출시켰다.

그렇게 함으로써 우리는 자기 파괴적인 농업 체제로 들어섰다. 과거에는 사람들이 새로운 땅으로 이주하거나, 이주가 쉽지 않을 경우에는 고대 페니키아, 페루, 중국에서 그랬던 것처럼 돌벽을 쌓아 경사면에 축대를 만들어 이러한 자멸적 농업의 무서운 결과에서 벗어났다. 새로운 땅으로 달아나는 것은 더는 빠져나갈 구멍이 될 수 없다.

로더밀크는 1945년경에 이러한 말을 썼다. 그는 보고서 말미에 미래의 독자들을 향한 간청을 덧붙였다.

만약 모세가 자멸적 농업이 거룩한 땅에 어떤 영향을 미칠지 예견했다면, 땅과 인간의 관계를 확립하고 창조주와 동료 인간, 거룩한 땅에 대한 삼위일체 책임을 완수하라는 또 다른 계명을 전할 마음이 내키지 않았을지도 모른다. [...]

당신은 신실한 청지기로서 거룩한 땅을 물려받아 그곳의 자원과 생산성을 대대로 보전해야 한다. 밭의 흙이 침식되지 않게 지켜야 하고, 생수가 마르지 않고 숲이 황량해지지 않도록 보호해야 하며, 언덕을 가축의 지나친 방목으로부터 보호함으로써 당신의 후손이 영원히 풍족하게 지낼 수 있게 해야 한다. 누구든지 이렇게 땅을 돌보지 않는다면, 당신의 비옥한 밭은 메마른 돌밭과 황폐한 협곡이 될 것이며, 당신의 후손은 쇠락해서 가난 속에서 살거나 이 땅에서 멸망할 것이다.

나는 물 부족을 겪고 있는 센트럴밸리의 먼지투성이 작은 마을 이스트 포터빌의 이글레시아 이매뉴얼 교회 안에 서서, 로만 에르난데스 Roman Hernandez 목사에게 당신의 공동체는 이 끔찍한 상황에 맞서기 위해 어떤 행동을 취하고 있는지 물어보았다. 그는 말했다.

"우리는 기본적으로 비가 오게 해달라고 기도합니다. 그게 바로 우리가 하는 일이지요. 비가 오게 해달라고 기도해요."

2017년 바다에서 발생한 폭우가 남부 캘리포니아에 몰아쳤을 때 에르난데스 목사의 기도는 마침내 응답받았다. 그러나 땅에 떨어진 물의 대부분은 갈라지고 굳은 건조한 흙과 함께 범람하다가 쓸려 내려갔다. 여름 태양이 되돌아왔을 때, 캘리포니아는 다시 한 번 고갈된 대수층과 물 문제에 직면했다.

교훈은 간단하다. 토양이 건강을 회복하지 않는 한 비조차 사막을 구할 수 없을 것이다.

4장
리제너테리언을 만나다

농장들. 캘리포니아 애너하임에는 농장들이 있었다.

　북쪽으로 산들이 받쳐주고 남쪽으로 산타아나강으로 감싸인 그 지역은 범람원이자 엄청나게 많은 엘크와 들소 떼를 위한 목초지였다. 산에서 흘러 내려오는 무기질, 동물에게서 나오는 거름, 그리고 강 유역의 습기는 모두 그 지역의 토양을 비옥하게 만드는 데 기여했다. 아마 그러한 까닭에 독일 이민자 50가구가 이곳을 선택해서 포도밭을 일구었을 것이다. 이 포도밭은 한때 캘리포니아에서 가장 크고 성공적인 밭이었다. 그런 이유에서 나중에 이곳에는 오렌지 나무들이 자라게 되었다. 바로 그런 이유에서 월터 노트Walter Knott는 노트 베리 농장을 설립해 교배된 보이젠베리를 재배해서 대중화했고, 이 농장은 보통의 가족 농장에서 길가의 명소로 탈바꿈했다.

　1954년에 애너하임 농장들 중 약 160에이커가 건설 부지로 바뀌었다. 1년 뒤 디즈니랜드라는 곳이 대중에게 공개되었다. 연간 약 1,600만 명의 방문객을 끌어들이고 18억 달러로 추산되는 소득을 벌어들이는 디즈니랜드는 애너하임의 경제적 태양과 다름없었다.[1] "마법의 성"에 매력을 느낀 대기업과 심지어 정부 부처들까지 그 지역을 본거지로 삼으면서 그 지역의 명성에 기여했다.

　오늘날 애너하임의 모든 것은 디즈니스러운 느낌이 난다. 즉 크고, 상상 속에 나오는 것 같고, 플라스틱이다. 심지어 노트 베리 농장조차 호들갑스러운 테마파크로 성장했다. 이곳은 북아메리카 최대의 식품 박람회를 위한 완벽한 배경이자 무대이다.

상황이 악화되고 있다!

만약 아직까지 "홀푸드 주차장Whole Foods Parking Lot"이라는 제목의 유튜브 뮤직비디오를 본 적이 없다면, 지금이라도 4분을 투자할 가치가 있다(적어도 지금까지 그것을 시청한 600만 명은 그렇게 생각할 것이다). 이 뮤직비디오에서 건장한 백인 래퍼 데이브 위트먼Dave Wittman은 미국 최대의 홀푸드 매장 중 하나에 자신의 프리우스 승용차를 주차하고 저녁식사에 필요한 유기농 재료를 구입하려고 하지만 쉽지 않다. 데이브가 지적하듯이 "홀푸드 주차장에서는 상황이 악화되고 있다!It's getting real in the Whole Foods Parking Lot!" 고양이 영상과 당당하게 경쟁하고 있는 이 영상은 중요한 점을 지적한다. 오늘날 유기농 식품의 공급은 수요를 따라잡지 못하고 있다.

내가 애너하임으로 차를 몰고 가는 것도 바로 그러한 이유에서다. 자연식품박람회Natural Products Expo West에 참석하기 위해서이다. 이 이벤트는 애매하게 기독교적인 느낌을 주는 새희망 네트워크New Hope Network에 의해 진행되는데, 웹사이트에 따르면 그 집단은 "제조업자, 소매업자/유통업자, 서비스 제공자, 그리고 재료 공급자의 전체 공급망을 위한 해결책"을 가지고 있으며, 그들의 사명은 "건강한 시장을 성장시키는 것"이라고 한다.

로스앤젤레스를 거쳐 애너하임까지 아침 교통체증으로 세 시간 동안 씨름하자 내 위장은 꾸르륵 소리를 내기 시작했다. 주차하는 데 30분, 컨벤션센터로 걸어가는 데 15분이 더 지나자 나는 이제 공식적으로 배가 고팠다. 다행히도 초록색 치어리더 복장을 한 친절해 보이는 젊은 여성 몇몇이 인도 옆에 차를 주차하고서, 킷캣을 떠올리게 하는 일종의 비건 웨하스바를 나눠주고 있었다. 으음. "네, 고맙습니다." 나는 한 움큼을 받아 들고 말했다. 몇 개를 쩝쩝 먹어치우고 혈당 수치가 치솟는 것을 느끼자, 나는 갑자기 갈증에 시달리게 되었다.

다시금 운 좋게도, 조금씩 모여든 사람들이 컨벤션센터로 밀려드는 인파가 될 즈음에 디즈니랜드 바로 길 건너편에서 몇몇 힙하게 보이는 젊은이들이 코코넛 워터를 나눠주고 있었다. '완벽해.' 속으로 생각하면서 나는 병 몇 개를 집어 들고 건조하지만 맛있는 나머지 스낵을 씻어 내렸다. 나는 설탕에 취한 상태로 컨벤션센터를 향해 둥둥 떠갔다.

나는 마지막 순간까지 등록하는 것을 잊어서 배지를 받기 위해 줄을 섰다. 줄은 모두 세 개였고, 각 줄은 적어도 800미터쯤은 되는 듯했다. 다시금, 마치 칵테일파티의 전채요리처럼 일련의 음식이 제공되었다.

밴드 무대, 야외 부스, 그리고 끝없는 브랜드가 완비된 박람회는 컨벤션센터 전체와 그 주변 부지에 걸쳐 있었다. 또한 컨벤션홀, 회의실, 미팅룸까지 있는 인근 메리어트호텔도 완전히 둘러싸고 있었다. 누군가는 이 박람회가 소비자들이 가볍게 관심을 갖도록 "자연식품"을 광고하기 위한 것이라고 생각하겠지만, 그것은 진실과는 한참 거리가 멀다.

7,000장의 티켓이 장당 약 1,000달러이고 부스가 10만 달러에 달하는 이 박람회는 최종 소비자를 위한 것이 아니다. 그것은 식료품점 및 온라인 판매 채널을 포함한 대량 구매자들에게 제품을 팔기 위한 기업 간의 광란의 경쟁이다. 이곳의 엄청나게 많은 인파로 증명되었듯이, 유기농 산업은 꽃피고 있다.

지난 10년 동안 유기농 식품 산업은 아찔하게 빠른 속도로 성장해왔다. 유기농무역협회Organic Trade Association에 따르면, "소비자의 수요는 1990년대 이후 매년 두 자릿수로 증가해왔다. 그리고 유기농 매출은 1997년 36억 달러에서 2014년 390억 달러 이상으로 증가"했고 2015년에는 430억 달러 이상으로 증가했다(큰 사업이 된 엄청난 금액이다). 이것은 투자자들이 꿈꾸는 종류의 성장이다. 유기농 식품에 대한 수요가 10배 증가한 사실은 미국 소비자의 84퍼센트가 이제 매년 어느 단계에서 유기농 식품을 구매한다는 사실과 관련이 있다.

이상하게도 이러한 성장은 전체적으로 정체되어 있는 식품 시장 안에서 일어나고 있다. 이것은 주로 식품 판매자들이 이미 과식하고 있는 사람들(대체로 미국인들)에게 더 많은 식품(더 많은 칼로리)을 파는

미국 유기농 산업의 성장

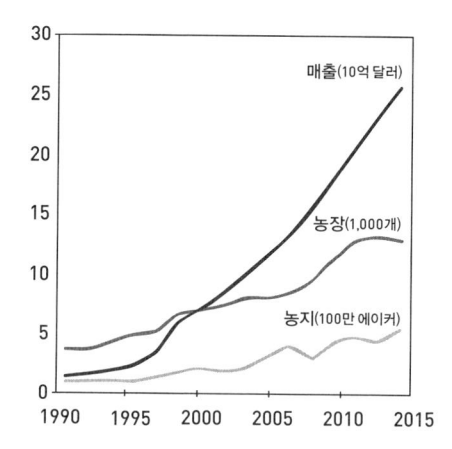

미국에서 유기농 식품에 대한 수요가 급속도로 많아짐으로써 공급을 초과하게 되었으며, 그 결과 미국이 유기농 식품의 순수입국이 되었다.

것이 점점 더 어려워지는 지점에 도달했기 때문이다. 적어도 수요의 측면에서 우리는 "식량의 최고점^{peak food}"에 도달했다. 이것이 바로 유기농 식품이 얇게 썰린 빵 이후 식료품점을 강타한 가장 흥미로운 상품을 대표하게 된 까닭이다. 유기농 식품이 성장 산업이라고 말하려는 것은 아니다. 내가 하려는 말은, 유기농 식품은 성장하지 않는 시장의 바다에서 폭발적인 성장을 나타낸다는 것이다.

유기농 식품업계에 좋은 소식은 수많은 활로가 존재한다는 점이다. 오늘날 유기농 식품은 미국의 총 5조 달러 이상의 식품 시장에서 아주 작은 부분을 차지한다. 유기농에 관한 한, 녹색으로 넘쳐나는 것은 식물만이 아니다. 애매한 자연식품 회사들조차 바로 그러한 이유에서 이곳에 자기네 부스를 차리고, 타이트한 티셔츠를 입은 예쁜 사람들과 CEO들, 그리고 시식용 음식 뷔페와 함께 애너하임에서 자리를 차지하고 있는 것이다.

———————————

마침내 배지를 손에 쥐고서, 나는 상표가 붙은 현수막과 무료로 음식을 나눠주는 사람들을 지나서 거의 묘사하기 어려운 어떤 것 안으로 걸어 들어갔다. 강렬한 색깔과 호화로운 냄새로 가득 찬 통로에서 수천 명의 몸뚱어리들이 지류처럼 움직였다. 그 엄청난 규모로 인해 감각이 압도되고 어지러웠다. 쟁반, 접시, 그리고 먹을 수 있는 것들이 진열된 부스에서 미소를 띠고 있는 모델들은 마치 내가 팀 버튼의 영화 《이상한 나라의 앨리스》에 나올 법한 칼로리 우주로 들어선 것처럼 느끼게 만들었다.

그곳에는 해적, 유니콘, 폭스바겐 버스와 디제이를 갖춘 비치발리볼 게임, 실물 크기의 풍차, 달콤한 것, 짠 것, 탄산이 든 것, 부드러운 것, 바삭한 것, 뜨거운 것, 찬 것, 파란 것, 오렌지색 것, 보라색 것, 갈색 것, 그리고 당신이 꿈꿀 수 있는 모든 유형의 먹을 수 있는 것들이 있었다. 그곳에는 "100퍼센트 천연"이라고 불리는, 또는 "유기농", "방목", "풀을 먹인", "인도적인", "자연을 닮은" 음식이 있었다. 그렇고말고. "사랑으로 만들어진" 그 모든 제품들이 없다면 우리가 어디에 있겠는가?

당당하게 입장료를 지불한 참석자들의 물결은 글자 그대로 모든 것을 먹어치우고 있었다. 일제히 손을 뻗어 음식을 집어서 (게걸스럽게 보이지 않도록 너무 서두르지는 않고) 입으로 밀어넣었다. 그리고 그것은 끝없이 되풀이되었다. 컨벤션센터 안의 공기는 "사탕가게 안의 7,000명의 어린이들"이 마구잡이로 먹고 마시는 음식 잔치의 열기로 뜨거워졌다.

소, 잔디, 외양간, 일출에 관한 예쁜 로고들과 고상하게 보이는 모든 라벨들에도 불구하고, 가공된 아이템들과 내 주위의 격렬한 마케팅의 소용돌이는 목가적이고 건강에 좋은 "유기농" 농장에서 왔다기보다는 저녁식사용으로 알약을 섭취하는 조지 젯슨●의 미래에서 온 것처럼 느껴졌다. (옥수수칩, 미리 만들어 봉지에 담은 샐러드, 건조된 호박칩 말고는) 옥수수도 상추도 호박도 볼 수 없었다.

이러한 "산업화된 유기농" 세계는 좀 더 깊은 물음을 던진다. 내가 "100퍼센트 천연" 타말레◆ 샘플을 우적우적 먹고 아주 날씬한 유리병

●　텔레비전 만화영화《젯슨 가족》의 등장인물

180

에 담긴 "건강한" 붉은 아가베 시럽을 가미한 탄산음료로 그것을 씻어 내리다가 막 떠오른 그 물음이야말로 내가 이곳에 온 이유이다. 도대체 "유기농"이란 무엇인가?

단어, 신화, 전설

우리가 먹고 또 아이들에게 먹이는 음식 속에 유독한 화학물질을 넣는 것이 좋은 생각이라고 주장하기는 어렵다. 음식 속의 이러저러한 다양한 발암성 "잔류물"의 영향에 대해 얼버무릴 수는 있겠지만, 세계보건기구가 "극도로 위험한 농약"이라고 부른 것의 1퍼센트도 안 되는 일부만 언급하더라도 글리포세이트, 2,4-D, 알라, 다미노자이드, 패러콧, 엔도설판, 알디카브, 메틸파라티온, 터부포스, 카보퓨란, 메타미도포스, 메토밀, 모노크로토포스, 클로르피리포스, 에토프로포스 등이 있다. 이것을 우리가 먹는 음식에 뿌리는 것은 "자기 파괴적인", "어리석은", 심지어 "피학적인"이라는 단어의 정의에 부합한다.

산업 농업에 관한 한 우리 먹는 사람들, 즉 칼로리를 소비하는 인간이 우리 자신의 최악의 적 중 하나가 되었다. 한편 "유기농 식품"은 이러저러한 독소 없이 재배된 식품이다.

유기농*organic*이란 단어는 신체 기관과 관련된 것을 의미하는 그리스어 "오르가니코스*organikos*"에서 나왔다. 여기까지는 충분히 간단해 보

◆ 옥수수 반죽에 여러 재료를 넣고 익혀 먹는 멕시코 요리

인다. 그러나 "유기적^organic"이란 말은 또한 ("무기화합물"과 반대되는) "유기화합물"과 "유기분자"가 있는 "유기화학^organic chemistry"에 적용된다. "유기"화학의 바탕에 깔린 생각은 그것이 생명체 안에서 발견될 수 있다는 뜻이다(역설적이게도 오늘날 대부분의 "유기분자"는 실험실에서 매우 비자연적 방법으로 합성할 수 있다). 그리고 토양의 "유기물"이나 "국가 유기체론" 및 "사회 유기체론"처럼 "유기적"이란 단어의 다른 용법이 존재한다. 우리는 이 모든 것이 어떻게 "유기적으로" 혼란으로 이어지는지 알 수 있다.

식품과 관련해서 "유기농 인증^certified organic"은 2002년 미국 농무부가 제시한 일련의 표준을 가리킨다. 이러한 표준을 통과하고 정기적으로 검사받는 식품이 "USDA 유기농"으로 간주된다. 수많은 합성 화학 물질 투입물을 사용하는 관습을 버리고 이러한 다소 엄격한 유기농 기준으로 전환하는 것은 자연을 일련의 기초 화학 방정식으로 환원해 온 농업 시스템 속에서 자라고 교육받은 농부들과 목장 주인들에게 쉽지 않은 도전이다.

왜 이러한 표준이 개발되었고 그것이 왜 중요한지 이해하기 위해서, 우리는 약 100년 전 독일과 프랑스의 시골로 되돌아가야 한다.

프랑스 농무부 장관 스테판 르 폴이 말했듯이, 브르타뉴의 농민들은 농업의 세 가지 중요한 측면을 인식했다. "거름, 거름, 그리고 거름." 지난 세기가 끝날 무렵에, 이러한 정서는 루돌프 요제프 로렌츠 슈타이너^Rudolf Joseph Lorenz Steiner라는 이름의 한 남자에 의해 다시 울려 퍼지게 되었는데, 그는 인지학이라는 이름의 밀교적 운동을 창립했다.

슈타이너 학파의 중심 교리는 과학적 방법을 사용해서 우리 존재의 좀 더 신비스러운 측면, 특히 영성, 어린이, 인간과 지구의 연결을 더 잘 이해하고 다루는 방법을 아는 것이다.

슈타이너는 인간이 자라면서 어린 시절에 경험하는 보다 "영적"인 연결을 떠나 세계에 관한 "지식화"로 나아가고, 그러한 과정에서 자연과의 연결을 잃어버리는 경향이 있다고 느꼈다. 슈타이너는 어린아이 같은 경탄과 과학적 사유 모두를 포용하는 삶의 철학을 장려했다. 이것이 루돌프 슈타이너가 발도르프 학교를 발전시킨 이유이다. 그는 사람들이 권위로부터 배우기보다는 자기 자신의 영적 자유를 발견하는 것을 매우 지지했다. 그는 또한 "유기"농업이라고 불리는 것에 큰 관심을 가졌다.

슈타이너는 1924년 독일에서 여덟 번의 강연을 하면서 현대 유기 농업의 첫번째 형태를 정의했다. 유럽에서 그는 합성 화학물질이나 비료를 사용하지 않고서도 국지적이지만 상당한 규모로 농업이 이루어질 수 있다는, 작지만 성장하는 시대정신을 포착했다. 그는 그렇게 하기 위해서는 자연의 순환을 이해해야 한다고 주장했다. 이러한 생각의 체계화는, 특히 독일을 위해 중앙집중적이고 단순화된, 그리고 안정적인 식량 공급을 창출하라는 압력에 대한 반작용이었다.

제1차 세계대전이 끝날 무렵 유럽은 산업화를 향해 굽이쳐 갔다. 증가하는 인구를 먹이기 위해서 독일의 다소 빈약한 토양에는 더 많은 질소가 필요했다. 독일은 석회질소를 제조하기 위해 페루산 해조분海鳥糞을 이용하다가 페루 사막의 초석(질산칼륨)을 사용하는 쪽으로 나아갔고, 마침내 하버-보슈 공정을 통해 화석연료에서 만들어진 합성 질산암모늄을 사용하게 되었다.

수 세기 동안 물려받은 땅을 경작해온 수많은 전통적 농부들은 이러한 산업적 방법이 극단적이고 불필요하다고 느꼈다. 그들은 "외부" 투입물 없이도 엄청난 양의 식량을 재배할 수 있다는 것을 경험을 통해서 알고 있었다. 슈타이너는 산업 농업에 반대하는 그들의 정서를 그가 "생명역동biodynamic" 농업(*bio*는 "살아 있는"을 의미하는 그리스어 "bios"에서 나왔고, *dynamic*은 "힘"을 의미하는 그리스어 "dunamis"에서 나왔다.)이라고 불렀던 농업 형태로 통합했다. 즉, 생명의 힘으로 생명을 창조하는 농업 형태이다. 이것은 오늘날 우리가 "정상적인" 농업으로 받아들이는 것과 같은 모델, 곧 투입, 제조, 칼로리 추출이라는 좀 더 지능화된 모델에 맞서서 설득력을 발휘했다(그리고 지금도 설득력을 가지고 있다).

슈타이너는 농장의 동물, 농작물 그리고 토양이 실제로 하나의 시스템이라고 말했다. 그는 토양의 건강을 증진하기 위해 퇴비와 거름뿐 아니라 허브와 광물 요소의 사용을 권장했다. 그는 소가 식량 재배의 중요한 구성요소라고 강조했다. 고대 프랑스 농부들, 그들보다 앞선 페니키아인들, 그리고 비옥한 초승달 지대에서 소를 데려온 메소포타미아인들과 마찬가지로, 그는 소에서 나온 거름 없이는 건강한 토양을 유지하는 것이 불가능하다고 믿었다. 그는 음력에 따라 파종하는 것이 식물과 해충과 토양의 반응에 영향을 미치기 때문에 중요하다고 믿었다. 그의 생각 중 일부는 순전한 신비주의였지만, 시간과 과학은 그의 이론의 상당히 많은 부분이 견고한 기반 위에 서 있음을 증명했다.

1993년 장발의 청년이던 나는 국제 농업 자원봉사 단체에 가입해서 작은 유기농 농장에서 일하기 위해 유럽으로 떠났다. 나는 슈타이너의 강연이 이끌어낸 방법이 지난 세기 대부분 충실하게 실행되면서 토양의 건강을 구축해왔다고 증언할 수 있다. 프랑스와 독일에는 3, 4세대에 걸쳐 생명역동농법으로 농사를 지어온 소규모 농부들이 많다.

슈타이너의 지침을 엄격하게 따르며 농사짓는 일은 노동집약적이고 어려운 작업이다. 그러나 내가 일했던 농장에서 토양은 비옥했고, 동물은 건강하고 인도적이며 통합된 방식으로 길러졌으며, 가장 중요하게는 에이커당 식량 생산량이 지붕을 뚫고 치솟았다. 어떤 이들은 오늘날 생명역동농법을 실천하는 약 30만 에이커의 농장이 단지 오컬트 유사과학이라고 믿지만, 수많은 연구는 생명역동농업의 유익함을 지적한다.

슈타이너 철학의 신비적 측면으로 인해 우수한 농업 모델로서 생명역동농업의 유효성에 대한 의문이 계속 제기되겠지만, 슈타이너는 논란의 여지 없이 중요한 어떤 것에 기여했다. 즉 (자체가 제한된 자원에 토대를 두는) 산업화된 외부 투입물을 통해 이루어지는 농업과 자연 시스템의 범위 안에서 일함으로써 수행되는 농업 사이의 구별이 그것이다. 이러한 비판적인 구별은 여러 가지 면에서 그를 유기농업의 위대한 조상으로 만들었다.

미국 유기농의 뿌리

뉴욕시의 번잡함에서 벗어나 펜실베이니아 로데일연구소로 향하는 길은 본능적으로 느껴지는 변화의 여정이다. 시멘트, 벽돌 그리고 철강을 떠나 "저지Jersey" 산업 세계를 여행해 한때 미국 산업력의 일부였던 노후한 소도시들을 지나간다. 나는 충동적으로 빌리 조엘의 "앨런 타운Allentown"을 아이팟으로 재생했다. 나는 그가 미국의 허물어지는 석탄과 공업도시에 대해 노래하는 것을 오랜만에 들었다. 그의 러스트벨트Rust Belt 록은 풍경과 잘 들어맞았다. 그리고 이게 누구야, 브루스 스프링스틴의 "미국에서 태어나Born in the USA"가 재생목록의 다음 곡으로 흘러나왔다.

마침내 더욱 푸른 목초지가 나타나 무너져가는 건물들을 대신했다. 펜실베이니아 쿠츠타운에는 커피숍, 작은 양조장, 그리고…… 대학생들로 마을에 생명을 불어넣는 작은 대학이 있다. 이곳에서 단지 몇 마일 떨어져 있으며 수많은 농업 실험과 활동을 하는 로데일연구소에 적합한 환경이다. 이곳에서는 항상 도울 준비가 되어 있는 교육 실습생들이 꾸준히 배출된다.

로데일 부지는 펜실베이니아의 그림같이 아름다운 풍경 속에 있다. 하얗게 칠한 목조건물들이 거대한 붉은 헛간과 함께 몇 채의 오래된 석조 창고를 보완하는 그곳은 맥도널드 할아버지의 농장이 물리적으로 구현된 것처럼 보인다. 나는 턱수염을 기른 쾌활한 젊은 청년의 안내로 골프 카트를 타고 이곳저곳을 둘러보았다. 퇴비 더미, 확인. 꿀벌, 확인. 유기농 사과 과수원, 확인. 닭장에 갇히지 않은 닭들, 확인. 아주 깨끗한 집을 들락날락하는 행복해 보이는 돼지들, 확인. 식량을 재배하는 밭들, 확인. 이곳 333에이커는 진정한 유기농의 완성이다. 그러나 처음부터 그런 식으로 시작했던 것은 아니다.

맨해튼의 가혹한 반유대적 편견의 한복판에서 성장한 젊은 유대인 세무 감사관 제롬 코언Jerome Cohen은 1920년에 자신의 이름을 제롬 로데일Jerome Rodale로 바꾸기로 결심했다. 뒤이은 20년 동안 제롬은 형제들과 함께 제조사업을 했고, 아내인 애너Anna와 가정을 꾸렸으며, 변변찮은 출판사를 시작했다. 1940년에 제롬과 애너 로데일은 펜실베이니아 엠마우스에 위치한 63에이커의 케케묵은 농장과 황폐한 농가를 구입했다. 이 오래된 농장은 그들의 인생행로를 바꾸었고, 그렇게 함으로써 언젠가 우리가 먹는 음식을 바꿀 수도 있는 운동을 점화했다. 나는 다시금 그 단어, *유기농*에 대해 이야기하고 있다.

로데일은 인도 정부를 위해 제국의 실용 식물학자로 일했던 앨버트 하워드Albert Howard 경이라는 영국인에게 영감을 받았다. 하워드는 서양과 동양의 토양 건강의 차이에 매혹되었다. 그는 아시아에서는 "가축과 농작물 사이의 균형이 항상 유지된다"면서 "농작물은 보호 독물의 얇은 막 없이도 곤충과 균류의 침입을 견딜 수 있다"고 말했다. 그는 이를 "농업은 균형이 깨졌다. 땅은 반란을 일으키고 있다. 모든 종류의 질병이 증가하고 있다."라고 말했던 서구 국가들에서의 농업 경험과 비교했다.

하워드는 동양의 농부들은 토양 *부식질humus*을 만들기 위해 동물과 토지 관리의 섬세한 균형을 이용한다는 점에서 차이가 있다고 추정했다. 그는 *부식질*을 "부분적으로 산화된 식물성 및 동물성 물질과 이 노폐물을 분해하는 균류와 박테리아에 의해 합성된 물질의 복합 잔여물"로 정의했다. 부식질이 많을수록 토양의 건강이 좋아지고 농작물도 더 건강해진다. 오늘날 부식질은 흔히 토양유기물, 혹은 짧게는 그저 유기물로 일컬어진다.

미국이 광범위한 굶주림에 시달리던 대공황기부터 더스트볼 기간의 농지 파괴로 휘청거릴 때, 제롬 로데일은 하워드의 발상이 중요하며 선견지명이 있다고 여겼다. 로데일과 그의 가족은 그들의 농장에서 유기농업 실험을 시작했다. 로데일은『유기농 정원 가꾸기와 농업*Organic Gardening and Farming*』이란 제목의 회보를 발행하기 시작했다. 처음에 그 잡지는 실패했다. 로데일은 나중에 잡지 제목을『유기농 정원 가꾸기*Organic Gardening*』로 바꾸었다. 1945년에 그는『황금의 흙: 퇴비로 농사짓고 정원 가꾸기*Pay Dirt: Farming and Gardening with Composts*』●라는 제목의 책을 썼는데, 그것은 그때까지 살충제나 화학물질의 사용 없이 엄청난 양의 식량을 재배하고 있던 그의 성공적인 농업 벤처기업의 이름이었다. 그 책은 호평을 받았고, 수만 부가 팔렸으며, 제롬 로데일의 이름은 "미스터 유기농*Mr. Organic*"이라는 이름으로 대중에게 널리 알려졌다.

『황금의 흙』은 다른 일도 했다. 그것은 새로운 운동을 촉진하려는 제롬 로데일의 열정에 불을 붙였다. 미국은 최대의 산업 기계 실험장이었던 제2차 세계대전에서 벗어나고 있었다. 미국은 식량 생산을 과도하게 기계화하기 위해서 전쟁 기계를 집에서 작동시킬 준비가 되어 있었다. 어떤 면에서 로데일은 유기농의 문이 완전히 닫히기 직전에 발을 밀어 넣었다. 유기농은 그 규모가 크지 않았지만, 로데일의 잡지와 책의 인기가 점점 더 높아진 덕분에 사라지지 않았다.

1970년경, 풍만한 금발 모델이자 건강식품 매장 소유주인 구닐라 크누트손*Gunilla Knutsson*이 신선한 채소로 만든 풍요의 뿔을 들고서 "새롭

● 한국에서는『Pay Dirt: 생명농법 원리』(최병칠 옮김, 한국생명농업협회, 2008)라는 제목으로 소개되었다.

고 자연스러운 유기농 식품"이라는 부제를 달고 『라이프』 잡지의 표지에 등장했을 때, 유기농은 분명히 대안문화 실험으로부터 소비할 수 있는 아이디어로 성장하고 있었다. 로데일 가족은 그들의 영농 기업을 분리하고 그것을 로데일연구소로 명명함으로써 활동을 계속했다. 출판쪽에서 그들은 『예방Prevention』, 『러너스월드Runner's World』 등의 잡지를 발행했다. 농업 쪽에서 그들 가족은 또 다른 중요한 일을 시도했다. 그들은 비관개 유기농 기술과 관행농업 기술을 나란히 비교하기 시작했다.

로데일연구소의 농업 시스템 실험은 30년 이상 계속되었다. 이는 미국에서 가장 오래 지속된 비교 실험이며 전 세계에서도 가장 오래 지속된 비교 실험 중 하나이다. 그들의 30년 보고서의 결과를 요약하면, 전체적으로 유기농은 관행적인 "산업화된 농업"보다 에이커당 같거나 더 많은 양의 식량을 생산한다. 생산량이 다소 적은 계절이 있을 수 있지만, 모든 것을 감안할 때 생산량은 매우 비슷하다. 이러한 자료를 손에 들고 있더라도 농업에 익숙한 많은 사람들은 "그래요, 그렇지만 유기농은 훨씬 더 노동집약적이지요."라고 재빨리 지적한다.

이것이 사실일 수도 있지만, 중요한 점을 놓치고 있다. 유기농업이 오늘날의 기준에서 "더 어려울" 수 있는 주 이유는 미국에서 농업과 식품 제조를 지탱하는 인프라의 대부분이 석유와 기계로 자연을 정복하는 제2차 세계대전 이후의 모델에 기초하고 있기 때문이다. 만약 우리가 힘으로 자연을 지배하는 것이 올바른 접근법이라는 생각을 잠시 제쳐둔다면, 새로운 물음이 생겨난다. "만약 우리가 생산성을 얻지 못한다면, 우리는 그 모든 값비싼 화학물질, 농약, 비료, 분무에서 정확히 무엇을 얻는 것일까?" 달리 말해서, 만약 유기농업과 관행농업이 거의 같은 양을 생산한다면 "현대 산업 농업 시스템"의 요점은 무엇일까? "효율성"일까?

만약 그렇다면, 슈타이너가 역설했듯이 단순히 "생명을 창조하는 생명의 힘"을 채택하는 것이 가장 효율적이지 않을까? 이것이 바로 모든 현대 농업 시스템이 (토양이 아니라) 기업 수익을 풍요롭게 하기 위해 만들어졌음에도 불구하고, USDA 유기농 인증 농장과 그들이 생산하는 식량이 잡초처럼 퍼져 나가고 있는 이유이다.

운동이 으레 그러하듯이, 유기농 식품 운동은 성장하는 것만큼 빠르게 변하고 있다. 한편으로 자연식품 박람회와 홀푸드 식료품점 체인의 성공은 유기농 식품이 대량 가공과 상업화로 진화하고 있음을 보여준다. 그러나 동시에, 그것은 또한 덜 알려졌지만 훨씬 더 중요한 방향으로도 움직이고 있다.

이 방향은 식량을 생산하기 위해서 뿐 아니라 자연의 회복 능력을 관리하기 위해서도 농업을 사용한다. 이것을 제대로 이해하기 위해서 이 농업 시스템은 많은 실험을 거쳐왔다. 그리고 그러한 실험의 일부는 끔찍한 실패였다.

방 안의 코끼리

식도락가들, 건강에 미친 사람들, 또는 농사에 관한 글을 열심히 읽는 사람들로 가득한 방에서 앨런 세이버리Allan Savory의 이름을 말해보면 당신은 분명 엇갈린 반응을 얻을 것이다. 나는 가족 모임에서 이런 실수를 저질렀다. 낙농업에 종사하며 공교롭게도 채식주의자인 친척이 내가 앨런 세이버리를 인터뷰할 계획이라는 말을 듣게 되었다. 그의 반응은 빠르고 격렬했다. "그놈? 나는 그놈이 싫어! 그 인간은 지구 위를 걸어 다니는 사람들 중 희대의 *사기꾼*이야!" 그의 분노는 나를 뒷걸음치게 만들었다.

내가 이 글을 쓰고 있는 지금, 짐바브웨 출신인 앨런 세이버리는 80대 초반이다. 그의 테드 강연 조회 수는 300만 건을 상회한다. 세이버리연구소는 세계 도처에서 수억 에이커의 토지를 관리하는 30개의 "세이버리허브^{Savory Hubs}"를 보유하고 있다. 그가 "방목지 관리^{rangeland management}"라고 부르는 것에 관한 그의 저서들은 동물 방목 패턴에 대한 완전히 새로운 사고방식에 영향을 미쳤다.

나는 어느 날 저녁 세이버리가 로스앤젤레스 강연을 마친 뒤 그와 만났다. 이 사람의 전설을 들은 나는 영국 모험가의 풍채를 갖춘 아프리카 특수부대원같이 기골이 장대한 거인을 기대했다. 육체적으로 세이버리는 완전히 정반대였다. 그는 작은 체구에 부드러운 목소리를 가진, 장난기 가득한 여우처럼 눈이 반짝이는 신사였다.

확실히 세이버리는 어떤 이들에게서는 독설을, 어떤 이들에게서는 추종을 불러일으킨다. 그 이유를 이해하기 위해서, 나는 그에게 왜 코끼리 4만 마리를 죽였느냐고 물어보았다.

1965년에 대학을 갓 졸업한 젊은 동물학자였던 세이버리는 그의 고향인 짐바브웨(당시에는 로디지아로 알려졌다.)의 야생동물 부서에 들어갔다. 세이버리에 따르면, "나는 야생동물에게 위협이 되는 엄청난 환경 파괴를 보았습니다. 비록 우리의 임무는 주로 토지를 불태우고,

모든 야생동물을 위해 풀을 푸르게 만들고, 밀렵꾼을 막는 것이었지만, 나는 그 일이 미치는 피해를 볼 수 있었습니다. 나는 밀렵꾼보다 동물 부서의 우리 관료들이 야생동물에게 더 큰 위험이라고 생각한다고 말했습니다. 그래서 인기가 없어졌지요." 그때부터 세이버리는 자신의 견해를 더 크게 말했고 그의 인기는 계속해서 떨어졌다.

세이버리는 그의 부서가 관리하던 토지가 황폐화되는 것을 막는 방법을 찾는 데 전념했다. 짐바브웨 동물 부서는 일련의 국립공원을 조성하기 위해 가장 아름다운 땅에서 모든 토착민을 쫓아냈다. 부족민들이 사라지자 토지는 더 심하게 황폐화되었다. 밤에는 북을 치고 낮에는 사냥을 해서 동물 무리가 한 장소에 너무 오래 머무르지 않고 이 섬세한 생태계 전역을 옮겨 다니게 한 것이 바로 인간이었다는 점을 당시에는 아무도 깨닫지 못했다고 세이버리는 설명했다.

세이버리는 토지 황폐화에 관한 연구를 살펴보았고, 전문가들에게 질문했고, 그가 찾을 수 있는 실행 가능한 유일한 계획을 제안했다. 세이버리는 말했다.

"지금 전 세계 과학자들이 유일하게 믿는 것은 지나치게 많은 동물로 인해 토지가 황폐화된다는 것입니다. 우리에게는 가축이 없었으니, 그것은 지나치게 많은 코끼리와 물소 등으로 인한 것이 틀림없었지요. 그러고 나서 자료를 수집하는 것은 쉬운 일이었습니다."

세이버리는 그들이 관리하던 국립공원이 야생동물에 의한 "과잉 방목" 문제의 희생물이 되었다고 결론을 내린 과학자들로 구성된 위원회를 이끌었다. 그중 가장 파괴적인 동물인 코끼리를 엄청나게 많이 없애는 것만이 유일한 해결책인 것 같았다. 세이버리는 말했다.

"우리가 4만 마리의 코끼리를 총으로 쏘고 나서 상황이 더 나빠진 후에야 나는 생각했습니다. '그래, 뭔가 정말 잘못됐어.' 그 결과는 내 연구와는 정반대였기 때문입니다. 내가 한 일은 믿음에 맞추기 위해 자료를 왜곡한 것이었습니다. 그것은 미국인 과학자들이 100년 동안 해온 일이었지요. 우리는 모두 틀렸습니다. 동물이 지나치게 많은 것이 아니었어요. 지나치게 적었습니다."

그는 코끼리를 사랑한다고 주장했지만, 그럼에도 앨런 세이버리에게는 영원히 "코끼리 살해범"이라는 낙인이 따라다닐 것이다.

야생동물을 도태시키려는 계획이 실패한 뒤, 세이버리는 아프리카의 "동물 방목장 사업"을 만드는 데 기여함으로써 다른 방향으로 나아가려고 시도했다. 그는 설명했다.

"우리는 소, 염소, 양 등 모든 가축을 없애버리고 단지 야생동물만 관리할 수 있다면 토지 황폐화를 역전시킬 수 있을 것이라고 믿었습니다. 음, 우리는 또다시 틀렸습니다. 우리는 야생동물의 행동을 너무나 많이 변화시켰습니다. 그래서 우리 생각대로 될 수 없었지요."

달리 말해서, 토종 동물을 그 땅에 다시 재도입하는 것 역시 제대로 작동하지 않았다.

앨런 세이버리는 야생동물을 죽이거나 관리하는 것이 아닌 또 다른 접근법이 존재한다고 생각했다. 그는 다음과 같이 설명했다.

"내가 본 가장 건강한 토지는 코끼리와 물소 등이 많이 존재하지만 오래 머무르지 않는 곳이었습니다. 나는 그 점을 깨닫고 늘 마음속에 품고 있었지요. 그때부터 우리가 가축을 이용해야 한다고 생각하기 시작했습니다."

세이버리는 동물과 토지 사이의 관계가 인간의 개입으로 너무나 많이 바뀌었기에, 과거로 되돌아가서 큰 무리의 짐승들이 이제는 거의 존재하지 않는 광대한 범위를 이동하는 유형을 다시 시작하는 것은 거의 불가능하다고 말했다.

"어느 순간 나는 가축을 관찰하고 있었습니다. 무슨 일이 일어나는지 보려고요. 울타리 한구석에는 비가 올 때 양 떼가 모여드는 곳이 있었는데, 참 아름다웠습니다. 나와 함께 있던 농부들은 이해하지 못했지만요. 나는 무릎을 꿇고 손가락을 흙 속에 파묻었습니다. 다른 농부들이 물었습니다. '무엇 때문에 그렇게 흥분하나요?' 나는 대답했지요. '바로 이거예요! 야생동물이 하는 일을 가축이 할 수 있다는 것을 갑자기 깨달았어요.'"

그러한 깨달음은 세이버리의 나머지 경력과 방목지 생태학 및 방목지 관리 원칙의 발전을 위한 기초가 되었다. 그는 이렇게도 말했다.

"그 깨달음은 우리를 오늘날 우리가 있는 곳으로 이끌었습니다. 즉 우리가 육식동물 대부분을 잃었기 때문에 가축만이 실제적인 의미에서 토양을 되돌릴 수 있다는 것을 깨달은 거지요. 큰 무리를 짓는 동물들의 행동을 조정한 것은 포식자들이었습니다."

거대한 초식동물 무리를 지구 위 탁 트인 공간을 가로질러 이동시키는 원동력은 포식자(인간 포함)였다. 하지만 세이버리는 포식자 대신 전략적 방목을 이용해서 토양 건강을 회복시킬 수 있다고 보았다. 관리되는 무리를 계속 이동하게 하면 발굽으로 교란이 일어나고 거름으로 토양이 비옥해진다. 세이버리는 이 두 가지를 토양 건강을 회복하는 중요한 도구로 이용할 수 있다고 믿는다.

앨런 세이버리라는 이름은 항상 논란을 일으키겠지만, 그의 실패는 부정할 수 없는 진실을 위한 발판을 마련했다. 토양을 만들고 유지하기 위해 자연은 주고받는 춤을 추며 식물과 동물 모두를 이용한다. 방정식의 절반(식물 혹은 동물)을 제거하는 것은 지상의 모든 생명의 기반인 토양을 부당하게 대하는 것임이 확실하다. 세이버리는 이 퍼즐 조각을 맞추는 데 기여했지만, 재생농업으로 불리는 실행 가능하고 복제 가능하며 확장 가능한 농업과 목축의 모델을 종합하기 위해서는 더 많은 관념들이 제자리에 놓여야 할 것이다.

영속적인 농업을 향하여

1970년대에는 캘리포니아 버클리 같은 곳에 "자연식품 판매점"이 등장했고, "식품조합food co-ops"이 미국 전역의 몇몇 대도시에서 시작되었다. 1970년대 중반에 일본인 농부 후쿠오카 마사노부福岡正信가 쓴 책 『짚 한 오라기의 혁명The One-Straw Revolution』이 영어권 세계에 도달했다. 후쿠오카의 과수농사와 벼농사 경험은 땅을 갈고 나무를 심하게 가지치기하는 등 농업 생산성을 향상시킨다고 여겨져왔던 관행이 오히려 종종 생산성을 떨어뜨린다는 점을 가르쳐주었다.

후쿠오카에게서 영감을 받은 오스트레일리아의 대학원생 데이비드 홈그렌David Holmgren과 그의 교수 빌 몰리슨Bill Mollison은 "영속적인 농업Permanent Agriculture"을 지속할 수 있는 농업 유형을 가리키기 위해 "퍼머컬처Permaculture"라는 용어를 처음 만들었다. 몰리슨에 따르면 "퍼머컬처는 자연을 거스르기보다는 자연과 함께 일하며, 장기간에 걸쳐 생각 없이 일하기보다는 장기간에 걸쳐 사려 깊게 관찰하는 동시에, 어떤 지역을 단일상품 시스템으로 취급하기보다는 식물과 동물을 그들의 모든 기능 속에서 바라보는 철학이다." 몰리슨은 예컨대 옥수수나 콩만을 생산하는 화학산업과 농업 모델을 "단일상품"이라는 말로 이야기한다.

퍼머컬처 시스템에서 집과 농장 건물은 "구역zones" 시스템의 중심에 위치한다. 거주지에서부터 바깥쪽으로 갈수록 섬세한 식물(가령 딸기)과 작업(가령 지렁이를 이용한 퇴비 만들기)에서 좀 더 튼튼한 식물(나무)이 등장하고, 마침내 숲이 울창한 일종의 야생 장벽이 나타난다. 농작물 재배와 동물 방목은 어느 정도 관심이 필요하고 그것이 다른 구

퍼머컬처 구역

퍼머컬처는 미래에도 인류를 먹여 살릴 수 있는 "영속적인 농업"을 위한 길을 제공한다.

역에 어떤 영향을 미치는가를 고려해서 적당한 구역에서 이루어진다. 퍼머컬처는 혼농임업agroforestry(작물과 함께 나무를 이용), 자연 건축(울타리 등을 세울 때 자연에서 온 것들을 사용함), 빗물 저장, 멀칭, 관리된 집약적 순환방목을 장려한다.

지형과 무관하게, 지나친 방목은 예외 없이 토지를 황폐화하게 만든다. 너무 작은 공간에서 너무 많은 동물이 너무 많이 먹으면 토양이 헐벗고 노출된다. 방치된 토양은 수분을 잃고 쉽게 부서지고, 바람과 비로 쓸려나간다. 뿌리 구조가 와해되면서 식물 생명은 스스로를 재건하는 데 더욱 어려움을 겪게 된다. 흙먼지는 더 많은 흙먼지를 부른다. 사막은 더 많은 사막을 부른다. 동물들은 새로운 장소를 향해 옮겨가고, 순환이 다시 시작되어서 흙먼지의 경계는 계속 전진하고 녹색으로 덮인 지대는 후퇴한다.

대조적으로, 관리된 집약적 순환방목, 또는 셀cell방목, 무리방목, 생태방목으로 알려진 것은 자연에 있는 짐승 무리의 행동을 모델로 만들어졌다. 발상은 반추동물 또는 비반추동물 무리를 그들이 얼마나 많이 먹었고 땅에 얼마나 많이 거름을 주었는지의 균형에 따라 이동시킨다는 것이다. 무리가 이동하기 전에 한 장소에서 얼마나 오래 머물러야 하는지를 측정하기 위해서, 관리된 집약적 순환방목은 풀과 분수령, 무리가 풀을 뜯고 있던 생태계에 대해 정확하게 인식해야 한다. 무리가 한 지역을 교란하고 나면 새로운 목초지나 방목장 또는 숲의 성장을 돕기 위해 휴식 기간이 뒤따른다. 비료(퇴비)의 침적물, 먹은 뒤 풀의 높이, 동물의 발굽 교란 정도를 모두 고려한다. 분별력 있게 할 경우, 이러한 순환방목은 새로운 성장의 원동력이 될 수 있다.

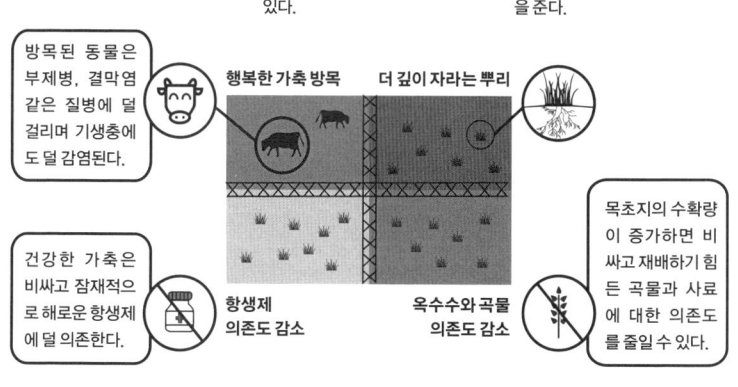

순환방목이란 무엇인가?

큰 목초지는 목장이라는 구역으로 나뉜다. 가축은 표면에 난 풀의 50~70퍼센트를 먹고 나면 다른 목장으로 이동한다.

방목된 가축이 없는 목장은 25일에서 30일 동안 휴식을 취한다. 이로 인해 식물은 다시 풀을 뜯을 만한 높이로 더 깊이 뿌리내릴 수 있다.

더 깊은 뿌리를 가진 식물은 토양에서 더 많은 양분을 끌어낼 수 있다. 또한 사막화로 이어질 수 있는 밭 침식을 줄이는 데도 도움을 준다.

방목된 동물은 부제병, 결막염 같은 질병에 덜 걸리며 기생충에도 덜 감염된다.

행복한 가축 방목

더 깊이 자라는 뿌리

건강한 가축은 비싸고 잠재적으로 해로운 항생제에 덜 의존한다.

항생제 의존도 감소

옥수수와 곡물 의존도 감소

목초지의 수확량이 증가하면 비싸고 재배하기 힘든 곡물과 사료에 대한 의존도를 줄일 수 있다.

아마 관리된 집약적 순환방목을 가장 대중화한 사람은 조엘 샐러틴Joel Salatin일 텐데, 그의 폴리페이스 농장은 인기 있는 다큐멘터리《푸드 주식회사Food, Inc.》와 마이클 폴란의 폭로성 책『잡식동물의 딜레마』에 등장한 바 있다. 샐러틴의 독특한 견해는 그의 책『내가 하고 싶은 일은 모두 불법이다Everything I Want to Do Is Illegal and Folks』와『이건 정상이 아니야: 더욱 행복한 암탉과 더욱 건강한 사람들, 그리고 더 좋은 세상을 위한 농부의 충고This Ain't Normal: A Farmer's Advice for Happier Hens, Healthier People, and a Better World』에서도 드러난다. 퍼머컬처의 몇 가지 측면을 실천하는 많은 농부들과 마찬가지로, 샐러틴은 자신이 사실 "퍼머컬처주의자"가 아니라 "풀 농부grass farmer"라고 주장한다.

퍼머컬처는 아마도 농업에 관한 다른 어떤 사고 체계보다도 더욱 확고하게 유기농 식품의 재배와 소비의 기반을 일종의 사회적 행동주의에 두고 있다. 어쨌든 사람들에게 살충제 없이 재배된 토마토가 그들에게 더 좋다고 말하는 것과, 생태계와 비교적 조화를 이루며 식량을 재배하는 것이 경제적, 사회적, 생태학적, 그리고 심지어 정치적 행위라고 말하는 것은 별개의 문제이다.

인간과 식물과 동물과 지구 행성을 본질적으로 파괴하는 칼로리 생산 시스템에 저항하면서 동시에 이상적으로 실체가 있고 지역적이며 더욱 건강한 식량의 생산과 소비, 퇴비 만들기의 순환에 참여하는 이 혼합은 놀랍도록 매력적이다. 퍼머컬처가 그것을 체계화한 것일 수 있겠지만, 유기농운동은 자립, 공동체 발전, 반기업주의, 그리고 선택의 자유라는 정말로 높은 이상에 견고하게 뿌리내려왔다. 유기농운동은 생명역동농업으로부터 방목지 생태학과 유기농과 퍼머컬처에 이르기까지 다양한 시스템으로 표현되어왔지만, 유기농에 대한 일련의 합의된 표준이 없다면 이러한 관념들 중 어느 것도 진정으로 규모가 확대될 수 없다.

그러한 표준을 만드는 것은 거의 불가능한 과업이었다.

미국 농무부 인증 유기농

물결치는 흰머리에 안경을 쓴 마리아 로데일Maria Rodale은 쾌활한 성격을 가진 사람이었다. 덕분에 그녀의 할아버지 제롬 로데일의 농장에서 자라는 것이 어떠했는지, 그리고 러시아에서 교통사고로 그녀의 아버지 밥이 갑작스럽게 끔찍한 죽음을 맞은 뒤 그의 유산을 물려받는 것은 어떠했는지 솔직하게 이야기를 나누며 편안하게 이야기를 들을 수 있었다.

마리아는 다음과 같이 설명했다.

"유기농운동은 일련의 물결 속에서 일어났습니다. 첫번째 물결은 1960년대 후반과 1970년대 초반에 히피들로부터 비롯됐지요. 그들에게 유기농은 건강에 관한 것이었습니다."

물론 유기농운동은 또한 정치적인 것이었는데, 특히 서부 해안에서는 식품 협동조합, 건강식품 가게, 자연식 레스토랑이 대기업 자본주의의 지배에서 벗어나려는 운동의 일부로 여겨졌다. 그녀는 말했다.

"1980년대에 그 운동은 인증에 대한 열망이라는 의미에서 성장하고 있었습니다. 수많은 주 정부 인증이 있었지만 주마다 다른 정의를 가지고 있었지요. 마침내 미국 농무부 인증 과정이 1990년 무렵에 시작되었습니다."

미국 농무부가 유기농 표준을 채택하기 훨씬 전에, 밥 로데일은 농업 시스템 실험 Farming Systems Trial, 곧 유기농 대 관행농 농작물의 병렬 비교를 시작했고, 그것은 오늘날까지 계속되고 있다. 이러한 실험은 유기농운동이 놓치고 있던 어떤 것, 즉 유기농업의 생존 가능성에 대한 과학적으로 검증 가능한 장기적인 연구를 제공해주었다.

한편 미국 농무부는 자체 연구에 착수했다. 1980년대에 그들은 『유기농업에 관한 보고서와 권고 Report and Recommendations on Organic Farming 』를 출판했다. 미국 농무부 팀은 미국과 유럽 전역의 수많은 유기농 농부들을 인터뷰했다. 궁극적으로 그들의 보고서는 긍정적이었고, 유기농업

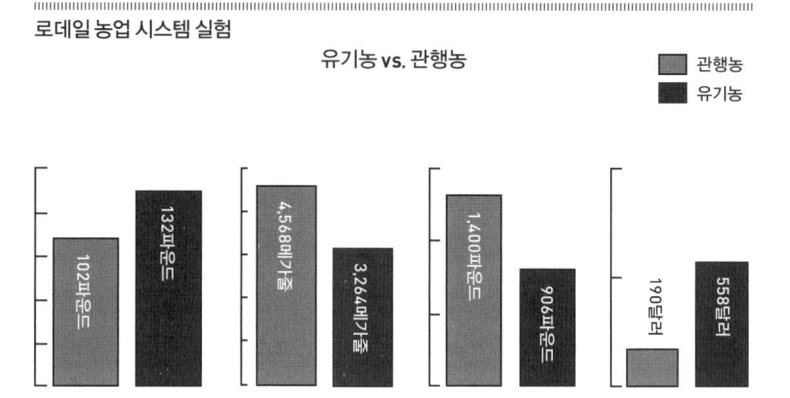

로데일 농업 시스템 실험

유기농 vs. 관행농

관행농
유기농

| 옥수수 수확량 | 에너지 투입 | 온실가스 | 이익 |

102파운드 · 132파운드 · 4,568메가줄 · 3,264메가줄 · 1,400파운드 · 906파운드 · 190달러 · 558달러

로데일의 농업 시스템 실험은 30년 넘게 계속되고 있다. 이 실험은 전반적으로 비관개 시스템에서 에이커당 기준으로 유기농이 관행농을 능가한다는 것을 보여준다.

의 환경적 이점, 현명한 자원 이용, 질병과 해충 관리에 대한 혁신적 접근법 등을 지적했다.

　세인트루이스 워싱턴대학교의 자연계 생물학 센터CBNS에서는 또 다른 유기농 연구가 진행되고 있었다. 그 연구는 중서부의 옥수수 산출 지대Corn Belt의 유기농업을 주로 다루었다. 그 연구는 옥수수, 콩, 그리고 작은 곡물을 재배하는 유기농 농장이 생산되는 농작물 1달러당 에너지를 60퍼센트 적게 소비한다는 사실을 발견했다. 그 농장들은 또한 관행농 농장들보다 토양침식이 33퍼센트 더 적게 나타났다. 그들의 수확량이 약간 더 적었고 좀 더 노동집약적이었지만, 이것은 투입 비용의 근본적 감소로 완전히 상쇄되었다.

　유기농이 인기를 끌기 전에, 그리고 표준이 (국제적으로는 물론이고) 국가적으로 인정되기 전에, 중서부의 유기농 농장들은 같은 지역의 관행농 농장보다 달러 기준으로 더 많은 돈을 벌고 있었다. 이 또한 "유기 농" 농산물이 프리미엄 가격에 팔리기 훨씬 전이었다.

이러한 농장들은 당시에는 주목받지 못했지만 돌이켜보면 중요한 어떤 일을 하고 있었다. 그들은 토양 속에 더 많은 탄소를 격리했다. 토양유기물은 무게의 50퍼센트가 탄소인데, 이 최초의 대규모 유기농 농장들은 땅속에 더 많은 탄소를 저장하고 있었다. 이것은 재생농업 전문가들이 증가시키려고 하는 반영구적인 "폐쇄층occluded layer" 탄소(흔히 광물과 결합되어 토양 안에 깊숙이 저장되는 안정적인 탄소)는 아니지만, 유기 농업이 대기의 탄소를 땅속으로 되돌려놓는 중요한 역할을 할 수 있다는 명백한 초기 지표였다.

미국 농무부는 이미 인증 프로그램과 라벨을 만들어야 한다는 압박을 느끼고 있었다. 그 후 1989년에 CBS의 탐사보도 프로그램《60분60 Minutes》은 유독성 다미노자이드의 상표명인 알라Alar라는 살충제에 관한 프로그램을 제작했다. 알라는 미국 전역의 사과 과수원에서 많이 사용되고 있었다. 그 뉴스는 전국의 부모들을 공포에 떨게 했고, 곧 유기농에 대한 수요가 급증했다.

부도덕한 판매자들은 모든 것에 "유기농" 라벨을 붙이기 시작했다. 유기농을 인증하기 위해 뭔가를 해야 할 때였다. 유기농 공동체의 대표자들은 워싱턴 D.C.로 향했다. 그로부터 1년이 채 지나지 않아 1990년 유기농식품생산법안이 의회에서 통과되었다.

그 법안은 국가 유기농 프로그램National Organic Program, NOP을 요구했고, 유기농 표준 초안을 작성하기 위해 15인으로 구성된 위원회가 소집되었다. 위원회는 의견을 수렴하기 위해 나라 곳곳에서 1년 동안 수

차례 공개회의를 열었다. 1997년 국가 유기농 프로그램이 마침내 유기농 표준 초안을 발표했을 때, 그들이 받은 의견의 대부분을 무시했다는 사실이 명백해졌다. 표준 초안은 유기농업의 실천과 반대되는 관념들로 가득했다. 여기에는 식품 방사선조사 및 비료로서 하수 오니^{汚泥}의 허용, 유전자변형 농작물 및 기타 유전자변형 유기체의 사용이 포함되었다.

유기농 공동체의 분노는 엄청났다. 관심 있는 시민들로부터 27만 5,000건의 공개 의견이 미국 농무부로 전달되었다(이는 한 문제에 대해 미국 농무부가 받은 가장 많은 의견이다). 당시 유기농 농장은 단지 5,000개에 불과했다는 사실을 고려할 때 이러한 반응은 굉장한 것이었다. 미국 농무부는 제롬 로데일이 반평생을 헌신했던 유기농운동을 무심코 통합했다. 집단적으로 이 운동은 강력한 것이었다. 깨어나고 자각하고 조직화되고 분노한 유기농운동은 진정한 유기농 표준을 위해 싸울 준비가 되어 있었다.

국가 유기농 프로그램은 3년이 더 지난 후 2000년에 논란의 여지가 훨씬 적고 훨씬 더 수용 가능한 유기농 표준 초안을 발표했다. 또 다른 일련의 공개 논평이 뒤따랐고, 2002년에 국가 유기농 표준의 최종 규정이 발효되었다. 제롬 로데일이 『황금의 흙: 퇴비로 농사짓고 정원 가꾸기』를 출판한지 57년 만에 그의 비전이 실현되었다. 일련의 명확한 표준이 마련되고 전례 없는 비율의 유기농 식품 운동이 이를 뒷받침하면서, 인증된 유기농 식품의 세계가 주류로 성장하기 시작했다.

금본위제도

코셔 식품●을 제외하면, USDA 인증 유기농은 미국에서 가장 엄격한 식품 표준이자 세계에서 가장 엄격한 일련의 표준들 중 하나이다. 그러나 표준 자체를 살펴보기 전에, 언급할 만한 중요한 차이가 있다.

"100퍼센트 천연", "자유로운 방목", "사랑으로 만든" 및 내가 앞에서 언급한 기타 라벨들에는 인증 프로그램이 없다. 그것들에는 어떠한 기준도 없다. "100퍼센트 천연"은 감자뿐 아니라 자동차 기름에도 마찬가지로 적용된다. "자유로운 방목"에는 닭들이 문이 잠긴 공장식 농장 건물 안에서 자란 경우도 포함된다.

USDA 유기농 라벨은 아무리 생각해봐도 완벽하지는 않지만, 검사관, 표준 및 엄격한 정부 프로그램에 의해 뒷받침되는 유일한 유기농 식품 라벨이다. 그것은 또한 유기농 농부들을 대신해서 60년 이상 이를 갈고 끊임없는 노력을 기울여 만든 유일한 라벨이다.

또한 USDA 유기농 라벨은 재생농업의 기반을 마련하는 유일한 정부 지원 표준이기도 하다.

USDA 유기농 라벨을 받으려면 농부는 유전자변형 유기체를 사용해서는 안 되고, 자기 밭에 하수 오니를 사용해서도 안 되며, 자기 가축에게 가소성 펠릿, 요소, 분뇨 및 "도축 부산물"을 먹여서도 안 된다.[2] 대신 농부는 자격을 갖춘 대리인을 통해 인증을 받아야 하고, 농작물 모니터링을 포함해서 유기농 시스템 계획을 수립해야 하며, 모든

● 유대교의 식사 관련 율법 규정에 부합하는 식품

USDA 유기농이 실제로 의미하는 것

===== 엄격한 표준 =====

USDA 유기농 라벨을 받으려는 농부가 해서는 안 되는 일:

1. 유전자변형 유기체를 사용해서는 안 된다.
2. 자기 밭에 하수 오니를 사용해서는 안 된다.
3. 자기 가축에게 가소성 펠릿, 요소, 분뇨 및 "도축 부산물"을 먹여서는 안 된다.

그 대신 농부가 해야 할 일:

1. 자격을 갖춘 대리인을 통해 인증을 받아야 한다.
2. 농작물 모니터링을 포함해서 유기농 시스템 계획을 수립해야 한다.
3. 모든 투입 및 판매에 관한 상세한 기록을 유지해야 한다.
4. 농작물 주위에 완충지대가 있는 토지 경계를 만들어야 한다.
5. 농작물을 교대로 재배해야 한다.
6. 유기농 묘목 또는 씨앗을 사용해야 한다.
7. 가축에게 유기농 먹이만 먹여야 한다.
8. 가축과 가금에게 야외 접근, 신선한 공기, 햇빛, 운동할 공간을 포함해서 "자연스러운 행동"을 할 수 있는 생활 조건을 제공해야 하며, 소가 목초지에 접근할 수 있게 해야 한다.

투입 및 판매에 관한 상세한 기록을 유지하고, 농작물 주위에 완충지대가 있는 토지 경계를 만들어야 하며, 농작물을 교대로 재배하고 유기농 묘목 또는 씨앗을 사용해야 하며, 가축에게 유기농 먹이만 먹여야 하고, 가축과 가금에게 야외 접근, 신선한 공기, 햇빛, 운동할 공간을 포함해서 "자연스러운 행동"을 할 수 있는 생활 조건을 제공해야 하며, 소가 목초지에 접근할 수 있게 해야 한다.

눈에 띄는 것은 이 목록이 오늘날 미국에서 재배되는 식량의 일부에만 적용된다는 점이다. 생산되는 칼로리 대부분에는 이러한 규정이 없다. "식량 안보"와 "식품 안전"이라는 두 개념은 밀접히 연관되어 있는 것처럼 보이지만, 현대 농업에서는 완전히 반대되는 개념이다.

유기농법을 개선하려는, 사실상 훨씬 더 좋게 만들어보려는 움직임이 있다. 언젠가 "인증된 유기농"은 호르몬과 화학물질이 없는 식품뿐 아니라, 실제로 토양을 치유하고 기후변화를 역전시키는 것을 의미하게 될 수도 있을 것이다.

그러나 그렇게 하기 위해서는 이전에 아무도 가본 적이 없는 곳으로 과감히 나아가야 한다. 나는 별을 향해 위로 올라가는 것에 대해 이야기하는 것이 아니다. 나는 땅속으로 내려가는 것에 대해서, 우주의 광활함이 하찮은 것처럼 보일 정도로 무한한 우주로 내려가는 것에 대해서 이야기하고 있다.

심층 지구 실험실

나는 로데일의 본부로 사용되는 오래된 흰색 목조 주택에서 그저 "케일KALE"이라고만 적혀 있는 셔츠를 입은 크리스틴 니컬스Kristine Nichols 박사를 만났다. 그녀의 머리카락은 짧게 잘려 있었고, 호기심 많은 두 눈을 감싼 안경은 늘 함께하는 특징처럼 보였다. 내가 들은 바로 이 눈은 30년 동안 대부분의 시간을 사람들이 거의 본 적 없는 우주를 자세히 들여다보면서 보낸 눈이다.

크리스(그녀는 그렇게 불러달라고 했다.)는 중서부의 농장에서 자랐는데, 그녀가 태어난 해에 아버지가 구입한 농장이었다. 우리가 자 갈이 깔린 주차장을 가로질러 용도를 알 수 없는 하얀 건물로 걸어가 는 동안 그녀는 말했다.

"많은 10대들이 그렇듯이, 나는 내 가족이 하던 일에서 가능한 한 더 멀리 그리고 더 빨리 벗어나고 싶었어요. 농업에서 벗어나는 것이야 말로 내가 원하던 일이었지요."

우리는 길고 투명한 원통형의 "토양 코어soil core" 표본들로 가득 찬 퀴퀴한 냄새가 나는 창고를 지나 실험실로 걸어 들어갔다. 크리스는 대학 시절에 지금 우리가 서 있는 실험실과 별반 다르지 않은 연구 실 험실에서 일했다. 거기서 그녀는 균근균菌根菌이라고 불리는 특정한 균 류과를 처음으로 대면했다. 크리스 니컬스 박사보다 더 많은 시간을 균근균을 연구하면서 보내는 사람은 지구상에 거의 없을 것이다. 일종 의 강박증이라고도 말할 수 있다.

우리는 위층에 있는 "클린룸" 실험실로 걸어갔고, 그녀는 왜 평생 을 아래를 내려다보는 일에 바쳤는지 그 이유를 설명했다.

"세상에서 가장 큰 유기체는 토양에서 태어난 균류입니다. 이것들 은 현미경으로만 보이지만, 매우 큰 네트워크로 자랄 수 있지요. 가장 큰 것들은 2,500년 이상 존재해왔습니다. 그것들은 대체로 숲 생태계 속에 있는데, 실제로 가장 큰 것은 태평양 북서부에 있습니다."

오리건주 동부에 있는 이 특정한 균은 잣뽕나무버섯Armillaria ostoyae 인데, 2,400에이커에 걸쳐 뻗어 있다. 2,400에이커의 균이 청소부에게 는 최악의 악몽처럼 들리겠지만, 그것은 사실 인류의 가장 좋은 친구 이다.

크긴 하지만 왜 하필 균에 삶을 바쳤냐고 물어보자 크리스는 다음과 같이 설명했다.

"이 균근균은 우리가 알다시피 생명의 열쇠입니다. 인간 생명은 균근균이 없으면 존재할 수 없어요. 식물 생명도 균근균이 없으면 존재할 수 없지요. 우리는 균근균이 없으면 아직도 수생 환경 속에 있을 겁니다. 이 말은 지구 행성이 존재하지 않았을 것이라는 뜻이 아니라, 단지 *우리가* 여기에 있지 않았을 것이라는 뜻입니다."

그녀의 말에 따르면, 과학자들은 RNA 분석을 통해서 2,400에이커에 달하는 균류 네트워크의 고대 조상이 조류가 탁한 물웅덩이에서 육지로 이동하는 것을 도와주었다고 결론지을 수 있었다.

크리스는 내게 간단한 진화생물학 강의를 해주었다.

"지구 행성의 거의 모든 생명체는 탄소를 기반으로 합니다. 그리고 모든 세포, 모든 분자는 탄소 구성요소를 가지고 있습니다."

그 모든 탄소가 균류를 통해 식물 속으로 들어간다.

"식물의 경우, 뿌리는 닻을 내리는 구조였습니다. 무기질 환경 속으로 들어가는 발과 같지요. 식물은 뿌리가 있어서 수직으로 자라도 넘어지지 않습니다. 뿌리는 처음에는 흡수성 구조로 설계되지 않았기 때문에, 그 일을 수행하기 위해 균류에게 의존하게 되었지요."

화석 표본은 5억 년 전 식물 뿌리에 서식하던 균근균을 분명히 보여준다.

모든 생명(인간 포함)을 만드는 것 외에도, 균근균은 또 다른 중요한 일을 했다.

"이 균류와 박테리아 및 기타 토양 미생물과의 관계가 토양을 만들었습니다. 이 균류는 작물에 필요한 질소와 인을 최대 90퍼센트까지 수송하고 공급할 수 있습니다."

나는 왜 이 연구가 중요하지만 잘 드러나지 않는 분야인지 그 이유를 알 것 같았다.

나는 균근균이 우리에게 개인적으로 영향을 미치는지 크리스에게 물어보았다. 내 말은 "이건 모두 식물에 대한 것인가요, 아니면 훨씬 더 중요한 우리 인간이 이 작은 생물들과 직접적인 관계를 맺고 있는 것인가요?" 같은 뜻이었다. 그녀의 대답을 듣고 나는 약간 비위가 상했다.

"우리는 걸어 다니는 박테리아 자루입니다. 당신의 몸에는 인간의 세포보다 박테리아 세포가 더 많이 존재하지요."

(생물학 수업에서 이 주제를 다룰 때 나는 졸았던 것이 틀림없다.)

크리스는 내가 핼쑥해진 것을 알아채지 못하고 미소를 지으면서 비유했다.

"그러니까 당신이 케일을 먹을 때(그녀가 입은 *케일* 셔츠를 기억하는가?) 케일 속의 양분은 우리 내장 속의 박테리아에 의해 분해되지 않으면 혈류 속으로 흡수될 수 없습니다. 당신이 케일을 먹을 때, 당신의 몸이 케일을 소비하는 게 아닙니다. 박테리아가 케일을 소비하고, 당신은 박테리아가 케일을 소비함으로써 처리하고 배출한 것을 먹지요. 이것이 토양 속에서 일어나고 있는 일입니다."

우리 인간이 기본적으로 박테리아 똥을 먹고 있기 때문에 누가 누구에게 봉사하고 있느냐가 문제가 된다. 우리는 사실 단지 영리한 원숭이일 뿐이고, 우리 몸은 5억 년 된 생명체가 존재할 수 있도록 여기 있는 것일까? 아니면 그 반대일까?

대답과는 관계없지만, 이 작은 생명체들은 우리보다 수적으로 훨씬 더 우세하다.

크리스는 말했다.

"건강한 토양 한 움큼마다 지구 행성에 살았던 모든 인간의 수보다 더 많은 유기체가 존재합니다. 우리는 건강한 토양 한 움큼 안에 100억 개 이상의 유기체가 있을 수 있다고 이야기합니다. 그 유기체들은 토양에 있는 유기물을 처리하고 있습니다. 그들은 무기질을 가공하고 분해해서 거기 있는 양분을 식물이 필요로 하는 형태로 만듭니다."

나쁜 소식이 있다. 우리 인간은 소수이고, 균이 우리의 삶과 죽음을 결정한다.

균에 대해 생각할 때, 나는 오래된 오렌지 따위에서 자라는 어떤 것이나 내 아내가 생물학 실험을 하듯이 냉장고에 깜빡 잊고 남겨둔 어떤 것을 떠올린다. 그러나 크리스는 균근균이 냉장고 속의 솜털이 보송보송한 복숭아와는 매우 다르게 보인다고 말했다.

그녀는 설명했다.

"대부분의 균류의 몸체는 가느다란 실처럼 보입니다. 현미경으로 보면 뿌리가 솜뭉치처럼 보이지요. 보통 한 가닥 실처럼 보이지만 수백 가닥의 개별적 균사 가닥이 겹겹이 쌓인 층으로 이루어져 있습니다."

사실 현미경으로 보면 이들 균근균은 뿌리의 뿌리처럼 보인다. 무한하고 섬세하며 징그럽다기보다는 훨씬 더 아름답게 보이는 작은 섬유질 털 같은 구조이다. 그래서 어떤 이들은 균근균을 "토양의 인터넷"이라고 부른다. 그것들은 글자 그대로 월드와이드웹world wide web 연결을

확대 이미지

균근균류는 길고 촉수 같은 균사를 통해 글자 그대로 수백만 종의 다른 종을 연결하기 때문에 "토양의 인터넷" 이라고 불린다.

(사진: 맨체스터대학교 데이비드 존슨David Johnson 교수. 확대 이미지: 제프 앤더슨Jeff Anderson, www.mycorrhizae.com)

연출한 것처럼 보인다. 우리의 최고 기술이 수천 년 동안 토양 속에서 이루어져온 것을 복제한 것은 아닌지 궁금해진다.

지하의 네트워크화된 생물 형태가 지상의 그토록 많은 생명의 토대인 것을 알고서, 나는 왜 우리가 그 사실에 대해 더 많이 듣지 못했는지, 그리고 왜 내가 이 모든 것을 생물학 101●에서 배우지 못했는지 크리스에게 물어보았다. 그녀는 자신이 학부생이었을 때, 과학은 토양

● 미국 대학에서는 1학년 수업과목을 101로 표기. 이후 의미가 확장되어 101은 초급 입문과정을 가리키는 말로 광범위하게 사용된다.

속에서 사는 것의 약 10퍼센트만 확인한 것으로 여겨졌다고 대답했다. 그녀는 이제 우리가 고해상도 현미경과 더 나은 과학으로 지하 생명의 0.1퍼센트를 식별할 수 있다고 믿는다. "나는 아버지께, 대학 다닐 동안 학비를 대주신 덕분에 제가 100배는 더 멍청해졌다고 말했지요."라고 그녀는 농담을 했다.

크리스는 계속해서 말했다.

"사람들은 이 연구에 평생을 쏟아부었고, 일어날 수 있는 다양한 화학반응과 신호의 수와 복잡성 때문에 이것을 알아내는 데 여전히 어려움을 겪고 있습니다. 대충 1,000만 개가량의 서로 다른 탄소화합물이 형성될 수 있습니다. 이것들 각각은 이 환경에서 다른 무언가를 촉발할 수 있습니다. 마치 100억의 1000만승의 계승階乘, factorial과 같은 것이지요. 우리는 대략 30 곱하기 10^{30}개의 서로 다른 유형의 박테리아를 가지고 있습니다."

나는 이 숫자들을 헤아릴 수조차 없다. 간단히 비교해보자면, 우리 은하계의 별들의 숫자를 생각해보라. 1,000억에서 4,000억 사이다. 당신이 비옥한 토양 속에 손을 찔러 넣고 한 움큼을 꺼낸다면, 우리 은하계의 별들보다 훨씬 더 많은 생명의 상호작용을 손에 쥐게 된다는 뜻이다.

그 한 움큼의 비옥한 토양에서, 당신은 우주 전체를 쥐고 있다.

부드럽게 그것들을 죽이고 Killing them softly

그래서 균근균은 멋지다. 그렇지만 그것들이 우리의 식량이 생산되는 방식과 무슨 상관이 있을까?

"우리가 농사짓는 방식이 그것들을 죽이고 있나요?"

나는 물었다.

"오늘날 화학적인 관행농업을 하는 모든 토양에 미생물이 전혀 없다는 뜻은 아닙니다. 문제는 그러한 미생물에 다양성이 거의 없다는 것이지요. 아직 균근균이 남아 있을 수 있지만, 이제는 운반할 것이 없어서 시스템이 와해되기 시작합니다. 질병의 위험 또한 훨씬 더 커졌고요."

이 문제는 단지 관행농의 실행에만 관련된 것이 아니다. 그것은 전체적인 사고방식과 관련된다.

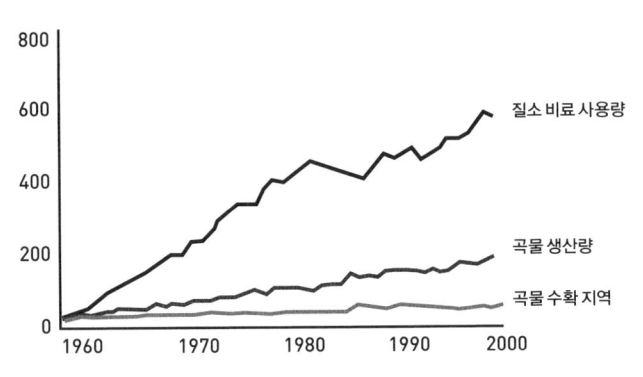

미국의 비료 사용량

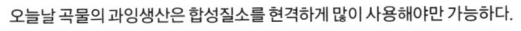

오늘날 곡물의 과잉생산은 합성질소를 현격하게 많이 사용해야만 가능하다.

"문제는 우리가 화학적 관점에서 농업을 가르친다는 점입니다. 우리는 토양을 벤치 윗면처럼 다룹니다. 그렇지만 자연은 그런 식으로 작동하지 않지요. 밭에 나가면 생물학이 있습니다."

그녀가 (많은 "토양애호가들soilophiles"과 마찬가지로) 여기서 도달한 생각은, 우리가 식량 생산에 관한 비교적 새로운 이해(모두 생물학적인 것)를 다루기 위해 낡은 과학(화학)을 사용하고 있다는 것이다. 달리 말해서, 우리는 더 좋은 식량을 위해 제2차 세계대전을 일으키려고 하고 있다.

다른 무엇보다도 엄청난 양의 합성질소 비료를 사용하는 것에서 그 점이 가장 명백히 드러난다. 크리스는 질소의 경우 "대략 50퍼센트가 농작물에 남는다"고 말했다.

"50퍼센트가 부족한 제품을 살 사람은 많지 않을 텐데, 본질적으로 그것이 질소 비료를 사용하는 관행농에서 하고 있는 일입니다. 인 비료의 경우는 더욱 심합니다. 인의 영양소 이용 효율은 약 30퍼센트입니다."

그녀의 설명에 따르면, 이 화학적 첨가물들이 그토록 비효율적인 까닭은 그것들이 균근균이 필요로 하는 것을 보내기보다는 뿌리에 양분을 전달하려고 하기 때문이다.

오늘날 곡물의 과잉생산은 합성질소를 현격하게 많이 사용해야만 가능하다.

"부셸당 살펴보면, 우리의 영양소 이용 효율은 특히 질소의 경우 감소해왔습니다. 따라서 에이커당 생산하는 농작물의 양이 증가했더라도, 실제로는 1960년대에 곡물 1부셸을 생산하는 데 필요했던 것보다 오늘날 곡물 1부셸을 생산하기 위해 부셸당 더 많은 질소를 소모하고 있습니다."

크리스는 대량생산이 증가하는 동시에 효율이 떨어지는 가장 큰 이유는 우리의 "현대화된" 식물이 토양 속 미생물과 함께 일하기가 점점 더 어려워지기 때문이라고 말했다.

"따라서 이 모든 엄청난 육종 프로그램과 GMO 기술을 가지고 있더라도 사실상 작물의 효율은 떨어지고 있습니다. 그 이유 중 하나는 우리가 미생물과 함께 일하는 데 덜 효율적인 육종 프로그램이나 유전자변형을 통해서 품종을 선택하고 있기 때문입니다. 우리는 식물이 최고의 수확량을 내도록 지나치게 밀어붙여왔습니다. 식물은 지상부분에 지나치게 많은 탄소 에너지를 투입해서 곡물을 생산하고 있지요. 따라서 뿌리를 통해 내려가서 토양 속의 생명 작용에 먹이를 공급할 수 있는 탄소 투입량은 더 적어집니다."

크리스는 토양생물학을 무시하는 문제는 그러한 무지에서 이익을 얻는 산업에 의해 강화된다고 말했다. 나는 그것이 어떻게 작동하는지 사례를 들어달라고 청했다. 그녀는 자기 부모의 농장에서 일했던 경험을 들어 대답했다.

"관행농 농부가 화학제품 판매상을 찾아가면, 판매상은 연구와 과학의 도움으로 마련된 작은 설명서를 꺼냅니다. 이 작은 설명서 안의 화학은 옥수수 1부셸당 질소 1파운드를 써야 한다고 말합니다. 만약 에이커당 옥수수 200부셸을 원한다면, 200파운드의 질소를 써야 하지요. 그러나 성장기가 끝나도 200부셸의 곡식을 얻지 못합니다. 그래서 다시 화학제품 판매상을 찾아가면 그는 말합니다. '글쎄요……. 당신도 알다시피…… 습한 봄이었어요. 너무 건조한 여름이었어요. 너무 추웠어요. 너무 더웠어요. 어쩌고저쩌고.' 전형적인 변명거리죠. 설명서에는 1부셸당 1파운드라고 나와 있지만, *더 추가할 수도 있습니다.* 질소는 저렴하니까 더 많이 추가합니다. 이렇게 효율성이 떨어지는 거지요. 우리는 계속해서 더, 더, 더 추가합니다. 그러나 더 많이 추가할수록, 미생물과의 관계에 더 많은 스트레스가 가해집니다."

여기서 문제는 농사를 1950년대 화학실험 세트처럼 취급하는 것이다. 미국 농부들은 "많을수록 좋다"의 함정에 빠져버렸다.

이 문제는 크리스의 마음을 건드렸고, 그녀는 관행농은 "당신이 그 땅에 머무르도록 도와주지 않을 것"이라고 강조했다.

"관행농은 당신이 그 농장을 유지하는 데 도움이 되지 않을 겁니다. 우리는 체스를 두고 있고, 우리는 화학적 관행농으로 자연에게 끊임없이 완패하고 있습니다. 우리가 자연보다 더 잘할 수는 없으니까요."

크리스는 지난 7년보다 더 이전에도 자신의 아버지는 농과대학이나 농업 연구원들이 장려하는 "화학 설명서"를 가지고 농사짓기를 좋아하지 않았다고 말했다. 그녀는 농부들을 "르네상스 사람들"이라고 부르는데, 그들이 식물생물학과 병리학에서 기계학과 수문학에 이르기까지 지식과 기술을 혼합하기 때문이다. 그녀는 농부들이 유기농에 종사하면서 다시 살아나는 것을 보았다고 말했다.

"그들의 눈이 다시 반짝거려요. 이것은 매우 흥분되는 일이지요."

토양이 우리를 구원할 수 있을까?

살아 있는 세계를 숫자와 화학물질로 환원함으로써 인류는 엄청나게 많은 것을 수립하고 많은 일을 할 수 있게 되었다. 그러나 그것은 또한 우리의 산업적 정복의 결과를 숨겨왔다. 단지 무기과학inorganic science, 물질, 인공적인 것의 렌즈를 통해서만 바라봄으로써, 흐르고, 일렁거리고, 달리고, 기어가고, 파닥이고, 고동치는 것을 보지 못하게 되었다. 밀접하게 결합되어 있는 세계를 단순한 역학으로 환원하는 것은 우리에게 통제하고 관리하고 지배할 능력을 준다. 그러나 그것은 우리에게서 관계를 빼앗아간다. 우리가 생명과 연결될 때, 우리는 그것의 탄생, 생동감, 그리고 죽음을 알게 된다.

대체로 우리가 오늘날 농업을 실행하는 방식은 기계론적 세계관이 확장된 것이다. 우리 종은 바로 그러한 시각을 가지고 지금까지 어림잡아 1,510기가톤의 이산화탄소와 그에 상응하는 엄청난 양의 질소산화물과 수증기를 대기 중으로 밀어냈다.[3] 그러나 우리에게 산업혁명을 가져다준 사고방식에 따르면, 이러한 수치들은 또 다른 새로운 기술로 "수리"되어야 할 더 많은 화학에 불과하다.

그렇지만 인류가 대기의 이산화탄소 딜레마를 해결하려면 무기적 사고를 넘어서 유기적 사고로 나아가야 한다.

나는 크리스에게 재생농업에 대해 어떻게 생각하는지 물어보았다. 그녀는 그날의 마지막 강의를 시작했다.

"지구가 현재 대기 중에 있는 탄소를 저장하도록 할 수 있는 두 가지 시나리오가 존재합니다. 자연이 스스로 하기 쉬운 것은 탄소를 해양 속에 넣는 것입니다. 탄소를 해양 속에 넣을 때 일어나는 문제는 해양이 산성화된다는 점입니다. 우리는 지구상의 생명체가 우리가 원하는 방식으로 존재하기를 바라기에, 해양이 산성화되기를 원하지 않습니다."

나는 그녀가 두번째 문 뒤에서 무엇을 폭로하든지 좀 더 즐거운 미래가 기다리고 있기를 소망했다.

크리스는 바로 핵심으로 들어갔다.

"우리는 탄소를 토양 속으로 되돌려야 합니다. 우리는 탄소를 비교적 짧은 기간 안에 토양에 저장할 수 있는 엄청난 잠재력을 가지고 있습니다. 토양 환경은 대기와 토양 표면에 사는 유기체와 식물을 합친 것보다 더 많은 탄소를 보유할 수 있습니다."

그것은 산업혁명이 시작될 무렵보다 30퍼센트 더 산성화된 세계의 해양에는 좋은 소식이다. 무언가가 극적으로 변화하지 않는 한, 2100년까지 전 세계 해양의 산성도는 두 배 이상이 되어 지구의 먹이 피라미드의 토대에 있는 많은 생명을, 특히 우리가 호흡하는 산소의 절반 이상을 만드는 식물성 플랑크톤을 위협할 것으로 예상된다.

크리스는 로데일연구소는 원래 유기농을 "재생농업"으로 불렀다고 말했다. 달리 말해서, 그것은 토양과 식물과 물과 인간과 지구의 건강을 향상시키는 농업의 실천을 의미한다.

"재생농업에서 우리가 하려고 하는 것은 위에서부터 아래로 토양을 만드는 것입니다. 우리는 거기 있었던 것을 재생하고 그곳에 되돌려 놓으려고 노력하고 있습니다."

그녀는 1990년대 미국에서 이루어진 초기 연구들 이후로 유기농이 영양소 이용 효율, 스트레스 관리, 에너지 이용, 영양소 밀도에서 관행농보다 더 나은 성과를 낸다는 증거가 더 많아졌다고 말했다. 그러나 장기적으로 가장 중요한 것은 탄소 격리이다.

크리스에 따르면, 그들은 현장 실험에서 탄소가 단지 토양의 처음 윗부분 몇 인치의 토양유기물로 내려가는 것이 아니라, 매우 오랜 기간 동안 탄소를 붙잡아둘 수 있는 토양 분획으로 내려가는 것을 보았다고 한다.

"토양 속 유기물을 증가시키고 싶다면 표토에 퇴비를 잔뜩 쌓아 올리세요. 그러면 토양 속 탄소 함량이 높아질 거라고 장담합니다. 하지만 그렇다고 탄소가 격리되는 것은 아닙니다. 우리는 수십 년에서 수 세기까지 토양 속에 탄소를 저장하기 위해 생물학과 화학과 물리학이 모두 협력하는 시스템을 만들고자 합니다. 이것이 우리가 관행농과 비교해서 유기농 시스템에서 발견한 것이지요."

크리스는 오늘날 유기농이 실천되는 방식이 더 많은 탄소를 격리하도록 개선될 수 있다고 믿는다. 그녀는 또한 유기농은 자신이 믿는 농업의 미래를 위한 토대를 형성할 것이라고 재빨리 지적했다.

"우리는 여전히 세계를 먹일 수 있고, 여전히 모든 장난감을 가질 수 있습니다. 다만 우리는 생각을 바꾸어야 합니다. 유일한 해결책이 테크놀로지라는 생각을 멈춰야 합니다. 우리는 자연과 함께 일할 필요가 있습니다."

국민 대 산업

2009년 2월 12일, 당시 미국 농무부 장관이던 톰 빌색은 워싱턴 D.C.의 농무부 건물 앞에 USDA 인증 유기농 정원을 조성함으로써 에이브러햄 링컨 탄생 200주년을 기념했다. 당시 USDA 유기농 라벨은 7년밖에 되지 않았다.

언론 보도에 따르면, 정원을 만들기 위해 "USDA 본부의 불필요한 포장된 표면" 1,250제곱피트가 제거되었다. USDA가 뻔뻔하게 이름 붙인 "포장 깨기" 의식은 자원 보전을 향한 움직임을 상징했다.

빌색은 말했다.

"연방정부가 토지와 수자원을 향상시키고 보전하는 길에 앞장서는 것은 중요합니다. 토지를 자연 상태로 복원하는 한 가지 방법은 우리가 오늘 여기서 하고 있는 일입니다."

미국 농무부를 설립하고 이를 "국민의 부서People's Department"라고 부른 에이브러햄 링컨을 기리기 위해서, 빌색과 미국 농무부 팀은 "국민의 정원"이라고 불리는 것을 만들었다.

당시 미국 농무부는 전 세계 72개국에 있는 93개 해외농업국Foreign Agricultural Service 사무소에 비슷한 공동체 정원을 설치하려고 계획했다.

정원을 제대로 만들기 위해, 그들은 다름 아닌 로데일연구소에 트럭 한 대 분량의 A등급 USDA 유기농 퇴비를 요청했다. 로데일은 기꺼이 퇴비를 기증했다. 연구소의 농장 관리자인 제프 모이어Jeff Moyer가 말했듯이 "퇴비는 유기농업이 잘 작동하게 만드는 데 중요한 역할을 한다."

나는 이제 마리아 로데일과 함께 앉아서 지금은 그 정원이 어떻게 되어가느냐고 물어보았다. 그녀는 "국민의 정원"이 발표되던 날 자기도 미국 농무부 본부에 있었다고 말했다. 그녀는 회상했다.

"거기서 빌색 장관을 만났어요. 그가 농장 법안 사본에 서명하자 나는 말했지요. '할아버지가 워싱턴 내셔널몰의 미국 농무부 앞마당에 유기농 농장이 있다고 무덤 속에서 기뻐서 소리치실 거예요.'"

그녀는 눈을 반짝이며 말을 이었다.

"그렇지만 지난번에 그곳을 지나가면서 보니, 유기농에 대한 모든 단어는 삭제되어 있었어요."

마리아는 미국 농무부의 이러한 후퇴가 드문 일은 아니라고 말했다. 왜냐하면 "유기농에 반대하는 산업계의 압력이 엄청나기 때문이다." 그녀의 말에 따르면, 탄소를 격리하고 화학물질 없이 건강한 식량을 재배하는 것은 국민과 지구를 위해 좋은 일이지만, 유독성 화학물질을 제조하는 기업의 수익에는 나쁘다.

"GMO와 화학산업에 종사하는 사람들에게 한마디 할게요. 당신 주위를 둘러보세요. 밖으로 나가 숲속으로 가서 자연을 감상하세요. 자연의 소리를 들으세요. 그리고 올바른 일을 하세요. 미래를 위해 올바른 일을 하세요. 당신의 자녀를 위해 올바른 일을 하세요. 세상을 위해 올바른 일을 하세요. 화학물질에는 살균제, 제초제, 살충제, 비료가 포함되며, 그것들이 결합되면 토양 속 생명을 파괴합니다. 토양 속의 생명은 탄소를 붙잡고 있습니다. 바로 그것이 우리 모두를 위해 장기적으로 건강에 좋은 음식을 만들어 줍니다. *제기랄, 그러니까 망치지 말라고!*"

마리아는 자신이 지나치게 흥분한 것에 웃음을 터뜨렸다. 그렇지만 그녀는 내가 이 말을 인용해도 좋다고 말했다.

만약 누군가 토양을 보호할 권리를 가지고 있다면, 바로 마리아일 것이다. 그녀는 유기농 식품이 인류의 생존을 위해 매우 중요하다는 증거를 가지고 유기농 식품을 촉진하고, 그것을 위해 싸우고, 그것을 위해 죽고, 계속해서 그것을 위해 일하는 3대에 걸친 사람들의 짐을 짊어지고 있다. 로데일 집안사람들은 인류 문명의 탄생까지 거슬러 올라가는 아주 오래된 이야기를 들려주는 횃불을 그들 나름의 방식으로 운반해왔다. 마리아의 할아버지인 제롬 로데일은 그 이야기를 매우 잘 알고 있었다. 그는 토양을 치유하는 것이 어떻게 인류에게 건강한 음식과 건강한 생태계, 그리고 장기적인 문명의 토대를 제공할 수 있는지를 알았다. 그는 생명을 창조하는 생명의 힘을 직접 경험했다.

아마도 우리 모두는 우리 땅과 음식에서 화학물질을 멀리하는 것에 대해 조금 더 흥분해야 할 것이다.

결국, 우리가 알다시피 위기에 처한 것은 곧 생명이다.

5장
버펄로 은행계좌

나는 사우스다코타주 수폴스에서 서쪽으로 차를 달려 광활한 방목지로 들어섰다. 일단 주간 고속도로를 벗어나니 내가 만나는 세상에는 건축물도 인간도 짐승도 거의 없었다. 내 차는 앞으로 나아가고 있었지만, 가만히 서 있는 것처럼 보였다. 나는 곡물의 바다 속에서 여행하는 작은 티끌이 되었다. 끝없이 줄지어 심어진 단일작물이 지평선까지 사방으로 뻗어 있어서 바깥세상이 가사상태에 빠진 것 같은 환상을 일으켰다.

사우스다코타주는 북부의 "봄밀 산출지대"에 위치하며, 엄청난 양의 곡물 상품을 생산한다. 사우스다코타주에만 약 500만 에이커의 옥수수, 약 400만 에이커의 콩, 약 350만 에이커의 건초가 있다. 이러한 작물 거의 대부분은 그 위에 살포된 네오니코티노이드 살충제 및 다이옥신 기반 제초제와 함께 동물의 먹이가 되고, 따라서 우리 배 속으로 들어올 것이다. 세계를 먹이는 전투에 참여한 훌륭한 병사처럼, 사우스다코타주는 옥수수-공장식사육시설 복합단지에서 자기 역할을 충실하게 하고 있다.

우리의 슈퍼마켓 장바구니와 상자 안에서 볼 수 있는 탄수화물 기반 식품을 위해서도 사우스다코타주는 거의 300만 에이커의 밀을 재배한다. 옥수수, 콩, 건초, 동물, 밀, 이것들은 탈근대 인간의 생태 발자국에 있는 발가락들이다. 우리보다 앞선 문명들처럼, 우리의 문화사는 우리의 식량 시스템에 의해 이 땅에 아로새겨진다. 우리 문화는 생태학적 역사를 그다지 중요하게 여기지 않기 때문에 이 "단일작물 세계"가 최근의 창조물이라는 점을 잊기 쉽다.

이 지역에 대한 1940년 토양보존청 지도는 내가 지금 관찰하는 것과는 근본적으로 다른 생태계를 보여준다. 단일품종 농업을 하는 중서부는 이전에는 다년생 풀들이 무성한 대초원이었고 그 뿌리는 보통 토양 속으로 3미터에서 6미터까지 뻗어 있었다.[1] 사우스다코타주의 동쪽 경계는 왕포아풀, 서양 개밀, 블루그라마, 건조지 사초, 사이드오츠그라마, 리틀블루스템, 샌드드롭시드로 덮여 있었다. 서쪽의 블랙힐스를 향해 가면서, 그 구성은 "바늘과 실" 풀로 알려진 니들앤드스레드 needle-and-thread와 버펄로그래스와 같은 이름을 가진 풀로 바뀌었다.

이 대초원 풀들은 대기에서 이산화탄소를 끌어내 토양 깊숙이 내려 보내는 "탄소 펌프"였고, 미생물이 그것을 안정적인 형태로 고정시켰다. 이 어둡고 비옥한 토양은 미국의 거대한 "빵 바구니"의 기반이다. 모든 생태계에서 그렇듯이 풀은 더 큰 공생관계의 일부이다. 유럽인들이 정착하기 전에 이 평원에는 또 다른 유기체가 있었는데, 그 유기체는 풀에 의존했고 풀 역시 그것 없이는 시들어버렸다. 이 생물과 대초원 풀 사이의 공생은 오늘날 현대 농업에 비옥함을 안겨주었다. 이 아메리카 들소(학명으로 바이슨바이슨Bison bison)는 버펄로라는 이름으로 더 잘 알려져 있다.

이 짐승의 아메리카 버전은 유럽이나 아시아에서 진화한 들소보다 확실히 더 작고, 더 거칠고, 더 집요하게 먹이를 구한다. 이 위엄 있는 생물은 털과 고기 외에도 몇 가지 독특한 특성을 가지고 있다. 그들은 공중으로 180센티미터까지 수직으로 뛰어오를 수 있고 시속 65킬로미터만큼 빨리 달릴 수 있다. 자동차의 속도로 달리거나 뭔가 신호를 감지하면 곧바로 성인 남성의 키 높이까지 공중 부양하는 900킬로그램의 동물의 물리학을 잠시 생각해보면, 당신은 이 동물의 예외성을 이해할 수 있을 것이다.

들소의 유럽식 이름을 지으려는 혼란스러운 시도는 정착민들이 현지인들에게 그것을 뭐라고 부르느냐고 물어보기만 했어도 더 쉽게 해결될 수 있었을 것이다. 그들의 대답은 "타탄카"였을 것이다. 백인이 이르렀을 때 평원의 타탄카 수는 적게는 2,500만에서 많게는 6,000만 마리였을 것으로 추정된다.[2] 들소들이 가로질렀던 광대한 지역, 그들의 밀도, 대학살 기간 동안 집계된 죽은 동물의 수 등을 고려하면, 타탄카의 수는 이 추정치의 가장 높은 쪽에 속했을 것이다.

들소는 무리 짓는 동물로서 수천 마리씩 큰 무리를 지어 돌아다녔다. 그들은 여름에는 북쪽으로 겨울에는 남쪽으로 이동했다. 포식자들은 계속 그들을 따라다니며 끊임없이 도태시켰다. 북아메리카 대륙에서 들소의 서식지는 광대했고, 플로리다 북부에서 버몬트주까지, 북서쪽으로는 앨버타까지, 서쪽으로는 캘리포니아 북부까지, 남쪽으로는 텍사스를 지나 해마다의 여정의 남쪽 경계를 형성했던 멕시코의 시에라마드레 옥시당탈산맥에 이르기까지 뻗어 있었다.

들소 떼가 평원을 가로질러 이동할 때면 천둥 같은 발굽 소리가 수 마일 밖에서도 들렸다고 한다. 들소 무리는 최대 이틀은 뚫을 수 없는 동물 장벽을 만들어 이동한다. 1842년에 필립 세인트 조지 쿡^{Philip St.} George Cooke은 샌타페이 가도를 횡단하면서 다음과 같은 기록을 남겼다.

갑자기 먼지구름이 [언덕] 능선 위로 솟아올랐고, 나는 거센 회오리바람처럼 돌진하는 소리를 들었다. [...] 무슨 일인지 생각할 겨를도 없이 버펄로 떼가 정상 위로 솟구쳐 올라왔고, 수천에 달하는 빽빽한 덩어리

들소의 이동 지역

얼마 전까지만 해도 미국의 토양은 들소(일명 버펄로)의 끊임없는 이동으로 건강하게 유지되었다.

가 내가 서 있는 곳을 향해 저돌적인 속도로 곧장 질주해왔다. 계속해서 그들은 앞을 향해 질주했다. 하늘이여 나를 보호하소서! 그것은 정말 무서운 광경이었다.[3]

1859년에 호러스 그릴리Horace Greeley는 뉴욕시에서 샌프란시스코로 여행하다가 비슷한 경험을 했다. 그는 다음과 같이 썼다.

이방인을 가장 놀라게 한 것은 그들의 엄청난 수였다. 나는 100만이 매우 많다는 것은 알고 있었지만, 그 수를 어제 직접 보았다. 확실히, 우리가 본 모든 것은 10제곱마일의 땅 위에 서 있을 수 없었다. 양쪽으로 수

마일에 달하는 지역이 그들로 인해 매우 검게 보였다.[4]

좋은 점을 말하자면, 10제곱마일은 6,400에이커의 토지●이며 엄청나게 큰 공간이라는 것이다. 약 1만 2000년에서 1만 5000년 전 빙하 후퇴 이후 지구상에 존재한 가장 큰 야생동물 무리인 버펄로 떼의 이동을 직접 경험한 것은 굉장했을 것이다. 이 짐승과 그들이 토지에 부여한 비옥함은 거의 모든 미국인들이 오늘날까지 여전히 먹고 있는, 혹은 오히려 인출하고 있는 토양 은행계좌를 만들었다.

타탄카 부족

블랙피트족, 크로우족, 샤이엔족, 쇼쇼니족, 아라파호족, 코만치족, 수족, 다코타족, 나코타족, 라코타족을 포함해서 수많은 토착 아메리카인들에게 버펄로는 생명의 주요 원천이었다. 그들은 고기, 지방, 내장, 고환, 코 연골, 젖꼭지, 피, 우유, 골수 등 믿을 수 없을 만큼 다양한 들소 부위를 소비했다. 수소보다 암소를 선호했고, 다른 가치 있는 먹을 수 있는 부위로는 혹, 혀, 태아 등이 있었다. 그러나 들소는 식량보다 훨씬 더 많은 것을 제공했다.

돌아다니는 소들은 대평원에서 살아온 사람들에게 100가지가 넘는 물품을 제공했다. 그들은 들소의 가죽으로 모카신, 각반 같은 옷가

───────────────────────

● 대략 여의도 면적의 네 배에 달한다.

지들, 티피* 덮개와 안감, 방패와 상처 덮개, 컵과 주전자와 운반용 통을 만들었다. 그들은 또한 가죽을 사용해서 겨울 의복, 장갑, 침구, 그리고 예식용 의상을 바느질했다. 거대한 짐승의 털로는 밧줄, 충전재, 실을 만들었다. 그 동물의 힘줄로는 실, 활시위, 설피 띠를 만들 수 있었다. 그들은 수소의 뿔을 갈아서 화살촉, 활, 국자, 숟가락, 컵, 그리고 담배와 약을 담는 용기를 만들었다. 발굽으로는 딸랑이와 아교를 만들었다. 뼈는 깎아서 솔, 송곳, 화살을 펴는 교정기를 만들었다. 뇌는 피부를 부드럽게 하는 데 사용되었다. 동물의 지방은 물감 베이스로 사용되었다. 들소 똥은 불 피우는 연료로 사용되었다. 이빨은 장신구가 되었다. 큰창자는 보존처리되어 용기가 되었다. 담석은 노란색 안료로 사용되었다. 수소의 음경은 아교의 재료로 사용되었다.[5]

유럽인들이 정착하기 전에, 아메리카의 남자들과 여자들과 아이들은 태어날 때부터 죽을 때까지 평생을 아메리카 들소와 접촉하며 살았다. 그리고 그들 중 다수는 버펄로 사냥에 참여했을 것이다.

버펄로 사냥은 평원 인디언 문화에 깊숙이 자리 잡고서 그들의 영성과 의례에 얽혀 있었다. 노래, 춤, 성스러운 돌, 그리고 담배 피우기는 흔히 사냥에 앞선 예식의 일부였다. 그러한 행위는 버펄로의 영을 "불러들이기" 위해 사용되었다.

사냥 행위는 흔히 버펄로 가죽이나 늑대 생가죽 안에 들어가 변장한 남성이 단독으로 행했다. 이러한 "동물 흉내 내기"는 그가 활과 화살로 들소를 쏘아 맞힐 만큼 가까이 접근하는 것을 용이하게 해주었

● 　원주민의 원뿔형 천막

을 것이다.

또 다른 흔한 사냥 방법은 무리를 협곡으로, 절벽 아래로, 혹은 눈더미 속으로 쫓는 것이었다. 이러한 "무리 사냥" 방법은 흔히 많은 수의 버펄로가 죽임을 당하는 것으로 귀결되었다. 평원 부족들은 일반적으로 그들이 죽인 들소의 모든 부위를 사용했지만, 몇몇 초기 유럽인들은 토착 아메리카인들이 들소를 낭비했으며, 사용하지 않은 많은 죽은 동물들을 썩게 내버려두었다고 기록했다. 이것은 아마 일단 "쫓기"가 시작된 후에는 버펄로 무리가 절벽으로 내달리는 것을 막을 수 없었기 때문일 것이다. 그러나 수백 마리 동물을 과도하게 죽이는 것은 곧 닥칠 일에 비하면 아무것도 아니었다.

기계와 인간의

토착 아메리카인들과 버펄로의 삶이 결합되어 있었던 것처럼, 그들의 죽음도 공유되어 떼려야 뗄 수 없이 연결되어 있었다. 1803년의 루이지애나 매입과 1804년에서 1806년까지 이루어진 루이스와 클라크의 탐험 소식은 아메리카 중부로 이주하는 유럽인들의 물결을 촉진했다. 대평원으로 마차가 굴러 들어왔을 무렵에는, 미국의 토착 아메리카 인구의 절반에서 3분의 2가 그들이 항체를 갖고 있지 않던 유럽의 바이러스와 질병으로 이미 전멸한 뒤였다.[6] 정착민들과 원주민들 사이에서 작은 충돌과 교전은 흔한 일이었다.

곧이어 대평원 전역에 군사 요새가 구축되면서 새로운 유형의 인간, 즉 상업적 버펄로 사냥꾼에게 안식처를 제공했다. 미국 군대의 "푸른 제복"은 종종 토착 아메리카 부족들과 교전 중이었기에, 버펄로 사냥은 "붉은 피부"의 주요 식량자원을 파괴함으로써 그들을 쇠약하게 하는 방법이었다. 버펄로는 이제껏 토착 아메리카 부족에게 필요한 생산물을 제공해왔듯 이제는 미국 군대에게 고기, 기계 벨트 및 군화를 제공해주었다. 말과 총기를 이용해서 한 번에 수백 마리, 때로는 수천 마리의 버펄로를 학살하는 것은 일상이 되었다.

연방정부는 가축을 위한 방목지를 만들기 위해서, 그리고 토착 아메리카인들을 약화시켜 보호구역으로 이동하도록 압박하기 위한 수단으로 들소 사냥을 장려했다. 1830년대까지 군대, 모피상, 상업적 버펄로 사냥꾼들은 대량학살 사업에 특정 부족을 끌어들였다. 당시 남부 평원에서 코만치족과 동맹들은 연간 약 28만 마리의 들소를 죽였고, 이는 그 지역의 지속 가능성의 한계까지 밀어붙인 것이었다. 버펄로 덮개와 들소 고기의 수출 시장이 점점 더 커지면서 해마다 점점 더 많은 수의 들소가 살해되었다.

1840년까지 버펄로의 수는 약 6,000만 마리에서 약 3,500만 마리로 감소했다.[7,8] 그러나 가장 대규모의 감소는 이제 닥쳐오고 있었다. 곧 가뭄이 대평원을 덮쳤고, 귀중한 식량과 수자원에 대한 압박은 증가했다. 그리고 대륙횡단 철도가 등장했다. 1862년 태평양철도법에 따라, 마침내 철도회사들은 동부와 서부 해안을 연결하는 철로를 놓기 위한 자금과 토지를 제공받았다. 노동자들과 기차와 함께 버펄로 사냥꾼 붐이 일어났다.

철도가 확장됨에 따라 그들은 상업적 사냥꾼 무리를 고용했다.

그러한 사냥꾼들 중에 윌리엄 프레더릭 "버펄로 빌" 코디William Frederick "Buffalo Bill" Cody가 있었는데, 그는 인부들에게 버펄로 고기를 안정적으로 공급하기 위해 캔자스퍼시픽철도회사가 고용한 사람이었다. 코디는 그가 "루크레치아 보르자"라고 불렀던 커다란 50구경 스프링필드 모델 1866라이플을 사용해서 사냥감을 죽였다. 어떤 설명에 따르면, 그는 1867년과 1868년에 18개월 동안 버펄로 4,282마리를 죽였다고 한다. 버펄로 빌의 전설적인 살육, 벌어들인 돈과 먹일 입에 관한 이야기가 널리 퍼지면서 사냥꾼들이 떼를 지어 몰려들었다.

기차 자체가 효과적인 사냥 플랫폼이 되었다. 기차가 버펄로 무리에게 접근하면 무리의 속도에 맞추어 기차 속도를 늦추었다. 남자들은 토착 아메리카인들로부터 자신을 지키기 위해(혹은 공격하기 위해?) 차 내에 비치해둔 총을 이용해 기차 꼭대기에서나 차창 밖으로 버펄로를 쏘곤 했다. 철도회사들은 기관차에 손상을 입힐 수 있고 기차를 며칠 동안 정지시킬 수도 있는 버펄로를 없애는 데 찬성했다.

버펄로 사체가 산더미처럼 쌓이자 동물을 보호하려는 움직임이 일었다. 보호를 위해 목소리를 내는 사람들 중에 다른 누구보다도 버펄로 빌이 있었다. 그 종을 구해야 한다는 압박에도 불구하고, 1874년에 율리시스 그랜트Ulysses S. Grant 대통령은 버펄로 보호를 위해 고안된 연방법안에 거부권을 행사했다. 정부와 군대의 많은 강력한 지도자들은 단호한 입장을 고수했다. 즉 버펄로는 소멸되어야 하고, 버펄로와 함께 아메리카 인디언들의 독립의 원천도 끊어야 한다는 것이었다. 학살이 계속되면서 가난한 농부들은 들소 뼈를 거둬들여 비료로 팔았다. 1900년까지 수천 년 동안 미국의 심장부를 지배했던 위대한 종은

약 300마리까지 체계적으로 감소했다.[9]

원주민 부족들 대부분은 남아 있는 버펄로에게서 멀리 떨어진 황무지로 밀려났다. 그들의 식량공급원이자 중요한 문화적 아이콘이 거의 멸종된 상태에서, 평원 인디언들은 식량을 정부 배급에 의존하고 농사를 짓도록 강요받았다. 도지Dodge 중령은 "우리가 버펄로를 죽이면 인디언을 정복하게 될 것이다."라고 말했다고 한다. 미국은 "명백한 운명manifest destiny"을 완수하고 서둘러 서쪽으로 진출하려고 했으며, 실제로 그렇게 했다.

버펄로의 말살로 그들이 돌아다니며 풀을 뜯는 패턴이 소멸되자 대평원의 생태계는 근본적으로 변화했다. 토종 풀이 산화해서 죽기 시작했고, 표토 침식이 증가했다. 이것은 1930년대의 더스트볼의 무대를 마련하는 데 기여했다.

오늘날 대초원에서 농업과 주거가 발달하면서 대초원의 면적은 이전 면적의 100분의 1로 축소된 것으로 추정된다.

파인리지

남북전쟁이 끝날 무렵 미국 정부는 토착 아메리카인들과 400건의 조약을 맺었고, 그 대부분은 나중에 파기되었다. 파기된 조약 가운데 1851년과 1868년 포트래러미 조약이 있는데, 이 조약은 수족과 라코타족에게 노스다코타와 사우스다코타를 합친 것과 같은 크기의 토지를 사실상 부여했다.

그들의 법적 영토는 블랙힐스를 중심으로, 오늘날의 사우스다코타의 대부분과 네브래스카의 약 3분의 1, 와이오밍의 거의 절반, 몬태나, 콜로라도, 노스다코타의 상당 부분을 아울렀다. 1980년 획기적인 "미국 대 인디언 수족"의 연방법원 소송에서 대법원은 그 조약의 유효성을 확인했고, 그 부족들에게 땅에 대한 소유권과 이자를 돌려주기 위해 1억 2,000만 달러를 제안했다. 그 부족들은 지불받기를 거부했고, 그 대신 부족의 땅을 돌려줄 것을 요구했다. 소송은 아직도 계속되고 있다.

라코타 언어로 "와지 아항항 오얀케Wazí Aháŋhaŋ Oyáŋke"는 파인리지 인디언보호구역을 가리킨다. 사우스다코타 남부의 배들랜드에 위치한 이 토지는 미국 대법원에 따르면 사실상 라코타족과 수족에게 속한 땅의 아주 작은 부분이다. 오늘날 라코타, 다코타, 나코타 그리고 수족을 포함해 한때 번영했던 수백만 부족들의 남은 전부가 그것이다. 약 3만 8,000명의 라코타 사람들이 파인리지의 경계 안에서 살고 있다.

———————

"레즈rez(원주민보호구역)" 안으로 초대하는 것은 신뢰의 행위이다. 내가 만난 사람의 미국식 이름은 토니 텐 핑거즈Tony Ten Fingers이다. 그는 『라코타의 지혜Lakota Wisdom』라는 책의 저자이다. 이 책에는 라코타 세계의 아름다운 이미지와 함께 일련의 인스타그램 스타일의 인용문이 담겨 있다. 그것은 단순하면서도 감동적이다.

파인리지는 험한 곳이다. 1970년대에 아메리칸인디언운동AIM 활동가들과 FBI 사이에서 두 건의 총격전이 벌어진 곳으로, 주요 정착지는 여전히 전쟁터처럼 보인다. 거리 표지판이 전혀 없다. 도로는 그저 먼지투성이 통로에 지나지 않는다. 버려진 자동차들과 주거용 트레일러들이 마치 토네이도가 아무렇게나 떨어뜨려놓은 것처럼 시내 곳곳에 되는 대로 자리하고 있다.

수많은 실패 끝에 나는 토니의 집을 찾아냈다. 그는 키가 크고 몸집이 큰 남자인데, 험난하고 참혹한 청년기를 보낸 탓에 얼굴에는 흉터가 있다. 검은 머리카락은 포니테일로 뒤로 당겨 묶었다. 우리는 잠시 밖에 앉아서 담소를 나누었다. 그는 자기네 사람들에게 좀 더 깊은 사적인 의미가 있는 곳에서 인터뷰를 하고 싶지 않냐고 물었다.

우리는 약 20분 동안 길을 따라 올라가다 전망대에 다다르자 길을 벗어났다. 나는 토니를 따라 절벽 가장자리로 가서 이것이 꿈이 아닌지 확인하기 위해 스스로를 꼬집어야 했다. 분명 우리 앞에 펼쳐진 것은 지구의 지각에 조각된 1,150킬로미터에 달하는 깊은 협곡이었다. 그 광경의 광활함과 아름다움은 그랜드캐니언에 비견될 만했다. 바위는 분홍색과 보라색과 푸르스름한 빛이었다. 숨을 멎게 하는 광경이었다.

"이곳은 우리 부족에게 매우 성스러운 장소입니다. 이곳에서 우리는 안전하다고 느끼고 다시 한 번 위로를 받습니다. 우리는 이곳을 스트롱홀드 테이블Stronghold Table 영역이라고 부릅니다."

토니는 말했다. 그는 많은 토착 아메리카 지도자들이 위험에 처했을 때 이곳에 숨었고, 그들 중 일부는 협곡 속으로 들어간 뒤 다시는 볼 수 없었다고 말해주었다.

토니는 자신의 진짜 라코타 이름은 "일곱 공의회 불의 오글랄라

라코타의 돌진하는 독수리Charging Eagle of the Oglala Lakota of the Seven Council Fires"
인데, 이 이름은 부족 사회 외부에서는 거의 사용하지 않는다고 말해주었다. 내가 그의 부족과 버펄로와의 관계에 대해 물었을 때, 그는 잠시 생각하더니 교과서에 나오지 않는 역사를 풀어냈다.

"버펄로는 글자 그대로 우리를 길러냈기 때문에, 우리에게 모든 것을 의미했습니다. 버펄로는 우리를 돌보았습니다. 그것은 우리 예식의 일부가 되었지요. 창조자 툰카실라에 관한 이야기가 있습니다. 툰카실라는 우리 부족에게, 버펄로를 따라가면 버펄로가 너희 땅이 있는 곳을 보여줄 것이라고 말했습니다. 블랙힐스를 중심으로, 버펄로와 함께 이동하면서 캐나다로 올라가 콜로라도스프링스까지, 티턴스로, 북쪽으로 로키산맥까지 갔다가 다시 캐나다로 돌아오는 거대한 원을 그렸습니다. 이 모든 영역, 이 모든 지역이 우리 부족, 즉 라코타족, 다코타족, 나코타족에게 속했습니다."

버펄로가 실제로 원형 패턴으로 이동했을 수 있다는 생각은 해보지 못했다. 예를 들어, 라코타족이 따라가던 버펄로 무리는 블랙힐스를 중심으로 그 주변을 이동했다. 계절의 변화, 땅을 1년 동안 쉬게 할 필요성, 무리가 계속 이동할 필요성을 감안할 때, 이러한 방목 유형은 이치에 맞는 것이다.

"동물을 이용해 사람을 키우다 보면, 당신은 그 동물이 됩니다. 당신은 당신이 먹는 것이 됩니다. 오늘날에도 그 사람이 먹는 음식을 보면 누가 무엇인지 말할 수 있습니다. 당신이 빅맥을 먹는다면 당신은 아마도 빅맥처럼 보이겠지요."

그는 웃으며 말했다.

"그렇지만 우리는 버펄로를 따라갔습니다. 그리고 버펄로를 먹었지요. 우리는 버펄로가 되었습니다. 우리는 버펄로를 예우했고 우리의 예식에 사용했습니다. 우리는 버펄로 춤을 췄습니다. 버펄로로 우리의 집, 티피를 지었습니다. 우리는 버펄로 덮개 안에서 잠이 들었습니다. 겨울에 버펄로는 우리를 혹독한 추위로부터 지켜주고 우리를 따뜻하게 해주었습니다. 그리고 버펄로는 우리를 돌봐주었습니다. 버펄로는 우리의 세계였고 우리는 버펄로 사람들로 알려졌습니다."

나는 자연 세계에 관한 그들 부족의 관점이 오늘날의 사람들과 어떻게 달랐다고 생각하는지 그에게 물어보았다.

"우리는 우리 자신이 동물보다 위나 아래에 있다고 여기지 않았습니다. 우리는 그저 그들과 함께 있었습니다. 우리는 더 큰 생명 시스템, 생명의 순환의 일부였지요. 조상들에 대해 이야기하자면, 그들은 실제로 강물을 마실 수 있는 시대에 살았습니다. 강에서 잡은 것을 실제로 먹을 수 있었지요. 실제로 열매를 채집할 수 있었고요. 그리고 모든 것은 자연에서 왔습니다. 모든 것은 이 더 큰 순환의 일부였습니다."

토니는 이러한 조상의 존재 방식이 그가 "축적 문화"라고 부르는 우리의 문화와 정반대라고 말했다.

"내가 축적 문화라고 부르는 환경에서 태어나고 자라면 더 큰 그림을 보지 못하게 됩니다. 왜냐하면 축적하기 시작하면 무엇이 중요한지를 잊게 되고, 중요한 것이 바뀌고, 당신이 떨어져 나오기 때문입니다. 외따로 떨어질수록 당신은 더욱 불행해집니다. 축적은 중독과 같아요. 더 많이, 더, 더, 더 많이 원하는 욕구지요. 거기에는 만족이 없습니다. 당신은 벌고 싶어 합니다. 당신은 더 많은 물질적인 것을 원하고,

일단 더 많은 물질적인 것을 가지게 되면 더욱더 많은 것을 원하게 될 것입니다. 거기에는 끝이 없어요."

토니는 우리의 전쟁, 천연자원의 파괴, 토지와 기후 악화가 모두 물질적인 것을 축적하는 우리의 잘못된 우선순위에서 비롯되었으며, 그것은 곧 자연 세계로부터의 분리로 이어진다고 말했다.

"이러한 모든 질병과 중독은 우리가 지속 가능하지 못하게 막고 있습니다."

토니는 유럽인과 서구인이 자기네 부족을 파괴한 것에 대해 비난하지 않으려고 조심하며 말했다.

"과거에서 배우지 못한다면 발전할 수 없습니다. 일을 하는 좀 더 새로운 방법, 좀 더 빠른 방법은 배울 수 있을지 몰라도, 정말로 중요한 것은 배우지 못하고 있습니다. 바로 그런 이유에서 이런 일이 계속 반복되는 것이지요. 역사가 되풀이되는 것은 우리가 아무것도 배우지 못했기 때문입니다."

토니는 심각한 자동차 사고를 겪고 나서 자기네 문화와 지구와의 연결을 배우고 가르치는 데 관심을 갖게 되었다고 말했다. 그의 심장 박동은 멈췄고 그는 거의 죽을 뻔했다.

"밝은 빛이나 그 비슷한 것은 전혀 보지 못했습니다. 그렇지만 나는 아이들이 노는 모습을 보았지요."

그때 그는 모든 사람의 미래가 위태롭다는 사실을 깨달았다. 그는 이제 전국의 소외된 청소년들과 함께하면서 그들을 자연과 다시 이어 주는 데 대부분의 시간을 쏟고 있다고 했다.

"나는 우리가 지구와 세계, 그리고 서로와 맺는 관계에 대해 이야기합니다. 축적 문화 속에서 다시 한 번 연결로 돌아가는 변화를 만들어야 한다고 생각합니다. 그리고 지금 우리가 변화를 만들어낼 바로 그 지점에 있다고 생각합니다. 그 일은 이루어질 수 있습니다. 그러니까 내 말은, 나는 그 일이 가능하다고 믿습니다."

차를 타고 그의 집으로 돌아오는 길에 나는 토니에게 물어보았다.

"만약 그런 일이 이루어지지 않는다면 어떻게 될까요? 만약 우리가 과거의 잘못에서 배우지 못한다면, 그리고 우리가 세상에서 우리의 자연적인 자리로 다시 돌아갈 수 없다면 어떻게 될까요?"

그는 자기 부족의 많은 사람들은 다시 변화를 만들어낼 수 있다고 믿고 있다고 말했다. 그들은 우리가 알고 있는 사회가 무너질 것에 대비하고 있다. 그들에게는 사냥하고 자급자족해서 살아가는 "오래된 방식"으로 돌아갈 때가 된 것이다.

토니의 집에 도착했을 무렵 어두워지기 시작했다. 나는 작별인사를 하고 가장 가까운 호텔인 프레리 윈드 카지노&호텔로 향했다. 나는 자욱한 연기와 텅 빈 슬롯머신들을 지나 식당을 발견했다. 식사를 하다가 나는 방 한쪽에 있는 발판에 페인트 통 몇 개가 놓여 있는 것을 알아차렸다. 현재 진행 중이며 곧 식당의 윗벽을 덮게 될 벽화는 유럽인이 정착하기 전 이 지역의 광경을 담고 있었다. 원주민들과 티피와 사냥이 묘사되어 있었지만, 가장 눈에 띄는 특징은 세심하게 그려진 버펄로였다.

그야말로 "축적 문화" 안에서 창문을 통해 과거를 돌아보는 순간이었다. "새로운 아메리카인들"이 아메리카에서 약 5,000만 명의 원주민과 약 6,000만 마리의 버펄로의 만 년 동안의 통치를 심각하게 훼손하는 데에는 100년밖에 걸리지 않았다. "우월한" 전쟁 기술을 가진 문화가 종종 "열등한" 기술을 가진 문화를 훼손하는가? 그렇다. 우리는 죄책감을 느껴야 할까? 아마도.

그러나 더 큰 교훈은 전쟁 기술이 생태학적 이해를 위한 토대가 아니라는 점이다. 그것의 존재가 문명의 미래를 보장하는 것도 아니다. 유럽 정착민들이 대초원으로 몰려온 이래로 우리의 무기는 급격히 발전해왔다. 우리의 생태학적 이해도 발전할 수 있는지 지켜보아야 한다.

아메리카는 비옥한 토양을 가지고 있다. 1만 년 이상 버펄로 무리가 나라 한복판을 이동해왔기 때문이다. 채식주의자든 잡식성이든, 우리는 먹을 때마다 "버펄로 은행계좌"에서 비옥함을 인출하고 있는 것이다.

그러나 이제 그 계좌는 극단적으로 고갈되고 있으며, 우리는 그것을 다시 채워 넣기 위해 우리가 할 수 있는 일은 무엇이든 해야 한다.

아시시의 성 프란치스코

버펄로 은행계좌를 재건하기 위한 어떠한 시도도 우리의 "축적 문화"에서 나올 것이다. 우리는 화학과 물리학을 중심으로 도시를 설계하고 현대적인 건물을 세웠다. 그러한 과정에서 우리는 우리에게 생명을 주는 생물학을 무시했다. 지금은 우리의 세계관을 완전히 뒤집을 때다. 이제 우리는 생물학적 시각에서 설계해야 한다. 문제는 우리가 여전히 기계적 사고 구조 안에서 살아간다는 점이다. 우리의 냉혹한 세계를 생물학의 역동적인 요구와 결합하는 것은 어려운 일이다.

샌프란시스코라는 도시 이름은 13세기 초 아시시의 성 프란치스코 수사의 이름을 따서 명명되었다. 성 프란치스코는 식물, 나무, 그리고 동물과 깊이 소통했다고 전해지는 자연주의자였다. 그는 자연 세계의 수호자로서 존경받아왔고, 흔히 손바닥에 새가 앉아 있는 모습으로 그려진다. 오늘날 그와 이름이 같은 이 도시 역시 자연을 보호하기 위해 작은 무언가를 하려고 시도하고 있다.

새벽 5시. 언덕이 많은 리치먼드 지구의 커피빈에 차를 세웠을 때, 그 도시는 죽은 듯이 고요했다. 나는 샌프란시스코가 어떻게 음식물 쓰레기를 토양으로 바꾸어 자연을 모방하려고 시도하는지 그 방법을 가르쳐줄 사람을 만나러 여기에 왔다. 당신도 알다시피, 자연에서 토양은 유기 물질의 분해에 의존한다. 그러나 도시에서는 음식물 쓰레기를 치워버린다. 1960년대에 우리에게 자유로운 사랑을 가져다주었고 좀 더 최근에는 LGBT운동을 주도한 샌프란시스코는 이제 또 다른 대안적 생활방식을 선택해 세계를 인도하고 있다.

나는 퇴비에 대해 이야기하고 있다.

나는 곧 빳빳한 흰색 버튼다운 셔츠와 노란색 안전조끼를 입고 탁자 앞에 앉아 있는 로버트 리드^RobertReed를 발견했다. 그의 곁에는 안전조끼를 입은 또 다른 남자와 비디오카메라를 든 여성이 앉아 있었다. 나는 인사를 건넸고, 내가 본 것 중 대학시절 이후로 가장 활기찬 새벽 5시의 독백을 하고 있던 로버트는 "중요한" 뭔가를 설명하는 중이니 몇 분만 기다려달라고 말했다. 나는 차를 받아서 근처 탁자 앞에 앉았다. 로버트가 하도 큰 소리로 이야기하고 있어서, 쓰레기 트럭이 퇴비로 만들 음식물 쓰레기를 수거하는 방식에 대한 그의 설명이 커피숍 전체에 울려 퍼졌다. 나는 다시 차를 타고 호텔로 돌아갈까 생각했지만, 지금은 너무 늦었다.

로버트가 나를 불렀고, 모두에게 나를 소개했다. 그 자리에는 운영 책임자인 톰과 오늘 이 이야기를 보도할 프랑스인 저널리스트 앤, 그리고 샌프란시스코의 모든 쓰레기 수거와 처리를 책임지는 리콜로지Recology라는 회사의 홍보 매니저인 로버트 자신이 있었다.

키가 193센티미터인 로버트는 (시도해보지는 않았지만) 손바닥으로 문지르면 끽 소리가 날 것처럼 머리가 반짝거렸고 앞니가 벌어져 있었는데, 정확히 한 가지 속도(앞을 향해 빠르게)와 정확히 한 가지 볼륨(최대)만 가지고 있는 것처럼 보였다. 그는 오늘 아침 가장 중요한 것이 안전인데, 사람들이 놀라울 정도로 규칙적으로 쓰레기 트럭에 치이는 사고로 죽기 때문이라고 설명했다(믿지 못하겠는가? 구글로 검색해보라). 그는 한 발만 잘못 디디면 1세제곱야드•당 1,000파운드의 유압을 가진 6만 4,000파운드의 트럭이 "당신을 포도처럼 짜부라뜨릴 것"이라고 (큰 소리로) 설명했다. 알겠습니다.

로버트는 내게 노란색 안전조끼, 고글, 그리고 밝게 채색된 헬멧을 건네주었고, 앤과 나에게 쓰레기 트럭 안전 101 브리핑을 해주었다. 그러고 나서 시계를 보더니 "가야 합니다."라고 말하고는 다른 말도 없이 문을 박차고 나갔다. 우리 모두는 그를 따라서 샌프란시스코의 축축한 아침 공기 속으로 들어갔다. 로버트는 시계를 노려보면서 소리쳤다.

● 1세제곱야드는 0.76세제곱미터이다.

"이제 트럭이 이 거리를 따라 내려올 겁니다. 바로…… 지금."

바로 그때 다른 것과 헷갈릴 수도 없는 천둥소리가 울려 퍼지더니 쓰레기 트럭이 모퉁이를 돌면서 내려왔다. 로버트에 대해서 확실한 것 하나는, 이 남자가 자기 일을 잘 알고 있다는 점이다.

나는 운전사 제시 차베스^{Jesse Chavez}를 소개받았다. 로버트는 제시가 나를 돌봐주려고 거기 있는 게 아니라면서, 쓰레기 트럭에 치여 죽지 않는 법을 다시 말해주었다. 그리고 우리는 그 거리를 따라 내려가 18미터 떨어진 한 집으로 향했다.

제시는 트럭을 세우고 엄청난 양의 열쇠 뭉치를 꺼내 차에서 뛰어 내렸다. 그는 차고 옆문으로 걸어가서 문을 열고 초록색 쓰레기통을 굴려서 나왔다. 그는 그것을 트럭 옆으로 가져왔고, 유압식 레버로 통을 잡는 "팔"을 조종해서 통을 들어 올려 퇴비 쓰레기를 위해 마련된 트럭의 특별한 구역에 던져 넣었다. 그러고 나서 그는 통을 다시 가져왔고, 트럭을 3미터쯤 움직여서 전체 과정을 되풀이했다. 이것이 제시의 아침이다. 다른 집에서도 그의 행동은 동일했다.

제시와 그의 트럭은 샌프란시스코 주변의 농장과 포도원을 위해 산더미 같은 퇴비를 만드는 과정의 첫번째 단계이다. 그 퇴비는 유기농 농장에서 식량을 생산하기 위해 매우 중요하다. 그 식량은 결국 샌프란시스코 주변의 식당과 가정의 접시 위로 되돌아갈 것이다.

이러한 도시 퇴비화 프로그램은 결코 완벽한 닫힌 고리 순환이 아니다. 그러나 다양한 형태의 생분해성 폐기물을 먹이사슬의 기초로 바꾼다는 기본 발상은 우리 행성을 위해 안전하고 효과적이며 온전한 식량 공급을 재건하는 데 가장 중요한 요소 중 하나가 될 수 있다. 그리고 제롬 로데일이 지적했듯이, 퇴비는 좋은 출발점이다.

낭비하지 않으면, 아쉬운 일도 없다

샌프란시스코의 87만 명이 넘는 주민들로부터 녹색 쓰레기통을 수거하는 것은 하룻밤에 이루어진 성공이 아니다. 리콜로지가 1995년 이래로 그 도시에서 퇴비를 만들어왔지만, 그것을 의무화하려는 생각은 당시 샌프란시스코 시장 개빈 뉴섬Gavin Newsom이 박차를 가했던 2005년의 계획에서 시작되었다. 2017년 현재 캘리포니아 부지사로 재직 중이며 항상 영화 세트장에서 막 걸어 나온 것처럼 보이는 뉴섬은 환경 지향적 작업, 특히 식량과 기후변화의 교차점에 관한 일에 관심을 갖고 있다. 그는 음식물 쓰레기로 퇴비를 만드는 것이 양방향에 긍정적인 영향을 미칠 수 있다고 보았다.

2005년에 뉴섬은 세계 각지의 시장들을 샌프란시스코로 초대했고, 거기서 그는 샌프란시스코가 2020년까지 제로 웨이스트를 달성할 것이라고 공식적으로 발표했다. 전형적인 고담시의 조명 속에서, 뉴섬은 "웨이스트 제로Waste Zero"라는 이름의 프로그램을 위해 높은 기준을 세우고 있었다. 그는 샌프란시스코에서 웨이스트 제로를 위해 애쓸 뿐 아니라, 다른 시장들도 그렇게 하도록 부추겼다.

웨이스트 제로는 배출을 줄이고, 탄소와 물을 퇴비를 통해 토양으로 되돌리고, 샌프란시스코를 지속 가능성의 선두주자로 만드는 좋은 방법인 듯했다. 그러나 그러한 생각을 실행하는 것은 시장들의 회의를 개최하는 것보다 훨씬 더 어려웠다. 뉴섬은 이렇게 말했다.

"샌프란시스코 사람들의 거의 70퍼센트는 아파트에서 살고 있습니다. 우리가 2004년에 동성 커플을 대상으로 한 일이 논란을 일으켰다면, 샌프란시스코에서 퇴비를 만들자고 했을 때 사람들은 완전히 미쳐버렸습니다."

뉴섬은 동성애와 퇴비를 뒤섞은 공개 성명을 잘 해낼 수 있는 드문 정치인들 중 한 사람이다.

부지사는 말했다.

"샌프란시스코의 퇴비화와 재활용 프로그램이 잘 작동하게 된 까닭은 우리가 사람들에게 검은색 통에 들어갈 물건을 줄이도록 장려하기 때문입니다. 검은색 통에 아무것도 없으면 우리는 요금을 청구하지 않습니다. 검은색 통에 물건이 많이 들어 있으면 많은 요금을 청구하고요. 따라서 뭔가를 버릴 때 녹색과 파란색 통 속에 집어넣는 것이 목표가 됩니다. 즉 퇴비용 통과 재활용 통에 버리는 거지요."

그는 덧붙였다.

"쥐를 움직이고 싶나요? 그러면 치즈를 움직이세요."

쓰레기 매립에 인센티브를 주지 않고 녹색 쓰레기통을 쓰도록 장려하자 결국 샌프란시스코 사람들은 설득되었다. 오늘날 샌프란시스코의 퇴비화 프로그램은 25개의 대형 호텔과 5,000개의 식당, 그리고 약 35만 가정에서 쓰레기를 수거한다. 녹색 통은 음식물 쓰레기, 커피 찌꺼기, 정원에서 잘라낸 것, 생분해성 종이 제품 등 자연에서 곧바로 가져온 무언가로 채워진다. 샌프란시스코는 하루에 약 650톤의 퇴비화할 수 있는 물질을 생산한다고 한다.

뉴섬의 비전은 다른 방식으로도 현실이 되고 있다. 리콜로지는 건물 폐기물부터 단단한 제품, 페인트, 배터리, 일반 알루미늄, 유리, 플라스틱 용기에 이르기까지 모든 것을 다루는 대규모 재활용 프로그램을 갖추고 있다. 해마다 샌프란시스코는 더 많은 퇴비를 만들고 더 많이 재활용하며 쓰레기 매립지에는 더 적게 버리고 있다.

아침의 모르도르●

7월에 캘리포니아 배커빌로 차를 몰고 가는 것은 사람이 견디기 힘든 열역학 연습이다. 먼지투성이의 그 작은 도시는 샌프란시스코와 새크라멘토 사이의 일종의 무인지대에 자리하고 있다. 여름에는 열기가 눈을 멀게 한다. 내가 베이 지역을 빠져나올 때 차 밖의 기온은 38도에 달했다. 늦은 오후에 마침내 80번 주간 고속도로에서 벗어나 페어필드라고 불리는 아스팔트 바다 속의 시시한 호텔에 도착했을 때, 기온은 43도였고 점점 더 올라가고 있었다.

로버트 리드는 다시 한 번 내게 불쾌한 지시를 내렸다. 나는 새벽 4시에 데이즈 인 앞에서 그를 만나기로 했다. 만약 내가 거기 없으면 그는 나를 기다리지 않고 가버릴 것이다.

제시 차베스와 마찬가지로 내 알람은 새벽 3시 30분에 울렸다. 4시에 나는 얼어붙은 차가운 바람을 맞으며 호텔 앞에 앉아 있었다.

● 『반지의 제왕』에 등장하는 나라 이름으로, "어둠의 땅"을 의미한다.

나는 침대로 돌아가는 상상을 하면서 45분 동안 기다렸다. 손의 감각을 느낄 수 없는 지경에 이르렀을 때, 로버트가 프랑스인 저널리스트 앤과 함께 프리우스를 타고 와서 차를 세웠다. 그들은 둘 다 라지 사이즈 라떼를 들고 있었다. 으으.

우리는 바람을 가르며 도시를 벗어나 마치 영화《듄^{Dune}》에 나온 것 같은 시설을 향해 갔다. 밝은 빛이 사방으로 어둠을 관통했다. 4층 건물 크기의 기계들이 온갖 형태의 쓰레기 사이에서 느릿느릿 움직였다. 가끔 바람이 방향을 바꿀 때면 우리는 너무나 끔찍한 악취에 둘러싸였다. 내가 아직 아무것도 먹지 않아서 다행이었다.

로버트는 보안 사무실에서 우리를 점검했다. 나는 내가 빌릴 수 있는 재킷이 있는지 물어보았다. 그는 내게 "조"라는 이름이 찍혀 있는 형광색 파카를 건네주었는데, 크기로 짐작하건대 "조"는 덩치 큰 친구임에 분명했다. 그러는 동안 앤은 "로저"가 되었다.

로버트는 우리를 마당으로, 또 다른 세상으로 데려갔다. 악취가 진동하는 쓰레기 산이 할로겐 조명 아래 빛났다. 실물보다 큰 노란색 톤카 장난감이 다양한 쓰레기 더미를 긁고, 밀고, 버리고, 주웠다. 형광색 의복을 입은 사람들은 흐릿한 불빛 속에서 유령처럼 일했다.

로버트는 이곳이 "선별" 영역이라고 설명했다. 거대한 세미트럭이 경사로 위로 후진해서 내용물을 땅으로 내렸다. 인간과 기계는 그 혼합물을 더미로 옮기기 시작했다. 대형 삽이 달린 트랙터가 그것을 잔뜩 집어서 "체 선별기"라고 불리는 거대한 회전 실린더 속에 던져 넣었다. 거기서부터 대부분의 생물학적인 폐기물의 흐름은 컨베이어 벨트를 따라 위쪽으로 올라가서 야외를 통해 이 층 "방"으로 이동했다. 여기서 머리부터 발끝까지 빛을 반사하는 복장을 한 사람들이 퇴비로 만들 수 없는 플라스틱 같은 것들을 몸소 꺼냈다.

"모든 사람이 이 방에서 일할 기회를 가져야 합니다!"

로버트는 압착 기계와 바람의 소음을 뚫고 소리쳤다. 우리는 철제 계단을 올라 선별실로 들어가서 선별하는 사람들을 지켜보았다. 강렬한 불빛 아래에서 샌프란시스코의 선량한 사람들이 배출한 녹색 폐기물 통에서 쓰레기 조각을 골라내며 일하는 사람들의 모습을 보고 있으니 관음증 환자가 된 기분이 들었다. 그렇다. 이 사람들은 직원 소유의 회사에서 직업을 갖고 있고, 중요한 일을 하고 있다. 그러나 나는 좀 더 수월한 일을 하는 죄수들을 본 적이 있다. 이곳은 글자 그대로 통의 밑바닥이었다.

로버트는 모두가 이 "방에서" 일할 기회를 얻기를 바라는 이유는 "때때로 사람들이 실수로" 잘못된 것을 녹색 통 속에 넣기 때문이라고 말했다. 선별하는 사람들은 마치 기계의 일부인 듯이 비닐봉지, 스티로폼, 심지어 콘돔까지 끝없이 골라냈다. "때때로"라는 말은 사람들이 자신의 녹색 통 속에 무언가를 집어넣을 때 부주의한 경우가 아주 많다는 것을 의미한다. 많은 사람들은 아마도 그들의 "실수"를 제거하기 위해 인간이 이것을 골라내야 한다는 것을 생각하지 못할 것이다.

우리는 로버트를 따라 아래층으로 내려가서 갈수록 쌓여가는 선별된 음식물 찌꺼기 더미로 향했다. 그러는 동안 앤은 질문을 던지고, 카메라를 관리하며, 동시에 담배를 피웠다. 쓰레기 처리장에 있지 않은 사람에게도 그것은 인상적인 곡예였다. 로버트는 선별된 음식물 찌꺼기 더미를 매우 자랑스러워했고, 이것이 "좋은 것"이라고, 즉 바나나

껍질처럼 최고의 퇴비가 될 것이라고 설명했다.

태양이 지평선 위로 떠오르고, 바람은 내 살을 쥐어뜯듯이 불어댔다. 로버트는 찌꺼기 더미를 벗어나 시커멓고 악취 나는 산더미 사이를 지나는 통로로 우리를 데리고 내려갔다. 그는 통에서 퇴비가 완성되기까지의 전체 공정에 60일이 걸린다고 설명했다. 함께 걸어가면서 그는 다양한 분해 단계의 여러 더미들을 가리켰다. 그의 설명에 따르면, 여기서 대부분의 작업은 인간이나 기계가 아니라 미생물에 의해서 이루어진다. 이들 미생물 행위자들은 생물학적 폐기물을 분해해서 농장에서 사용하기에 완벽한 것으로 만드는 일을 한다.

이 장소는 축구장 열 개만큼 넓다. 산더미 뒤에 산더미가 쌓이고, 미생물과 폐기물이 뒤섞여서 이 물질을 농장에서 사용할 수 있는 비료로 만든다. 우리는 다른 트랙터 20개를 먹어치운 것처럼 보이는 기계를 지나쳐 올라갔다. 그 거대한 기계는 희미한 아침 햇살 아래 긴 퇴비 더미 위로 천천히 지나가면서 거대한 칼날을 휘저어 공기를 불어넣었다. 나는 그것을 들이마시지 않도록 재킷으로 입을 막고 눈을 가늘게 떠야 했다.

마침내 우리는 "라인"이 끝나는 곳을 발견했는데, 거기에는 판매 가능한 풍성한 퇴비 더미들이 픽업을 기다리며 놓여 있었다. 로버트는 더미 위에 웅크려 손을 찔러 넣으며 말했다.

"굉장히 따뜻하게 느껴지는데, 아직도 생분해가 일어나고 있기 때문입니다. 60일 전에 이것은 음식물 찌꺼기였지만, 이제 이걸 보세요. 탄소가 풍부한 아름다운 갈색과 검은색이 되었습니다. 굉장히 놀라워요. 그렇지 않습니까?"

이 사람은 퇴비를 깊이 사랑하고 있다.

우리는 본사로 돌아와 재킷을 반납했고, 로버트는 시설이 내려다 보이는 산등성이까지 우리를 태워주었다. 높은 곳에서 보니 그 장소가 실제로 두 부분으로 나뉘어 있다는 것을 알 수 있었다. 왼쪽 절반은 퇴비이다. 그러나 오른쪽 절반은 쓰레기 매립지이다. 로버트는 쓰레기 매립지 쪽을 보러 가고 싶은지 물었다. 왜 아니겠는가? 나는 이미 오물을 뒤집어쓰고 있었다.

뜨끈한 진흙투성이의 구역질 나는 쓰레기 더미 한복판에 서 있으니 얼어붙을 정도로 차가운 바람과 퇴비 더미가 그리워졌다. 쓰레기 언덕으로 올라가면서 로버트는 말했다.

"불행한 현실은 대부분의 쓰레기 혹은 폐기물이 소각되거나 매립지로 보내진다는 점입니다. 우리는 모델을 바꿀 필요가 있습니다. 우선 퇴비화 프로그램으로 가야 하고, 그러고 나서는 재활용 프로그램으로 가야 합니다. 소각이나 매립지에서는 멀어질 필요가 있고요. 우리는 자연을 모델로 삼아야 합니다. 이를 위한 가장 위대한 방법 중 하나는 도시에 퇴비 수거 프로그램을 만드는 것입니다."

우리는 진흙탕을 뚫고 터벅터벅 걸어서 자동차로 돌아왔다. 끝까지 버틴 프랑스인 앤은 평정심을 잃었다. 쓰레기 진흙이 그녀의 부츠 위에 철벅 소리를 내며 으깨지자, 그녀는 소리쳤다.

"똥, 똥, 똥! 여기는 똥 천지야!"

로버트는 그녀의 불평을 염두에 두지 않고 계속 말했다.

"쓰레기를 매립하려면 부동산을 구입해야 합니다. 값비싼 허가 과정을 거쳐 매립지를 확보해야 하지요. 쓰레기로 그곳이 가득 차면 그 일을 되풀이해야 합니다. 그 과정에서 그 모든 비용을 지불해야 하고요. 게다가 쓰레기 매립과 소각은 오염을 일으킵니다. 그러나 퇴비로 만들면 그러한 비용을 피할 수 있을 뿐 아니라, 퇴비를 사용함으로써 30퍼센트 더 많은 식량을 재배할 수 있습니다. 그렇기 때문에 퇴비화는 실제로 농장을 돕고 사회가 돈을 절약하는 데 기여합니다.”

리콜로지는 샌프란시스코에서 매일 약 650톤의 퇴비화 가능한 재료를 수집한다. 선별, 생분해, 그리고 공기 주입 후에, 그 퇴비는 약 488세제곱야드의 완성된 퇴비로 바뀐다. 퇴비 1세제곱야드의 무게는 약 590킬로그램이며, 따라서 매일 다른 쪽 끝에서 약 287톤의 퇴비가 완성된다. 원재료와 완성된 재료의 무게 차이는 수분 증발과 “원치 않는” 재료를 제거했기 때문이다. 리콜로지는 퇴비를 1세제곱야드당 12~16달러로 농장, 과수원 및 포도원에 판매하기 때문에, 퇴비 만들기는 좋은 사업이다.

여러 가지로 퇴비는 이상적인 비료이다. 퇴비는 토양과 조화를 이루며, 퇴비에는 유익한 미생물이 풍부하다. 그리고 퇴비는 토양이 최대 두 배의 수분을 보유하도록 돕는다. 토양에 사용될 때, 퇴비 속의 미생물은 프로바이오틱스처럼 작용해서 탄소가 풍부한 부엽토 층을 만드는 데 기여한다.

퇴비에서 탄소 포집으로

나는 도시를 빠져나와 마린의 부유한 세계를 향해 북쪽으로 방향을 돌렸다. 존 윅John Wick이라는 이름의 남자를 만날 예정인데, 그는 (2014년 동명 영화의 그 존 윅이 아니라) 가족 목장에서 잡초를 제거하려고 애쓰다가 탄소의 역할에 관심을 갖게 된 낙관적인 전직 건설 프로젝트 매니저이다. 그가 공동 창립한 프로젝트는 마린 카본Marin Carbon이라고 불리며, 과학자, 농부, 연구자를 불러 모아 재생농업을 통해 생물학적 탄소 격리를 시행하는 더 좋은 길을 모색하려고 한다.

어느 안개 낀 아침에 나는 존의 목장에서 차를 마시기로 하고 그를 만났다. 존은 밝은색 눈에 테가 얇은 안경을 쓰고 있었다. 두꺼운 플란넬 셔츠와 짧게 자른 머리카락이 보이스카우트 같은 매력을 더해주었다. 나는 그의 부엌 식탁에 앉았고, 그는 화이트보드를 꺼내서 미친 듯이 낙서를 하기 시작했다.

지난 8만 년 동안 대기를 통한 탄소 순환에 대해 한 시간가량 프레젠테이션을 한 뒤에 존은 말했다.

"이 모든 일에 뛰어들기 전에 나는 토양이 먼지라고, 비활성 사물이라고 생각했고, 그래서 불도저로 밀어버릴 수 있다고 생각했지요. 이제 나는 토양이 생명의 공동체라는 것을 이해합니다. 그것은 내가 세상을 바라보는 방식을 완전히 바꾸어놓았습니다. 나는 이제 토양을 살아 있는 피부로 봅니다."

존과 그의 아내 페기는 그들의 목장에서 토양을 향상시키려고 시도했지만 여러 번 실패했다. 그는 화학물질을 살포했고, 식물군은 고통을 받았다. 그는 그곳에 있던 소들을 쫓아냈고, 토양은 침식되기 시작했다. 그는 다른 식물 종을 도입하려고 했다. 그러나 모든 실험은 땅을 더 악화시키는 것으로 끝났다.

2008년에 존은 새로운 뭔가를 시도하기 위해 과학자 한 무리를 모았다. 그들은 실험을 위해 그의 목장에서 적당한 토지를 구획했다. 그 구획들은 손대지 않고 유지될 대조군 구획과 처리 구획으로 나뉘었다. 처리 구획에는 0.5인치의 퇴비를 주의 깊게 뿌렸다. 그러고 나서 다섯 달을 기다렸다. 그들이 그 구획으로 되돌아왔을 때 발견한 것은 고무적이었다.

존은 입을 크게 벌리고 활짝 웃으며 설명했다.

"우리는 처리 구획에서 대조군에 비해 상당한 양의 물과 헥타르당 1톤의 탄소를 측정했습니다. 충격적인 소식은 대조군 구획은 실험 기간 동안 탄소를 잃었다는 점입니다."

약간의 퇴비는 수분 보유와 탄소 포집에 큰 도움이 되는 것처럼 보였다. 윅에 따르면, 중요한 것은 이 퇴비 뿌리기의 장기적 영향이다.

윅은 말했다.

"다음 해, 다음 해, 다음 해, 다음 해⋯⋯. 다음 5년 동안 추가로 1톤의 탄소가 저절로 시스템 속으로 들어왔습니다. 한 덩어리의 퇴비로 시스템은 더 높은 기능을 갖게 되었습니다. 그 이후로 더 많은 물을 보유해 더 많은 식물이 자랄 수 있었고, 공기에서도 더 많은 탄소를 제거했지요."

이러한 발견이 지구적으로 암시하는 바를 고려할 때, 우리는 존이 흥분한 이유를 알 수 있다. 미생물은 대기에서 탄소를 구할 뿐 아니라, 토양 속에 물을 저장할 수 있는 하부구조를 만든다.

이러한 발견은 이후 토양 건강에 관한 현상을 연구하는 다른 이들에게 반향을 일으켰다. 수분 보유와 탄소 보유 사이의 연결은 강력하다. 토양 탄소를 연구하는 호주의 과학자 크리스틴 존스$^{Christine Jones}$는 말했다.

"일반적으로 말해서, 물과 탄소는 함께 움직입니다. 그것들의 순환은 연결되어 있습니다."

만약 토양이 물을 잃으면 탄소 역시 잃게 되고, 반대로 토양이 물을 보유하면 탄소 역시 보유한다.

생명을 만들기 위해 생명을 이용하는 것은 루돌프 슈타이너의 유기농업의 기초이다. 그리고 그것은 정직한 현대 유기농업이나 목장 운영의 기초로 남아 있다. 만약 퇴비가 더 많은 생명을 만드는 데 필요한 "생명"이 될 수 있다면, 짜잔, 어떻겠는가!

다만 한 가지 문제가 있다. 충분하지 않다는 것이다.

퇴비의 문제는 일단 농부들이 퇴비를 사용하면 그것이 주는 혜택에 매료될 텐데, 제한된 공급을 고려할 때 수요는 경쟁으로 변하게 된다는 점이다. 샌프란시스코 주변 지역에서는 포도원, 농장, 과수원 모두 트럭에 가득한 "검은 황금"을 차지하기 위해 경쟁하면서 퇴비를 얻기 위한 전쟁이 격렬해졌다. 주목할 만한 PBS 시리즈 〈앞으로의 식량 $^{Food\,Forward}$〉에서 샌프란시스코의 퇴비를 취재한 영화제작자 그레그 로든$^{Greg\,Roden}$은 이 논쟁적인 상황을 "퇴비 전쟁"이라고 부른다.

미국은 많은 퇴비를 생산할 수 있으며, 그 퇴비의 모든 세제곱야드는 식물 성장을 증진하면서 토양을 비옥하게 하는 데 기여할 것이다. 그러나 샌프란시스코의 퇴비 프로그램의 사례를 미국 총 인구에 적용한다면, 그것으로는 부족하다.

해마다 미국 전역에서 매일 모든 음식물 찌꺼기와 정원 손질 후 나온 쪼가리들을 수집하고 퇴비화하면 약 200만 에이커를 0.25인치로 덮기에 충분한 양의 퇴비를 생산할 수 있다. 이것은 의미 있는 면적이지만, 농업용 토양의 0.5퍼센트가량에 지나지 않는다.[10] 우리의 토양에 지속적인 영향을 주기 위해서는 더 많은 퇴비가, 훨씬 더 많은 퇴비가 필요하다.

다음은 미국에서 추가적인 "재료"로 얼마나 많은 퇴비를 생산할 수 있는지를 간단히 그려본 것이다.

미국에서는 매년 약 247만 명의 사람이 죽는다. 평균 무게가 75킬로그램이라고 할 때, 약 18만 5,000톤의 "퇴비화 가능한 재료"를 얻을 수 있다. 하수처리장에서 나오는 700만 톤의 생물고형물을 더하면, 우리는 약 718만 톤의 "퇴비화 가능한 재료"를 추가로 얻게 된다.[11] 718만 톤을 퇴비화하면 약 950만 세제곱야드의 완성된 퇴비를 얻을 수 있다.[12] 그것은 추가로 토지 28만 8,000에이커 또는 약 100개의 현대식 옥수수 농장을 덮기에 충분한 양이다.

가장 공격적인 전략으로 하수와 시체를 모두 활용하더라도 그렇게 만들어진 퇴비는 단지 도시와 그 주변의 작은 토지를 덮을 수 있을 뿐이다. 공정하게 말하면, 이것은 여전히 우리의 도시 토양을 개선할 주목할 만한 일이고, 이것으로 도시가 생산하는 폐기물 양을 극적으로 줄일 수 있다. 이러한 종류의 퇴비가 우리의 토양 회복 키트의 중요한 도구라는 점은 의심할 여지가 없다. 그러나 도시에서 나온 퇴비는 그것만으로 기후를 바꾸거나 물순환을 바로잡거나 고장 난 전 세계 농업과 식량 패러다임을 치유할 수 없다.

그러면 어떻게 해야 할까?

제프 크레크$^{\text{Jeff Creque}}$ 박사는 마린 카본 프로젝트에서 윅과 함께 일하는 과학자 중 한 사람이다. 각진 요정 같은 모습을 한 사려 깊고 정확한 사람인 그는 박사학위 취득 전후의 35년 경력을 모두 농업이 미시 생태계와 거시 생태계에 미치는 영향을 연구하는 데 바쳤다. 크레크 박사는 다음과 같이 설명했다.

"우리가 원한다고 해서 전 세계 방목지에 뿌릴 만큼 충분한 퇴비를 생산할 수는 없습니다. 둘째로, 그렇게 하려고 시도하는 것은 매우 비현실적입니다."

그가 보는 것처럼, 문제는 세계의 농업 토양의 영양분을 어떻게 보충할까 하는 점이다.

우리 행성에는 50억 헥타르의 경작지가 있다. 15억 헥타르는 농장을 위해 경작되고 있으며, 35억 헥타르는 잔디, 대초원 그리고 방목지이다. 전체 면적 중에서 대다수는 열악한 농업 관행으로 인해 사막화되고 있다. 우리 인구가 급속도로 증가하는 동안, 식물을 재배하는 우리의 능력은 퇴보하고 있다.

인류를 유지하기 위해 필요한 양의 식량을 재배하기 위해서 토양은 영양분을 공급받아야 한다. 이를 위해 정확히 두 가지 방법이 있다. 퇴비(또는 퇴비에 상응하는 것)와 같은 생물학적 수단, 또는 화학적 투입물을 사용하는 것이다. 도시 기반 퇴비화는 도움이 되지만, 토지의 아주 작은 범위에만 제공할 수 있다. 반대로 농약 실험은 토지를 황폐화하고 유독물질로 물을 오염시켜 토지의 건강을 악화한다. 그렇다면 영양소와 미생물을 토양 속으로 다시 집어넣기 위해서는 단 한 가지 방법만 남는다.

크레크 박사가 설명했듯이 "명백한 해답은 가축을 의도적이고 지능적으로 관리하는 것"이다. 달리 말해서, 우리는 오늘날 살아 있는 최고의 퇴비 생산자를 이용할 필요가 있다. 나는 소에 대해서 이야기하고 있다.

소들의 화장실

제프 크레크 박사는 *바이오사이버네틱스*가 모든 것이 연결되어 있는 생명 작용을 바라보는 새로운 방법이라고 말했다. 크레크 박사에게 농장은 그냥 농장이 아니다. 상호 연결된 많은 조각들로 이루어진 "시스템"이다. 이것은 수많은 생물학적 과정이 끊임없이 상호작용하고 있는 방목지 "생태계"에서도 마찬가지이다. 수백만, 수십억, 심지어 수조 개의 생물학적 유기체들을 통한 화합물들의 "흐름"이 있다.

농업에 기여하는 이러한 생명의 춤은 루돌프 슈타이너에 의해 처음으로, 다음으로 브르타뉴의 농부들에 의해, 다음으로 1950년대와 60년대에 세 권의 책을 출판한 프랑스 생화학자이자 농부인 앙드레 부아쟁André Viosin에 의해, 다음으로 종종 사랑받는(때로는 미움 받는) 앨런 세이버리에 의해, 최근에는 조엘 샐러틴 같은 "급진적" 농부들에 의해, 그리고 지금은 마린 카본 프로젝트에서 일하는 사람들에 의해 체계적으로 정리되었다.

크레크는 다음과 같이 말했다.

"여러 해 동안 우리 농업은 시스템의 구성요소들을 조작하는 것이 전부였고, 우리는 개별 영양소 또는 개별 변수들의 조작에 집중했습니다. 그러나 시스템의 관점에서 보면, 그것은 세계를 바라보는 전적으로 잘못된 방식입니다. 만약 우리가 우리의 농업 체계를 시스템으로 바라보기 시작한다면, 만약 우리가 우리의 문화 생태학을 시스템으로 보기 시작한다면, 우리의 많은 문제가 훨씬 더 잘 이해될 것입니다."

크레크는 이것을 화학적 투입물에 의존하는 우리의 현대 산업 농업 시스템과 대조했다.

"오늘날 우리가 하고 있는 일은 우리가 의존하는 바로 그 생태계의 기반을 약화시킵니다. 온실가스 배출량 전망치를 고려하면, 이 행성에서 우리의 생존을 위한 장기적 예후는 매우 매우 좋지 않습니다. 우리의 현행 농업 시스템에서 배출된 퇴적물과 화학비료, 살충제와 제초제로 인해 전 세계적으로 해안가 주위에 데드존이 상당한 비중으로 생겼습니다. 오늘날 우리는 우리가 가진 식량 생산 시스템으로 말 그대로 우리 자신을 죽이고 있습니다. 우리 자신을 먹여 살리기 위해 그 시스템이 필요하다고 주장한다면, 나는 그것을 미치광이의 발광이라고 할 것입니다."

어떤 유형의 농사를 짓든지 간에 항상 자연을 바꾸게 될 것이라고 크레크 박사는 말했다.

"우리가 생태계를 관리할 수 있는 유일한 방법은 그것을 교란하는 것입니다. 역사적인 교란으로부터 생태계를 쉬게 하는 것조차 이전의 관리에 비해 교란입니다. 따라서 다음과 같이 물을 수 있습니다. 이곳에서 탄소 포집을 강화하기 위해 어떠한 유형의 교란이, 얼마나 잦은 교란이, 얼마나 강한 교란이 필요할까?"

존 윅과 제프 크레크는 인간이 어떤 종류의 "교란"이 "시스템"을 올바른 방향으로 움직이게 할 것인지에 관한 시각적 신호를 종종 잘못 해석한다는 점에 동의한다. 윅은 자신이 잘못 해석한 일을 예로 들었다. 그는 내게 말했다.

"우리가 이 목장을 관리하기 시작했을 때 약간 갈등을 겪었습니다. 우리는 고기를 먹었지만, 소는 좋아하지 않았습니다. 우리는 소가 환경에 파괴적이라고 믿었지요. 따라서 우리가 한 첫번째 일은 이 방목지에 방목 임대차 계약을 맺은 청년을 내보내는 것이었습니다."

그러나 소를 제거한 것은 그가 기대했던 것과 정반대 효과를 가져왔다. 존의 말에 따르면 "그것은 사실상 생태계에 연쇄적인 붕괴를 일으켰다." 거기서부터 목장의 잡초 문제가 악화되었다.

퇴비 실험과 연구 끝에, 존은 소의 배설물을 다시 살펴보기로 결심했다. 토양에 미치는 배설물의 작용과 퇴비의 작용은 비슷하다. 윅은 소들을 제거한 것이 실제로 그의 "시스템"을 잘못된 방향으로 밀어넣은 것인지 확인하고 싶었다.

윅은 UC 버클리 출신의 미생물 생태학자인 개리 안데르센[Gary Andersen] 박사를 선임해서, 한때 자신의 땅을 배회하던 동물들의 장내 박테리아를 밝혀내고, 다시 그 땅으로 데려올 가장 좋은 동물을 찾아내도록 했다. 안데르센 박사는 엘크, 가지뿔영양, 곰이 모두 마린에 있는 윅의 토지를 한때 배회했고 오늘날에는 "실종"되었다는 사실을 알아냈다.

윅은 내게 말했다.

"계통수에서 엘크의 장내 박테리아는 내가 소개하는 소의 장내 박테리아와 나란히 있습니다. 이것은 내가 퇴적하는 분뇨가 실제로 토종 식물의 근권과 조화를 이룰 수 있는 박테리아군을 수용하고 있음을 암시합니다. 우리는 이제 소를 엘크의 대리자 혹은 후임자로 여길 수 있습니다. 이 시스템 속에 있었던 가지뿔영양은 환경과 상호작용하는 방식이 염소와 매우 비슷합니다. 그리고 역사적으로 이 지역에는 나무들 사이와 나무뿌리 주변에 흑곰 역시 존재했을 것입니다. 돼지도 생태계에서 매우 비슷한 기능을 합니다."

안데르센의 연구를 통해서, 윅은 한때 자연에서 풀을 뜯던 존재들이 이 땅에서 했던 일을 모방할 수 있다는 것을 깨달았다. 윅은 말했다.

"토착종을 쉽게 구할 수 없는 유럽의 영향이 매우 강한 200년 역사의 시스템 속으로 들어가서, 동물들을 모아 내가 생각하는 생태계 기능을 실현해보고자 했습니다."

다른 선택들도 가능했지만, 존은 소의 이용 가능성과 실용성 때문에 최종적으로 소를 선택했다고 했다. 그는 설명했다.

"우리는 토착 생태계의 기능 촉진을 위한 관리 도구로서 지역 소 떼를 빌릴 수 있었습니다. 그해에 언제 소 떼를 데려올 것인지, 얼마나 많이 데려올 것인지, 소 떼를 얼마나 조밀하게 모아놓고 그 시스템에 밀어 넣을 것인지, 소 떼가 얼마나 오래 거기 있을 것인지, 그리고 얼마나 오래 거기 있지 않을 것인지에 관해 많은 생각을 했습니다."

결과는 희망적이었다. 토양은 퇴비가 들어갔을 때와 마찬가지로 작동했고 탄소를 격리하기 시작했다. 그러나 그것은 메탄에 관해서도 놀라운 일을 했다.

"우리가 측정한 바로는 소의 배설물이 토양에 떨어졌을 때 메탄의

흔적이 존재하지 않았습니다. 왜냐하면 건강한 토양 시스템에는 그 배설물을 분해하는 메탄영양체 박테리아가 존재하기 때문입니다."

크레크 박사는 관리된 집약적 순환방목을 통해 소들이 농업용 토양에 필요한 귀중한 영양분과 미생물을 대규모로 실용적으로 공급할 수 있다는 확고한 견해를 가지고 있다. 사실 전형적인 450킬로그램짜리 거세 수소는 매일 약 27킬로그램의 똥을 눈다. 풀을 먹이고 자주 이동하게 하면, 수소의 똥은 질소 140그램과 인 50그램을 토양에 공급할 것이다.[13] 오늘날 미국의 8,000만 마리의 소들은 대부분 갇혀 있지만 하루에 240만 톤의 분뇨를 생산한다. 도시에서 유래한 퇴비의 최대 잠재력이 10만 6,000톤에 불과한 것에 비해, 소의 배설물에서는 훨씬 더 많은 퇴비를 얻을 수 있다.

크레크 박사와 윅은 그들의 관리된 방목 시스템을 협력해서 발전시켰다.

윅은 다음과 같이 설명했다.

"무리는 들판으로 이동해 모두 한 무리가 되어 먹으면서 다 같이 들판을 가로질러 갑니다. 그들은 탐스러운 식물, 한해살이 식물, 외래 식물 모두를 같은 비율로 먹고 다음 들판으로 갑니다. 나는 한 해를 꼬박 투자해 들판에 미치는 방목의 영향을 평균화하고 있습니다. 3년 만에 우리는 풀이 바람직한 식물군으로 변화하는 것을 발견했습니다. 매우 신나는 일이었지요. 이러한 종류의 방목 관리를 시작한 지 7년이 지나서, 지금 우리는 매우 중요한 토착 식물군을 확보하게 되었습니다."

도시 퇴비와 자유 방목한 소의 배설물에는 두 가지 중요한 차이가 있고, 그 사실은 윅으로 하여금 소를 사용하는 쪽으로 나아가게 했다.

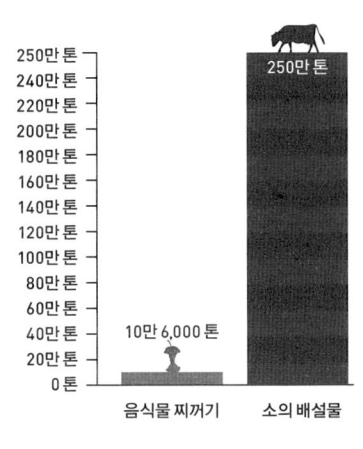

250만 톤
240만 톤
220만 톤
200만 톤
180만 톤
160만 톤
140만 톤
120만 톤
100만 톤
80만 톤
60만 톤
40만 톤
20만 톤
0 톤

250만 톤

10만 6,000 톤

음식물 찌꺼기　　　소의 배설물

궁극적으로 농업 토양을 안정화하기에 충분한 퇴비를 만들기 위해서는 소와 소가 생산하는 거름이 필요하다.

첫번째 차이는 국가의 퇴비 프로그램은 좋은 생각이지만, 문제의 분뇨는 이미 존재한다는 점이다. 확실히, 오늘날 소의 분뇨가 생산되는 방식은 유독하다(동물의 개탄스러운 환경은 말할 것도 없다). 만약 소의 분뇨가 (목초지에 걸어 다니는 소들에 의해) 자연스럽게 분배될 수 있다면, (오늘날 대부분의 가축사육장에서 그러하듯이) 폐기물 저장조를 만드는 것보다 더 나을 것이다.

　그러나 두번째 큰 차이점 역시 중요하다. 배설물은 토스트 위의 버터처럼 토지 전역에 퍼질 필요가 없다(그리고 그래서도 안 된다). 오히려 효능으로 본다면, 소똥이 토지 전역에 비교적 일정한 간격으로 퇴적되는 것이 토양에 더 좋다.

　윅은 자신의 철학은 소똥이 토양에 떨어지는 사건에서 비롯되었다고 말했다. 그는 설명했다.

"내가 성취하려고 애쓰는 것은 3제곱피트마다 소똥 한 덩어리가 떨어지게 하는 것입니다. 나는 탄소를 추출하거나 고갈시키기보다는 균형을 회복하고 토양에 탄소를 복원하고 싶습니다."

존 웍은 소를 소유하고 있지 않으며 오히려 한가할 때 소들을 "임대"해서 풀을 뜯게 한다. 그의 실험은 가치 있는 일이지만, 그럼에도 불구하고 그것은 실험이다. 집단방목이 대규모로 작동하려면 누군가는 소들을 소유해야 하고 그 누군가는 소들의 탄생, 생활 그리고 죽음에 책임을 져야 한다.

오늘날 대부분의 "집단방목" 농부들은 농장 외부에서 가져온 곡물 사료와 건초에 의존한다. 자기네 가축을 위한 주요 투입물 재배의 (그리고 소들의 기본적인 물 사용의) 책임을 떠넘김으로써, 그들의 "시스템"은 불완전하다.

그러나 소와 다른 가축들이 닫힌 농업과 목축 시스템의 일부로 살아가려면, 농부들과 목장 주인들은 어떻게 그 땅에서 나온 것으로 그들을 먹일 것인지를 배워야 할 것이다. 토질이 나빠진 토양, 침입종, 변화된 강수 유형, 그리고 종종 물리적으로 불연속적 구획으로 분할된 농장과 방목지를 고려할 때, 이것은 엄청나게 힘든 도전이다.

생태학적 기억

우리의 목표가 토양의 비옥함을 회복하는 것이라면, 인간의 똥부터 시체, 음식물 찌꺼기, 소의 배설물까지 우리 사회에서 이용 가능한 생물학적 폐기물의 모든 조각이 퇴비화되어야 한다. 현재로서는 동물사육장에서 나온 폐기물, 딱정벌레 병충해에 시달려온 나무들, 그리고 화학산업 농업에서 나온 농작물 잔여물과 농업 폐기물조차 여기에 포함된다.

퇴비의 아름다운 점은 그것이 "공급 원료와 무관"하다는 점이다. 달리 말해서, 퇴비화 과정은 원재료가 생물학적이기만 하면 무엇을 집어넣든 상관하지 않는다. 퇴비가 되는 과정은 무엇을 해야 하는지 항상 기억하는 미생물에 의해 이루어지는 고대의 과정이기 때문이다. 이 미생물과 그들이 만드는 퇴비는 우리 행성의 "생태학적 기억"의 일부이다.

기술적으로 말해서 "생태학적 기억"은 생태계의 현장 이력, 토양 특성, 포자, 종자, 줄기 단편, 균근, 종, 개체군, 미생물 및 기타 잔여물과 그러한 생물학적 조각들이 후임 군집 및 생태계의 구성에 영향을 미치는 방식을 나타낸다.[14] 생태학적 기억에는 씨앗, 동물, 식물과 같은 생물학적인 것과 유전적인 "유산"이 모두 포함된다. 달리 말해서, 생태계가 어떻게 다시 살아나는지를 "기억하는" 능력이다.

북아메리카 생태계를 진정으로 되돌리려면 들소를 비롯한 대형 유기체들을 다시 데려와야 할 것이다. 그러나 이것은 무리한 요구이다. 우리가 사는 곳은 이제 소와 고속도로, 가축과 도시, 어린 암소와 아스팔트의 나라이다. 우리의 토지는 수백만 개의 구획들로 세분되어 있으며 우리의 소들은 크고 가축화되었고 느리다. 울타리가 쳐진 대초원을 고려할 때, 야생 들소 떼가 40번 주간 고속도로를 천둥처럼 가로지르는 것을 조만간 볼 수 있을 것 같지는 않다.

　　오늘날 우리의 생태계는 행성 전역에서 온 작은 조각들로 구성된 "고물집적소 생태계"이다. 그것은 어떤 형태의 관리나 계획 때문이 아니라 오히려 그것이 완전하게 결여되어 있음으로 존재한다. 이와 대조적으로 우리의 도시, 고속도로, 그리고 인터넷 파이프라인을 포함해서 우리가 가장 가치 있게 여기는 기반시설은 모두 세심하게 관리된다. 우리가 잘 살고 미래에도 잘 살기 위해서 축적 문화는 우리의 생태학을 직시해야 한다. 과거에 있었던 것과 비슷한 무언가를 구축하기 위해서, 우리는 토지 자체의 강력하고 풍부한 생태학적 기억뿐 아니라 고물집적소에 있는 잡동사니를 사용하는 법을 배워야 한다.

　　재생농부들과 "탄소 카우보이들"이 개척한 기술을 사용함으로써, 우리는 협력해서 생명을 지탱하고, 탄소를 토양 속에 격리하며, 우리가 절실히 필요로 하는 어마어마한 양의 식량을 제공해주는 많은 종들을 포함하는 다양하고 탄력적인 생태계를 만들 수 있을 것이다. 중요한 것은, 이 문제를 두고 씨름하는 토착 아메리카인들도 있다는 점이다. 파인리지 인디언보호구역 출신의 라코타 토착 아메리카인 칼린 헌터Karlene Hunter와 마크 틸센Mark Tilsen 같은 사람들은 식품회사를 차렸다. 그들은 지금 탄카바Tanka Bars를 만들고 있다. 그들 회사의 목표는 지속 가능하게 사육된 버펄로 음식에 대한 수요를 이용해서 위대한 버펄로를 다시 되살리는 것이다.

　　이 지도자들과 그들의 엄청난 노력을 고려할 때, 우리는 다시 한 번 버펄로 은행계좌를 채울 수 있을지도 모른다.

　　그리고 어쩌면, 다만 어쩌면, 시간과 정성을 기울여 신중한 번식과 재도입에 전념한다면, 언젠가 먼 미래에는 우리 증손자들이 대평원을 천둥처럼 가로지르는 위풍당당한 타탄카 무리를 다시 보게 될지도 모른다.

이것은 싸울 가치가 있는 유산이다.

6장
방목장 위의 집

나는 많은 사람들이 찬탄하는 태평양 연안 고속도로(일명 "1번 고속도로")를 타고 북쪽으로 차를 몰았다. 구불구불한 아스팔트 도로는 태평양의 바위투성이 해안선에서 솟아오른 산들의 가장자리에 환상적으로 붙어 있는 것처럼 보였다. 자동차 광고나 영화에서 볼 법한 "드라이브"였다. 동물군이 점점이 보이는 장엄한 언덕, 험준한 해안, 거센 파도로 곤두박질치는 길 가장자리가 모두 숭고한 경험을 선사했다. 캘리포니아 주민에게도 소위 "1번"을 운전하는 것은 경외의 순간이다.

캘리포니아주 하프문베이 마을은 그곳을 만든 인터넷 사업자들, 그곳을 물려받은 사람들, 그리고 또 다른 방식으로 그곳을 얻은 사람들의 거주지이다. 부동산 가치는 천문학적이고, 지역 식료품점에는 약 1,000종의 와인이 저장되어 있으며, 샌프란시스코에서 일주일에 두 번(한 번은 모임을 위해 또 한 번은 미술 전시회를 위해)은 출퇴근할 수 있을 정도로 가깝다. 그러나 그곳을 정말로 다르게 만드는 것은 태평양의 깜짝 놀랄 만한 전망이다. 일련의 아름다운 절벽으로 둘러싸인 반짝이는 만의 전경은 긍정적인 문구가 새겨진 작은 방 포스터에 어울릴 법하다.

하프문베이 바로 외곽의 산들을 굽이굽이 올라가고 있을 때, 뭔가 다른 것이 시야에 들어왔다. 그것은 너무 흔해서 풍경의 일부로 간과되기 쉬웠다. 그러나 그것은 최근 기후변화 체스판에서 가장 뜨거운 논쟁거리 중 하나가 되었다. 나는 풍력 터빈이나 자동차 또는 태양광 패널에 대해 이야기하는 것이 아니다.

다시 한 번, 나는 소에 대해 이야기하고 있다.

소와 소고기

서부 해안의 어느 칵테일파티에 가서 음…… 손가락까지 핥아 먹을 정도로 훌륭한 소고기 햄버거와 "기후변화"의 연관성에 대해 언급해보라. 그러면 분명 불꽃이 튀는 것을 보게 될 것이다. 소고기 소비가 미치는 부수적인 악영향에 대해 거의 25년 동안 격렬하게 논쟁이 펼쳐져왔고 최근에 열기는 절정에 달했다. 왜 그리고 어떻게 우리가 소고기와 이랬다저랬다 하는 애증의 관계에 빠져들게 되었는지 이해하기 위해서, 우리는 디스코가 공중파를 지배하던 시절로 돌아가야 한다.

1970년대에는 모든 "흰색" 음식의 인기가 없어지고 자칭 "건강식품" 가게들이 교외 풍경에 드문드문 나타나기 시작했다. 건강식품 운동이 발판을 찾고 있을 때, 몇몇 과학자들과 심장병 전문의들은 소고기 소비와 심장마비 발병률 증가 사이의 연관성에 대해 이야기하기 시작했다. 엘비스 프레슬리가 유명한 나팔바지를 입을 무렵, 미국에서 대부분의 소들은 옥수수를 꾸준히 먹었는데, 그것은 소들이 자연스럽게 먹는 음식은 아니었다(옥수수 기반 소 사료와 붉은 고기의 건강에 해로운 지방이 연결된 것은 나중의 일이다).

1980년대에 베이 지역에 기반을 둔 열대우림행동네트워크^{Rainforest} Action Network는 버거킹이 중앙아메리카에서 3,500만 달러의 "열대우림 소고기" 계약을 종료하게 만들었다. 곧 스팅과 필 콜린스가 합류해서 소고기 반대 드럼을 두드렸다. 많은 환경주의자들에게 햄버거는 산림 파괴와 동의어가 되었다. 그렇지만 한때 나무가 자랐던 곳에서 배회하는 소들에게로 이어지는 미묘하고 복잡한 관계에 대한 설명은 광란 속에서 길을 잃었다. 열대우림 파괴의 순환은 흔히 가난에서 시작해서 벌목과 함께 계속되며, 소 떼로 옮겨 가 그 땅을 대두 생산지로 변형시키고, 사막화로 끝난다.

1997년에 "동물의 윤리적 처우를 지지하는 사람들^{PETA}"은 "잔혹한 맥^{McCruelty}" 캠페인을 시작했다. 그들은 23개국의 맥도널드 식당을 겨냥해서 400건의 시위를 조직했고, 도살장의 피투성이 장면을 묘사한 광고를 사용했다. 그로부터 머지않아 PETA는 버거킹과 웬디스를 겨냥해 비슷한 캠페인을 진행했다. 세 식당들은 모두 계속해서 햄버거를 팔았지만, 기본적인 동물복지 기준을 만드는 데는 동의했다. 그것은 동물의 권리를 위한 작지만 확실한 일격이었다.

2000년대 초반에는 광우병이 유행했다. 그러고 나서 마치 소고기 산업의 상황이 충분히 나쁘지 않다는 듯이, 모건 스펄록^{Morgan Spurlock}의 폭로성 다큐멘터리《슈퍼사이즈 미^{Super Size Me}》가 극장을 강타했다. 오스카상 후보에 올랐던 이 영화는 본질적으로 패스트푸드가 당신을 뚱뚱하게 만든다는 것을 보여준다. 이상도 하지.

2010년 무렵에는 미국인들이 소고기를 먹고 있다는 것 자체가 놀라운 일이었다. 그러나 고기의 상대적인 가격이 이전보다 더 내려간 상황에서, 눈길을 사로잡는 맥도널드 광고와 버거킹에서 인기 어린이 영화《토이 스토리 3》와 제휴해서 나눠주는 봉지 속 장난감 때문에 미국인들은 드라이브스루에 저항할 수 없었다.

그 무렵 월드워치연구소^{Worldwatch Institute}의 로버트 굿랜드^{Robert Goodland}와 제프 안항^{Jeff Anhang}은『가축과 기후변화: 기후변화의 주요 요인이… 소, 돼지, 닭이라면?^{Livestock and Climate Change: What If the Key Actors in Climate}

Change Are... Cows, Pigs, and Chickens?』이라는 제목의 보고서를 공동 집필했다. 그 질문이 충분히 각을 세우지 않았다는 듯이, 서두에서 저자들은 "우리의 분석에 따르면, 가축과 가축의 부산물은 실제로 적어도 연간 325억 6,400만 톤의 이산화탄소 환산량^{CO_2e}● 또는 연간 전 세계 온실가스 배출량의 51퍼센트에 책임이 있다."라고 말했다.

전 세계 연간 온실가스 배출량의 절반은 엄청난 양이다. 만약 저자들이 옳다면, 기후를 생각하는 사람들은 곧바로 고기를 포기해야 한다.

그렇지만 그 보고서는 포괄적이고 부정확한 가정에 기초한다. 그것은 다음과 같이 부정확하게 주장한다.

"실제적으로 더 많은 가축과 사료를 생산할 수 있는 유일한 길은 자연림을 파괴하는 것이다."

그러나 북아메리카에서는 지난 50년 동안 *더 많은* 가축을 먹이기 위해 매년 줄어드는 농지에서 *훨씬 더 많은 사료용* 옥수수를 생산했다. 지금 나는 우리가 더 많은 동물을 먹이기 위해 더 많은 옥수수를 생산하는 것을 옹호하려는 것이 아니다. 그러나 중서부에서 더 많은 옥수수를 재배하기 위해 열대림이 벌목되고 있는 것은 분명히 아니다.

그 보고서는 다른 유형의 음식보다 육류의 요리, 포장, 그리고 운송에서 생겨나는 온실효과를 더 무겁게 평가한다. 그것은 또한 이산화탄소가 대기에서 발생해 가축의 먹이가 되는 식물 속으로 순환함에도 불구하고(그리고 산업화된 농업 이전에 지구상에는 훨씬 더 많은 반추동물이

● 여러 온실가스 배출량을 이산화탄소 배출량으로 환산한 총량

있었음에도 불구하고) 동물의 호흡(내쉬는 숨)에서 나온 이산화탄소를 계산한다. 그 보고서는 환경주의자들을 가축이 온실가스의 51퍼센트에 기여한다고 믿는 사람들과 그렇게 믿지 않는 사람들의 두 진영으로 양극화했다.

설상가상으로 2014년에는 Cow(소)와 Conspiracy(음모)의 합성어인《카우스피라시Cowspiracy》를 제목으로 한 다큐멘터리가 온라인으로 개봉되었다. 그 영화는 월드워치연구소 보고서를 인용해서 "육류와 낙농산업이 모든 자동차, 트럭, 기차, 배 그리고 비행기의 배기가스를 합친 것보다 더 많은 온실가스를 생산한다"고 주장한다. 그 영화는 전 세계의 물 남용, 열대림 파괴, 배출, 환경 악화, 그리고 기후변화에 기여하는 다른 모든 요소들을 배제하고 육류 생산을 비난한다.

그렇게 몇 년간 소에 대한 맹공격이 퍼부어지자 침묵하던 소 찬성 캠프는 지긋지긋해졌다. 주디스 슈워츠Judith Schwartz의 『소가 지구를 구한다Cows Save the Planet』, 니먼 목장의 니콜레트 한 니먼Nicolette Hahn Niman의 『소고기를 옹호하며: 지속 가능한 육류 생산의 사례Defending Beef: The Case for Sustainable Meat Production』, 앨런 세이버리의 『방목 혁명The Grazing Revolution』 등 매우 다른 그림을 그리는 책들이 서점에 깔렸다.

소 반대 운동가들과 마찬가지로, 이 저자들 역시 모든 형태의 공장식 동물사육을 멀리한다. 그러나 육류 소비를 완전히 중단하는 대신, 그들은 소들이 이산화탄소 격리, 목초지 복원, 사막화 역전 및 물 공급 안정화에 중요한 역할을 하는 목축과 농업에 대한 생태학적 접근법을 제안한다. 이 저자들과 그들이 인용하는 연구자들은 소들이 재생농업의 열쇠 중 하나라고 주장한다.

나의 물음은(그리고 내가 북쪽으로 차를 몰고 가게 된 동기는) 누가 옳은가 하는 것이다. 소들은 걸어 다니는 기후 재앙일까? 아니면 소들은 탄소 격리를 위한 퍼즐의 핵심적인 조각일까? 아니면 둘 다일까? 나는 가뭄에 시달리는 캘리포니아의 거의 물이 없는 고지대에서도 소가 탄소를 포집하고 토양 깊숙이 격리하는 도구가 될 수 있다고 믿는 가족을 만나러 가는 길이다.

그러나 그들을 만나기 전에 아침을 먹어야 한다.

소똥 같은 소리

내 친구(그를 "랍"이라고 부르기로 하자.)는 하프문베이 바로 외곽에 자신의 유기농 목장을 소유하고 있으며 다방면에서 활동하고 있다. 랍은 모든 것에 대해, 특히 환경에 관한 문제라면 확고한 의견을 피력하는 사람들 중 하나다. 비싸지 않고 음식이 빨리 나오는(그러나 패스트푸드는 아닌) 식당에서 만나자는 나의 요청에 따라, 랍은 하프문베이에서는 일반적인 개인 전용 비행장에 있는 텍스멕스 카페로 나를 초대했다.

내가 소와 기후에 관해 읽은 내용을 요약해서 전해준 긴 대화가 끝나자, 랍은 냅킨으로 입을 닦으면서 말했다.

"보세요. 나는 소가 이산화탄소 격리에 기여할 수 있다는 이러한 이야기들은 모두 완전히 소똥 같은 소리^{bullshit}●라고 생각합니다."

● "bullshit"은 글자 그대로는 "소똥"이지만 일반적으로 "헛소리"를 의미한다.

랍의 근거는 대부분 개인적인 경험에서 나온 것이다. 그는 온전한 "유기적 생태계" 접근법의 일환으로 자기 목장에서 소를 키우려고 시도했다. 그는 자신의 소들이 물을 너무 많이 먹고 너무 많은 문제를 일으킨다는 사실을 알게 되었다. 마침내 그는 공짜 비료 보너스가 그만한 가치가 없다고 결론짓고, 자신의 작은 소 떼를 팔아버렸다.

우리가 작은 식당에서 예상 가능한 아침식사를 하는 동안, 랍은 자연을 회복하기 위해 소를 이용한다는 생각에 격분하며 열정적으로 반대했다. 달걀과 베이컨 몇 조각을 더 먹고 나서 그는 말했다. "나는 채식주의에 동조하는 사람입니다." 랍의 시각은 캘리포니아의 말 없기 좋아하는 많은 사람들을 반영한다. 《카우스피라시》를 믿을 만큼 멀리 가지는 않더라도, 그들의 집단적 견해는 캘리포니아의 야생지를 그대로 놓아두어야 한다는 것이다.

랍은 말했다.

"우리에겐 캘리포니아 언덕이 자연으로 되돌아가도록 내버려둘 수 있는 유기농 정원이 필요합니다. 소를 키우는 데는 물이 너무 많이 필요합니다. 이런 종류의 이야기가 환경에 도움이 된다는 것은 목장주들의 홍보와 판매 전략입니다. 내가 장담하는데, 만약 당신이 정말로 이 문제를 정직하게 연구한다면, 소 문제가 소똥 같은 소리라는 결론에 이르게 될 거예요. 글자 그대로요."

그는 몇 번 더 씹어서 삼켰다. 나는 차를 마시고 계산서를 부탁했다.

사건은 종결되었고, 랍은 기운을 차렸다.

"언제 배터리 기술에 대해 뭔가 해보겠어요? 지금 테슬라가 정말로 잘나가고 있잖아요."

우리는 각자 돈을 냈고 작별인사를 나누었다.

이름에 알파벳 K가 들어간 에릭^{Erik}

1번 고속도로를 벗어나 여기저기 움푹 파인 도로를 따라 마케가드^{Markegard} 목장 쪽으로 가자 자동차의 모든 구멍에서 먼지가 피어올랐다. 야외에서 일주일 동안 야영하는 것은 내가 그리던 휴가가 아니지만, 그것이 내가 이 "탄소 카우보이" 가족을 만날 수 있는 유일한 방법이었다. 나는 경치에 집중하려고 애썼다. 황금빛 풀밭에 초록색 덤불이 점점이 흩어진 완만한 언덕들이 뻗어 내려와 태평양과 만났다. 만약 내가 소라면 여기서 살고 싶을 것이다.

오랫동안 울퉁불퉁한 길을 운전한 끝에 비바람에 씻긴 집에 도착했다. 마케가드 가족이 곧 밖으로 나와 나를 맞이했다. 적갈색 눈에 카우보이모자를 쓴 30대 중반의 여성은 자신을 도니거^{Doniga}라고 소개했다. 우렁찬 목소리로 굳세게 악수하는 그녀의 키 큰 남편은 "이름에 K가 들어간" 에릭이다(역시 카우보이모자를 쓰고 있었다). 그들의 네 자녀(하나는 아들, 셋은 딸)는 마치 내가 외계인인 것처럼 빤히 쳐다보다가 뛰어가서 킥킥거리며 서로의 뒤를 쫓았다.

에릭이 말했다.

"너무 건조하고 더워서 유감이에요. 하필 가뭄 한복판에 만나게 되었네요. 비온 뒤 봄날에 이곳은 정말 아름답거든요. 이 언덕은……."

그는 지평선을 향해 손짓했다.

"그때 이곳은 온통 초록빛이 됩니다. 어쨌든 당신은 지금 여기에 있으니, 들어와서 당신 이야기 좀 해주는 게 어때요?(달리 말해서, 도대체 *당신*은 뭐 하는 사람이고 왜 *내* 목장에 와 있는 거지요?)"

나는 도니거와 에릭을 따라 문을 지나고 쪼개진 나무 옆 통나무에 박힌 도끼를 지나서 닭똥으로 뒤덮인 넓은 현관을 가로질러 갔다. 나도 마케가드 가족을 따라 신발을 벗고 현관으로 걸어 들어갔다. 그들의 집에는 옷가지, 담요, 소파, 그리고 피아노가 있었다. 그들의 집은 『더 좋은 집과 정원*Better homes and Gardens*』잡지에 나오는 집은 아니지만, 따뜻하고 편안한 거처였다.

우리는 부엌의 낡은 식탁에 둘러앉았고, 도니거는 신선한 버터, 빵, 그리고 김이 오르는 뜨거운 수제 소시지를 내 앞에 놓아두었다. 에릭은 에두르지 않고 말하기 시작했다.

"좋아요, 이야기해보세요. 당신은 누구고 왜 여기에 왔지요?"

나는 크게 한 입을 삼키고 나서 내 배경을 조금 이야기했다.

에릭이 의심하는 것도 어쩌면 당연했다. 지금은 사기였다고 느끼고 있는《카우스피라시》영화 제작진을 집으로 초대한 뒤, 마케가드 가족은 영화 속에서 동물을 사랑하지만 동물을 죽이는 사람들로 그려졌다. 그 영화는 마케가드 가족을 한 입으로 두말하는 사람들처럼 보이게 만들었다.

에릭은 일단 내가 히트작을 만들려는 것이 아니라는 점에 만족하고는 자신의 개인적인 이야기를 들려주기 시작했다. 그의 가족은 원래 다코타주에서 살다가 이주해왔다. 그들은 자기 땅을 살 형편이 안 되는 가난한 목장 노동자였다. 어쩌다가 에릭의 가족은 공동체를 이룬

히피 무리와 어울리게 되었는데, 그 히피들은 소 목장을 운영하기 위해 건실한 생각을 가진 사람들이 필요하던 참이었다. 그로부터 에릭의 가족은 닐 영$^{Neil Young}$이 자라났던 목장을 관리하게 되었다. 도니거와 그녀의 친구들이 지역의 퓨마 목록을 만들기 위해 닐의 땅에 무단 침입하는 바람에 에릭은 도니거를 만나게 되었다.

내가 두번째 아침식사를 하는 사이 에릭은 열중한 채 말했다.

"비건들은 내게 증오 메일을 보냅니다. 그들은 이렇게 말하지요. '당신은 자식을 사랑하는데, 왜 죽이진 않지?' 내게는 비건과 채식주의자 친구들이 아주 많습니다. 나는 먹는 것으로 사람을 판단하지 않습니다. 그들이 먹는 것이 몸의 건강을 위한 것이든, 아니면 그들이 얼굴 달린 동물을 먹고 싶지 않기 때문이든, 나는 전적으로 그들의 의견을 존중합니다. 난 이해해요."

나는 아직 에릭에게 질문조차 하지 않았다. 에릭은 말을 이었다.

"우리는 우리의 가축을 돌봅니다. 수없이 많이 말했고 다시 말하지만, 나는 우리 가축을 사랑해요. 그렇지만 사람들은 고기를 먹을 겁니다. 그들은 동물이 학대받든 말든 고기를 먹을 거예요."

에릭은 자신이 육식을 장려하기 위해 가축 사업을 하는 게 아니라고 단호히 말했다. 그가 육식 문화를 불가피하다고 여기는 것을 고려할 때, 그의 목표는 동물을 다루는 또 다른 길이 있다는 것을 보여주는 것이다. 그는 설명했다.

"가축을 키우는 사람들을 증오하는 이들이 있습니다. 만약 당신이 공장식사육시설에서 가축을 키우는 사람들을 증오한다면 그것은 괜찮습니다. 그 가축은 콘크리트 위 자기 배설물 속에서 생활합니다.

그러나 우리처럼 풀을 먹이는 목장주들을 증오하는 것은 공정하지 않
아요."

공장식 사육시설의 소

로스앤젤레스와 샌프란시스코 사이의 5번 주간 고속도로를 운전할
때, 동쪽으로 뻗어 있는 해리스 목장이 운영하는 거대한 가축사육장
들을 알아채지 못하고 지나갈 수는 없다. 그 "목장"에는 10만 마리의
가축이 있다. 캘리포니아에서 가장 크다.

웹에서 해리스의 가축사육장은 "카우슈비츠"로 불리며 비난받는
다(트위터에서는 #cowschwitz). 그곳의 동물 냄새를 모른 체하고 싶은 지
치고 배고픈 운전자들을 위해, 해리스 목장은 서구식 레스토랑과 호
텔을 운영한다. 그리고 맞다. 거기서는 결혼식도 할 수 있다.

앞서 언급했듯이, 공장식사육시설^{CAFO}은 밀집된 동물사육시설
을 가리킨다. 그 이름이 나쁘게 들린다면, 이 네 글자를 구글에 입력
하고 이미지 탭을 클릭해보라. 멀티픽셀의 영광으로 가득한 화면에는
"소고기는 어디 있지?"라는 영원한 질문에 대한 대답이 나타날 것이
다. 스크롤을 내려 이미지들을 음미해보라. 그러면 당신은 아마 점심
에 샐러드를 먹게 될 것이다.

위대한 미국의 옥수수-공장식사육시설 복합단지는 나치가 낳은
화학적 칼로리 생산 모델이 진화한 것이다. 오늘날의 공장식사육시설
육류는 오만한 연방작물보험 프로그램, 저렴하고 풍부한 석유, 수십

억 파운드의 유독성 화학물질 살포, 그리고 수억 에이커의 사료용 옥수수 생산 등 네 가지 구성요소 덕분에 가능하다. 지난날 대부분의 문명과 마찬가지로, 곡물은 미국을 뒷받침하는 통화이다. 과거 문명들에서 그 곡물은 엠머밀, 카무트밀 등 집안에 대대로 내려오는 밀이었다. 지금 우리의 세상을 움직이는 곡물은 사료용 옥수수이다.

사료용 옥수수가 폭발적으로 증가하면 수확과 탈곡, 운송, 비료 및 화학물질 살포를 위해 엄청난 양의 화석연료가 필요해진다. 옥수수 시럽과 동물 사료는 화석연료를 사용하는 곡물 생산 기계를 현금으로 바꾸는 손쉬운 방법이었다. 이 모든 화석연료는 사료용 옥수수 및 그것의 재배 이유인 공장식사육시설 육류가 엄청난 탄소 발자국을 남기는 데 기여한다. 화석연료는 또한 육류 칼로리 생산을 중앙 집중화하고 통제 및 예측하는 수단을 제공한다.

칼로리에 대해서 말하자면, 에너지(그리고 물, 화석연료)를 공장식사육시설 육류로 전환하는 것은 매우 비효율적인 과정이다. (곡물에서 다 자란 새가 되기까지) 닭의 단백질 전환 효율은 약 30퍼센트이다. 즉 원곡물에서 30퍼센트의 단백질만이 닭고기가 된다는 뜻이다. 나머지 70퍼센트는 대부분 동물 분뇨가 된다. 돼지의 경우 단백질 효율은 10퍼센트이며, 소고기의 경우는 최저인 4퍼센트이다. 불균형하게도 소량의 공장식사육시설 육류를 만들기 위해 수억 에이커의 사료 작물을 재배해야 하는 것이다.

미국에서 사육되는 모든 소와 닭의 99퍼센트는 대규모 공장식사육시설에 통조림 속 정어리처럼 쑤셔 넣어져서 "재배"된다. 문제의 동물들이 살아 있다는 점만 다르다. 공장식사육시설에는 닭과 돼지를 위한 실내 설비와 소들이 햇빛은 볼 수 있지만 식물이 없는 "가축사육장"도 포함된다.

평원을 가로지르는 들소의 이동을 모방하기 위해 소들을 이용하는 대신, 가축사육장의 소들은 지독한 냄새가 나는 배설물, 오물, 그리고 진흙 더미 속에서 옴짝달싹 못 하고 살아간다. 그들은 모두 악취가 심한 구역질 나는 환경에서 먹고, 오줌을 누고, 똥을 눈다. 질병이 맹위를 떨치니 상당한 양의 항생제를 사용해야 한다. 파리와 모기 개체수를 줄이기 위해 살충제도 흔히 사용된다. 소에게 옥수수를 꾸준히 사료로 먹이면 위가 끈적이는 점액으로 덮이게 되고, 질병과 질환의 CAFO 주기가 시작되어 약물로 상쇄된다. 그것은 고창증●을 일으키고, 이는 더 많은 약물과 화학물질로 상쇄되며, 그 소가 도살될 때까지 그렇게 반복된다.

그리고 "수율^{yield}"을 높이기 위해 호르몬이 사용된다. 호르몬은 동물 사료의 성분이 되는데, 미국에서는 (동물을 튀기는) 식당에서 사용된 튀김 기름, 닭똥, 그리고 "고기를 포장하는" 과정에서 빠지는 기타 동물 부위들이 합법적으로 사료에 포함될 수 있다. 그리고 닭(일명 "육계")을 팔기 전에 원래 무게의 최대 3분의 1까지 소금물을 주사하는 것처럼, 포장 무게(일명 "이윤")를 증가시키기 위해 작은 속임수를 사용하기도 한다. 미국인의 90퍼센트가 "너무 많은 나트륨"을 섭취하는 것은 놀라운 일이 아니다.

● 섭취물의 발효로 생겨난 가스 때문에 복부가 팽창하는 질병

에릭은 소가죽 위에 뜨거운 낙인을 찍는 것처럼 자신의 주장을 내게 찔러 넣었다. 사람들은, 적어도 미국인들은 가까운 미래에 육류 소비를 제한할 것 같지는 않다. 해리스 목장 레스토랑에 잠시 들러보면 이를 확인할 수 있다. 그곳에는 장시간의 운전 끝에 평균보다 더 큰 고기 조각을 먹기 위해 앉아 있는 평균보다 더 큰 사람들이 적지 않다. 뼈가 붙은 24온스의 꽃등심이 인기 있고, 뼈가 붙은 30온스의 프라임 갈비 또한 잘 팔린다.

사실 2008년 금융위기 이후 육류 소비가 줄어든 것은 제외하고, 미국인들은 "고기 축제" 또는 "고기 잔치"(좋을 대로 선택하라.)를 꾸준히 늘리고 있다. 우리는 1909년에 약 98억 파운드의 고기를 먹다가

육류 소비량

미국인들은 소고기는 덜 먹는 반면 공장식사육시설의 닭과 칠면조는 더 많이 먹고 있다.

2012년에는 무려 522억 파운드의 고기를 먹게 되었다. 그러나 다섯 배가 넘는 깔끔한 증가는 인구가 늘어났기 때문만은 아니다. 1965년 이후 우리의 1인당 육류 소비량은 약 20퍼센트 증가했다.

오늘날의 육류 소비량은 미국의 모든 남성, 여성, 어린이 그리고 유아를 대상으로 1인당 연간 약 213파운드에 필적한다(50파운드의 소고기, 163파운드의 닭고기, "기타 닭고기", 돼지고기, 생선 그리고 "기타 육류").[1] 어떤 사람들은 수년간 소고기 산업의 영리한 광고 캠페인에도 불구하고 소고기 소비가 1970년대 중반 이후 실질적으로 줄어들었다는 것을 보고 기뻐할지도 모른다. 그러나 미국이 "채식"으로 향해 가고 있다고 결론짓기 전에, 공장식사육시설에서 사육된 닭고기와 최근에는 공장식사육시설 칠면조가 우리의 줄어든 소고기 소비의 공백을 채우고도 남는다는 점에 주목하는 것이 중요하다.

육류 문제

오늘날, 만약 당신이 평균적인 미국식 식사를 하는 평범한 미국인이라면, 당신이 몸속에 집어넣는 것의 4분의 1, 또는 하루 칼로리 섭취의 약 25퍼센트는 공장식사육시설에서 자란 육류이다.

공장식사육시설 육류에 대한 미국의 갈망에는 수많은 문제가 있다. 여기에는 동물을 먹기 위해 엄청난 면적에서 사료용 옥수수와 콩을 재배하고 가축에 살충제와 항생제를 사용하는 문제, 그러한 환경에서 동물을 키우는 것에 관한 윤리, 그리고 전체 공급망에서 발생

미국인의 평균 식단

(% = 칼로리)

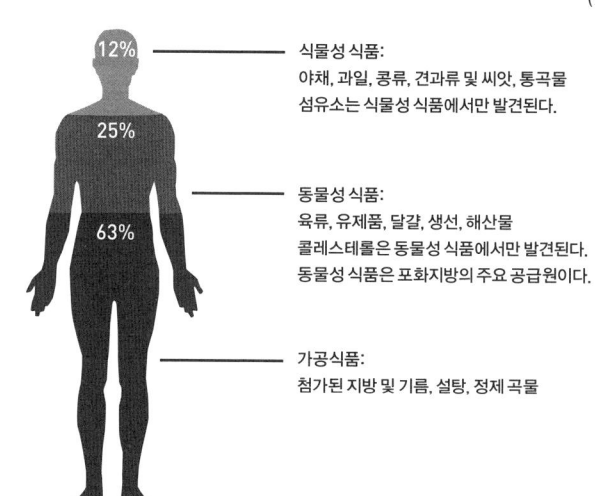

식물성 식품:
야채, 과일, 콩류, 견과류 및 씨앗, 통곡물
섬유소는 식물성 식품에서만 발견된다.

동물성 식품:
육류, 유제품, 달걀, 생선, 해산물
콜레스테롤은 동물성 식품에서만 발견된다.
동물성 식품은 포화지방의 주요 공급원이다.

가공식품:
첨가된 지방 및 기름, 설탕, 정제 곡물

"당신이 먹는 것이 바로 당신이다."라는 말이 있듯이 미국인들은 하루 칼로리의 약 4분의 1을 공장식사육시설에서 생산한 육류로 섭취한다.

미국에서 발생한 육류 관련 병원체

병원체	백분율	발생 연도, 출처
장출혈성대장균	36~55%	1998~2012, IFSAC
가스괴저균	16~41%	1998~2008, CDC
황색포도상구균	4~19%	1998~2008, CDC
살모넬라 엔테리카	6~13%	1998~2012, IFSAC
이질균	2.1~7.4%	1998~2008, CDC
리스테리아 모노사이토제니스	0~1%	1998~2012, IFSAC
캠필로박터	>1~1%	1998~2012, IFSAC

하는 엄청난 양의 이산화탄소 등이 환경에 영향을 미치는 문제가 포함된다. 논쟁의 여지가 있지만 그렇게 많은 육류 섭취가, 혹은 육류 섭취 그 자체가 인간의 건강에 미치는 영향 역시 큰 문제이다.

공장식사육시설의 육류는 연간 1,500만에서 3,000만 파운드의 항생제를 함유하고 있다. 약물 문제뿐만 아니라 소고기 분쇄육은 좋지 않은 박테리아 발생과 관련되기도 한다. 잘 기록된 몇몇 사례들을 보면 한 가지 사실이 두드러진다. 항생제에도 불구하고 이러한 일이 규칙적으로 발생한다는 점이다. 미국의 육류 소비에서 박테리아 문제가 고질적으로 나타나는 한 가지 이유는 미국 농무부가 치명적인 박테리아 수치에 대한 육류의 견본추출검사를 거부하기 때문이다. 달리 말해서, 오늘날 공장식사육시설 햄버거는 러시안룰렛을 하는 것과 매우 비슷하다. 어느 경우든지 약실에 총알이 들어 있지 않다고 아무도 확신할 수 없다.

윤리는 까다로운 주제이다. 동물을 가둬서 기르는 것이 비윤리적이라고 주장하는 바로 그 기준으로, 애초에 동물을 먹는 것 자체가 비윤리적이라고 주장할 수 있다. 그러나 만약 에릭이 옳다면(지난 100년 동안의 식습관 자료를 보면 확실히 그가 옳은 것 같다.) 사람들은 가까운 미래에도 동물을 먹고 있을 것이다. 최소한 우리는 우리가 먹는 동물이 끔찍한 환경에서 사육되어서는 안 된다고 주장할 수 있다. 미국인들은 결코 자신의 반려동물이 공장식사육시설에 갇히는 것을 용인하지 않을 것이다. 무엇보다도 고양이와 개, 그리고 소, 그리고 기타 털이 많은 네 발 동물은 모두 같은 기본적인 생물학적 계통을 공유한다. 그렇다면 왜 우리는 우리가 먹는 동물이 공장식사육시설에서 살아가도록 허용하는 것일까?

답은 분명 돈과 관련된다.

『비프^{BEEF}』잡지의 "육류 문제^{Meat Matters}" 섹션에서 스티브 케이^{Steve} ^{Kay}가 쏟아낸 말처럼, "소고기 산업이 경제에 기여하는 바는 엄청나다." 업계의 손익을 빠르게 훑어보면 당신은 미스터 케이의 흥분을 이해할 수 있을 것이다. 미국 농무부는 소고기 산업이 연간 약 600억 달러의 수입을 올린다고 밝혔다. 소고기가 햄버거와 슈퍼마켓 냉장고에 들어가 있을 즈음에는 950억 달러의 가치가 있다. 소매업자들에게는 350억 달러가 돌아가는데, 업계에는 상당한 금액이다.

두 개, 세 개 또는 네 개 기업의 시장독점으로 변하고 있는 다른 중앙집중식 자원 기반 산업(석유, 석탄, 우라늄, 제약)과 마찬가지로, 육류산업은 최근 몇 년 동안 합병을 겪어왔다. 네 개의 거대 회사들이 현재 우리가 먹는 육류의 75퍼센트를 장악하고 있다. 그들의 모델은 우리 경제 전반에 걸쳐 널리 나타나는 모델이다. 즉 통제를 중앙집중화하고, 생산을 최대한 효율적으로 만들고, 성가신 부채(토지 임대, 보험, 관리)를 제3자에게 떠넘기고, 쓰레기를 다른 누군가(과중한 부담을 진 국가기관)의 문제로 만들고, 로비권력을 (편안한 K 스트리트● 로비 조직으로 대표되는 "정치활동위원회"로) 통합하고, 가장 중요하게는 이익을 극대화한다.

우리에게 모델 T◆를 가져온 것과 동일한 사고방식이 위대한 미국 공장식 농장을 만든다. 두 개, 세 개 또는 네 개 기업에 의한 시장독점

● 로비스트, 변호사 및 옹호단체의 사무실이 있는 워싱턴 D.C. 시내 지역으로 미국의 로비 집단을 이르기도 한다.

◆ 포드사가 만든 세계 최초의 대량생산 자동차

은 하나의 독점기업이 하는 것과 같은 방식으로 기계화된 중앙집중식 생산을 이용한다. 그들은 혁신을 억제하고 감독에 저항하며 규제를 훼방한다. 그러므로 옥수수–공장식사육시설 복합단지는 석유화학제품, 유전자변형 곡물, 독극물, 합성질소, 고통, 질병, 그리고 폐기물이 핵심 투입물이고 다른 쪽 끝에서는 기적적으로 차갑고 단단한 현금이 나오는 강력한 중앙집중식 생산 시스템이다.

PBS의 시사다큐《프론트라인Frontline》에서 2002년에 방송된 〈현대의 육류〉에서, 미국육류협회 대표 패드릭 벨Patrick Bayle은 이렇게 말했다.

일반적으로 미국은 엄청난 식량 성공 사례입니다. [...] 우리는 전 세계 어느 나라보다 식량에 지불하는 1인당 소득의 비율이 낮습니다. 1980년대 중반에는 약 12퍼센트였지만 오늘날에는 9퍼센트를 밑돌고 있습니다. 그리고 이 나라에서 우리 식단의 큰 부분을 차지하는 육류(고기와 가금류)는 우리의 가처분 소득의 2퍼센트 미만입니다. 이것은 훌륭한 성공 사례입니다.

그가 말하지 못한 것은 모든 "성공"은 엄청난 대가를 치른다는 점이다.

저렴한 대량생산 "공장식 육류"의 현대적 기적과는 반대로, 도니거와 에릭은 그들이 믿을 만한 가치가 있는 어떤 것을 위해 싸우고 있다고 생각한다.

탄소 카우걸

트럭이 바큇자국을 넘나들며 덜컹거리자 나는 필사적으로 손잡이를 꽉 붙잡았다. 우리는 험준한 산악 도로를 올라가고 있었다. 나는 차가 뒤집혀 거꾸로 처박히는 생각은 하지 않으려고 애썼다. 그러나 거의 수직에 가까운 각도로 차를 몰고 올라가는 것은 34살의 도니거 마케가드에게는 제2의 천성인 것처럼 보였다. 그녀는 자신과 에릭이 임대한 토지를 빼앗으려는 환경보전주의자들conservationists과의 싸움에 대해 이야기하면서 운전을 계속했다.

우리는 언덕 꼭대기에 다다랐고 트럭은 수평이 되었다. 도니거는 차에서 뛰어내려 마체테●를 쥐고 풀밭을 여기저기 찌르기 시작했다. 반면 나는 차에서 나오기 전에 시간이 좀 필요했다.

도니거는 워싱턴주에서 자연 속에서 뛰어놀며 자라났다. 고등학교 때 그녀는 10대들 여섯 명과 함께 초창기의 실험적인 자연 몰입형 프로그램에 참여했다. 그 무렵 새롭게 형성된 야생인식학교Wilderness Awareness School는 이 청소년들에게 칼을 주고 생존하라고 숲속으로 들여보냈다 (오늘날 야생인식학교는 교육 캠프로서 지속되고 있다).[2]

자연에 매력을 느낀 도니거는 파인리지의 라코타 인디언보호구역

● 밀림에서 풀숲을 헤치고 나아갈 때 주로 사용하는 날이 넓은 칼

에서 지내기 위해 사우스다코타로 갔다. 그녀는 시팅 불의 증손자인 길버트 워킹 불Gilbert Walking Bull의 "딸"로 입양되었다. 거기서 그녀는 라코타족의 성스러운 방법들을 배웠다. 도니거는 나중에 앨런 세이버리의 연구를 알게 되었고, 그의 방목지 관리 실험은 그녀를 중부 캘리포니아 해안의 목장과 에릭과 소들에게로 인도했다.

나는 트럭에서 몇 야드 떨어진 곳에서 수많은 풀 무더기 중 하나를 조사하는 도니거를 찾아냈다.

"이 풀은 풀 뜯는 존재들과 함께 진화했고, 그래서 서로에게 유익하도록 함께 진화했습니다. 여기 이 터석풀♦의 초록색이 보이나요?"

그녀는 초록색 가닥을 보여주기 위해 황금색 풀 가닥들을 조심조심 떼어냈다. 우리는 가장 가까운 수원으로부터 수 마일 떨어져 있었지만 그것들은 초록색이고, 살아 있고, 자라고 있었다.

도니거는 말을 이었다.

"만약 전혀 방목이 이뤄지지 않는다면 무슨 일이 일어날까요? 결국 풀은 죽어버리고 사막이 될 것입니다. 풀을 뜯는 동물의 행위는 이 토착 계단식 해안의 대초원을 살아 있게 합니다."

도니거는 샘과 우물이 말라서 소를 위해 물을 찾는 일이 점점 더 어려워지고 있다고 인정했다. 그러나 도니거와 에릭은 그들이 관리하는 각 유역에 계속 주의를 기울이면서 강우량이 보충할 수 있는 것보다 더 많은 물을 사용하지 않으려고 주의한다.

도니거는 설명을 계속했다.

♦　뿌리에서 많은 줄기가 자라는 볏과의 풀

"소 떼가 오면 바로 근처에 있는 풀의 윗부분을 먹어치웁니다. 그것은 소의 위장으로 가고, 소가 먹어 치운 풀의 뿌리는 튼튼해지지요. 그러면 이 뿌리는 무엇으로 만들어졌을까요? 탄소예요."

여기에 내가 쫓고 있는 눈에 보이지 않는 것이 있었다. 바로 *토양기반 탄소 격리*이다. 나는 여전히 그것을 볼 수 없었다. 그렇지만 문명에서 멀리 떨어진 이 바람 부는 캘리포니아 고원에서 나는 상당한 생물학적 성장을 볼 수 있었고, 그것은 단지 하나의 풀 뭉치에서만 이루어지는 것이 아니었다. 나는 위를 올려다보았다. 내 뇌는 우리가 쭈그리고 앉아 있는 곳을 잡초밭으로 착각하고 있었지만, 실은 이곳이 터석풀 초원이라는 것을 깨달았다.

도니거는 말했다.

"캘리포니아의 옛이야기에는 허리 높이로 올라오는 아름다운 초록색 터석풀 대초원이 나옵니다. 그 뿌리는 토양 깊숙이 있는 영양분과 지표면 아래 깊숙이 있는 물까지 뻗어 있을 것입니다."

로러 커닝엄Laura Cunningham의 『변화의 상태: 캘리포니아의 잊힌 경관A State of Change: Forgotten Landscapes of California』은 캘리포니아가 사람들 눈에 어떻게 보였는지를 다시 떠올리기 위해 "역사적 생태학"을 사용한다. 커닝엄의 시각자료들은 "터석풀이 풍성하게 우거진 언덕"에 대한 도니거의 이상에 역사적 맥락을 부여한다.

커닝엄은 말했다.

"캘리포니아주는 풍부함과 생물 다양성을 많이 잃어버렸습니다. 그것은 틀림없이 아름다웠을 테지요."[3]

이러한 묘사를 보면 아일랜드의 푸른 구릉지와 비슷하지만 날씨가 더 좋은 곳이 떠오른다.

훼손되지 않고 남겨진 캘리포니아 중부 해안의 건조한 언덕은 코요테 덤불로 빠르게 뒤덮이고 있다. 이 침습성의 덥수룩한 녹색 덤불은 초원을 점령해서 동물이 먹는 풀을 먹을 수 없는 산울타리 같은 것으로 바꾼다. "자연을 자연으로 돌아가게 하라"는 발상의 문제는 "토종" 코요테 덤불이 지난날에는 터석풀 대초원에 이토록 많이 존재하지 않았다는 점이다. 이 땅의 생태학적 기억을 되살리고 종의 균형을 맞추려면, 동물을 포함한 원래의 자연을 최대한 많이 다시 가져올 필요가 있다.

도니거는 우리가 서 있는 관리된 대초원은 단지 소를 위한 방목지에 불과한 것이 아니라고 말했다. 그곳은 땅에 둥지를 튼 새들과 사슴, 참새, 여우, 그리고 다른 야생동물의 서식지이기도 하다. 우리가 풀밭을 찔러보고 다닐 때, 나는 매 한 마리가 점심거리를 찾아서 머리 위를 날아다니는 것을 보았다. 까악거리는 맹금류는 확실히 멋지게 보인다.

그녀는 소 떼가 실컷 먹도록 그냥 놓아두는 것은 아니라고 강조했다. 마케가드 가족은 소가 풀을 너무 땅에 가깝게 먹어치우지 않도록 느긋한 소 떼를 계속 움직이게 함으로써 자연방목 패턴을 모방하려고 시도하고 있었다. 나는 우리가 있는 들판이 90일가량 내버려둔 것이며 이제 또 다른 "풀베기"를 위한 준비가 거의 되어 있다는 것을 알게 되었다. 그녀는 소를 시스템 전반의 생태학적 문제에 대한 하나의 묘책이라기보다는, 토지 시스템에 다시 활력을 불어넣는 데 도움이 되는 하나의 도구로 여겼다. 도니거는 관리하지 않거나 혹은 "과도한 방목"을 할 경우에 소 떼가 생태계에 매우 파괴적일 수 있으며, 그곳은 쉽게 헐벗은 흙먼지가 될 수 있다고 재빨리 지적했다.

도니거는 대초원의 터석풀이 일종의 이엉처럼 대초원을 덮는 방식을 내게 보여주었다. 그녀는 뿌리가 무성한 풀의 두꺼운 덮개층을 떼어내고 흙을 파헤치려고 하면서 말했다.

"흙까지 가닿기가 매우 어렵다는 것을 아시겠지요."

이것은 토양운동에 참여하는 거의 모든 사람들이 건드리는 주제이다. *건강한 토양 기반 농업 시스템에서 자연은 스스로를 방어한다. 맨땅이란 없다.*

그녀는 방목지 관리에 관한 전체적인 생각을 다음과 같이 요약했다.

"우리는 광합성을 통해 대기에서 탄소를 식물 속으로 옮기고, 식물을 통해 뿌리 시스템 속으로 가져갑니다. 그리고 그것은 부엽토가 되어 표토를 형성합니다."

마케가드 가족의 소들은 분명히 공장식사육시설 안에 있지는 않지만, 환경에 관한 물음은 여전히 남아 있다. 특히 지구의 기후를 염려하는 사람들에게 소의 배출 영향은 매우 큰 문제이다.

결국은 소똥이다

반짝이는 태평양이 내려다보이는 높은 고원으로 되돌아와서, 도니거 마케가드는 소똥 위에 몸을 웅크렸다.

"땅 위에서 햇빛과 바람으로 약간 말라버리긴 했지만, 우리는 소 떼가 이 방목지에서 풀을 뜯고 난 후 무엇이 나왔는지 볼 수 있지요."

그녀는 겉이 딱딱해진 둥근 소똥을 보고 만족해하면서 말했다. 도니거는 배설물 조각을 뒤집었다.

"보세요. 이것은 매우 신선한 거예요. 보통 하루 이틀 지나면 쇠똥구리가 들어오기 시작합니다. 제가 이것을 들어 올렸을 때 그 밑에 곤충들이 흩어져 있었지요. 그렇지만 생각해보세요. 이런 가뭄 속에서 대부분의 생명은 어디에 있을까요? 수분이 있는 곳이에요. 맞지요?"

쇠똥구리는 주목할 만하다. 쇠똥구리는 은하수 별들을 이용해서 방향을 잡는 소수의 비인간 생물들 중 하나이다. 똥을 모아서 굴리고 굴을 파서 그 속에서 거주하는 이 작은 생물은 알려진 종만 5,000종이 넘는다. 농업에서 쇠똥구리의 역할은 중요하다. 그냥 놓아두면 말라버릴 똥을 묻음으로써, 쇠똥구리는 영양분을 토양 속으로 순환시키고, 토양 구조를 형성하는 미생물을 먹이는 데 기여한다. 쇠똥구리는

소똥의 이점을 설명하고 있는 도니거 마케가드　　　　　　　(촬영: 사이먼 발데라스)

파리 유충을 먹고 배설물을 지하로 가져오기 때문에 해충 방제에도 기여한다. 아마도 이 모든 이유 때문에 고대 이집트인들은 쇠똥구리를 숭배했을 것이다. 그들에게 풍뎅이의 성스러운 이미지는 변형, 재생 그리고 부활을 나타냈다.

쇠똥구리는 소가 "파이"를 땅에 떨어뜨릴 때 시작되는 전체 생태계에서 최고의 생물이다. 도니거에 따르면, 소 한 마리가 배변할 때마다 토양에 새로운 활기를 불어넣는 과정이 시작된다.

"소의 반추위에서 살고 있는 미생물들이 이 배설물 속에 들어 있습니다. 이 위대한 비료는 토양 속으로 더 많은 생명을 가져오지요."

소똥에 사는 생물들

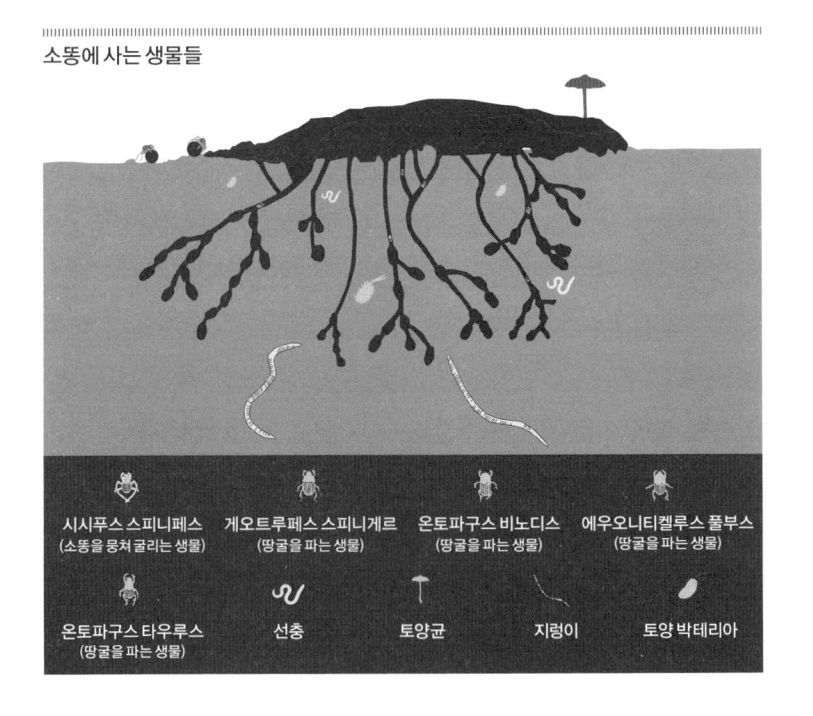

시시푸스 스피니페스
(소똥을 뭉쳐 굴리는 생물)

게오트루페스 스피니게르
(땅굴을 파는 생물)

온토파구스 비노디스
(땅굴을 파는 생물)

에우오니티켈루스 풀부스
(땅굴을 파는 생물)

온토파구스 타우루스
(땅굴을 파는 생물)

선충

토양균

지렁이

토양 박테리아

반추위 속의 박테리아에 대한 묘사는 빵이나 맥주를 위한 효모 배양을 떠오르게 했다. 그 종균 배양은 토양 미생물이 다시 살아나게 하는 열쇠가 될 수 있다.

대조적으로, 파리와 모기를 제거하기 위해서 대부분의 목장주들, 특히 공장식사육시설을 감독하는 목장주들은 소에게 살충제를 "쏟아붓는다." 이렇게 농축된 독성물질은 소에 붙은 곤충을 죽이지만, 또한 소의 내장에 있는 미생물도 죽인다. 그 결과 소의 배설물에 독이 스며들어 있기에 거기에는 흔히 생명이 결여되어 있으며, 결과적으로 쇠똥구리나 미생물에 의해 분해되지 않고 땅 위에 남아 있게 된다. 소똥이 쌓이면서, 그것은 소똥을 번식장으로 삼는 파리를 유인한다. 그 결과, 질병을 옮기는 파리가 창궐하면서 더 많은 살충제를 쏟아부어야만 한다. 그리하여 또 다른 자체적인 파괴의 순환이 시작된다.

이런 이유들로 인해 먼 나라에서는 쇠똥구리를 기르고 번식시키기 위해 애쓰고 있다. 오스트레일리아의 쇠똥구리 프로젝트는 그러한 노력 중 하나인데, 배설물을 분해하고 토양의 비옥함을 증가시키고 파리를 줄이기 위해 20년에 걸쳐 세계 전역에서 쇠똥구리를 100종 넘게 들여왔다. 오늘날 오스트레일리아와 뉴질랜드에서는 쇠똥구리 23종이 잘 살고 있으며, 별을 통해 길을 찾고 똥을 건강한 토양으로 되돌리는 데 기여하고 있다.

바람 부는 캘리포니아 고원으로 돌아가서, 도니거는 내가 예전에 결코 보지 못했던 모든 종류의 작은 똥의 세부사항을 보여주었다.

"여기 소화되지 않고 나온 씨앗들을 볼 수 있지요. 이 씨앗들은 바로 여기 자리 잡고서 동물이 먹던 풀을 다시 퍼뜨리는 데 기여할 겁니다. 초원에 씨를 다시 퍼뜨리고 더 많은 미생물을 가져올 수 있는 소 떼가 있는데, 누가 기구나 트랙터를 필요로 하겠어요?"

제대로 된다면, 이러한 유형의 "집단방목"의 여파는 지상에서 생명을 번성하게 하고 지하에서 생명이 넘쳐나게 할 것이다. 캘리포니아 가뭄의 경우에 소똥 하나하나가 사막의 구명정이 되어 수백만 마리 미생물을 위한 서식지를 만든다.

도니거는 앨런 세이버리가 50년 동안 밝혀내려고 애썼던 것을 내게 보여주려고 했다. "방목지 생태학"은 마케가드 가족의 생활방식의 기초이다. 소 떼가 대초원으로 걸어 들어가 발굽으로 땅을 충분히(그러나 지나치지 않게) 흩뜨리고, 먹고(새로운 풀과 뿌리 성장을 촉진), 배설하고(비옥하게 하고 다시 씨를 뿌림), 오줌을 누고(물 주기 및 pH 균형 맞추기), 그리고 이동한다. 이 모든 것은 풀이 자라도록 촉진하고, 탄소를 뿌리로 내려보내 격리될 수 있게 한다.

땅이 반추동물을 필요로 하는 것만큼이나 반추동물에게도 땅이 필요하다. 이것은 자연의 무한한 순환 중 하나일 뿐이다. 그리고 그것은 반추동물이 발달하기 시작한 이후부터, 그리고 인간이 처음 직립하기 전부터 일어났던 순환이다. 그러나 최근에 우리는 동물을 사육장 안에 가둬놓기로 결정했고 그 순환을 무너뜨렸다. 이제 마케가드 가족과 같은 소수의 인간들만이 이 문제를 해결하려고 애쓰고 있다.

내 친구 랍이 했던 말이 옳았다. 이 모든 것은 결국 "소똥"으로 귀결된다. 실제로 소똥은 기후변화에 맞서 싸우기 위해 간과되어왔지만 핵심적인 도구가 될 수 있다.

소와 메탄의 역설

버펄로, 염소, 기린, 사슴, 영양, 그리고 150종의 다른 네발 달린 털 많은 동물들처럼 소는 *반추동물*이다. 이 동물들의 위는 네 칸으로 되어 있는데 그중 하나는 반추위라고 불린다. 반추위는 일종의 발효 탱크 기능을 하는데, 그 안에서 특정한 박테리아가 풀의 셀룰로오스에 있는 녹말을 분해해서 당으로 바꾼다. 이 반추위 미생물이 작용하는 동안 메탄이 생성된다.

소는 주로 트림을 통해, 그리고 두번째로 배설물을 통해 메탄가스(CH_4)를 배출하는데, 공장식사육시설의 경우에 배설물은 거대한 폐기물 저장조로 들어가서 "관리"(즉 "증발")된다. 메탄이 대기 중에서 머무르는 기간은 약 12년인데, 이는 20년에서 200년까지 대기 중에 머무르는 이산화탄소에 비해 훨씬 짧은 시간이다. 큰 문제는 메탄이 이산화탄소보다 훨씬 더 차단력이 강한 가스라는 점이다. 그래서 미국 환경보호청은 파운드 기준으로 메탄이 이산화탄소보다 온실효과에 25배 더 많이 기여한다고 계산한다. 따라서 비록 공장식사육시설의 소는 온실가스의 전체 무게에서 비교적 적은 양에 기여하지만, 그들의 메탄은 어울리지 않게 큰 영향을 미친다.

대조적으로, 가축 생산으로 인한 질소와 이산화탄소 배출의 대부분은 가축을 먹이기 위한 농작물(주로 사료용 옥수수) 재배와 최종생산물(육류)의 운송에서 발생한다.[4] 마케가드 가족은 베이 지역에 살지 않는 사람에게는 고기를 판매하지 않기 때문에, 그들의 화석연료 발자국은 통상적인 소고기의 그것보다 훨씬 적다. 그들은 또한 옥수수 사료와의 모든 관계를 끊고 비교적 탄소 중립적으로 들풀을 먹이로 공급한다.

산업적인 육류 "재배"는 실제로 우리 사회의 온실가스 배출의 한 원인이 된다. 가축이 "연간 전 세계 온실가스 배출량의 51퍼센트"를 생산한다고 주장하는 월드워치연구소의 고故 로버트 굿랜드와 제프 안항이 발표한 이례적인 통계적 관측 보고서를 제외하고, 전 세계 과학자 대다수는 가축이 중요한 온실가스 배출의 원인 제공자이지만 제1의 원인 제공자는 아니라는 데 동의한다.

우선 가축의 세계적인 영향에 대해 논의해보자. 유엔 식량농업기구의 가장 최근 보고서인 "가축을 통한 기후변화 대응tackling Climate Change Through Livestock"(2013)에 따르면, 소, 소고기, 돼지 그리고 닭은 연간 약 7.1기가톤의 이산화탄소에 상당하는 가스를 배출한다. 그것은 전 세계 배출량의 약 14.5퍼센트에 해당한다. 유엔 기후변화에 관한 정부 간 협의체를 비롯한 다양한 추정치에 따르면, (가축, 농업, 그리고 사료 및 최종 식품 운송을 포함한) 전체적인 전 세계 농업 활동은 연간 온실가스 배출량의 24~30퍼센트를 차지한다. 따라서 과학자들은 농업이 전 세계 온실가스 배출량의 4분의 1에서 3분의 1을 차지하고 가축은 그 절반가량을 차지한다고 말한다.

이제 미국 내의 영향을 살펴보자. 미국 환경보호청이 생산했고 콜로라도주의 토양 및 농작물 과학 프로그램 같은 곳의 노벨상 수상 과학자들에게서 도출된 "1990년~2014년 미국 온실가스 배출 및 흡수원 목록Inventory of US Greenhouse Gas Emissions and Sinks"(2016년 4월 발행)에 따르면, 국가 수준에서 전체 온실가스 배출량의 9퍼센트가량이 농작물, 육류 및 식품 운송을 포함한 농업에서 발생한다. 미국 농업 배출량 중에서 소가 배출하는 가스가 차지하는 비중은 40퍼센트이다. 그 의미는, 공장식사육시설의 소는 미국 내 온실가스 배출량에서 농업이 차지하는 9퍼센트의 40퍼센트에 기여한다는 것이다. 이것은 미국 전체 온실가스 배출량의 약 3~4퍼센트에 해당한다. 물론 큰 수치이지만, 그것은 석유를 연료로 사용하는 운송에서 생산되는 이산화탄소 31퍼센트, 메탄 29퍼센트에 비교하면 적은 양이다.[5]

소고기 업계는 곡물을 먹인(즉 옥수수를 먹인) 소고기는 풀을 먹인 소고기보다 메탄을 *더 적게* 생산한다고 재빨리 지적한다.[6] 그렇다. 더 적게 말이다. 그들의 추론 방식은 다음과 같다. 공장식사육시설은 소를 더 *빠르게* 살찌우기 때문에 *생산된 소고기 1파운드당* 이산화탄소와 메탄을 더 적게 생산한다는 것이다. 그렇지만 이러한 주장은 화석연료에서 사료용 옥수수를 위한 비료, 사료용 옥수수를 소까지 운송하는 에너지, 그리고 배설물 저장조에서 나오는 오염에 이르기까지 공장식사육시설 육류 생산의 주기에 따라 발생하는 온실가스 대부분을 고려하지 않는다. 공장식사육시설 업계에서는 자신들의 방식이 생태학적으로 성공적이라고 주장하지만, 공장식사육시설이 온실가스 배출과 물 사용의 주요 원천이라는 현실은 피할 수 없다.

인간이 동물을 길들이기 훨씬 전에 엄청나게 큰 반추동물 무리가 남북아메리카, 유럽, 아시아, 아프리카를 돌아다녔다. 그 야생 반추동물들이 오늘날 공장식사육시설의 소들처럼 많은 메탄을 생산했을 것 같지는 않지만, 자료에 따르면 상당히 많은 양의 메탄을 생산했던 것 같다. 펜실베이니아 주립대학교의 낙농 및 동물과학부의 알렉산더 흐리스토프^{Alexander Hristov} 박사는 선사시대 북아메리카의 반추동물이 오늘날 공장식으로 사육되는 동물들이 생산하는 메탄의 70퍼센트를 배출했다고 추산한다.[7]

문제는, 왜 그들 반추동물들이 대기 중 기체의 균형을 바꾸지 않았는가 하는 점이다.

간단히 말해서, 지구는 말 그대로 메탄을 먹는 토양 기반 메탄영양체 박테리아, 그리고 대기 중에서 메탄을 산화하거나 분해하는 수산기(OH라디칼)를 포함해서 수많은 메탄의 균형 메커니즘을 가지고 있다. 자연 상태에서 지구의 메탄 "흡수원"은 풀을 뜯는 반추동물에 의해 생산된 메탄을 흡수할 수 있었다. 그러나 그러한 자연 상태는 그 이후로 붕괴되었다. 오늘날에는 증가된 소의 메탄에 더해 화석연료에서 나온(특히 수압파쇄법에서 나온) 메탄, 벼농사에서 나온 메탄, 열대의 미생물이 배출하는 메탄까지 합쳐진다.[8] 결과적으로 지구의 메탄 흡수원에 과부하가 걸리면서 모든 초과 메탄이 대기로 방출되었다. 이 특정 가스가 차단력이 강하다는 특성을 고려할 때, 좋은 일이 아니다.

그렇지만 소가 기후 문제의 일부가 될 수 있는 것과 마찬가지로 해결책의 강력한 부분일 수 있다고 믿는 과학자들이 점점 더 많아지고 있다. 그들의 만트라는 소가 아니라 우리가 소를 관리하는 방법이 문제라는 것이다. 재생농업을 연구하는 사람들이 동의하는 바는, 목초지에 나와 있는 소들이 메탄을 배출할 수는 있지만 그 소들의 존재는 탄소를 토양 에 격리하는 데 중요하게 기여할 수 있다는 것이다. 따라서 그들은 목초지의 소가 전반적인 온실가스 배출량의 순 *감축*을 촉진할 수 있다고 주장한다.

로데일연구소의 수석 과학자인 크리스틴 니컬스 박사는 다음과 같이 말한다.

"가축사육장 환경에서는 상당한 양의 온실가스가 배출됩니다. 하지만 방목 환경에서의 데이터는 우리가 실제로 온실가스를 격리시킨다는 것을 보여줍니다."

음, 자연스러운 상태의 자연이 어떤 의미에서는 오래전에 사라졌지만, 인류가 메탄 배출의 균형을 맞추기 위해 취할 수 있는 간단한 조치가 있다. 그 가운데 가장 중요한 것은 소의 숫자를 줄이고 존재하는 소들을 우리에서 꺼내 땅 위로 돌려보내는 것이다. 이것은 정확히 마케가드 가족이 따라가려고 시도하고 있는 "더 적은 소, 더 자연스러운 소" 모델이다.

무리와 함께 달리기

에릭은 트럭을 몰고 1번 도로를 벗어나 농가를 지나 자갈길로 달렸다. 저 멀리 소 떼가 보였고 우리 뒤로 해가 지기 시작했다.

우리는 차에서 내려 검고 흰 얼룩소들을 향해 걸어갔다.

"굳이 그럴 필요가 없다면 소들을 놀라게 하고 싶지 않아요."

도니거가 말했다. 나는 그게 무슨 뜻인지 물었다. 그녀는 설명했다.

"음, 그러니까, 왜 트럭을 몰고 가서 겁을 주나요? 소들을 이동시키고 싶다면, 소들을 부르기만 하면 됩니다."

그 순간 나는 말 등 위에서 채찍으로 소 떼를 몰아가며 고함치는 카우보이에 관해 내가 갖고 있던 이미지가 단지 《보난자Bonanza》● 재방송에서 본 것임을 깨달았다.

소들은 다정하게 우리에게 다가왔고, 마치 저녁식사 전에 일상적인 산책을 하듯이 모두가 함께 걸었다. 도니거는 걸으면서 메모했다. 그녀와 에릭은 "152번은 송아지를 낳을 준비가 된 것 같아.", "어이, 66번은 여전히 기운이 없네. 살펴봐야겠어." 그리고 "당신 89번 봤어? 나는 못 봤는데. 이 소는 너무 장난꾸러기야." 등의 말을 하면서 소들을 점검했다. 나는 도니거에게 수백 마리 암소들 중에서 몇 마리나 번호를 알고 있느냐고 물었다. 그녀는 대답했다.

"모두 알진 못해요. 그렇지만 무리를 따라가지 않는 녀석들은 알아차리게 되지요."

곧 어두워지고 추워졌다. 아이들은 지치고 배가 고팠다. 에릭은 그들을 돕는 일꾼 수에게 전화를 걸어 트럭 한 대를 몰고 언덕으로 와달라고 부탁했다. 에릭은 말했다.

"건초를 조금 줘서 나머지를 데리고 갈게요. 소들이 풀 말고 다른 것을 먹는 것은 원하지 않지만, 긴 하루였고 때로는 소들에게 약간의 동기를 부여해주어야 하니까요."

나는 아이들과 함께 트럭 뒤에 뛰어올랐다. 아이들은 소들에게 건초 한 줌씩을 주었다. 트럭이 들판 위로 튀어오르자 소들은 그 뒤로 달리기 시작했다.

나는 트럭 짐칸의 차가운 쇠를 붙잡고서 슬로모션처럼 느껴지는

● 서부극 형식의 미국 TV 드라마

아이들과 소들 사이의 교류를 바라보았다. 이 순간 후미등의 희미한 빛은 완벽한 리듬으로 움직이는 소 떼와 미소 짓는 아이들, 끝없이 펼쳐진 땅과 하늘을 비추었고, 이 세계는 우리 현대 사회를 먹이는 공장식 농장과 공장식사육시설에서 아주아주 멀리 떨어져 있는 것 같았다.

시장으로! 시장으로!

나는 마케가드 가족의 트럭들 중 하나에 올라탔고, 우리는 해안을 따라 남쪽으로 지역 농산물 직판장을 향해 우르릉거리며 나아갔다. 차를 타고 가면서 나는 에릭에게 당신을 가장 힘들게 하는 일은 무엇이냐고 물었다. 그는 잠시 침묵하며 대답을 생각했다.

"돈입니다. 돈 때문에 힘들지요. 청구서가 많이 들어오지만 수입은 더 적고 더디게 들어옵니다. 그래서 예산 맞추기가 힘들어요. 도축비와 임대료 등을 내야 하는데 돈은 농산물 직판장에서 여기서 100달러, 저기서 100달러씩 들어오지요. 쉽지 않아요."

페스카데로는 1번 고속도로에서 조금 떨어져 있는 작은 마을로, 북쪽과 남쪽에서는 파도가 부서지는 모습을 볼 수 있다. 그곳에는 주유소, 와이파이가 되고 미식가들이 좋아하는 샌드위치 가게 몇 개, 그리고 공터에서 매주 열리는 농산물 직판장이 있다. 우리가 시장에 막 도착했을 때는 한낮에 가까워졌고, 태양은 무자비하게 내리쬐고 있었다.

시장에는 열다섯 개 정도의 가판대가 있었다. 몇몇 사람들이 채소와 빵, 그리고 마케가드 가족의 가판대를 둘러보고 있었다. 그러는 사이 한편에서는 한 10대 소녀가 포크 스타일의 발라드 몇 곡을 부드럽게 노래했다. 그저 느리게 지나가는 날이었다고 말하는 것은 절제된 표현일 것이다.

농산물 장터에 나온 마케가드 가족의 풀 먹인 고기 가판대는 그 가족의 여성들이 만든 게 분명했다. 꼭대기에 작은 마케가드 소 로고가 그려져 있었고 옆면을 장식한 표지판에는 판매 물품이 분필로 적혀 있었다. 현수막도 조심스럽게 걸려 있었고, 냉각기도 놓여 있었다. 마사 스튜어트가 자랑스러워할 만했다. 그러나 적어도 페스카데로에서는 손님을 그다지 많이 끌지 못했다.

나는 도니거에게 이 모든 일을 했는데도 손님이 거의 없으면 어떤 생각이 드는지 물었다. 그녀는 대답했다.

"나는 고객에게 전화로 주문을 받아 고기를 배달할 수 없다는 사실이 매우 실망스럽습니다. 난 목장에 있는 것을 좋아하거든요. 나는 동물과 함께, 자연과 함께 있는 게 좋아요. 하지만 그것 말고도 할 일이 많지요. 판매 목표가 있고 고객 관계 관리도 해야 합니다. 많은 농부들은 이런 일로 씨름할 필요가 없어요. 모든 것이 그들에게 맞춰져 있으니까요."

그들의 고기가 실제로 그들의 소에서 나온 것임을 확실히 하기 위해, 그리고 아무도 그들의 고기에 나쁜 짓을 하지 않았음을 확인하기 위해, 도니거와 에릭, 그리고 목장 일꾼 수는 그들의 소를 방목장에서 도축장과 푸줏간으로, 다시 포장하는 곳으로, 그리고 소비자에게로 말 그대로 모든 곳으로 운반한다. 미국 농무부 식품 기준은 자기 가축의 도축을 금지하기 때문에, 왔다 갔다 운반하는 것은 삶의 일부가 되었다.

그들은 모든 소와 모든 덩어리, 모든 고기 조각을 몸소 추적한다. 그것은 일이 많고 지치고 힘든 작업이다. 산업화된 육류 시스템에 대한 마케가드 가족의 불신이 과도해 보일지 모르지만 그들은 기본적으로 자신들이 육류의 죽음의 별●에 대항하고 있다고 느낀다.

도니거는 말했다.

"산업 농업 시스템은 매우 잘 계획되어 있고 많은 시스템이 마련되어 있어서 농부나 목장주는 일종의 플러그만 꽂으면 됩니다. 하지만 풀을 먹이는 목장주에게는 플러그를 꽂을 만한 시스템이 준비되어 있지 않지요. 그렇기에 우리는 전체 시스템을 창조하고 있고, 그 부담을 지고 있습니다. 우리에게는 산업 시스템이 갖추고 있는 기반시설이나 운송수단, 지원 메커니즘이 없으니까요."

마케가드 가족의 여성들은 단골 고객의 이름을 모두 기억한다. 그들은 가족의 소소한 소식을 서로 나누고, 레시피와 요리 비법을 교환한다. 새로운 누군가가 다가와서 질문하면, 여성들은 그들의 소 사육과 소고기에 대해 정직하고 지성적인 답변을 해준다.

마케가드 가족의 업무량은 끝이 없는 것처럼 보인다. 토요일에 나는 큰딸인 리아, 그리고 목장 일꾼 수와 함께 샌마테오에서 열리는 또다른 농산물 직판장에 참여했는데, 거기서 그들은 가능한 한 빨리 냉동육을 판매하기 위해 여섯 시간 동안 가판대 주위를 말 그대로 뛰어다녔다. 그들은 고객이 밀려드는 속도를 몇 번이나 따라잡을 수 없었

●   영화《스타워즈》에 나오는 전투용 인공위성 데스스타Death Star

고, 고객들은 그들의 고기를 사려고 줄을 서야 했다.

두번째 농산물 직판장이 파할 무렵, 나는 내가 본 것이 판매와 마케팅이라기보다는 교육, 가치 교환, 그리고 말하자면 "연결"이라는 것을 깨달았다. 당신이 진정한 장인이라고 알고 있는(혹은 적어도 그렇게 믿고 있는) "특별한 사람"에게서 "특별한 것"을 얻는 일에는 마음을 사로잡는 무언가가 있다.

내가 이야기하는 특별한 종류의 것은 플라스틱 포장지에 싸여 있지도 않으며, 눈에 잘 띄는 큰 로고가 박혀 있지도 않다. 우리는 "장인과의 교환"을 갈망한다. 그것은 우리가 누구인지에 대한 기본적이고 거의 가장 원초적인 부분이다. 우리는 만든 사람/기른 사람/조각한 사람을 눈으로 보고 그들이 그 특별한 것에 부여한 놀라운 장점에 대해 듣기를 원한다. 그러고 나서 매우 기뻐하며 그것을 소중히 여기거나 소비할 것이다.

우리의 지구화된 경제에서 이러한 갈망이 수면에 떠오르기 시작했다. 농산물 직판장, "농장에서 식탁까지" 만찬, 공예품 박람회, 온라인 매장 엣시(Etsy.com)에서 판매되는 수공예품, 생산자에게 공정한 가격을 지불하는 공정무역 상품, 그리고 심지어 인증된 유기농 식품의 등장까지. 클릭할 수 있는 편리함과 현대성의 이상적인 편의에도 불구하고, 점점 더 많은 사람들이 그들이 먹는 음식의 생산자와 음식이 생산되는 방식을 개인적으로 알고 싶어 한다.

이런 식으로 변화가 일어날 수 있다고 믿는 것은 순진한 환상일 수도 있고, 어쩌면 계속해서 소비적이고 시장화되는 생활방식에 대한 반작용일 수도 있다. 아마도. 양심적 자본주의, 트리플 바텀라인,* 내추

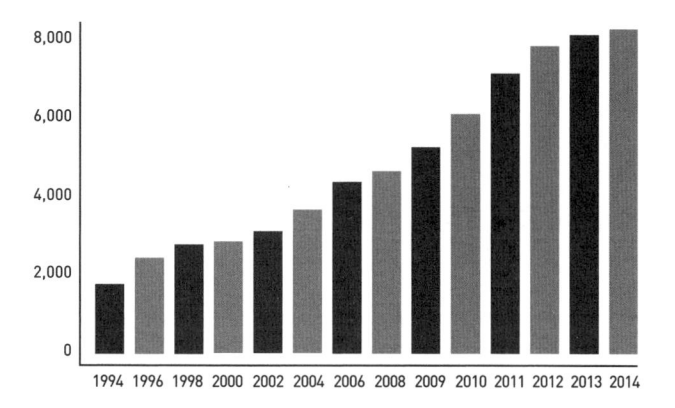

파머스마켓의 성장

미국의 파머스마켓 수는 지난 20년 동안 거의 500퍼센트 증가했다.

럴 스텝◆ 같은 캐치프레이즈들은 모두 더 심오한 무언가를 성문화하고 인정하려는 시도이다. 본질적으로 우리 인간은 정말로 지구를 망가뜨리고 불필요한 고통과 고난을 야기하기를 원하지 않는다. 우리 중 압도적인 다수는 선한 일을 하고 싶어 한다.

자유시장을 진정으로 믿는 사람이라면 누구라도 공급이 결국에는 수요에 맞춰야 한다고 말할 것이다. 우리가 공장식사육시설에서 벗어나 탄소를 토양 속에 격리하는 더 건강하고 재생 가능한 동물 사육 모델을 향해 나아갈 수 있다는 생각이 정말로 그렇게 순진한 것일까? 대답은 우리가 무엇을 입에 넣기를 꺼리는가 만큼이나 우리가 무엇을

● 　기업을 경영할 때 이익, 환경, 사회 등 세 가지를 고려해야 한다는 새로운 패러다임
◆ 　지속 가능한 사회를 추구하기 위해서 설립된 비영리비정부 기구

먹고 있느냐에 달려 있는 듯하다. 에릭과 도니거에 따르면, 그것은 또한 당신이 제품을 누구에게서 구입하느냐, 그들에 대해서 무엇을 알고 있느냐, 그리고 우리의 돈이 어디로 가느냐에 상당 부분 달려 있다.

먼지가 가라앉다

나는 일몰을 보기 위해 언덕으로 저녁 산책을 가는 마케가드 가족과 합류했다. 오랜 시간 동안 극도로 힘든 육체노동을 하고 나서 찾아온 일종의 고요함이 있었다. 그 고요함은 아이들이 소리치며 들판으로 달려 나가 서로를 뒤쫓고 웃음을 터뜨릴 때만 간혹 깨졌다. 여기 도착한 지 일주일도 되지 않았는데, 나는 땅바닥에서 잠을 자느라 몸이 쑤시고 치아에 흙먼지가 끼어서 괴로움을 느끼면서도 나의 일부는 이러한 생활방식에 매료되고 있었다.

대기의 이산화탄소 및 메탄의 증가와 변화하는 기후의 복잡한 도전 앞에서 손쉬운 해결책을 원하는 것은 자연스러운 일이다. 따라서 한 가지 측면에서 소고기를 온실가스 배출의 단일한 원인으로 재빨리 비난하는 것은 이해가 된다. 그러나 천연가스와 석유로 인한 29퍼센트의 메탄 배출을 피하기 위해 찬물로 샤워하거나 자동차 운전을 기꺼이 멈추려는 사람들은 거의 없다. 쓰레기 매립으로 야기되는 18퍼센트의 메탄 배출을 줄이기 위해 쓰레기 버리기를 기꺼이 중단하려는 사람들은 더 적다. 정말로 헌신적인 몇 안 되는 사람들만이 석탄 채굴로 인한 10퍼센트의 메탄 배출을 피하기 위해 완전히 전원을 끈다.

만약 우리가 정말로 소에 의해 발생되는 메탄 배출을 줄이고 싶다면, 미국과 전 세계에서 가축이 관리되는 방식을 변화시키기 위해 라벨 부착에서부터 법률, 중서부 사료용 옥수수 생산, 육류의 구매 대상, 육류 구매를 위한 예상 비용, 육류 섭취량 등에 이르기까지 우리의 육식 습관에 관한 모든 것을 바꿀 필요가 있다. 이산화탄소와 메탄 배출 증가를 막으려면 더 적은 고기와 더 비싼 고기가 불가피하다. 에릭조차 딱 부러지게 말한다.

"나는 미국인들이 붉은 고기를 더 적게 먹어야 한다고 생각합니다. 우리는 너무 많이 먹고 있어요."

마케가드 가족의 확신과 고된 노동에도 불구하고 그들의 소규모 작업에 불리하도록 판이 짜여 있다. 엄밀하게 합리적인 시각에서 볼 때, 그들이 이길 수 있는 싸움이 아니다. 나는 도니거에게 왜 계란으로 바위 치기 같은 일을 하기 위해 매일 동틀 녘에 일어나는 수고를 하는지 물어보았다.

도니거는 거의 몸을 떨면서 말했다.

"나는 내가 그렇게 살아야 한다고 배운 방식대로 살기 위해 힘닿는 데까지 모든 일을 할 겁니다. 나는 어떤 결정을 내릴 때마다 일곱 세대를 염두에 둡니다. 내 자녀와 손자들과 증손자들과 미래의 7대 후손이 내가 경험한 삶을, 심지어 풍부한 자원과 깨끗한 물과 깨끗한 공기와 나무와 더불어 더 나은 삶을 경험할 수 있게 하기 위해서요. 나는 절대 희망을 버리지 않을 겁니다. 내 자녀가 대량 파괴와 전쟁과 자원 고갈을 겪으며 살기를 원하지 않으니까요. 그건 있을 법한 미래지요."

정말 그렇다.

7장
토양 전도사

새벽 5시. 할로겐램프가 먼지 긴 트럭들에 노란빛을 비추었다. 트럭들 중 일부는 아직 엔진 소리를 내고 있었다. 강한 돌풍이 간헐적으로 불어오며 나를 쓰러뜨릴 듯이 위협했다. 모래(아니면 흙먼지인가?)가 나를 때리는데, 마치 자연이 직접 복수를 시작한 것 같았다. 한여름인데도 동트기 직전의 캔자스에는 고유한 무자비함이 있었다.

매일같이 좁고 긴 길을 따라 어둠 속으로 달리다 보면 내 주위 공간의 거대함을 느낄 수 있다. 내 양쪽에는 평평하고 황량하며 달처럼 펼쳐진 들판이 지평선까지 뻗어 있었다. 이 장소는 너무 크고 너무 광대해서 나를 짜부라뜨리려는 것처럼 느껴졌다. 내가 건물에서 더 먼 곳으로 달려갈수록 바람은 더 강하게 불었다. 땅이 솟아올라 나를 공격하는데, 마치 내가 피부를 뜯어내는 모래 분사기 속의 작은 물체가 된 것 같았다. 나는 흙먼지 속에서 숨을 쉬었고, 흙먼지에 뒤덮였으며, 내 헤드라이트 앞의 흙먼지를 보았다. 나는 미국 중심부에서 거의 죽은 것 같았다. 이 위대한 땅의 가장 두드러진 특징은…… 흙먼지였다.

전날 밤 호텔 프런트의 여성이 내 운전면허증을 훑어보고는 외쳤다.

"캘리포오오오오니아, 그래, 난 거기로 갈 거예요! 도오오오대체 당신은 여기서 뭘 하고 있는 거예요?"

미국의 토양을 치유할 방법에 관해 농부들을 인터뷰하고 있다고 설명하자, 그녀는 나를 안아주려고 거의 카운터를 뛰어넘을 뻔했다.

"온 세상에 말하세요. 모든 게 끔찍하다고요. *우린 여기서 죽어가고 있어요!*"

어둠 속에서 모래투성이가 된 채 달리는 것은 불쾌할 뿐 아니라 훨씬 더 큰 문제를 일으킨다. 당신도 알다시피, 자연이 표토 1인치를 만드는 데는 약 500년이 걸린다. 그러나 미국은 자연적인 보충 속도보다 열 배 더 빠른 속도로 토양을 잃고 있다(중국과 인도는 30배에서 40배 더 빠르게 토양을 잃고 있다). 전 세계적으로 상황은 더욱 심각하다. 지난 40년 동안 전 세계 농토의 거의 3분의 1(15억 헥타르)이 토양침식으로 버려졌다.[1] 당신에게 이 문제가 심각하게 들리지 않는다면, 내가 말해주겠다.

표토 없음 = 식량 없음. 마침표. 이야기 끝.

(우리가 하고 있듯이) 에이커당 엄청난 양의 화학물질을 추가하든, (우리가 하고 있듯이) 농작물을 유전적으로 변형하든, (우리가 하고 있듯이) 실험실과 온실에서 뭔가를 재배하려고 시도하든, 혹은 (크리스토퍼 놀란의 《인터스텔라》에서 그렇듯이) 아직 토양이 있는 신세계를 찾기 위해 시간의 소용돌이를 거쳐 우주로 모험을 떠날 준비를 하든 간에 그것은 중요하지 않다. 표토가 없다면, 그 무엇도 100억 명의 사람들을 먹일 수 없다.

당신의 입 속에 들어가는 모든 것(즉 음식)에는 흙이 필요하다. 간단히 말해서, 흙은 우리 행성의 모든 지상 생명체의 기반이다. 캔자스 한복판의 새벽 5시가 암시하는 바가 있다면, 우리는 우리가 가진 얼마 안 되는 토양을 날려버리는 면도날 위에서 춤추고 있다는 것이다. 2012년 『타임』지 기사 "전 세계 토양이 고갈되면 어떻게 될까?"에서 시드니대학교의 존 크로퍼드[John Crawford] 교수는 경고했다.

"현재의 토양침식 속도를 대략 계산해보면, 우리에게는 약 60년 치의 표토가 남아 있습니다."

문제는 전 세계 식량 생산성이 60년 안에 갑자기 뚝 떨어진다는 것이 아니라, 세계 인구가 급속도로 증가함에 따라 실제 토양 생산성이

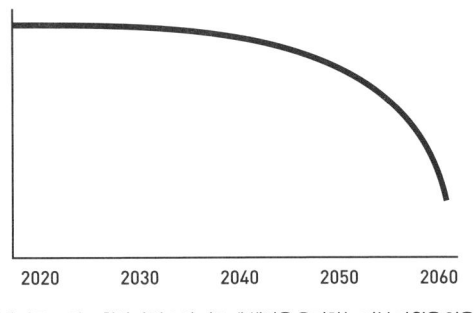

2020	2030	2040	2050	2060

표토 유실을 막기 위해 아무 조치도 취하지 않으면 지구에 생명을 유지하는 기본 자원을 잃을 수 있다.

서서히 감소할 것이라는 점이다. 토양은 수분 보유의 중심이기 때문에, 이는 또한 전 세계 담수 공급 제한을 뒷받침한다. 달리 말해서 이것은 빈곤 증가, 긴장 증가, 난민 증가, 갈등 증가, 그리고 훨씬 더 무서운 내일에 관한 이야기이다.

그러나 가장 무서운 부분은 내일의 세계가 이미 나타나고 있으며, 전 세계 1인당 영양 및 수분 공급 감소라는 핵심 문제가 이미 종교전쟁, 정치적 갈등, 전 세계 계급 갈등, 인종적 편견 및 테러리즘에 의해 가려지고 있다는 점이다.

표토 유실이 사회적으로 미치는 영향이 충격적이라면, 경제적인 문제 역시 그에 못지않게 가혹하다. 유기물은 식물 성장을 촉진하기에 고유한 경제적 가치를 지닌다. 실제로 토양 1에이커에 있는 1퍼센트의 유기물은 약 750달러의 시장가치를 지닌다. 화석연료가 사용된 이래, 미국은 경작 가능한 토양에서 3~5퍼센트의 유기물을 잃어버렸다.

미국은 농작물과 방목지 농업을 위해 약 9억 1,500만 에이커(안전하게는 9억 에이커라고 하자.)의 토지를 보유하고 있다. 평균적으로 1에이커당 3퍼센트의 유기물이 손실되었다고 치자. 그것은 이 나라가 지난 100년에 걸쳐 날려버린 2조 달러 이상의 가치가 있는 토양이다. 우리는 "토양 정점peak soil"을 지났고 꾸준한 하락의 경사로를 미끄러져 내려가고 있다. 그러나 석유와 토양의 큰 차이점은, 적어도 이론적으로는 우리가 토양을 다시 만들 수 있다는 점이다.

바로 그런 이유 때문에 나는 캔자스에 왔다. 나는 수억 에이커의 들판을 바꾸려고 싸우는 한 사람을 만나기 위해 여기에 왔다. 그는 미국의 빵 바구니에 대한 의식을 바꾸고 싶어 한다. 게다가 미국 정부는 그 일을 하도록 그를 고용했다. 운명의 이상한 꼬임으로, 농업의 대량 상업화, GMO 단일작물보험 프로그램, 그리고 가족농장의 몰락을 가져온 녹색혁명의 토대를 만든 우리 정부의 바로 그 기관인 미국 농무부가 동시에 바로 그 농장들을 구하려고 애써왔다.

명백한 운명

1909년 토양국Bureau of Soils 국장 밀턴 휘트니Milton Whitney는 토양을 가리켜 "무궁무진하고 영구적으로 비옥하다"고 말했다. 다시 말해 결코 고갈되지 않을(그리고 결코 고갈될 수 없는) 자원이라는 것이다. 휘트니는 100만 명 이상의 정착민들을 대평원으로 보내고 미국을 세계 최고의 농업 생산국으로 만든 사고방식을 반영하고 있었다.

그와 같은 사고방식은 인간이 만든 성서적 규모의 종말 역시 초래

할 것이다.

1862년에는 자영농지법Homestead Act에 따라 중서부에서 160에이커를 공짜로 얻을 수 있었다. 당신이 해야 할 일은 단지 거기서 집을 짓고 5년 동안 농사를 짓는 것이었다. 그렇지만 그러한 임무는 말처럼 쉽지 않았다. 대초원으로 들어가는 모험을 감행한 사람들은 오늘날 존재하는 것과는 전혀 다른 경관과 마주하게 되었다. 농지를 얻기 위해 정착한 가족들은 자신들이 180센티미터 높이로 자란 "톨그래스tallgrass 초원" 속에 놓인 것을 알게 되었다. 스미소니언 히스토리 익스플로러 Smithsonian's History Explorer에 따르면 "말에 탄 사람들은 말에서 내리지 않고도 야생화를 꺾을 수 있었다"고 한다. 180센티미터의 톨그래스로 덮인 캔자스를 상상해보라!

거기서 집짓기에 쓸 만한 유일한 재료는 뗏장, 즉 풀이 자란 땅을 뿌리째 떠낸 두꺼운 조각이었다. 농담으로 "네브래스카의 대리석"이라고 불리는 중서부의 뗏장은 뒤얽힌 뿌리들이 매우 두꺼워서 그것을 "잘라내기" 위해서는 말이나 소가 끄는 쟁기가 필요했고, 그렇게 잘라내는 동안 실제로 찢어지는 소리가 났다. 뿌리가 얼마나 깊고 복잡하고 밀도 있게 얽혀 있었는지, 18×24인치의 뗏장(대략 엑스트라라지 사이즈 피자의 크기) 무게가 23킬로그램이라는 것을 생각해보라. 정말 밀도가 높다.

1900년까지 60만 건 이상의 토지 소유권 주장이 뗏장을 부수는 농부들에 의해 제기되었고, 중서부는 풀과 꽃과 자연적 방풍림과 복합적 생태계에서 편평하고 탁 트인 농지로 급속도로 바뀌어갔다. 뗏장 부수기는 또 다른 중요한 방식으로 토지를 변형시켰다. 그것은 토양이 노출되게 했다. 잘라낸 지 하루 만에 뗏장은 말라서 부서지기 쉽게 변한다. 평범한 관찰자도 이 토양이 수분을 잃고 서로 뭉쳐지는 능력을 잃어버렸다는 것을 알 수 있을 것이다. 이는 당시의 부동산 구호였던 "비는 쟁기를 따라간다."와 전적으로 모순되는 것이었고, 뗏장을 부순 사람들은 머지않아 그 구호가 사실과는 거리가 멀다는 것을 알게 되었다.

평원 지역의 강수량은 적었고, 조건은 가혹했으며, 생활은 힘들었다. 그러나 의욕적인 이주자들, 원주민 부족들에게서 내륙 토지를 빼앗으려는 정부, 그리고 "명백한 운명"이란 형태의 청교도적 민족주의의 결합은 한때 거의 거주가 불가능한 것으로 여겨졌던 미국의 한복판으로 사람들을 몰아넣기에 충분했다. 1904년에 미국 정부는 서부 네브래스카의 자영농지 정착민들에게 640에이커를 제공함으로써 계약을 성사시켰고, 1909년에는 대평원의 다른 지역에 320에이커를 제공함으로써 판돈을 다시 올렸다. 제1차 세계대전은 곧 식량 수요를 엄청난 양으로 증가시켰다. 미국 심장부를 "현대화"하기 위한(거기서 최대한 많은 칼로리를 퍼 올리기 위한) 경주가 시작되었다.

1920년까지 미국에서 다섯 개의 주요 농업지대가 만들어졌다. 남부에서는 면화 산출지대가 남동부를 가로질러 텍사스에서 플로리다까지, 그리고 위로는 노스캐롤라이나까지 확장되었다. 북동부는 "일반 농업과 낙농지대"로 여겨졌고, 남쪽의 미주리에서 북쪽의 미네소타까지, 그리고 북동부의 메인까지 뻗어 있었다. 중서부의 밀 산출지대는 몬태나, 다코타, 네브래스카 그리고 캔자스를 포함했다. "관개"농업지대는 네바다, 애리조나, 뉴멕시코, 그리고 아이다호, 와이오밍, 유

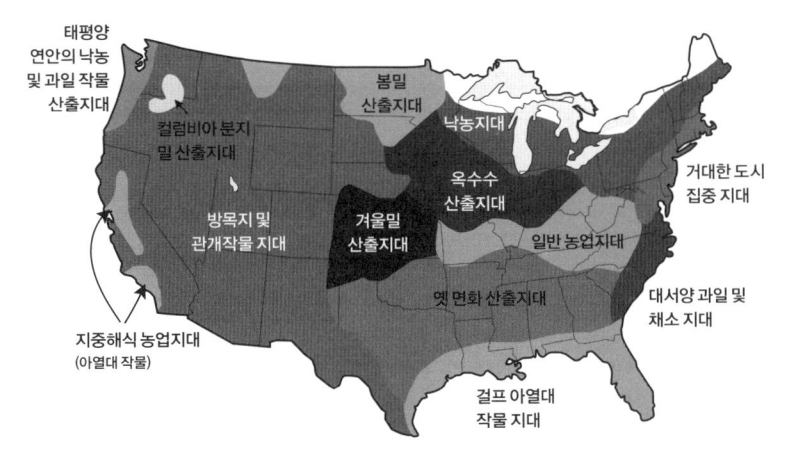

농업지대

태평양 연안의 낙농 및 과일 작물 산출지대

컬럼비아 분지 밀 산출지대

봄밀 산출지대

낙농지대

옥수수 산출지대

거대한 도시 집중 지대

방목지 및 관개작물 지대

겨울밀 산출지대

일반 농업지대

지중해식 농업지대
(아열대 작물)

옛 면화 산출지대

대서양 과일 및 채소 지대

걸프 아열대 작물 지대

제2차 세계대전 이후 만들어진 농업지대는 오늘날에도 대부분 그대로 남아 있다.

타, 콜로라도를 포함한 남서부의 상당 부분을 차지한다. 마지막으로 "과일"지대는 서부 해안을 포괄하는데, 여기에는 워싱턴, 오리건, 캘리포니아가 포함된다.[2] 대륙횡단철도(나중에 고속도로가 추가로 생긴다.)와 함께, 이러한 지대들은 미국이 오늘날까지 보유한 농업 시스템의 토대를 형성했다.

1920년에서 1930년 사이에 텍사스, 오클라호마, 그리고 캔자스에서 두번째 토지 러시landrush가 일어나 20만 명 가까이가 그 지역에 추가되었다. 그 땅은 평평하고 돌과 그루터기가 없으며 기계에 적합했다. 휘발유로 움직이는 트랙터, "표토를 분쇄하는" 원판 쟁기, 그리고 2주일 만에 500에이커를 수확할 수 있는 콤바인이 곧 대평원을 질주하며 휘저었다. 1930년까지 겨울밀 산출지대에서 75퍼센트 이상의 농부들이 기계를 보유했다. 한때 키 큰 풀들이 서 있던 곳에는 이제 감탄을 자아내는 화석연료로 움직이는 식량 경작 네트워크가 존재하게 되었다.[3]

인간은 마침내 자연을 정복했다. 아니, 그렇게 보였다.

블랙 선데이

1935년 3월 21일, 휴 베넷$^{Hugh Bennett}$은 초읽기를 하고 있었다. 나라는 위기에 처했고, 그는 문제 해결 방법을 이해한 몇 안 되는 사람들 중 하나였다. 그러나 그의 기관에는 돈이 없었고, 그의 연설은 거의 끝났으며, 의회는 꿈쩍도 하지 않았다. 그에게는 기적이 필요했다.

북부 캘리포니아의 면화 농장에서 자란 베넷은 어린 시절에 토양의 중요성을 알게 되었다. 아마 그래서 그는 경력의 대부분을 흙을 바라보면서 지내게 되었을 것이다. 농무부 산하 토양국을 위해 일하는 현장 연구원으로서, 베넷은 해외뿐 아니라 국내 도처의 토양을 조사했다. 그의 결론은 "토양 낭비"가 미국에 심각한 위협이 되었다는 것이다. 그는 국가의 농업 관행을, 특히 경운 관행을 재평가하기 원했다.

대규모 국가적 위기가 일어날 때 흔히 그러하듯이, 미국은 한 가지가 아니라 두 가지 재난을 경험하고 있었다. 경제 위기(1929년 주식시장 붕괴로 촉발되었다.)는 중서부의 거대한 문제들로 인해 악화되고 있었다.

1931년이 되자 비가 그치고 평원은 말라버렸으며, 맹렬한 바람이 나라 가운데를 가로질러 불었다. 그러고 나서 공포영화의 한 장면처럼 무시무시한 폭풍이 들이닥쳤다. 천둥을 동반한 검은 먼지구름이 평원을 가로질러 굴러다니기 시작했다. 자연이 1000년에 걸쳐 만든 표토가 농부들의 눈앞에서 사라지고 있었다.

텍사스에서 뉴욕에 이르기까지 먼지 벽이 곧 미국을 뒤덮었고, 태양을 가려서 가시거리를 몇 미터로 줄였다. 먼지폭풍은 큰 폭풍만 헤아려도 1932년의 14번에서 1933년에는 180번으로 증가했다.[4] 먼지로 질식한 동물들이 들판에 죽어 있었다. 사람들은 떼 지어 중서부를 떠나 캘리포니아로 향했다. 남아 있던 사람들은 생존을 위해 싸웠다. 그들 중 많은 이들은 계속 땅을 갈았다.

1933년에 의회는 토양침식사무국Soil Erosion Service을 만들고 토양 전문가(휴 베넷)에게 급한 일을 맡겼다. 베넷이 의회 소위원회 앞에 섰을 때, 토양침식과 먼지폭풍 문제는 엄청난 수준에 이르렀다. 그 문제를 해결하기 위해 베넷에게는 더 많은 자금과 더 많은 인력, 그리고 더 많은 권한이 필요했지만, 그가 워싱턴에서 상대하는 이들은 그의 작은 기관을 관료적인 부동 상태의 행정적 거미줄에 빠뜨렸다.

연단에 오르기 전에 베넷은 중서부의 보조 연구원들로부터 거대한 먼지폭풍이 국가의 수도로 접근하고 있다는 전보를 받았다. 만약 시간만 잘 맞출 수 있다면, 그가 연설할 때 폭풍이 도착할 수도 있을 것 같았다. 그는 거들먹거리며 모든 이야기의 요점을 질질 끌면서 시간을 벌었고, 그러는 동안 그 재앙이 일어나기를 바랐다. 놀랍게도 베넷의 폭풍은 제시간에 도착했다.

웰링턴 브링크Wellington Brink의 책 『빅 휴: 토양 보존의 아버지Big Hugh: The Father of Soil Conservation』에는 다음과 같이 기록되어 있다.

무리는 창문 앞에 모였다. 휴 베넷이 기다리고 있던 먼지폭풍이 거대한 강철 도시의 장막처럼 두껍게 그리고 혐오스럽게 밀려들었다. 하늘은 구릿빛이 되었다. 태양은 사라졌다. 공기는 먼지로 무거워졌다. 정부의 가장 화려한 쇼맨은 무대를 잘 만들었다. 그는 하루 종일 한 걸음씩 자신의 드라마를 구축하고 천천히 나아갔으며, 실패할 위험을 무릅쓰면서도 끝없이 보고를 이어가면서, 자연이 적절한 대단원을 서둘러주기를 기도했다.

공영방송서비스^{PBS}의 회원 방송사인 웨타^{WETA}가 제작한 프로그램에 따르면, "공청회 창밖에서 하늘이 어두워졌을 때, 위원회의 한 위원이 '어두워지고 있습니다. 폭풍우가 몰려오나 봅니다.'라고 지적했다고 한다. '어쩌면 먼지일지도 몰라요.' 또 다른 위원이 조심스럽게 말했다. 베넷이 동의했다. '당신이 맞을 겁니다. 먼지처럼 보이는군요.'"

중서부의 표토가 워싱턴 D.C.의 거리 위에 쌓이고 있으며 뉴욕 항구의 배 위에도 30센티미터 두께로 쌓이고 있다는 사실은 심각한 문제였다. "더스트볼"에 대한 대응으로, 프랭클린 델러노 루스벨트 대통령은 농무부 산하에 토양보존청이라는 이름의 기관을 창설하는 법안에 서명했다. 부분적으로는 베넷의 시기적절한 증언 덕분에, 그 기관은 국가의 토양을 구하기 위해 영구적인 기금과 권한을 가지게 되었다.

베넷과 그의 계승자들은 전국의 농경지와 목축지대에 방풍림을 비롯한 또 다른 보존 조치를 수립하기 위해 지칠 줄 모르고 일했고, 그로 인해 토양침식을 상당히 줄일 수 있었다. 악몽이 끝났다고 믿은 미국은 식량 "생산" 사업으로 되돌아갔다. 1950년까지, 더스트볼 기간 동안 경운되던 땅에 적어도 100만 에이커가 추가되었다. 기계화는 곧 합성비료 및 농약의 과용으로 이어졌다. 제2차 세계대전 이후 미국의 "산업" 농업은 성공 가도를 달렸다.

베넷은 미국 토양을 보존하는 사명을 완수하기 훨씬 전인 1960년에 사망했다. 토양보존청은 마침내 자연자원보존청NRCS으로 이름이 바뀌었다. 그 기관의 사명은 그대로 남아 있으며 그 기관은 마침내 미국의 토양을 보호하기 위해 미국 전역의 땅에 수천 명의 남녀를 투입하겠지만, 그 권한은 미국 농무부 및 워싱턴에서 일어나는 일로 인해 많이 제한될 것이다. 결과적으로, 오늘날 중서부는 베넷 시대의 어두운 폭풍 대신에 바람, 경운, 그리고 지나친 관개로 인해 만성적이고 장기적으로 토양이 고갈되고 있다.

끓는 물에 떨어진 개구리 한 마리는 뛰쳐나오지만, 천천히 끓이면 개구리는 그대로 있다가 죽는다는 말이 있다. 다행히도 미국에는 너무 늦기 전에 개구리가 뛰쳐나오도록 싸우는 사람이 적어도 한 명은 있다.

평지

아침식사는 재수화한 달걀rehydrated eggs●, 재수화한 오트밀, 그리고 위험

● 장기보관을 위해 수분을 제거하여 만든 동결건조 달걀 분말에 수분을 다시 보충한 것. 오믈렛 등을 만들 수 있다.

을 무릅쓰고 먹어야 하는 수수께끼의 고기가 뒤섞인 저가 호텔의 표준적인 아침식사였다. 나는 오트밀을 선택했다. 건강한 토양과 건강한 음식에 대한 프로젝트를 진행하고 있지만, 내가 먹는 음식의 대부분은 교도소에서 먹는 음식과 다를 바가 없었다. 길 위에서 몇 달을 보낸 뒤, 영양가 없이 칼로리만 있는 표준적인 미국식 식단은 내 몸과 마음에 타격을 주기 시작했다.

'나쁜 소식이군.'

캔자스의 이른 아침을 뚫고 차를 몰다가 GPS를 보면서 나는 생각했다. 나는 호텔에서 다음 장소까지의 이동 시간을 과소평가했다. 내가 가는 곳은 말 그대로 가장 가까운 호텔에서 두 시간 반 거리에 있었다.

미국의 토양 상태가 어떤지 알고 싶다면 캔자스주를 가로질러 운전해보라. 황량하고 평평하고 끝없이 펼쳐진 척박하고 건조하고 갈라진 땅의 바다를 몇 시간 동안이나 지나야 한다. 이따금 농작물 밭이 황량한 땅에 끼어든다.

가압된 안락한 비행기 객실에서 바라보는 농작물의 원은 "피벗pivot"(바퀴 달린 긴 금속 관개 격자)이 중심점에서 원을 그리며 물을 뿌리면서 움직일 때 만들어진다(한 손가락으로 펜의 한쪽 끝을 누르고 다른 손으로 다른 쪽 끝을 둥글게 움직이는 것을 생각해보라). 피벗은 해당 농작물(대부분 대두 또는 옥수수)에 필요한 물을 제공한다.

캔자스를 가로질러 차창 밖을 내다보면 어떤 패턴을 볼 수 있다. 피벗과 농작물, 황량한 땅, 바람. 피벗과 농작물, 황량한 땅, 바람. 헹구고, 거품 내고, 반복하세요.•

이것이 미국이 칼로리의 대부분을 얻는 방식이고 장소이다. 그리고 이것은 또한 우리가 토양을 잃는 방식이기도 하다.

휴대폰을 벨트에 끼우고 다니는 사내

"좋아요. 나는 여러분이 캔자스 식으로 멋지게 '굿 모닝!'을 외치면서 시작하면 좋겠습니다."

미국 한복판의 철제 헛간에서 35명가량의 중장년 농부들을 바라보면서 레이 아출레타$^{Ray Archuleta}$가 말했다. 대체로 작업복을 입고 단정하게 늘어선 간이의자에 앉아 있는 남자들은 웅얼거리듯 "굿 모닝"이라고 인사했다. (나는 우리가 방언으로 이야기하거나 타파웨어♦를 사게 될 것 같은 느낌이 들었다.)

레이 아출레타는 얼룩덜룩한 은발에 싸구려 브랜드의 폴로셔츠와 청바지를 입고 있는 50대 남자였다. 발사 준비가 된 6연발 권총처럼 그의 휴대폰은 벨트에 끼워져 있었다. 레이에게 그것은 아마 좋은 일이다. 그 남자는 군중에게, 전화를 하는 상대방에게, 그리고 들으려는 사람이 있으면 그 누구에게라도 쉴 틈 없이 이야기하는 것 같았다. 이 사람에게는 꼭 해야 할 말이 있다는 것을 누구라도 바로 알아차릴 수 있을 것이다. 비록 그 말이 항상 정확하게 나오는 것은 아니지만 말이다.

● 샴푸 사용법에 일반적으로 적혀 있는 문구. 별 생각 없이 사용법에 적힌 대로 따라 하다 보면 샴푸 한 통을 다 써버릴 것이다.

♦ 미국의 플라스틱 주방용품 브랜드

나는 그가 일생의 대부분 동안 해온 일, 곧 평균 나이가 65세이고 그가 말하는 내용에 대한 평균적인 관심 수준이 기껏해야 미적지근한 농부들(이를테면 "생산자들")에게 숙련된 강연 또는 요란한 쇼를 하는 것을 보려고 여기에 왔다. 그러나 그중 어느 것도 레이를 성가시게 하지 않는 것 같았다. 그의 공식 직함은 자연자원보존청의 보존농학자이다. 어떤 의미에서 레이는 현대판 휴 베넷이다.

"자연처럼 농사짓는 방법을 알려드리겠습니다. 더 많이 자연처럼 농사를 지을수록, 투입물을 줄이고 더 많은 돈을 벌 수 있습니다."

그는 복합적인 목적을 가진 영업용 미끼를 던지며 이야기를 시작했다. 레이는 자신이 미국 전역에서 토양 샘플을 수집해서 창고에 저장한다고 설명했다. 그는 사람들과 공유하기 위해 샘플 약간과 지역 농장의 토양을 가지고 왔다.

방의 앞쪽에 배치된 접이식 테이블 주위로 남자들이 모여들었다. 깨끗한 물로 채워진 크고 투명한 플라스틱 실린더 두 개가 토양 샘플 몇 개와 함께 테이블 위에 가지런히 놓여 있었다. 이러한 시연에 토양을 물속에 넣는 것이 포함되리라는 점은 명백했다. 덜 명백한 것은 레이가 무엇을 밝혀내려고 하는가였다.

"이것은 토양 골재 안정성 테스트 또는 슬레이크 골재 안정성 테스트라고 일컬어집니다."

레이는 이 "가르침이 가능한 순간"에 힘주어 말했다. 그는 이러한 과학이 1930년대부터 존재했으며 누구라도 자신의 농장이나 목장 또는 집에서 할 수 있다고 설명했다. 레이는 자신이 지금 살고 있는 노스캐롤라이나의 집 근처 농장에서 가져온 두 개의 토양 덩어리로 시작했다.

1번 덩어리는 40년 동안 "땅을 갈지 않은" 농장에서 가져온 것이다. 또한 그 농부는 환금작물을 심는 사이에 여러 종류의 피복작물을 심었다(그래서 그의 땅은 휴경한 적이 없고 그의 토양은 벌거벗은 적이 없다). 그는 합성질소나 인을 사용하지 않으며 끈질긴 잡초를 줄이기 위해 한 가지 제초제만을 사용한다. 레이는 그 지역 토지의 전형적인 유기물이 약 3퍼센트이지만 이 농부의 토양에는 6.5퍼센트의 유기물이 있다고 말했다. 2번 덩어리는 같은 지역의 관행농 농장에서 가져온 것인데, 그곳에서는 과도한 경운, 화학물질, 농약, 비료가 사용된다. 달리 말하면, "보통의 토양"이다.

이제 그것들을 물속에 떨어뜨려볼 시간이 되었다. 그러나 레이는 긴장감을 고조시켰다.

"색깔 차이를 보세요. 잘 비교해보세요. 나는 10킬로미터 가까이 떨어진 곳에서도 이 밭들의 차이를 알 수 있답니다."

그는 재촉했다. 남자들은 몸을 기울여 토양 덩어리에 시선을 고정했다. 무경운 1번 덩어리는 어둡고 짙은 초콜릿색이었다. 과도한 경운 2번 덩어리는 건조하고 오렌지색으로 보였다.

"이제 이 덩어리들을 물속에 떨어뜨려보고 무슨 일이 일어나는지 지켜봅시다."

레이는 자원자들이 토양 덩어리를 각각 물이 담긴 실린더에 떨어뜨리도록 유도했다.

이제 레이는 무대의 주인공이 되어 진가를 발휘하고 있었다.

"덩어리를 떨어뜨리면 물이 공극을 채우기 위해 몰려들 것입니다.

물이 공극을 채우려고 몰려들 때, 토양은 온전함을 유지해야 합니다. 유기 미네랄 복합체인 *생물학적 접착제*^bioticglues는 진흙과 모래 입자를 온전하게 유지시켜 공극을 유지할 수 있어야 합니다.”

　요점을 설명하기 위해 레이는 1번 덩어리(무경운, 초콜릿색 토양 덩어리)를 가리켰는데, 이 덩어리는 물속에 잠겼지만 서로 멋지게 뭉쳐져 있었다.

　두번째 덩어리(과도한 경운)는 물이 담긴 튜브 속에서 제대로 형체를 유지하지 못했다.

　“우리는 토양이 산산이 부서지는 것을 원하지 않습니다. 토양이 산산이 부서지고 흩*어지기* 시작한다면, 그것은 공극이 무너지고 있음을 의미합니다. 공극이 무너지면 투과성이 없어집니다. 투과성이 없어지면 침투도 없습니다. 그러면 딱딱하게 붙어버리고, 당신이 뽑아 올린 그 비싼 물의 대부분은 흘러가고 증발해버립니다. 우리는 물이 증발해버리기를 원하지 않습니다. 우리는 물이 토양 속으로 들어가기를 원하지요. 맞습니까, 여러분?”

　이것은 물론 수사학적인 질문이었다. 2번 토양 덩어리는 빠르게 부서졌고, 물은 흙탕물로 변했다.

　“이것은 토양 건강의 한 가지 지표에 불과합니다. 그렇지만 이것은 중요한 지표입니다.”

　레이는 설명했다.

땅을 갈 것인가 말 것인가

다음 5일 동안 나는 레이가 캔자스 전역의 호텔 컨퍼런스 센터, 헛간, 그리고 정부의 지역 사무실에서 "토양 쇼"의 오프닝 공연으로 이러한 시연을 하는 것을 지켜보았다. 그는 때로는 과도한 경운을 채택한 유기농 인증 농장에서 가져온 토양 샘플을 사용해서 "과도한 경운을 하는 유기농"이 "무경운 관행농"보다 토양에 더 파괴적일 수 있다고 강조했다.

가끔 레이는 경운된 유기농 대 무경운 관행농 "토양 덩어리들"을 가지고 혼합된 메시지를 전달하는 것처럼 보였다. 특히 유기농 토양이 물속으로 풀어질 때, 그는 "*지속 가능성의 수호자, 유기농 농장에서 가져온 흙을 보세요!*" 같은 말을 했다. 레이는 설명했다.

"우리의 토양은 급성 스트레스를 견딜 수 있지만, 만성적인 스트레스는 견딜 수 없습니다. 따라서 땅을 더 많이 갈수록, 화학적·생물학적 교란이 더 많을수록 토양의 생명 작용은 더욱 나빠집니다."

레이는 계속 말했다.

"유기농 시스템은 여전히 엄청난 양의 물리적 스트레스를 주고 있습니다. 특히 경운을 하면서요. 나는 유기농 생산자들에게 그들이 엄청나게 땅을 많이 갈고, 퇴비와 두엄을 옮기기 위해 여전히 디젤에 많이 의존하고 있기 때문에 그들이 지속 가능하지 않다고 말합니다. 내가 캘리포니아에서 본 토양 질이 가장 저하된 농장들 중 일부는 유기농 농장이었습니다. 그들은 엄청나게 많이 땅을 갑니다. 그들의 토양은 믿을 수 없을 정도로 황폐화되었습니다. 한번 비가 오면 막대한 침식과 유기물의 손실이 일어납니다."

마이클 폴란이『잡식동물의 딜레마』에서 "산업 유기농"이라고 불렀던 것은 인증된 유기농업을 관행농과 비슷한 규모로 수행하는 것이다. 해마다 작물 순환이 거의 없거나 전혀 없이 같은 토양에서 엄청난 양의 단일작물을 재배하려면 잡초에 대처해야 한다. 인증된 유기농의 생물 유래 제초 스프레이가 존재하지만, 그것은 비유기농 제초제(일반적으로 유독하며 토양에 잔류하는 경향이 있다.)만큼의 살상력을 갖고 있지 않다. 인증된 유기농 제초제가 손으로 골라내는 것 만큼의 효과가 있는 것도 아니다. 많은 대규모 인증 유기농 농부들에게는 잡초를 제거하기 위해 단 하나의 선택지만 남는다. 잡초를 토양 속으로 갈아버리는 것이다. 따라서 화학물질을 사용하지 않지만 경운을 많이 하는 "유기농 딜레마"가 생긴다.

"사람들은 유기농을 매우 훌륭한 생태학적 청지기와 동일시합니다. 항상 그런 것은 아닌데도요."

레이는 잠시 멈추고 말에 무게를 실었다.

"제가 사랑하는 유기농 공동체에 대해 한 가지 이야기하고 싶군요. 일단 그들에게 토양이 작용하는 방식과 기능하는 방식에 대해 좀 더 많은 것을 알려주면, 그들은 매우 빠르게 반응하고 변화합니다."

불행히도 레이의 주장을 뒷받침하는 증거가 매우 많다. 중서부를 가로질러서, 그리고 캘리포니아 전역에서 우리는 건조하고 굳어지고 잘 부서지는 토양을 가진 과다 경운 유기농 농장과, 풍부하고 검고 두꺼운 토양을 가진 많은 무경운 관행농 농장을 찾을 수 있다. 이 극단적 사례들에서 토양 건강의 가장 큰 차이점은 화학물질을 사용하느냐의 여부가 아니다. 오히려 레이의 주장에 따르면, 토양 건강은 농부가 땅을 경운하느냐의 여부에 직접적으로 관련된다.

경운에 관한 한 레이는 청중에게 무자비하게 질문을 던졌고, 생산자들은 대체로 멍한 시선으로 대답했다. 그는 토양 덩어리가 거의 용해되어 진흙탕이 된 실린더를 들어 올리며 청중에게 물었다.

"그래서 여기서 무슨 일이 일어나고 있습니까? 땅을 가는 것은 어떤 영향을 미칩니까? 땅을 갈면 유기물이 분해됩니다. 어떻게 그렇게 될까요? *땅을 가는 것이 어떻게 그런 일을 하지요?!*"

그는 반응을 기다리면서 한참 동안 청중을 노려보았다. 겁에 질린 청중은 아무도 대답하지 않았다.

어쨌든 레이는 그들이 대답하리라고 기대하지 않았으니, 자신이 답을 말했다.

"이 헛간 반대쪽에 그런 일을 하는 정말로 강력한 도구가 있습니다. 그것은 원판^{disc}이라고 불립니다. 고속도로 부서는 매우 특별한 목적을 위해 원판을 사용합니다. 그것은 공극을 파괴하고 유기물을 산화시킵니다. 경작용 원판은 우리 밭에 있는 가장 파괴적인 물건입니다. 왜? 그것이 무슨 일을 할까요? 이봐요, 생산자들, *왜죠!?*"

이번에도 모두 죽을 만큼 겁에 질려서 아무도 대답하지 않았다.

"여러분은 이것을 알아야 합니다. 우리 모두 이것을 알아야 해요. 우리 모두는 이것을 배웠어야 합니다. 우리는 이것을 이해하지 못해서 빈털터리가 될 판입니다! 원판을 돌리고 그 모든 표면을 부술 때, 당신이 무슨 일을 하고 있는지 짐작이 됩니까?"

그는 이번에는 반응을 기다리지 않았다.

"당신은 r-전략● 박테리아라고 불리는 것을 깨웁니다. 그것들은

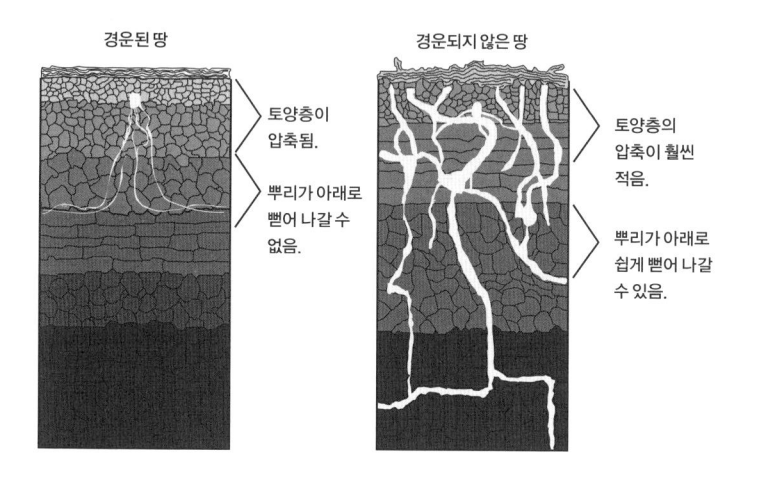

경운된 땅

경운되지 않은 땅

토양층이
압축됨.

뿌리가 아래로
뻗어 나갈 수
없음.

토양층의
압축이 훨씬
적음.

뿌리가 아래로
쉽게 뻗어 나갈
수 있음.

농부들은 잡초를 제거하고 흙을 평평하게 다지기 위해 경운을 하지만 경운은 토양의 위쪽 층을 압축하여 식물
뿌리와 물이 침투하기 어렵게 만든다.

모두 토양 속에 있습니다. 그것들은 기회주의적인 박테리아입니다. 그것들은 풍부한 탄소화합물을 먹습니다. 일단 탄소를 먹고 나면, 죽어서 영양분을 방출하지요. 따라서 당신이 5만 달러를 쓴 그 수직 원판을 돌릴 때, 표면을 교란할 때, 당신은 유기물을 산화시키는 것입니다.”

존디어의 웹사이트는 “땅을 부술 만큼 저렴한 가격”이라는 문구로 원판 써레를 광고한다(나는 그 말장난이 의도된 것이라고 확신한다). 기본적으로 이러한 도구는 트랙터 뒤에서 끌려가면서 토양을 파고들어

● 서식환경에 따른 생물종의 번식 전략 중 하나. 짧은 기간에 빠른 속도로 많은 자손을 생산하여 번식 가능성을 높이는 전략이다.

파헤쳐놓는 커다란 원형 판이다. 존디어의 "최첨단 다용도 원판 써레"는 "봄가을 경작부터 기계적 잡초 방제까지 모든 것을 하는" "유용한 도구"이다. 내가 개인적으로 가장 선호하는 것은 TM51인데, 그것은 9인치의 "공격적인 침투"를 특징으로 한다(고 한다). 그게 싫다고? 또 다른 선택지는 "경운 작업 해치우기"를 위한 "드론 오프셋 원판Drawn Offset Discs"일 것이다. 인간에 의해 폭행당하는 어머니 자연을 나타내는 현대 산업 농업의 은유 모음이 있다면, 이 웹사이트가 바로 그것이다.

다시 현장으로 돌아가서, 레이는 만약 제대로 이해된다면 현대 농업 전반을 뒤집어놓을 수 있는 근본적이고 극도로 중요한 개념을 설명하려고 최선을 다하고 있었다. 본질적으로 인류 문명이 시작된 이래로 인간이 계속해왔던 바로 그 일, 토양 위로 쟁기질하고 토양을 "부수는 일"은 (생명을 주는 탄소와 미생물을 포함한) 유기물을 파괴한다. 좀 더 간단히 말해서, 경운(즉 쟁기질)은 토양이 스스로를 잠식하게 한다.

(반평생에 걸쳐 경운을 해온 캔자스의 농부들이 이해하려고 애쓰는) 이 이야기의 복잡한 버전은 경운이 특정 박테리아 균주를 대기 중의 산소에 노출시킨다는 것이다. 일단 이 작은 생물들이 공기와 접촉하면, 그들은 토양 속의 유기물을 폭식한다. 그들은 유기물을 산화(혹은 연소)시켜서 탄소가 붙어 있는 안정적인 분자들을 뜯어내 상당량의 이산화탄소를 대기 중으로 방출한다. 이것은 탄소 격리의 *정반대*이다. 만약 탄소를 토양 속으로 다시 넣는 것이 목표라면, 경운은 배를 바다로 띄워 보내기 전에 배에 구멍을 잔뜩 뚫는 것과 같다.

레이는 약 1만 년 동안 계속돼온 농업에 대한 생각을 뒤집으려고 최대한 노력하고 있지만, 일은 잘 풀리지 않는다. 자연자원보존청의 지역 사무소에서 레이의 현장설명회를 알리는 이메일 700통을 보냈지만, 35명의 농부들만 나타났다. 나는 레이에게 청중 가운데 몇 명의 마음을 돌릴 수 있을 것 같으냐고 물어보았다.

"열 명 중 한 명이라도 마음을 돌리면, 나는 행복한 놈입니다. 농부들은 이웃을 살펴볼 것이고, 그 한 사람이 지역 사회 전체에 영향을 미칠 테니까요."

그렇지만 레이가 미국의 9억 1,500만 에이커의 생산지를 35명당, 강의당, 하루당, 멀리 인적이 끊긴 어딘가의 헛간당 한 사람 꼴로 변화시킬 가능성은 너무 희박한 듯하다.

레이가 맞닥뜨린 문제는 중서부의 전체 농업 하부구조가 토양을 가는 것에(그리고 곧 다루겠지만 기계와 화학물질 판매에) 기반을 두고 있다는 점이다. 사람들은 공기를 집어넣기 위해, 잡초를 기계적으로 파괴하기 위해, 토양을 평평하게 해서 기계가 쉽게 그 위로 지나갈 수 있게 하려고, 토양을 성기게 해서 모든 "좋은 것들"(농작물 잔여물, 화학물질, 혹은 뭐든)을 토양에 섞어서 균질적으로 만들기 위해, 토양을 갈고 있다.

레이가 지적하듯이, 경운은 끝없이 계속되는 주기를 생성한다. 땅을 갈면 토양 생명을 죽이게 되고, 이는 토양을 다공성으로 만드는 접착제를 파괴하는 것이다. 그것은 토양이 물을 흡수할 수 없다는 것을 의미하며, 토양에 "공기"를 더하기 위해 다시 땅을 갈 필요가 생긴다. 그것은 또다시 침식을 일으키며 이 과정이 되풀이된다. 달리 말해서, 땅을 더 많이 갈수록, 더 많이 갈 필요가 생긴다.

비를 내리게 하라

레이는 일단 "물속에 토양 덩어리 떨어뜨리기"와 "농사에 대한 기본적 이해가 뒤떨어졌다고 말하기"라는 통상적인 순서로 청중을 준비시키고 나서 그들을 밖으로 데리고 나갔다. 만약 레이가 뉴욕의 택시 운전사들에게 자동차를 보라색으로 칠하고 공룡 바니처럼 차려입어야 한다고 말했다면 뉴저지까지 가는 내내 야유를 받았을 거라는 점을 명심하자. 그러나 이들 캔자스 농부들은 워비곤 호수● 주민 같은 선한 개신교인들이었다. 이 남자들은 레이에게 야유를 퍼붓지 않았을 뿐 아니라 거의 말도 하지 않았다. 그들의 근엄한 얼굴 뒤에서 레이의 말이 어떻게 도달하는지, 또는 도달하고 있기나 한 것인지 헤아리기 힘들었다.

헛간 밖에서 남자들은 아이오와주 과학경시대회 수상작처럼 보이는 기계 주위에 섰다. 그것은 작은 트레일러 위에 가슴 높이 정도로 고정된, 한 면이 열린 흰 상자였다. 열린 면에는 세 개의 칸이 있고, 그것들 각각에는 1피트×1피트의 흙에서 약간의 풀이 자라고 있었다. 홈디포에서 그 물건 곁을 지나갔다면, 그것을 인조잔디를 위한 전시물로 착각했을 것이다.

남자들이 설 자리를 찾자마자 레이는 유창하게 말하기 시작했다.

"물을 퍼 올리는 데 비용이 얼마나 들까요? 1에이커당 2만? 여보세요, 나는 여러분의 물값을 50퍼센트 낮춰줄 수 있습니다. *50퍼센트!*

● 미국의 풍자작가 개리슨 케일러garrison keillor가 지어낸 가상의 마을로, 평균 이상으로 훌륭한 사람들이 살고 있다.

왜냐하면 당신의 피벗에서 나오는 그 비싼 물의 대부분은 증발하거나 흘러가버리기 때문입니다. 여러분은 돈을 낭비하고 있어요. 그러나 나는 돈을 여러분 주머니에 다시 넣어주고 싶습니다. 오케이, 여기 내 친구 데일이 이 비 모의실험장치에 대해 이야기해줄 것입니다. 데일, 당신 차례예요."

레이보다 키가 작고 통통한 데일(역시 자연자원보존청의 현장요원)은 마술사의 조수처럼 예의가 발랐다. 데일은 무대 중앙을 차지하고서 중서부에서는 보통 비가 짧은 소나기나 거대한 뇌우 두 종류 중 하나로 온다고 충실히 설명했다. 그는 비 모의실험장치가 후자를 실험한다고 말했다. 그것은 다양한 토양이 그가 "폭우 사건"이라고 부르는 것에 어떻게 반응하는지 보여주기 위해 고안되었다. 각각의 사각형 토양 위에는 스프링클러 기계장치가 있었다.

데일은 그 기계의 또 다른 중요한 부분, 곧 각각의 사각형 토양에서 물을 모으기 위한 "유출" 용기와 "침투" 용기를 가리켰다.

"이 토양 밑에는 구멍이 있어서 토양 단면을 통과하는 것은 무엇이든 이 뒤쪽 용기 속으로 들어갑니다."

그는 침투 용기를 가리키며 말했다.

"하지만 흘러내리는 것은 무엇이든 앞쪽의 용기 속으로 들어갈 것입니다."

데일은 유출 용기를 가리키며 말했다.

세 가지 토양 샘플은 현지에서 미리 채취되었다. 하나는 과도하게 경운된 관행농 농장에서, 또 다른 것은 풀이 무성한 무경운 방목지에서, 세번째 것은 무경운, 피복작물 농장에서 가져왔다. 데일은 기계를 작동시켰고, 남자들은 물이 쏟아져 나와 토양 샘플을 통해 여과되어 용기 속으로 들어가는 것을 지켜보았다.

결과는 예측 가능했지만 동시에 동요할 만한 것이었다. 관행농 농장에서 가져온 토양은 좋지 않았다. 유출 용기는 빠르게 갈색으로 바뀌었는데, 이는 토양의 상당량이 비에 의해 쓸려 내려갔음을 의미했다. 침투 용기 또한 갈색으로 바뀌었다. 이에 비해 다른 두 토양 샘플의 용기에 담긴 물은 깨끗한 것처럼 보였다. 더욱 특이한 것은, 다른 두 토양은 모두 물을 더 많이 흡수하는 것처럼 보인다는 점인데, 즉 그것들의 용기에는 물이 더 적게 모이고 있었다.

데일이 기계를 설명할 때마다 레이는 그의 바로 뒤에서 흥미로운 말과 함께 끼어들었다. 레이는 건조한 관행농 토양 샘플을 가리켰다.

"모두 가까이 오세요. 사막화의 초기 단계를 보여드릴게요. 맨땅이 있을 때, 그 토양 속으로 들어가는 열이 있습니다. 그것을 현열이라고 합니다. 현열은 당신이 그것을 감각할 수 있다는 것을 의미합니다. 그것은 토양 온도를 믿을 수 없을 만큼 높입니다. 45도에서 박테리아가 차단되고 효소 활동이 중단됩니다. 효소는 양분 순환을 위한 촉매입니다. 그리고 잠열이라는 또 다른 열이 있습니다. 잠열은 수분을 증발시킵니다. 이것은 엄청난 양의 수분을 증발시킬 것입니다."

레이는 곧 제시할 훨씬 더 방대한 설명을 위한 틀을 마련하고 있었다.

이제 몇몇 생산자들은 마른 흙덩어리를 좀 더 잘 보려고 목을 빼고 있었다. 레이는 그들의 관심을 끌고 있었고, 그도 그것을 알고 있었다.

"무엇이 비를 유인할까요? 이것 아니면 저것?"

그는 물었다. 레이는 그들이 관행적으로 경운된 흙과 풍부하고 풀이 무성한 토양 사이에서 선택하기를 원했다.

"저것입니다."

그는 풀이 덮인 토양을 막대기라도 든 것처럼 가리키며 말했다.

"왜일까요?"

그는 청중이 평생 동안 보아왔으면서도 아마도 내면화하지 못한 어떤 것에 대해 생각하도록 촉구했다.

"현열이 너무 많이 발생하면, 열의 소용돌이가 올라가서 사실상 구름을 밀어내게 됩니다. 그러나 살아 있는 식물을 통해 물이 나오면 습기를 내보내 더 시원해지고, 그것은 비가 오도록 돕습니다. 비의 40퍼센트는 내륙에서 옵니다."

이것은 레이의 가장 중요한 요점 중 하나였다. 경운이 더 많은 경운을 야기하듯이, 마르고 건조한 땅은 사막화의 원인이 된다.

"그래서 어떻게 생각하세요? 생산자 여러분, 당신들은 여기서 스스로 가뭄을 만들어냈습니다. 모든 휴경지는 가뭄의 원인이 되고 있습니다. 기억하세요. 이곳은 대초원이었습니다. 이곳은 언제나 덮여 있었습니다. 식물에게서 수분이 나와 대기의 습도를 높이고 그래서 좀 더 시원해지면 비가 내립니다."

레이는 단번에 또 다른 현대 농업 패러다임을 제시했다. 충격적인 깨달음.

레이는 전 세계적으로 작은 물순환이 현대 농업 관행으로 인해 지장을 받고 있다고 확신했다.

"우리는 우리 스스로 사막을 만들고 있습니다."

그는 중서부 전역의 크고 작은 청중에게 되풀이해서 말한다. 만약 그가 옳다면, 사막화를 악화시키거나 중단시키거나 혹은 되돌릴 수 있는 힘은 어느 때보다 매우 가까이에 있다.

현장설명회

소 떼를 몰아가는 양치기 개처럼, 레이는 남자들을 모아서 헛간에서 수백 야드 떨어진 들판으로 안내했다. 이는 그의 프로그램의 세번째 단계, 곧 토양으로 가는 것이었다. 그는 잎이 무성한 초록 작물 가운데 한 지점을 골라 모두가 둘러설 수 있도록 했다.

남자들 절반이 느긋하게 걸어오기도 전에 그는 토양 설교의 다음 장을 시작했다. 레이가 오전 내내 권투를 했다면, 지금 그는 글러브를 벗고 급소를 찌르려 하고 있었다. 그는 야외에서만 어느 정도 정당화될 수 있는 쩌렁쩌렁 울리는 큰 목소리로 말했다.

"여러분, 우리는 농사를 지으면서도 우리 토양이 어떻게 작용하는지 그 생태학적 원리를 이해하지 못하고 있습니다. 오히려 그것을 파괴하고 있지요!"

레이는 삽을 땅속으로 찔러 넣고 흙더미를 파냈다. 그는 땅에 무릎을 꿇고 손에 우주의 마법을 쥐고 있는 것처럼 소리쳤다.

"저 흙을 보세요!"

남자들은 실눈을 뜨고 보면 어떻게든 깨달음을 얻을 수 있을 것처럼 열중해서 바라보았다.

"더 가까이 오세요. 여기, 이걸 보세요. 한 삽 가득 팠을 때, 이것을 보고 싶었어요. 난 이것을 '코티지치즈'라고 부르지요."

레이는 뿌리와 토양입단土壤粒團의 밀도가 높은 덩어리, 곧 흙"덩어리"를 가리키고 있었다. 레이는 설명했다.

"과학자들은 이것을 *구상입단*球狀粒團이라고 부릅니다. 입단 내부에 공극이 있습니다. 입단이 많으면 큰 공극들이 존재합니다. 작은 공극이 아니라, 큰 공극이지요. 이 큰 공극들은 경운으로 인해 파괴됩니다."

작은 구멍들로 가득 찬 스펀지처럼 토양 내부의 공극들은 물을 머금고 있다. 공극이 없으면, 농부들이 말하는 "침투"가 적어지고 토양은 수분을 보유하지 못할 것이다.

더 많은 물이 침투할수록 농부가 농작물에 물을 줄 필요가 적어진다. 물은 주요 비용이기 때문에 이것은 중요하다. 레이는 "좋은 대초원과 숲 시스템에서는 침투율이 시간당 50에서 80인치입니다."라고 설명했다.

물이 토양에 유입되는 속도는 시간당 인치로 측정된다. 오늘날 대부분의 농업용 토양은 1인치 이하의 물만 머금을 수 있다. 대조적으로, 비가 올 때 중서부의 손길이 닿지 않은 무경운 토양은 한때 시간당 물을 80인치까지 머금었다. 만약 이러한 물의 양이 믿을 수 없을 만큼 많은 것으로 보인다면, 지구에서 바다 밖의 가장 큰 생태계는 지상이 아니라 지하에 있으며, 그것은 매우 습한 생태계라는 점을 생각해보라.

레이는 또 이렇게 말했다.

"지금이라도 긁어낼 수 있다면 수십억 개의 박테리아를 볼 수 있을 것입니다. 작은 중형동물상mesofauna도 볼 수 있지요. 그것은 살아 있는 생태계입니다. 예를 들어 봅시다. 건강하고 좋은 토양에는 1에이커 아래에 소 한 마리와 송아지 한 마리, 심지어 코끼리 한 마리 정도 무게의 미생물이 있어야 합니다. 이 유기체는 1에이커당 2,500파운드에서 최대 1만 파운드에 이르지요."

생산자들이 모두 실눈을 뜨고 바라보는 보이지 않는 세계는 상상조차 할 수 없을 정도로 엄청나게 광대한 것이었다.

레이는 자신이 드는 사례가 별로 어렵지 않다는 듯이, 청중을 보이지 않는 미생물 토끼굴로 한 걸음 더 데리고 내려갔다.

"토양 미생물들은 물속에서 헤엄칩니다. 그들에게는 다리가 없지요. 그들은 수생생물입니다."

그는 토양이 본질적으로 준*수액이라고 설명하면서 말을 이었다.

"따라서 물이 없으면 영양소 순환도 없습니다. 당신이 비료를 얼마나 많이 집어넣었는지는 상관없어요."

청중의 멍한 시선은 이해의 부족을, 또는 느리고 고통스러운 깨달음을 드러냈다.

레이는 계속 설명했다.

"미생물과 대부분의 미생물 활동은 맨 위 2인치 안에 있습니다. 따라서 이 처음 2인치를 바로잡지 못하면, 나머지는 문제조차 되지 않습니다."

그는 기본적으로 이 불쌍한 친구들에게 그들이 사막을 만들고 있으며, 물을 기반으로 한 토양 속에서 살 수 있는 생명을, 잘 키우면 그들의 농장을 수익성 있는 사업으로 바꾸어줄 수 있는 그 생명을 굶겨 죽이고 있다고 말하고 있었다. 화요일 오전 11시에 듣기 좋은 소식은 아니었다.

"토양은 균류, 지렁이, 박테리아, 다당류, 그리고 생물학적 접착제에 의해 만들어진 이 '코티지치즈'가 뒤섞여 이루어집니다. 당신네 토양에서 '코티지치즈'를 볼 수 없다면, 그게 무엇을 말해주는 것일까요? 지나친 경운으로 그것이 굶어 죽고 있다는 것입니다."

레이에게 토양이란 특질은 저마다 고유한 필요와 선물을 가지고 있는 수많은 작은 캐릭터들로 이루어진 것이었다.

벌레가 흙에서 떨어져 땅속으로 기어들어갈 때 레이가 설명했다.

"다음으로 토양은 적어도 한 삽당 서너 마리의 지렁이를 품고 있어야 합니다. 한 삽당 서너 마리의 지렁이가 있다면 에이커당 85만에서 150만 마리의 지렁이가 있다는 뜻입니다. 그러면 디젤을 넣을 필요가 없습니다. 지렁이들이 당신을 위해 영양분을 순환시켜줄 테니까요."

이것은 지렁이를(그리고 다른 모든 것들 또한) 죽이는 바로 그 화학물질 스프레이를 만드는 회사들이 엄청나게 많은 광고의 표적으로 삼는 일군의 사람들에게 흥미로운 소식이다.

찰스 다윈은 지렁이에 사로잡혀 39년 동안 지렁이를 연구했다고 한다. 2,700종의 이 냉혈 자웅동체 동물은 크기가 매우 다양하다(가장 긴 지렁이는 남아프리카에서 발견된 670센티미터짜리이다). 그러나 레이가(그리고 다른 많은 토양 애호가들이) 지렁이를 사랑하는 까닭은 그들이 뒤에 남기는 것 때문이다. 지렁이는 흙을 뚫고 들어가 터널을 만들어 공기가 통하게 하고 물이 스며들 수 있는 길을 만들어주며, 그 자취에 일정한 "똥"의 흐름을 남긴다. 똥은 정말 지렁이가 지나간 자리에 있다. 지렁이가 사는 토양과 비교해서, 그들의 똥은 질소가 5배, 인산염이 7배,

칼륨이 11배 더 풍부하다. 게다가 좋은 토양 속에서 살아가는 행복한 지렁이는 *해마다* 10파운드의 똥을 생산할 수 있다! 이것은 수많은 미생물과 식물이 즉시 이용할 수 있는 퇴비이다.

"내가 보고 싶은 또 다른 것은 토양 위의 '갑옷'입니다."

레이는 경운되지 않은 땅을 덮은 두꺼운 이엉층을 묘사하기 위해 또 다른 레이식 용어를 사용해서 말했다. 방해받지 않은 생태계에서는 이 직조된 듯한 물질을 긁어내야 토양에 도달할 수 있다.

레이는 설명했다.

"이것은 *잔해층*이라고 불립니다. 이 갑옷은 잡초를 억제합니다. 나는 바로 이 갑옷에서 피복작물이 자라나기를 바랍니다."

레이는 땅이 이엉으로 덮여 있어야 하고, 농부는 그 이엉 속에 여러 식물 종으로 구성된 피복작물을 심어야 한다고 제안하고 있었다. 레이에 따르면, 무경운 농업의 두 가지 열쇠는 토양을 갈지 않는 것과, 환금작물 사이에 땅을 맨땅으로 내버려두는 대신 피복작물을 이용하는 것이다.

밝혀진 대로, 피복작물은 뿌리가 하는 일 때문에 중요하다.

레이는 말했다.

"그래서 다종의 피복작물을 심을 때, 나는 탄소를 가능한 한 최대로 시스템 속에 밀어 넣기 위해 깊은 원뿌리를 가진 섬유질 종을 심습니다. 키가 큰 작물 아래에는 물을 찾아 땅 밑으로 내려가는 깊은 뿌리가 있을 것입니다. 뿌리가 있는 곳에는 가장자리에서 풀을 뜯는 미생물이 있습니다."

식물은 뿌리 분비물을 통해 실제로 탄소를 "유출"한다. 이 분비물은 기본적으로 "탄소 주스"이며 흔히 당의 형태를 취한다. 그러한 당은 선충과 균류를 포함한 또 다른 일련의 지하 생물들에 의해 소비되고 변형된다.

피복작물의 또 다른 중요한 역할은 무엇일까? 제대로 될 경우, 그 것들은 엄청난 양의 질소를 토양 속에 "고정"할 수 있다. 대기는 80퍼센트가 질소이기 때문에 토지 1에이커당 약 3만 5,000톤의 질소가 존재한다. 레이는 피복작물 "혼합물"의 일부로 콩과식물을 심으면 탄소뿐 아니라 질소까지 식물의 뿌리로 내려가서 미생물에 의해 흙 속으로 옮겨 간다고 설명했다.

"질소 분자를 떼어내어 화학비료로 만들기 위해서는 엄청난 양의 천연가스가 필요합니다. 질소를 '증가'시킬 수 있는데 화학비료를 쓰는 것은 내가 볼 때 엄청난 낭비입니다. 콩과식물과 미생물은 스스로 질소를 생산하는 환상적인 일을 합니다."

현명하게 사용한다면, 피복작물이 합성질소 비료에 대한 농부의 수요를 완전히 없앨 수 있다는 것이다. 현대 농업의 가장 비싸고 오염을 일으키는 화학적 투입물 중 하나를 제거함으로써 농부는 많은 돈을 절약할 수 있다.

땅의 같은 부분을 되풀이해서 가는 쟁기처럼, 레이는 자신의 요점을 청중에게 천천히 새겨 넣었다. 물, 탄소 그리고 영양분은 동일한 경로와 순환을 따른다. 만약 당신이 토양 안에 미생물 친화적인 서식지를 만들어낼 수 있다면, 거기서 영양분과 물, 탄소를 찾을 수 있을 것이다. 그렇지 않다면, 당신은 펌프, 스프레이, 합성물질, 디젤, 트랙터, 기계, 그리고 많은 돈을 사용해서 그러한 것들을 끊임없이 추가해야 한다.

태양은 이제 남자들 위로 높이 솟아올랐고 청중의 얼굴에는 땀이 흘렀다. 그러나 레이는 아직 끝나지 않았다. 그는 몇 분 동안 마지막 못을 박아 넣었다.

"이러한 환경에서 탄소를 잘못 관리할 때마다 엄청난 대가를 치르게 될 것입니다. 농사지어서 돈을 많이 벌고 싶다면, 자연을 모방하세요. 파산하고 싶으면, 당신 이웃을 보세요."

레이의 세계

캔자스-아출레타 강행군의 세번째 밤이 되었다. 나는 레이를 따라 일반적인 고속도로 출구 호텔 중 한 곳으로 갔는데, 불가사의하게도 차양의 색까지 홀리데이인과 비슷했다. 미국 벽지 마을에서 홀리데이인을 모방하는 아이러니는 현지 음식을 선택할 때 더욱 커졌다. 그걸 선택이라고 말해야 할까. 도보로 갈 수 있는 거리의 유일한 식당은 애플비였다.

먼저 심야의 싸구려 마가리타와 동정심 많은 종업원들이 있는 네온의 성지로서 애플비를 칭찬하도록 하자. 애플비는 힘들고 고된 대학원 시절의 수많은 밤을 나초로 가득 찬 파티 타임의 기억으로 바꾸어주었다. 그래, 흐릿한 기억이지만, 그래도 기억은 기억이다.

그렇지만 당신이 맨정신으로 영양소 밀도와 미생물과 탄소 순환에 대해 배우면서 미국을 여행하고 있다면, 이 특정한 식당은 우리의 패스트푸드 국가의 끝없는 칼로리 컨베이어 벨트 위에 박힌 또 다른 로고일 뿐이다. 그렇다. 마가리타는 여전히 저렴하지만 구미를 돋우는 메뉴의 대부분은 궁극적으로 옥수수와 콩에서 유래한 것이고, 그것들 대부분은 화학물질과 관개 피벗과 토양 유실과 그 나머지가 있는 캔자스 같은 곳에서 재배된 것이다.

내가 문을 열고 들어갈 무렵, 레이와 그의 측근은 맥주를 마시고 있었다. 나는 자리에 앉아 마분지 같은 음식을 주문하고서 취기 오른 이야기에 대비했다.

레이는 그의 가족이 500년 동안 살아온 뉴멕시코에서 자랐다. 심지어 콜로라도주 경계 건너편에는 그의 가족 이름을 딴 아출레타 카운티가 있다. 그의 아버지는 그가 장차 어른이 되면 두 가지를 해야 한다고 말했다. 열심히 일하고, 사촌과 결혼하지 말 것. 레이는 농학을 공부하기 위해 대학에 갔고, 평화봉사단에 자원했으며, 미주리 출신의 농장 소녀와 결혼해서 두 딸을 낳았다. 그는 30년 동안 미국 정부를 위해 일했다. 그 과정에서 그는 아버지의 요청도 둘 다 완수했다.

레이는 보통 그의 일상은 새벽 5시경에 시작된다고 설명했다. 그는 옷을 차려입고 전화를 받고 "전국 각지의 생산자들"에게서 온 급한 이메일에 답하는 데 처음 한 시간을 보낸다. 그는 1년 중 대부분을 여행하며 보낸다. 그에게 그것은 사명이다. 나는 이런 일이 어떻게 시작되었는지 물어보았다.

"나는 30년 동안 보존 활동을 해왔습니다. 내가 일하는 곳마다 여전히 같은 문제를 겪고 있습니다. 생산자들이 농지를 잃고 있어요."

레이는 말했다. 실제로 레이가 농장을 구하기 위해 일해온 기간 동안 미국은 대략 35만 개의 농장을 잃었는데, 이는 연간 1만 개가 넘는다.

"현대 농업은 잘못된 전제 위에 세워졌습니다. '강제하자, 조작하자, 유전적으로 변형시키자.'라는 전제 위에 세워졌지요."

나는 그에게 왜 대다수 농부들이 그러한 "잘못된 전제"를 알아차리지 못하는지 물었다. 그는 설명했다.

"우리의 화학비료는 토양 악화의 문제를 가리고 있습니다. 농부들은 이렇게 말할 거예요. '그렇지만 레이, 나는 250에서 300부셸 정도 되는 옥수수를 재배하고 있어요.' 그러면 나는 말합니다. '그렇지만 당신은 돈을 벌고 있나요?'"

미국 농무부 자체 통계에 따르면, 미국에서 농가 소득 상태는 끔찍하기 그지없다. 2011년에 농가의 순소득은 약 1,140억 달러를 맴돌았다. 그렇지만 2016년에는 560억 달러로 곤두박질쳤다. 같은 기간 동안 총 비용은 3,060억 달러에서 3,760억 달러로 증가했다(이것은 농장 비용이 단지 2,000억 달러였던 2000년의 호시절에 비해 높은 수치이다). 놀랄 것도 없이, 2011년에서 2016년까지 같은 기간 동안 총 농가 부채는 거의 800억 달러나 뛰어올랐다.[5]

맥도널드 할아버지가 압박을 받고 있는 것은 분명하다. 그러나 『성공적인 농업 Successful Farming』 잡지의 기사를 훑어보면 분명 다른 것이 있다. 생산자들이 돈과 농장을 잃더라도, 누군가는 농업으로 돈을 벌고 있다. 엄청난 돈을.

레이는 농부의 경우 대차대조표의 이익 측면과 손실 측면 모두에 문제가 있다고 설명했다. 대형 농장의 운영경비는 무시할 수 없다.

"그들 수입의 대부분은 투입물에 쓰입니다. 비료, 제초제, 농약. 화

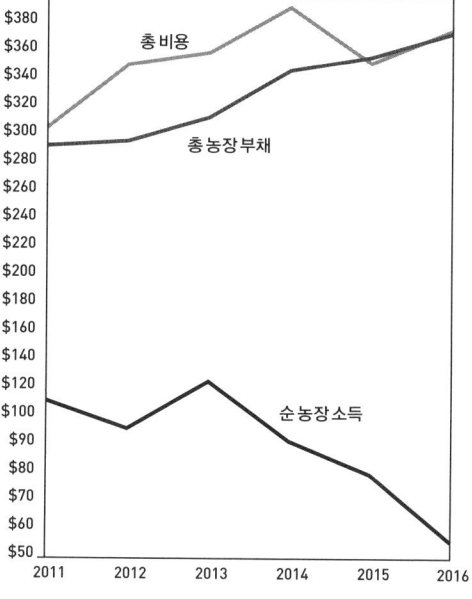

나치의 화학 실험은 우리의 현대 산업 농업을 낳았고, 이것의 최종 결과로 농장 수입은 급락한 반면 농장의 비용과 부채는 치솟았다.

학 석유 기반 투입물은 아마도 현대 농업에서 가장 비싼 것들 중 하나이며, 기반시설을 유지하는 것도 마찬가지입니다. 평균적으로 생산자들은 운영에 수백만 달러가 묶여 있습니다. 위험 요소가 엄청납니다."

라스베이거스에서의 운수 나쁜 날처럼, 많은 농부들의 유일한 탈출구는 최신 기계, 최첨단 종자, 그리고 더 많은 화학제품을 구매함으로써 위험을 무릅쓰고 더 밀어붙이는 것이다. 그러는 동안 빚 속으로 더 깊이 파묻히게 된다.

나는 레이에게 왜 현대의 "정밀 농업"이 농부들이 농장을 지키는 데 도움이 되지 않는다고 생각하는지 물어보았다. 그는 말했다.

"그들은 계속해서 많은 투입물을 던져 넣고 있습니다. 그러나 더 많은 유출과 더 많은 질병, 더 많은 병원체가 발견됩니다. 그들의 작물은 가뭄을 견딜 수 없습니다. 그러나 그들은 마음 깊숙한 곳에서 이렇게 생각하지요. '글쎄, 농작물은 실패해도 아직 작물보험과 다른 보조금에 의존할 수 있을 거야. 여전히 살아남을 수 있어.' 우리는 은행 역시 작물보험을 필요로 한다는 점을 기억해야 합니다. 따라서 그것은 일종의 악순환입니다."

레이는 절제된 표현을 쓰는 사람은 아니지만, 보조금에 대해서 말할 때는 조심스러웠다. 결국, 연방작물보험에 수표를 지급하는 정부기관이 그의 급여도 지불하는 것이다.

"나의 모든 목표는 우리의 토양을 건강하게 만들어서 작물보험이 필요 없게 만드는 것입니다."

레이는 말했다. 그는 대부분의 농부들이 그들의 아버지와 할아버지가 했던 일을 하고 있으며, 단지 재교육을 하는 것이 문제가 아니라 뿌리 깊은 행동을 변화시키는 것이 어렵다고 설명했다. 그는 물었다.

"어떻게 생산자들로 하여금 그러한 화학물질을 끊게 할까요? 아주 천천히 해야지요. 하룻밤에 할 수 있는 일은 아닙니다."

식량, 바람, 더위, 농약, 비료, 증발하는 표토, 그리고 우리가 머무르고 먹는 장소의 일반적인 "플라스틱스러움" 외에도 캔자스에는 나를 괴롭히는 뭔가가 있었다. 나는 남편을 위해 메모하러 온 부인 한두 명 외에는 여성 농부를 만난 적이 없다는 사실에 대해 레이에게 물어보았다. 대답하기 전에 그는 맥주를 쭉 들이마시고 천천히 탁자 위에 내려놓았다. 그는 병에서 고개를 들고 말했다.

"현실은…… 농업에서 대다수가…… 98퍼센트가 남성이라는 거지요."

레이의 통계에 따르면, 농부의 압도적 다수(그들 중 대부분은 남성이고 자녀를 낳을 자궁을 가지고 있지 않다.)가 (타이벡 보호복과 방독마스크를 필요로 하는) 극도로 유독한 화학물질을 미국의 음식에 뿌린다. 자신의 몸과 자녀에게 미치는 화학적 독성의 영향에 훨씬 더 민감한 여성은 자신이 자녀에게 먹일 과일, 채소 또는 곡물에 어떤 유형의 살상 물질을 뿌리려고 보호장비를 착용하기 전에 적어도 두 번 생각해볼 것이다.

"여성들이 올 때면, 그들은 양육자이기 때문에 우선적으로 그 문제를 제기합니다."라고 레이는 인정했다. 물론, 이것은 중요한 "때"이다. 미국 농무부에 따르면, 1980년대에 농장을 운영하는 여성은 5퍼센트에 지나지 않았지만 오늘날에는 크게 증가해서 무려 14퍼센트의 여성이 농장을 운영하고 있다. "여성, 식량, 농업 네트워크WFAN"가 있는데, 그것은 "여성들이 식량 시스템을 수립할 수 있도록 연결하고 힘을 부여한다." 당신이 추측한 대로, WFAN은 지속 가능한 실천에 기초하며 그 웹사이트는 인간과 지구의 건강을 증진하는 농업에 초점을 맞춘다.

레이와 다른 생산자들 그리고 미국 농무부는 여성이 운영하는 농장이 *해안을 따라* 서서히 증가하고 있다고 확인해준다. 그러나 미국 산업 농업의 대부분(소위 농업지대)에 관해서라면, 중요한 것은 미국의 중부이다. 그리고 여성 농민에게 광대한 중부는 사막일 수도 있다.

나는 레이를 재촉해서, 미국 농장에서 그가 보는 또 다른 불편한 현실이 무엇인지 물어보았다. 그는 숨을 깊이 들이쉬었다.

"오, 당신은 현실을 원합니까?"

그는 이제 막 이야기를 풀어놓으려는 참이었다.

"좋아요. 또 다른 현실이라……. 우리의 에이커는 대부분이 옥수수와 콩입니다. 또 다른 현실은 토지의 대부분이 황폐화되었다는 것입니다. 또 다른 현실로, 수질 문제가 있습니다. 또 다른 현실은 우리의 방목지에서 대규모 사막화가 진행되고 있다는 것입니다. 또 다른 현실은 비용이 너무 많이 들어서 젊은 생산자들이 농업에 뛰어들도록 하는 게 어렵다는 거지요. 또 다른 현실로, 우리의 농장들은 너무 커요. 우리는 너무 많은 에이커에 농사를 짓습니다."

마침내 레이는 숨을 골랐다.

그 모든 "현실"은 농업의 미래를 위한 긍정적 그림을 그려내지 않는다. 레이는 자신이 희망적이고, 터널의 끝에서는 빛이 보이며, 생산자들이 날마다 깨어나고 있고 지원 네트워크를 만드는 등 서로 돕고 있다고 주장했다. 그러나 너무 늦어지고 있으며, 그의 빛나는 소책자의 이 부분은 종업원이 재빨리 치워버린 빈 맥주병들 중 하나처럼 텅 빈 소리를 내기 시작했다. 나는 "진짜 현실", 레이가 보는 세계를 원했다. 나는 마지막 질문을 던졌다.

"레이, 정직하게 말해주세요. 더 좋아지고 있습니까, 나빠지고 있습니까?"

"나는 수백 만 마일을 날아다니고, 모든 주를 방문했습니다. 나는 점점 더 악화되고 있다고 생각합니다."

그는 조용히 인정했다.

"우리는 일시적인 붕괴를 경험해야 할 거예요. 전면적인 붕괴는 아닙니다. 나는 이 시스템이 완전히 무너져야 한다고 생각합니다. 나는 인간이 시련을 겪을 때까지는, 상황이 너무 나빠져서 무슨 일인가 일어나기 전까지는 뭔가를 배우지 못한다고 정말로 믿습니다."

그는 잠시 생각에 잠겼다.

"이것은 도덕적 문제입니다. 이것은 영적인 문제입니다. 우리는 이 문제를 순수한 과학으로 해결하려고 애쓰고 있어요. 제대로 되지 않을 겁니다."

미국 전역에 걸쳐 토양, 사막, 식량, 농업 전문가의 이야기를 들으며 5,000마일을 여행한 끝에, 나는 내 입에 집어넣는 것에서부터 이 나라와 종의 궤적에 이르기까지 모든 것에 의문을 품기 시작했다. 내가 만나서 인터뷰했던 토양 연구에 평생을 바쳐온 다른 많은 사람처럼, 레이는 항상 "할 수 있다. 미생물이 세계를 더 나은 곳으로 만들도록 돕자"는 열정적인 태도와 곧 닥쳐올지 모를 "토양 대재앙"에 관한 비밀스러운 예감 사이에서 오락가락하는 것처럼 보였다.

그것은 그나 다른 토양 애호가의 잘못이 아니다. 책임은 토양에 대해 배우기 시작할 때 마주하는 엄청난 규모를 다룰 태세가 되어 있지 않은 인간의 두뇌에 있다. 미국의 "수억" 에이커의 농지, 토양 한 티스푼 속의 "수십억"의 유기체, "수조" 개의 지하 생명체들, 격리될 수 있는 "수십억 톤"의 이산화탄소. 토양 자체의 파괴에서 토양을 복원하고 지구 생태계를 바꿀 수 있는 가능성에 이르기까지 토양과 관련된 모든 것이 극도의 미시적 수준과 극도의 거시적 수준 모두에서 발생해서, 그 모든 것을 이해하려고 시도하는 것은 거의 고통스러울 지경이다.

현대 미국의 농업 생산 시스템은 정말 이해할 수 없을 정도로 거대하고 때로는 비참하지만, 그것이 존재했던 시간은 최근에야 유용해진 전화기가 등장한 시간보다도 더 짧다. 생태계로서 토양이 복잡한 데 비해, 레이가 가르치는 방법은 단순했다. 토양을 항상 살아 있는 식물로 덮고, 갈지 말고, 스프레이를 쓰더라도 극히 드물게 사용하고, 반추동물과 그들의 거름을 땅에 뿌리고, 작물을 순환시키고, 항상 당신의 토양 건강에 관해 연구하라.

이러한 가르침의 단순성과 실행의 상대적 용이함, 에이커당 더 많은 식량과 더 많은 돈의 물질적 혜택 때문에, 재생농업을 통해 우리의 토양을 성공적으로 변화시킬 가능성은 실패의 가능성만큼이나 크다. 그러한 까닭에 현재 우리 농업과 토양의 심각한 상황에도 불구하고 "토양 대재앙"에 대한 고민과 "토양 이상향"을 향한 노력 사이의 내적 갈등에서 승리할 수 있다. 이는 레이 같은 사람들의 낙관적인 면이다.

이제 레이가 수표를 받고 바람 속을 터덜터덜 걸어가서 몇 시간 눈을 붙일 시간이다. 내일은 새로운 하루이다. 새로운 농부들, 또 다른 강의가 기다리고 있고, 그리고 적어도 한 사람은 마음을 돌이킬 것이다.

방으로 가다가 레이는 나를 향해 돌아섰다. 그는 말했다.

"한 가지 더, 비즈마크에 사는 게이브 브라운^{Gabe Brown}을 만나러 가겠다고 약속해주세요."

"당신이 계속 이야기하던 노스다코타의 그 농부요?"

나는 노스다코타가 캔자스보다 더 나쁠 수 있는지 궁금해하면서 물었다.

8장
비즈마크에서 혼신을 다해

화창한 여름날의 관광지를 생각할 때, 노스다코타의 비즈마크는 거의 떠오르지 않을 것이다. 사실 비교적 최근의 셰일오일과 천연가스 붐(이후 유가폭락으로 인해 둔화되었다.)을 제쳐두면, 일반적으로 노스다코타를 찾는 방문객은 거의 없다.

실제로 노스다코타보다 거주민이 적은 주는 버몬트와 와이오밍이 유일하다(전자는 실제로 땅 크기가 훨씬 작다). 탁 트인 하늘, 버펄로, 그리고 혹독하게 추운 겨울로 잘 알려진 이 노스다코타주는 강인한 임신한 경찰이 꽁꽁 언 시체들을 나무 땔감 속에 두고 간 범죄자를 추적하는 영화《파고》에 영감을 준 아늑한 고장이다. 다소 혹독한 환경이지만 아름답다.

여러 면에서 게이브 브라운은 이 장소를 잘 표현하고 있다. 낡은 티셔츠, 너덜거리는 야구모자, 불그스레한 둥근 얼굴, 그리고 전체적인 외형은 그를 "평균적인 미국 농부"의 라인업에서 두드러지지 않게 만든다. 그러나 라디오 진행자 같은 목소리와 식량, 농업, 정부, 유전공학, 경제, 닭, 소, 옥수수, 토양, 탄소, 그 밖에 농장과 관련된 수백 가지 주제에 관한 백과사전에 가까운 지식을 10분 동안 듣고 나면, 당신은 게이브가 평균을 넘어선 특별한 인물임을 알아차리게 될 것이다.

아마 그것은 게이브가 오래전부터 농부들에게 전해져 내려오는 농사 규칙들을 따를 필요가 없었기 때문일 것이다. 스스로를 "도시놈" 으로 일컫는 그는 비즈마크에서 나고 자랐다. 그는 고등학교에서 농업에 관한 직업교육 과정을 수강한 뒤 농업에 관심을 갖게 되었다. 그는 여기저기 농장에서 일을 했다. 대학에서 그는 아내를 만나 사랑에 빠졌다. 게이브에게는 다행스럽게도 그녀의 부모는 농장을 소유하고 있

었다(그의 이야기에서는 그가 먼저 사랑에 빠진 것이 소녀였는지 농장이었는지
는 명확하지 않지만, 그 남자에게 유리한 해석을 해주도록 하자).

이 여행에서 내가 만난 대부분의 사람들처럼 게이브는 일찍 일어
났다. 도착하기 전에 나는 그로부터 이메일로 정확히 두 가지 안내를
받았다. 이메일에는 그의 주소와 함께 "오전 7시까지 여기로 오세요.
나는 은행원의 시간표대로 일하지 않습니다."라고 적혀 있었다.

브라운 목장은 비즈마크에서 차로 약 30분 거리에 있는데, 가는
길은 대부분 비포장도로였다. 대부분의 중간 규모 농장들처럼 게이브
의 집과 농장 건물은 한데 모여 있었다. 그의 집은 다른 많은 농부의 집
과 똑같아 보이는 단순한 단층 벽돌집이었다. 집을 둘러싸고 헛간 몇
채가 있었고, 수백 야드 떨어진 곳에는 작은 곡물 저장통 몇 개가 솟아
있었다. 나는 트랙터 한 대만 볼 수 있었고, "큰 장난감", 곧 미국의 대
부분의 중간 규모와 대규모 농장 작업에서 흔히 사용되는 기계들은 거
의 보지 못했다.

내가 차에서 내려 안개 낀 아침 풀밭 위로 발을 내딛자마자 게이
브가 사륜차를 타고 나타났다. 그는 무표정한 얼굴로 나를 살피며 말
했다.

"좋아요. 지금 인터뷰를 하시겠어요? 난 언제라도 준비되어 있어
요."

스몰토크는 할 일 없는 사람들을 위한 것이다. 게이브에게는 할 일
이 매우 많았다.

나는 낡은 배달 트럭과 트랙터, 종자 수백 자루가 들어 있는 비바
람에 씻긴 금속 헛간 속에서 게이브 맞은편에 앉았다. 별다른 설득을

하지 않아도 게이브는 흔들림 없는 노스다코타의 억양으로 자신의 인생 이야기를 풀어놓았다.

처음에는 젊은 게이브에게 만사가 낙관적으로 보였다. 그의 농장은 봄밀지대의 꼭대기에 있었고, 그리하여 그의 처가는 봄밀, 보리, 귀리 농사를 지었다. 그의 쟁기 아래 6,000에이커가 넘는 땅이 있었고, 새신부와 함께 새로운 삶을 꾸리게 된 그의 작은 농경지 낙원 위로 해가 막 떠오르기 시작했다.

바로 그 무렵 게이브는 모든 관행적인 농사 지식을 던져버리고 다른 길을 걷기로 결심했다.

"처음 2년 동안, 나는 관행적으로 농사를 지었습니다. 과도한 경운을 하고 과도한 합성물질을 사용했지요. 그러다 1993년에 좋은 친구 하나가 말했습니다. '게이브, 이 건조한 환경에서는 수분과 시간을 아끼기 위해 무경운이 필요해.'"

노스다코타는 연간 강수량이 평균 17인치이며, 미국에서 가장 건조한 주 가운데 하나이다. 게이브는 말을 이었다.

"나는 초보 농부라서 그냥 나가서 무경운 장비를 살 여유가 없었어요. 그래서 내가 가진 모든 경운 장비를 팔았지요. 그 후로 100퍼센트 무경운을 계속해왔습니다."

무경운으로 향하는 것은 분명 시스템을 거스르는 일이었다. 그러나 게이브의 패기를 시험에 들게 한 일은 그다음에 일어났다.

"나는 또한 작물 순환을 다양화하기 시작했습니다. 콩이나 알파파, 그다음엔 옥수수 같은 것을 추가하기 시작했어요. 음, 1995년이 왔고, 농작물 100퍼센트를 우박을 동반한 폭풍으로 잃었습니다. 우리는 완전히 빈털터리가 되었지요. 농작물에서는 전혀 소득이 없었습니다. 그것은 막 시작한 젊은 가족에게는 혹독한 시련이었습니다. 그러고 나서 1996년이 왔고, 우리는 또다시 우박으로 작물 100퍼센트를 잃었습니다. 음, 나는 가축에게 먹일 것을 생산하기 위해서 또 다른 작물을 재배해야 했어요. 우박을 동반한 폭풍은 우리가 가진 사료를 모두 가져가버렸으니까요."

이 시점에서 제정신인 사람은 그만두었을 것이다.

"1997년이 왔고, 이 지역에는 심한 가뭄이 들었습니다. 누구도 1에이커도 콤바인으로 수확하지 못했습니다. 나는 3년 동안 흉작을 겪었습니다. 음, 재정적으로 정말 점점 더 어려워졌고, 은행가는 투입물을 살 수 있는 돈을 더는 빌려주려 하지 않았습니다. 그래서 나는 정말 이 농장과 목장이 어떻게 하면 이 모든 투입물 없이 이 토양에서 농작물을 생산할 수 있을지에 집중하기 시작했습니다. 나는 토양 생태계에 대해 공부하기 시작했고, 실제로 과거로 거슬러 가서 토머스 제퍼슨의 오래된 일기를 읽었습니다. 나는 이러한 합성물질을 사용하기 전에는 어떻게 농사를 지었는지 알아내고 싶었어요."

이 시점에서 당신은 신, 자연, 그 무언가가 게이브에게 쉴 틈을 주었다고 생각할 수 있을 것이다.

"긴 이야기를 더 길게 이야기하자면, 1998년이 왔고, 우리는 우박으로 농작물 80퍼센트를 잃었습니다. 4년 동안 기본적으로 농작물 소득이 없었지요. 내 아내는 그때 살아가는 게 지옥이었다고 말해요. 우리는 둘 다 농장 이외의 일자리를 구했고 이 정도 규모로 운영을 하기 위해 애썼습니다."

그는 숨을 깊이 들이쉬었다. 그의 이웃들은 한 번, 두 번, 세 번 실패로 휘청거렸지만, 그의 농장은 이 지역에서 네 번 모두 실패한 유일한 농장이었다.

"이웃들은 모두 내기를 걸고 내 토지를 기다리고 있었어요. 그렇지만 나는 실패하지 않을 작정이었습니다. 이제 와서 말이지만, 사실 내 아내는 그 무렵 남편을 고른 것에 의문을 품고 있었어요. 그렇지만 다행히도 아내는 나와 함께했지요."

초기의 시련과 고난 이후로 게이브 브라운은 20년이 넘게 농업과 목축 생활을 견뎌왔다. 땅을 갈거나 합성물질을 사용하지 않은 그의 목장에는 놀라운 일이 일어나기 시작했다.

"어느 정도 기간이 지나서 우리는 우리 토양에 나타난 차이를 알아차렸습니다. 땅은 걸어 다니기에 더 부드러워졌습니다. 흙 속에 더 많은 생명이 있었습니다. 나는 종종 사람들에게, 이 일을 시작하고서 처음 10년 동안은 도무지 낚시를 하러 갈 수 없었다고 말합니다. 지렁이를 한 마리도 찾을 수 없었거든요. 음, 이제는 땅을 파면 지렁이 한 움큼을 발견할 수 있습니다."

도전

게이브는 내게 말했다.

"나는 살아 있는 생명체와 살아 있는 생태계에 참여하는 것에만 관심을 가지고 있습니다. 내가 하는 일은 바로 그것, 살아 있는 생태계에 대한 것입니다.”

메리엄웹스터 사전은 *생태계*를 “생태학적 단위로 기능하는 유기체와 그 환경의 복합체”로 정의한다. 물론 *생태학*의 정의를 이미 알고 있지 않다면 이것은 다소 재귀적인 정의이다. “집”을 의미하는 그리스어 “오이코스^oikos”에서 파생된 생태학은 유기체와 그들이 환경과 맺는 관계를 연구하는 생물학적 과학을 가리킨다.

사실 우리는 *생태계* 또는 *생태학*에 관해 그다지 좋은 정의를 가지고 있지 않다.

생물학자들은 인간이 최소한의 영향을 미친 자연에서 종과 환경 사이의 상호작용은 거의 무한한 복잡성의 층을 가지고 있다고 말한다.

브라운의 목장 주위에 드리워진 이른 아침의 안개 속에서도 분명한 것은 목장이 시끄럽다는 것이다. 콘서트의 요란한 소리는 아니지만, 내 녹음기가 귀뚜라미, 매미, 그리고 시끄러운 소리를 내며 꾸물꾸물 기어 다니는 어떤 작은 벌레(그것이 무슨 종류인지는 신만이 알고 있을 것이다.) 소리들 너머로 그의 목소리를 녹음하기 위해 고군분투할 만큼은 시끄럽다. 게이브의 농장을 걷고 있으면, 어디서든 뛰어오르는 작은 생물들의 물결이 발밑에서 사방으로 허둥거린다. 여기에는 분명히 생명의 시스템이 존재한다.

현대 농업은 자연의 복잡한 상호작용을 가능한 한 많이 제거하려고 한다. 실제로 상호작용이 더 단순할수록(햇빛, 물, 화학물질, 사료용 옥수수) 재정 조달, 통제 및 결과 예측이 더 쉬워진다. 게이브는 말했다.

“오늘날 농업 생산에서 일어나는 일을 보세요. 슈퍼마켓으로 걸어 들어가면 그곳의 물건 70퍼센트에 옥수수나 콩이 들어 있습니다.

충격적인 일이지요. 우리가 농업에서 실제로 하고 있는 일이 무엇인지 보십시오. 우리는 옥수수와 콩을 단일재배하고 있습니다."

문제는 당신이 더 많은 상호작용을 제거할수록 생태계를 지탱하는 요소들을 더 많이 죽이게 된다는 점이다. 생태학을 "집"으로 여기는 그리스의 개념을 생각한다면, 우리는 많은 벽을 제거해 천장이 안쪽으로 무너지기를 기다리는 셈이다.

농사짓는 것은 힘든 작업이다. 나는 게이브에게 그의 직업에서 가장 힘든 부분은 무엇인지 물어보았다.

"내 일에서 가장 힘든 부분은 이웃을 감시하는 것입니다. 약 3주 전에 나는 하루 종일 여기 서서 비행기 두 대가 이웃의 밭 위로 농약을 뿌리는 것을 지켜보았습니다. 농약이 내 소유지로 떨어지는 것을 느껴야 했습니다. 나는 말 그대로 위장이 아팠는데, 왜냐하면 그것은 내가 이 모든 곤충, 꽃가루 매개자, 포식자, 야생동물에게 집과 서식지를 제공하면서 해왔던 모든 것을 파괴하고 있기 때문이었지요. 그 모든 것은 자신이 식량을 생산하기 위해 옳은 일을 하고 있다고 생각하는 생산자에 의해 파괴되고 있습니다."

게이브가 하고 있는 농장 견학과 대화들 덕에 그의 방법이 더 많은 지지를 받았을 것 같은데, 왜 그의 이웃들은 여전히 관행적인 방식으로 농사를 짓고 있을까?

"사람들은 그들이 읽는 정기 간행물을 통해, TV와 라디오의 이야기를 통해, 농장 확장 프로그램을 통해, 정부 농업 정책을 통해 날마다 주입을 받습니다. 이런 방식으로 생산해야 한다며 사람들에게 반복해서 주입하지요. '우리는 세계를 먹여 살려야 한다'는 거죠."

그는 빈정대는 투로 말했다.

"현재의 생산 모델에 머물러 있다면 세계를 먹여 살리는 것은 극도로 어려운 일이 됩니다. 하지만 재생 유형 모델로 간다면 이는 그렇게 어렵지 않을 겁니다."

그는 덧붙였다.

"자연의 생태계가 어떻게 기능하는지 보세요. 엄청난 다양성이 있습니다. 우리는 옥수수, 봄밀, 겨울밀, 보리, 귀리, 알파파, 완두콩, 라이밀, 털갈퀴덩굴, 클로버를 재배합니다. 우리는 이 작업에서 얼마나 많은 생명을 가질 수 있는지를 알게 되었습니다. 우리는 350쌍의 암소-송아지와 400마리에서 800마리의 육우를 키웁니다. 소들은 모두 풀을 먹습니다. 따라서 풀 먹인 소고기이지요."

"암소-송아지"는 새끼와 함께 있는 어미 소를 말하고, "육우"는

브라운 목장 모델

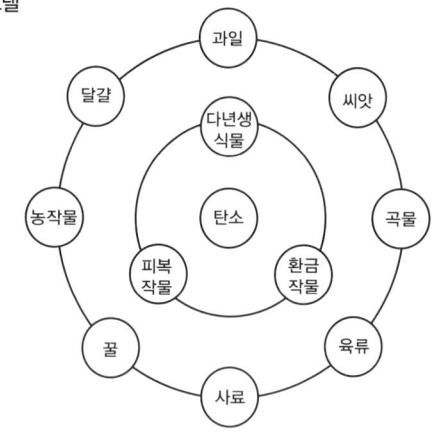

오늘날 대부분의 농장에는 소득원이 하나뿐인 반면 브라운의 목장은 다양한 산물로 수익을 얻고 있다.

도살될 운명의 동물이다. 게이브는 이야기를 계속했다.

"우리에게는 양 떼 한 무리가 있습니다. 우리는 양이 풀을 뜯게 하지요. 우리는 돼지를 방목합니다. 목장에서 방목하는 암탉도 1,000마리가 있습니다. 우리는 육계를 키웁니다. 과수원도 하나 가지고 있는데, 올해는 견과나무를 많이 심었습니다. 우리는 자체적으로 꿀도 생산해요."

게이브는 그와 그의 아들이 재배하는 것의 절반도 기억하지 못한다고 했다. 자신이 모든 것을 관리할 필요가 없기 때문이다. 그 대신 자연이 대부분의 일을 한다.

다종작물의 동시재배

헛간에 앉아 있던 우리는 둘 다 좀이 쑤셨다. 게이브는 나를 자신의 폴라리스 사륜차에 태우고 건물에서 조금 떨어진 키 큰 농작물이 있는 곳으로 향했다.

폴라리스에서 내려서 게이브는 흰색 5갤런들이 양동이 세 개를 땅 위로 끌고 갔다. 그는 작은 시연을 준비한 게 분명했다. 알고 보니 그는 동틀 녘에 일어나서 차를 몰고 다니며 이웃에게서 흙을 훔쳐 왔다.

"나는 세 곳의 다른 사업장에서 세 가지 다른 토양 샘플을 가져왔습니다. 모두 우리가 있는 곳 근처에서 가져온 거지요."

게이브가 말했다. 그는 내게 나란히 비교해서 보여주고 싶어 했다.

그는 몸을 숙이고 첫번째 양동이에서 흙을 양손 가득 떠냈다.

"첫번째 생산자는 작물 다양성이 거의 없습니다. 봄밀과 아마만 재배하지요. 그는 그러니까, 오, 15년 동안 땅을 갈지 않았습니다. 농약, 제초제, 합성비료, 무수암모니아를 사용합니다. 토양으로 구별하는 것은 매우 쉽지요."

그는 토양 덩어리를 부수어 열었다. 그것은 연한 갈색이었고 매우 단단한 바위 같았다.

게이브는 말을 이었다.

"여기에는 지렁이 구멍이 없습니다. 토양입단이 존재하지 않아요. 작은 토양입단은 토양 생물이 활동하기 위한 집이자 물이 침투하는 공극이기 때문에 중요합니다. 이 토양은 매우 조밀하기 때문에 물이 쉽게 부딪치고 흘러 내려가는 것을 볼 수 있지요. 이 토양에서는 물이 침투하기가 아주, 아주 어려울 거예요."

그는 부서진 덩어리를 첫번째 양동이 속으로 떨어뜨렸고, 우리는 두번째 양동이로 이동했다. 게이브는 두번째 양동이로 다가가서 또 다른 큰 흙덩어리를 움켜쥐면서 말했다.

"두번째 생산자는 매우 다양한 것들을 재배하고 경운을 하지 않습니다. 그는 우리처럼 오래, 거의 20년 이상 땅을 갈지 않았습니다. 그렇지만 농약, 살균제와 함께 합성비료를 매우, 매우 많이 사용합니다. 다들 이 생산자를 매우 훌륭한 농부라고 말합니다. 생산량이 많으니까요. 그러나 이 편평함을 보세요."

그 토양은 실제로 접시들을 쌓아놓은 것처럼 부서졌다.

"합성물질의 과도한 사용은 토양이 토양입단을 만들 수 있는 능력을 파괴합니다. 그리고 뿌리에도 주목하세요. 이 뿌리는 토양의 단면에서 수평으로 움직입니다. 토양의 단면 속으로 내려갈 수가 없지요."

게이브는 뿌리가 어떻게 실제로 토양 "판"을 따라 옆으로 움직이는지 가리키며 말했다.

나는 이제 약간 매혹된 채 2번 농부의 토양 덩어리를 살펴보았다. 게이브는 다시 말했다.

"이 사업장은 어느 정도 투입물에만 의존해서 살아갑니다. 나는 이것이 오늘날의 생산 모델을 전형적으로 보여준다고 말하고 싶어요. 이것이 현재 농장 프로그램과 정책이 토양에 해온 일입니다. 또 여기에 지렁이가 없다는 데 주목하세요. 여기에는 물이 침투하기가 매우 어려울 거예요. 뿌리가 내려갈 수 없다면, 광합성을 통해 탄소를 토양 단면 속 깊숙한 곳까지 이동시킬 수 없을 것입니다. 척박한 환경이지요."

우리는 2번 농부의 판상 토양을 해당 양동이에 떨어뜨리고 3번 양동이로 이동했다.

게이브는 양동이에서 흙덩어리를 꺼내면서 설명했다.

"여기 이 생산자는 유기농 생산자입니다. 다양성이 풍부합니다. 합성비료, 농약, 살균제를 사용하지 않지요. 그렇지만 경운 때문에 토양입단이 없습니다."

그 토양은 내 손에서 부서져서 먼지가 되었다. 흙이 손가락 사이로 떨어지게 하면서 게이브가 말했다.

"이것은 그냥…… 물을 머금을 수 없는 흙가루입니다. 이 토양이 얻은 수분은 증발해버릴 거예요. 토양 표면에는 갑옷이 없고, 수분을 유지할 토양입단도 유기물도 없으니까요. 대부분의 유기농 사업장에서 매우 전형적으로 나타나는 모습이지요."

나는 레이 아출레타가 왜 게이브를 만나보라고 했는지 그 이유를 이해했다. 게이브 브라운의 "토양 견학"은 레이의 견학을 연상시켰다. 게이브와 레이는 대규모 유기농 생산자가 종종 자신의 토양을 무심코 손상시킨다고 생각한다. 두 사람 모두 유기농에 반대하는 것은 아니지만, 미국 중부를 직접 눈으로 보고 나면 당신이 어떻게 농사짓느냐는 문제가 되지 않는다. 과도한 경운은 토양에 엄청난 타격을 준다.

게이브는 그의 낡은 청바지에 묻은 흙먼지를 털어내며 말했다.

"이제 걸어가서 내 토양을 살펴봅시다."

그는 작은 사륜차 뒤의 삽을 들고서 150센티미터 높이의 식물 벽으로 향했다.

"나는 이곳을 더 큰 규모의 정원이라고 봅니다. 여기 약 4에이커에는 단옥수수, 주키니 호박, 수박, 캔털루프 멜론, 스쿼시 호박, 완두콩, 콩 등을 모두 함께 심었습니다. 단일재배 대신에 여기서 이 뿌리들은 모두 서로 얽혀 있지요. 영양분을 토양 단면 곳곳으로 옮기는 데 중요한 역할을 하는 균근균은 영양분을 이 식물 종들 중 하나에서 다른 종으로 전달합니다. 따라서 이들은 모두 공생하며 작용하고 있습니다. 보기만 해도 알 수 있겠지만, 또 다른 사실은 곤충이 많다는 것입니다. 나비들을 보세요. 수많은 무당벌레들이 보이지요. 귀뚜라미 소리도 들려요. 그러니까, 이곳은 살아 있습니다."

그는 큰 식물 줄기들을 헤치고 식물이 빽빽하게 자란 곳으로 향했다. 나는 그를 따라 들어가다가 식물의 이슬이 팔과 다리에 떨어지는 바람에 순식간에 물을 뒤집어썼다.

"이제 내가 얼마나 쉽게 토양 속에 삽을 찔러 넣는지 보세요."

다양한 식물이 자라는 자신의 정원에 있는 게이브 (촬영: 사이먼 발데라스)

그는 삽을 땅속으로 밀어 넣고 표면을 부수어 열었다. 흙냄새가 나는 풍성한 흙덩어리가 멋지게 뭉쳐져 있었다. 신호라도 한 듯이 벌레 한 마리가 꿈틀거리며 나왔다.

"여기에는 지렁이들이 있습니다. 이 흙을 보세요. 어두운 빛깔이죠? 이것은 탄소 함량이 더 높다는 뜻입니다. 더 많은 탄소가 이 토양 속의 액체 탄소 경로를 통해 움직이고 있습니다."

그는 흙덩어리를 들어 올려 내게 보여주었다.

"토양입단이 보이나요?"

그는 내게 식물 뿌리 위로 덩어리진 작은 흙덩어리들을 보여주면서 물었다.

"이것들은 모두 토양입단 혹은 토양입자들입니다. 토양입단은 대략 4주 동안 지속돼요. 그리고 나서 새로운 입단을 형성하지요. 새로운 입단을 형성하는 유일한 길은 생명 활동과 균근균에 의해 분비되는 접착제인 글로말린을 통해서입니다."

게이브는 흙덩어리에 매달려 있는 가늘고 긴 뿌리들을 보여주면서 말을 이었다.

"이 뿌리들이 아무런 문제 없이 토양 단면 속으로 내려가는지 알기 위해서는 로켓 과학이 필요하지 않아요. 두 달 동안 습기가 많지 않았지만, 여전히 이 땅이 축축한 것을 느낄 수 있지요. 또한 여기서는 지렁이 구멍을 볼 수 있습니다. 생명으로 가득해요. 우리가 건강한 토양에서 보고 싶은 게 바로 이런 것들입니다."

게이브는 그와 그의 아내가 1991년에 목장을 인수했을 때 토양의 유기물 함량은 1.7~1.9퍼센트였는데, 그것은 대략 토양에 스며들 수 있는 빗물이 시간당 몇 인치인가에 상응한다고 말했다. 그는 그곳 토양의 유기물 함량이 유럽인들이 오기 전에는 한때 7~8퍼센트였고, 상응하는 침투율은 시간당 7~8인치였다고 추정했다. 오늘날 그의 토양에는 약 6퍼센트의 유기물이 있다.

"유기물 1퍼센트마다 토양은 2만~2만 5,000갤런의 물을 보유할 수 있습니다."

토양의 유기물이 2퍼센트이면 브라운 목장은 에이커당 5만 갤런의 물을 보유할 수 있을 것이다.

"지금은 거의 6퍼센트이고, 이 토양 단면에는 15만 갤런의 물이 담겨 있지요."

게이브는 설명했다.

토양과 물의 연결을 직접적으로 경험한 게이브는 캘리포니아에서 일어나고 있는 일에 대해 확고한 의견을 갖게 되었다.

"나는 2월에 그곳에 있었는데, 이 기간에 32인치의 비가 내렸습니다. 그들은 '가뭄'에 시달립니다. 나는 그 사람들에게, 나는 당신들이 평년에 얻는 비의 반밖에 못 얻는데도 작물을 생산하고 있다고 말했습니다. 그들은 물이 스며들게 하고 식물이 이용할 수 있게 물을 저장하는 건강한 토양을 가지고 있지 않습니다. 그들은 스스로 가뭄을 만들고 있습니다. 쉽고 간단하지요. 농업은 물순환에 대한 해답입니다. 왜냐하면 농업은 스스로 미기후를 창조하기 때문입니다."

게이브는 강의를 중단하고 다시 땅에 웅크리고 앉았다.

"다른 문제는, 보세요. 저기, 토양 표면의 갑옷입니다."

그는 키 큰 식물 줄기 사이로 땅을 덮은 두꺼운 풀 층을 손으로 쓰

에이커당 수분 보유 능력

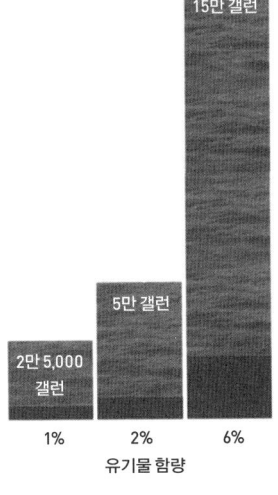

동일한 토양에 유기물 함량이 많을수록 더 많은 물을 보유할 수 있다.

다듬으며 말했다.

"이 토양은 절대로 메마르지 않습니다. 빗방울이 떨어지면 이 토양을 엄청난 힘으로 두드립니다. 그렇지만 침식은 일어나지 않아요. 또한 이렇게 기온이 높아도 증발되지 않지요."

게이브는 일어나서 우리를 둘러싼 풍요로운 식물의 보고를 가리켰다.

"이것이 다종재배입니다. 제가 볼 때는 그저 아름답기만 합니다."

한 가지 작물만 재배되는 단일재배와 반대로, 다종재배에서는 둘, 셋, 넷, 열 혹은 심지어 수백 종이 "동료 식물"로서 의도적으로 함께 파종되고 함께 재배된다.

나는 그에게 어떻게 이 모든 채소를 기계 없이 그의 "텃밭"에서 수확할 수 있는지 물어보았다.

"대규모 생산 농업에서는 이렇게 말하겠지요. '당신은 이 일을 대규모로는 할 수 없어요.' 글쎄요, 나는 고객들을 먹일 만큼 충분히 큰 규모로 이 일을 할 수 있습니다. 우리는 걸어가면서 손으로 수확해요."

그러한 노동집약적 작업이 실용적인지 물어보자 그는 대답했다.

"이 나라에 실업 문제가 있지 않나요?"

그는 이 특별한 텃밭에는 또 다른 목적이 있다고 말했다.

"우리는 이 많은 것을 나눠주기를 좋아합니다. 그래서 우리는 도움이 필요한 가족들이 올 수 있도록 하지요. 아이들이 여기 오는 것을 얼마나 좋아하는지 아세요? 아이들에게는 크리스마스와 마찬가지예요. 아이들은 음식이 어디서 오는지를 배우는 거예요. 육체노동이 필요하냐고요? 그렇습니다. 그렇지만 당신이 생각하는 것만큼은 아니에요."

이 텃밭은 그의 사업의 작은 일부에 불과하지만, 그것은 돈이 된다. 게이브는 설명했다.

"바로 여기에 4에이커에 달하는 이러한 혼합물이 있습니다. 지금까지 우리는 완두콩 대부분을 수확했습니다. 주키니 호박은 올해 거의 끝났지요. 콩은 꼬투리 끝까지 내려오고 있습니다. 지금은 단옥수수를 수확하고 있고요. 그리고도 아직 수박, 캔털루프 멜론, 스쿼시 호박이 남아 있습니다. 우리는 이미 에이커당 1,000달러 이상을 벌었습니다. 지금 대부분의 곡물 농부들은 에이커당 100달러를 벌려고 합니다. 그렇게 벌면 아주 기뻐하지요. 우리는 이미 에이커당 1,000달러 넘게 벌었고, 여기 가진 것의 절반은 아직 수확조차 하지 않았습니다."

게이브는 그의 텃밭의 수익성에는 또 다른 층이 있다고 말했다. 텃밭에서 과일과 채소를 수확하고 나면 그는 소들이 들어오게 할 것이다. 소들은 먹을 수 있는 식물을 찾아다니며 서 있는 많은 식물을 짓밟을 것이다. 소들 다음에는 닭들이 와서 좀 더 세분화된 수준에서 먹이를 먹을 것이다.

게이브는 손을 뻗어 긴 옥수숫대를 잡았다. 그는 옥수수 이삭을 꺾어서 겉껍질을 벗겨내고 내게 던져주었다.

"먹어보세요. 한 입 베어 물어요."

그는 말했다. 생옥수수를 씹으니 입 안에서 풍미가 폭발했다. 그것은 내가 지금껏 먹어본 어떤 옥수수와도 맛이 달랐다. 이에 대해 게이브에게 물어보자, 그는 그저 표준적인 비非GMO "단옥수수"라고 말했다.

"여기서 벌레를 찾지 못할 거라고 말하는 것은 아닙니다. 그렇지만 벌레 또한 순환의 일부이지요."

그는 내게 또 다른 옥수수 이삭을 건네며 말했다.

"이것도 맛있을 거예요. 요리할 필요도 없지요."

마분지 같은 맛이 났던 내 스타벅스 아침식사에 비해서, 이 옥수수는 달고 포만감을 주었다. 그것은 자연의 맛이었다.

태양 연료

게이브는 나를 태우고 그의 밭 사이로 차를 몰았다. 미국 대부분의 중간 규모 사업장들과 마찬가지로 그의 5,000에이커가량의 땅은 160에이커 "쿼터"와 40에이커 "쿼터-쿼터"로 알려진 구획들로 나누어진다(160에이커는 한때 한 개의 타운십township의 이상적인 크기였던 640에이커, 곧 1제곱마일의 1쿼터[4분의 1]이다). 필지를 길, 다른 농장, 구획, 산업 구역들로 구분하면 농업은 무한히 더 복잡해진다. 게이브는 어떤 친구들의 농장은 수십 마일, 심지어 수백 마일에 걸쳐 뿔뿔이 흩어져 있다고 말했다.

그는 비포장도로를 따라 그의 농가에서 몇 마일 떨어진 곳으로 트럭을 몰고 내려가서 길가에 차를 세웠다. 나는 그를 따라서 잡초밭처럼 보이는 풀숲으로 들어갔다.

게이브는 자신의 목표가 자기 토지의 상당 부분에서 유럽인이 정착하기 전 토착 대초원에 있었을 식물 유형을 모방하는 것이라고 설명했다. 그는 모든 종류의 식물을 가리키며 말했다.

376

"여기 털갈퀴덩굴이 있습니다. 털갈퀴덩굴은 2년생 콩과식물입니다. 25~30퍼센트의 조단백질이 들어 있지요. 이 식물은 엄청난 양의 질소를 고정할 수 있어요. 그 질소는 균근균을 통해 풀, 수수-수단그라스, 기장의 먹이가 됩니다. 여기에 대두가 있습니다. 또 다른 콩과식물이지요. 이것 또한 질소를 고정합니다. 이것도 질소를 고정하는 또 다른 콩과식물인 붉은 클로버입니다. 여기에는 해바라기가 있습니다. 해바라기는 곧은 뿌리가 깊게 자라서 압축된 퇴적층을 부숩니다. 여기에는 아마가 조금 있네요. 아마는 실제로 균근균과 공생관계를 형성합니다. 그래서 토양에서 균근균의 증식을 돕습니다. 메밀은 인을 잘 흡수하는 꽃피는 종입니다. 또한 이곳은 꽃가루 매개자 종의 훌륭한 서식지입니다. 이곳에 있는 수수-수단그라스는 섬유질 뿌리 조직을 가지고 있으며, 실제로 유기물을 증가시킵니다. 게다가 소를 위한

게이브 브라운이 재배하는 다종작물

식물	기능
털갈퀴덩굴	2년생 콩과식물. 25~30퍼센트의 조단백질. 엄청난 양의 질소 고정 그 질소는 균근균을 통해 풀, 수수-수단그라스, 기장의 먹이가 됨
대두	콩과식물. 질소 고정
붉은 클로버	콩과식물. 질소 고정
해바라기	곧은 뿌리가 압축된 퇴적층을 부숨
아마	균근균과 공생관계 형성. 토양에서 균근균의 증식을 도움
메밀	인을 잘 흡수하는 꽃피는 종. 꽃가루 매개자의 훌륭한 서식지
수수-수단그라스	섬유질 뿌리 조직. 유기물을 증가시킴. 소를 위한 양분이 많음

양분도 많습니다."

게이브는 그가 "혼합물"이라고 부르는 혼합 종자들 각각의 종을 말하며 열을 올렸다. 그는 일반적으로 이 지역의 "자연적" 대초원에서 자랐음직한 것을 어느 정도 모방해서 열아홉 가지 서로 다른 종을 섞어서 파종한다고 말했다. 오케스트라의 특정 악기처럼, 그의 혼합물에서 각 종은 특정한 역할 또는 기능을 가지고 있다. 식물의 혼합, 들판에서 가축의 이동, 격년으로 심는 다양한 다른 작물들로 인해 식물 품종의 실제 수는 훨씬 더 많다. 게이브는 말했다.

"이것이야말로 내가 보고 싶은 것입니다. 이것은 우리가 자리 잡은 곳에서 도달할 수 있는 가장 진정한 고유 생태계이니까요."

우리는 울창한 풀숲으로 더 깊이 걸어 들어갔고, 나는 아침 햇살속에서 게이브의 멋진 사진을 얻을 수 있었다. 나는 어떻게 이와 같은 피복작물에서 수익을 낼 수 있는지 물어보았다. 그는 1에이커당 파종할 종자에 28달러가 든다고 말했다. 경제적 이점은 그가 이 땅에서 재배하는 식량을 먹는 동물에게서 나온다. 간단히 말해서 게이브는 "사료를 재배함"으로써 동물에게 들어가는 투입물의 비용을 다른 목장주들이 지불하는 달러에서 페니로 축소한다. 그것은 더 적은 비용, 더 많은 이익, 더 좋은 토양을 뜻한다.

그는 이와 같이 설명했다.

"모든 농부와 목장주에게 가장 중요한 일은 햇빛을 받아서 그것을 어떤 생산물로 바꾸는 것입니다. 그러니까 저기 있는 모든 잎은 태양열 집열기입니다. 음, 저기 밖에 잎들이 더 많을수록, 잎 크기와 모양이 다양할수록, 더 많은 태양열 집열기를 가지게 되고 더 많은 에너지를 시스템 속으로 끌어올 수 있습니다. 또 그것을 탄소로 바꿀 수 있지요. 탄소를 더 많이 갖게 될수록 잠재적 수익성은 더 높아집니다."

우리는 덤불을 느릿느릿 지나서 픽업트럭으로 되돌아왔다. 게이브는 운전을 하면서 "자연을 본떠서 농사짓기" 입문 강의를 계속했다. 그는 여전히 다양한 종을 함께 심는 일의 중요성에 대해 이야기했다.

"자연에서 단일재배를 본 적 있나요? 없지요. 보통 인간이 그렇게 심은 곳에서만 볼 수 있어요. 그러니 자연은 단일재배를 싫어할 수밖에요."

옥수수 게임

다음 날 아침, 우리는 게이브의 "무경운 드릴"을 보려고 그의 트랙터로 향했다. 그 장치는 존디어가 만든 것이며 원판 써레나 경운기와 똑같아 보이는데, 한 가지 큰 예외가 있다. 그것에는 면도날처럼 토양을 섬세하게 "베어내는" 예리한 날이 있다. 씨앗이 아래로 내려와 토양의 틈새 속으로 들어가고, 큰 고무바퀴가 구멍을 "메꾸면서" 토양은 제자리로 다시 다져진다. 게이브는 노스다코타 중부의 대부분의 농장은 땅을 갈지 않지만, 게이브와 달리 그들은 단일작물 재배에서 다종작물 재배로 전환하지 않았다고 했다.

게이브는 농부들이 극도로 위험을 회피하며 변화를 두려워한다고 말했다.

"나는 건강한 농장 생태계를 구축한다면 회복탄력성이 생기기 때문에 위험에서 벗어날 수 있다고 주장합니다."

게이브는 옥수수와 대두 지대의 대부분의 재배자들은 한두 가지 농작물에서 얻는 수입에 전적으로 의존한다고 말했다. 그는 이를 자신의 다종작물 재배 모델과 대조했다.

"나는 또한 밀과 보리와 귀리와 털갈퀴덩굴과 트리티케일과 알파파와 풀을 먹인 소고기, 양고기, 돼지고기, 꿀, 채소, 그리고 그 밖에 다른 생산물을 재배합니다. 나는 옥수수와 콩의 가격에 크게 상관하지 않아도 돼요. 왜냐하면 그것은 내 사업체의 작은 일부일 뿐이니까요. 나는 내 생태계에서 회복탄력성을 구축했습니다."

그는 옥수수 한 부셸을 재배하려면 미국 어디에 있느냐에 따라 3.5달러에서 5달러가 드는 데 비해, 자신은 한 부셸에 1달러 40센트 정도만 든다고 말했다. 옥수수 가격이 한 부셸에 1.77달러로 급락했을 때도 게이브는 여전히 이익을 얻었다.

농부들이 좀 더 다양한 농사 모델로 전환하는 것을 막는 가장 큰 장애물이 무엇이라고 생각하는지 묻자, 그의 대답은 번개처럼 빨랐다.

"오늘날 우리가 가진 연방 농장 프로그램은 재생농업에 가장 해롭습니다. 그것은 생산자들이 작물보험을 통해 안전망을 얻고 싶다면 단일작물만을 생산해야 한다고 지시합니다. 그들은 내가 하고 있는 일을 할 수 없습니다."

노스다코타의 추운 겨울 농한기 동안, 게이브는 미국 전역을 여행하면서 농부들의 모임에서 연설한다. 그는 그의 강연들 중 하나를 다음과 같이 묘사했다.

"지난겨울 미주리의 옥수수와 대두 생산자들 모임에서 이야기하고 있을 때였습니다. 한 사내가 일어서서 말했지요. '게이브, 수입이 보장되는데 왜 옥수수와 콩 외에 다른 것을 심어야 하나요? 내가 일정 수준 밑으로 지출을 유지하는 한 나는 봄에 밭에 나가기도 전에 수익을 보장받습니다.'"

게이브의 붉은 얼굴은 이제 거의 토마토색이 되었고 그의 북부식 목소리는 라디오 최대 볼륨이 되었다.

"그 질문에 당신은 어떻게 대답하겠습니까?! 그러니까 현장에 나가기도 전에 해마다 X달러의 수입이 보장된 사업이 어디에 있습니까?"

게이브는 이제 열의에 불타올랐고, 나는 감히 방해하지 못했다.

"비록 그 농부가 그렇게 보장받더라도, 이제 나는 그보다 훨씬 더 많은 이익을 얻습니다. 그러고 나서 나는 돌아와서 그들에게 묻겠지요. '정부가 당신의 사업장에 보조금을 주지 않으면 당신은 얼마나 많은 돈을 벌 수 있을까요?' 그들은 답을 알고 있습니다. 그들은 돈을 벌지 못할 거예요. 그게 전부입니다."

게이브는 더 높은 수익을 약속하는 것조차 대부분의 농부들이 정부에 넘어가지 않도록 유인하기에 충분하지 않다고 말했다.

"그 점이 나를 성가시게 해요. 우리는 대로변에 있는 '엄마 아빠의 철물점'을 보장해주지 않습니다. 그들에게 특정 소득 수준을 보장해주지 않아요. 우리는 그들의 보험금의 일부를 지불하지 않습니다. 그런데 그 일이 연방 농장 프로그램에서 일어나고 있습니다."

게이브는 물론 "허용되는" 상품작물을 "허용되는" 화학 스프레이를 이용해서 재배하는 농부들에게 돈을 나누어주는 연방작물보험 프로그램에 대해 이야기하고 있었다.

상품 보험 게임은 게이브가 "악순환"이라고 부르는 것이다. 그는 이렇게 설명했다.

"작년에 모든 사람이 옥수수와 대두를 심었는데, 그것은 옥수수와 대두로 가장 많은 보험 수익을 얻을 수 있었기 때문입니다."

시장이 너무 많은 무언가로 넘쳐나면 무슨 일이 일어날까? 예측할 수 있듯이 가격은 내려간다. 그리고 바로 그 일이 그 주기 동안 옥수수와 대두에서 일어났다. 가격은 급락했다. 따라서 농무부 위험관리국은 다음 해의 보험 가격을 조정했다.[1]

게이브는 말했다.

"올해 해바라기가 약간 더 많은 수익을 냈고, 그래서 이제 해바라기가 많이 생산되고 있습니다. 그러면 내년에 해바라기 가격이 하락할 겁니다. 그것은 악순환입니다. 농부들의 최악의 적은 그들 자신입니다."

게이브는 확고한 자유시장 옹호자이다. 가뭄과 우박으로 농작물 없이 몇 해 동안을 살아온 그는 농부들이 정부 없이 잘 해낼 수 있다고 믿게 되었다.

그는 확고부동한 확신을 가지고 말했다.

"나는 이 모든 프로그램을 버렸습니다. 나는 더는 연방작물보험에 가입하지 않습니다. 나는 생산자들에게 더는 복지에 기대고 싶지 않다고 말합니다. 이게 내가 문제를 보는 방식입니다. 복지."

재생농부로서 게이브 브라운은 무엇을 심을 것인가에 관해 미국 정부의 작물보험 프로그램보다 더욱 중요한 안내자를 발견했다.

"나는 자연이 내게 말하는 것에 맞게 환경을 조정할 수 있습니다. 하지만 정부의 프로그램은 이러한 능력을 제한하지요. 만약 겨울에 눈이 별로 오지 않고 온화했다면 수분은 제한될 것입니다. 나는 어떤 농작물을 심을 것인지를 조정할 수 있습니다. 옥수수와 콩만을 재배하는 생산자들은 거기에 갇혀 있습니다. 나는 그렇지 않습니다. 나는 상황에 맞게 변화하고 조정할 수 있기 때문에 세상에서 최고의 것을 얻지요. 이제 그들은 자신들이 안전하고 건강한 식량 시스템을 보장하기 위해, 말하자면 저렴한 식량을 보장하기 위해 그렇게 한다고 말할 것입니다. 글쎄요, 나는 저렴한 식량을 원하지 않습니다. 영양이 풍부한 음식을 원해요. 거기에는 큰 차이가 있습니다."

게이브는 다른 농부들이 작물보험과 최신 장비와 최고의 유전자 변형 종자를 가지고서도 그가 생산하는 에이커당 식량의 양과 경쟁할 수 없다고 주장했다. 그는 "저렴한 식량"은 농부들이 그저 화학물질 회사들과 정부가 제시한 슬로건을 되풀이하고 있는 "세계를 먹여 살리기" 캠페인의 일부라고 믿는다. 머지않아 자신들이 정반대의 일을 하고 있다는 것을 알게 되겠지만 말이다.

게이브는 말했다.

"사실을 보세요. 노스다코타의 버얼리 카운티에서 평균적인 옥수수 생산량은 에이커당 100부셸 미만입니다. 우리 농장에서 입증된 산출량은 127부셸이고 따라서 나는 이 지역의 평균보다 25퍼센트 더 많이 생산하고 있습니다. 나는 GMO를 사용하지 않으며 모든 비료, 농약, 살균제 등을 사용하지 않습니다. 왜 그것이 필요한가요? 왜 그들은 가뭄을 견디는 유전자를 가진 옥수수를 필요로 하나요? 왜냐하면 그들은 토양을 파괴했고 이제 계속되는 가뭄을 겪고 있기 때문입니다. 웃기는 일이지요."

여기에 현대 농업의 악순환의 또 다른 층이 자리한다. 나쁜 토양을 가진 농부들은 자연이 이미 하고 있는 일을 모방하기 위해 점점 더 많은 기술을 이용해야 한다. 그러는 동안 선물시장, 화학물질 회사, 종자회사, 정부와 농업 문화 전반에서 그들에게 요구하는 것은 에이커당 더 많이 생산하는 것이다. 투입 비용은 계속 상승한다. 그들의 토양은 악화된다. 그들의 에이커당 이익은 계속해서 하락하고, 종종 적자가 된다. 연방보험은 그 차이를 메꿔야 한다. 이듬해에 그러한 순환은 약간 더 기어를 올려서 다시 시작된다. 이렇게 쇠약해져서 되돌아오는 게임에서, 우리는 말 그대로 농부들에게 폐업하라고 돈을 지불하고 있다. 물속에서 천천히 끓여지는 개구리처럼, 대부분의 농부들은 너무 늦을 때까지 뛰쳐나오지 못한다.

같은 일을 되풀이하면서 다른 결과를 기대하는 것이 미친 짓이라면, 우리의 식량 시스템은 임상적으로 미쳐 있다. 아마도 이러한 이유에서 게이브 브라운은 다음과 같이 결론지었을 것이다.

"나는 상품을 생산하고 싶은 욕망이 없습니다. 나는 영양분을 생산하고 싶습니다."

닭과 달걀

나는 게이브의 집에서 수백 야드 떨어진 곳에서 닭들에게 둘러싸인 들판에 서 있었다. 울타리도 없고 닭들이 달아나지 않게 지키는 어떤 수단도 없었다.

자기 아버지보다 키가 큰 "새천년 낙관론자"인 게이브의 아들 폴은 내게 쇠똥구리를 보여주었다. 폴은 소 떼가 밭을 지나간 지 약 일주일 뒤에 닭들이 뒤따른다고 설명했다. 닭들은 쇠똥구리와 파리 유충을 먹고, 그리하여 파리 개체수를 줄인다.

"언제든 가축들이 서로 조화를 이루도록 이용할 수 있어요. 모두가 득을 보는 상황이지요."

폴은 말했다. 닭 한 마리가 길을 가로질러 먹이를 쪼아 먹었다.

"그리고 우리 닭이 먹는 사료는 공짜랍니다."

그가 덧붙였다.

들판 더 위쪽에는 닭들의 보금자리로 사용되는 낡은 말 트레일러 몇 대가 있었다. 게이브가 차를 몰고 올라와서 수레 옆에 주차했고, 우리는 그를 맞으러 갔다.

게이브가 자랑스럽게 말했다.

"이것은 우리가 '이동식 달걀차'라고 부르는 것이지요. 이것이 소 떼를 따라갈 거예요. 이것은 소나 말이 끌던 오래된 가축용 트레일러로 만든 것입니다. 우리는 이것을 정말로 싸게 살 수 있었어요. 우리는 마루를 떼어내고 바닥에 철망을 깔고 홰를 넣어두고 둥지 상자를 걸어두었습니다. 각 트레일러마다 재료비로 약 1,250달러가 들었습니다. 각각에는 약 125마리에서 150마리의 알 낳는 암탉을 수용할 수 있습니다. 지금 우리는 사업장에 이런 트레일러 네 대를 가지고 있습니다. 어린 암탉들과 알 낳는 닭들 사이에는 1,000마리 정도의 닭들이 날아다닙니다.”

게이브가 트레일러의 뒷문을 열었다. 그와 폴이 달걀을 모으는 동안 나는 안을 들여다보았다. 닭들의 둥지는 트레일러의 측면을 따라 단정하게 정렬되어 있었다. 똥이 땅에 바로 떨어지도록 바닥이 철망으로 되어 있었다. 게이브는 닭이 지금 나가고 있는 작은 문을 손으로 가리켰다.

“이동식 달걀차의 저 문은 빛을 감지합니다. 알 낳는 모든 닭들은 일단 어두워지면 안으로 쉬러 들어옵니다. 문은 자동으로 닫히지요. 아침이 되어 태양이 떠오르면 문이 올라가고 닭들이 밖으로 나갑니다. 이런 식으로 포식자들이 들어오지 못하게 하는 거지요.”

게이브는 더 많은 달걀을 모으기 위해 셔츠의 앞섶을 이용하면서 말했다.

“닭들은 일종의 소독제입니다. 말하자면, 우리는 땅을 소독하는 데 닭을 이용하지요. 소들이 한 영역을 지나가며 풀을 뜯고 나면, 우리는 닭들을 데려옵니다. 이번에 우리는 알 낳는 암탉을 데려왔어요. 알 낳는 암탉들은 토양의 해충을 어느 정도 제거합니다. 곤충을 찾아다니며 잡아먹지요. 닭들은 이런 일을 하도록 진화되었으니까요. 또한 우리는 방목한 닭이 낳은 달걀을 판매해서 상당한 소득도 얻을 수 있습니다.”

게이브는 그가 모은 산더미 같은 달걀을 픽업트럭 속에 조심스럽게 넣으면서 말했다. 닭 한 마리가 트럭 속으로 날아들었고 게이브는 살며시 그 녀석을 내보냈다.

“닭들은 낮의 길이가 길어지면 알을 낳습니다. 그래서 겨울에는 거의 알을 낳지 않는 경향이 있지요. 그러면 우리는 그렇게 내버려둡니다. 그것이 자연의 순환이니까요."

게이브는 말을 이었다.

"달리 말해서, 관행농에서 달걀을 생산하는 암탉들은 실내의 작은 상자 속에 종일 수용됩니다. 그 닭들은 운동할 수 없고, 밖으로 나갈 수도 없고, 1년 내내 알을 낳아야 합니다. 그래서 산업 모델에서 대부분의 암탉들은 1년에서 1년 반 동안만 살아 있습니다. 여기서 우리가 키우는 암탉들은 7~8년 된 것들이고, 여전히 알을 낳습니다. 그러니 이것이 닭에게 건강한 생활이지요. 포식자가 오지 않는 한 그러한데, 포식자 또한 순환의 일부입니다."

게이브의 트럭에 달걀이 너무 많이 채워져서 나는 폴과 함께 걸어서 본 건물로 되돌아왔다. 브라운 가족은 특별한 냉장, 저장, 세척 장비를 갖춘 달걀만을 위한 전용 건물을 가지고 있었다. 이를 마련하기 위해서는 분명 상당한 시간과 돈이 들었을 테고, 그것은 달걀을 팔기 위해서 필요한 미국 농무부의 요구 사항이었다. 나는 게이브와 폴이 달걀을 세척하고 강한 빛에 통과시켜 결점을 확인하는 컨베이어 벨트식 기계에 달걀을 올려놓는 것을 지켜보았다. 그리고 나서 그들은 깨끗한 달걀을 조심스럽게 상자 속에 담았다. 그들이 달걀 하나하나에 얼마나 많은 관심을 쏟는지 놀라웠다.

브라운가 남자들이 달걀의 세척과 포장을 마친 후, 우리는 집으로 향했다. 어제 게이브는 내게 비즈마크의 지역 식료품점에서 "자유 방목" 달걀 한 다스를 사 오라고 시켰다. 나는 내가 산 달걀 한 다스를 가지고 왔고 폴은 브라운 목장의 달걀 한 상자를 가져왔다.

소박한 베이지색 벽돌집 현관에 브라운가의 아버지와 아들이 있었다. 바비큐 화덕이 열려 있고 무쇠 프라이팬이 놓여 있었다. "위대한 노스다코타 달걀 시합"을 할 시간이 왔다. 폴은 두 상자를 모두 열고, 각각에서 무작위로 달걀 하나씩을 골라 깨서 팬에 떨어뜨렸다. 상점에서 사 온 달걀의 연노랑 노른자는 흰자로 흘러 들어갔다. 한편 브라운 목장의 달걀노른자는 진노랑이고 거품처럼 솟아올랐다.

TV 프로그램 〈월요일 밤의 미식축구Monday Night Football〉에 나오는 스포츠캐스터처럼, 게이브는 달걀에 대해 논평하기 시작했다.

"달걀의 색깔과 질감에서 중대한 차이가 있지요. 모두 암탉이 먹는 음식 때문입니다. 우리 암탉들은 저기 밖에서 푸른 식물과 함께 벌레, 귀뚜라미, 메뚜기 등 찾을 수 있는 것은 무엇이든 먹습니다. 건강하지요. 다른 닭은, 비록 '케이지가 아닌 자연적 환경에서'라고 말하지만, 물론 건물 안에 있고 밖으로 나갈 수 없습니다. 그리고 곤충이 아니라 곡물 생산물을 먹습니다. 닭이 마땅히 해야 할 일을 할 수 없습니다."

나는 내 달걀이 이 경쟁에서 그렇게 형편없는 성적을 거둔 데 당황했다. 무엇보다도 나는 비즈마크 식료품점이 제공하는 최고의 "방목" 달걀을 원하는 소비자로서 양심적으로 최고 가격에 그것을 구입했다. 폴은 팬을 이쪽저쪽으로 움직였다. 내가 가게에서 구입한 달걀은 저절로 스크램블드에그가 되었다. 한편 그들의 달걀은 여전히 온전했다.

"가게에서 산 것은 전형적으로 물기가 더 많아요. 딱 보면 알지요."

폴이 말했다.

나는 그들에게 좋은 경쟁은 한 번으로 끝나지 않는다고 말했다. 우리는 세 번의 실험에서 이긴 달걀이 최고의 달걀이라는 데 동의했다. 세번째 달걀 쌍이 팬에 놓였을 때, 나는 내 달걀이 진 것을 알 수 있었다. 게이브는 그들의 달걀 껍데기가 가게에서 산 달걀보다 더 단단하다는 것을 보여주기 위해 즐겁게 "균열 테스트"를 했다. 그러고 나서 그는 "찌르기 테스트"를 해서 달걀노른자를 깨기 위해 손가락으로 몇 번까지 찔러야 하는지 보여주었다. 나는 내 달걀들이 모든 경기에서 져서 부끄러움을 느꼈다.

게이브와 폴은 그들의 달걀이 이겨서 은근히 기쁜 것처럼 보였다. 게이브는 말했다.

"우리는 종종 우리 달걀과 유기농 달걀을 비교합니다. 그저 생산물이 유기농이라고 해서 반드시 영양분이 풍부한 것은 아닙니다."

그는 그 이유가 유기농 표준에서는 암탉이 실제로 야외에서 살아가도록 규정하지 않고 단지 야외로 "접근"할 수 있어야 한다고 규정하기 때문이라고 말했다.

달걀 경기가 끝났다고 생각했을 때, 폴은 소형 망원경처럼 보이는 작은 장치를 꺼내 들었다. 게이브는 그 물건이 100달러가량 하는 굴절계이며, 포도송이의 당도 함량이 최고조에 이르렀는지 측정하기 위해 포도 산업에서, 그리고 혼합물이 준비되었는지 알아보기 위해 자가 양조 공동체에서 전형적으로 사용하는 것이라고 설명했다. 기술적으로 말해서, 굴절계는 "굴절률" 즉 빛이 액체를 통과하는 방식을 측정한다.

브라운 가족이 가지고 있는 간단한 유형의 휴대용 굴절계를 사용하는 식품산업에서, 사용자는 일반적으로 액체를 광학 장치의 "판독기" 끝에 문지른다. 다른 쪽 끝인 "보기"를 눈에 갖다 댄다. "판독값"을 보려면 사용자는 단순히 굴절계를 광원(보통은 하늘)을 향해 조준하면

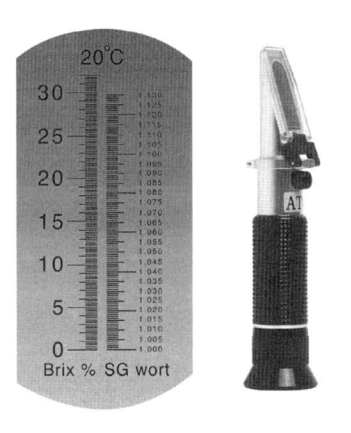

간단한 휴대용 굴절계는 약 100달러이며
브릭스 척도를 사용한다.

된다. 일반적으로 굴절계 내부에는 맨 아래 0에서 시작해서 꼭대기에는 10에서 90까지 중 어떤 숫자가 적힌 눈금이 있다. 이것이 브릭스 척도이다.

기술적으로 "브릭스 당도" 또는 "°Bx"로 표기되며, 1브릭스 당도는 자당 1그램이 100그램의 용매에 용해된 밀도와 같다. 그러나 당분은 브릭스가 측정되는 기준에 불과하다. 브릭스는 실제로 액체의 비중 또는 밀도를 측정한다. 따라서 그것은 사실상 액체에 용해된 고체를 측정하는 것이다. 그러므로 브릭스는 해당 식품에 포함된 당, 탄수화물, 단백질, 비타민, 미네랄, 아미노산, 지방에 대한 느슨한 측정값을 제공한다.

캐리 림스Carey Reams라는 농업 기술자는 1940년대부터 1960년대까지 일련의 실험을 수행해서 농작물 즙의 굴절률 표를 만들었고, 일부 생태학적 지향을 가진 농부들은 오늘날 그들이 생산하는 농작물의 영양밀도를 판단하기 위해 여전히 그것을 사용한다. 그 표는 바이오뉴트

리언트 식품연합^{Bionutrient Food Association}을 통해 온라인으로 무료로 이용 가능하며, 사과에서 수수, 순무에 이르기까지 모든 것을 빈약, 보통, 양호, 우수로 표시하는 브릭스 수치를 보여준다.[2]

게이브와 나는 폴이 찐득한 달걀환자를 굴절계 위에 문지르고 측정기를 눈에 갖다 대고서 하늘을 향해 들어 올리는 것을 지켜보았다.

게이브가 설명했다.

"우리 사업장에서 시도해온 일들 중 하나는 우리가 건강한 식량을 생산하고 있다는 것을 실제로 알고 이해하는 방법을 찾는 것입니

작물의 굴절률

(% 자당 또는 브릭스로 측정)

	빈약	보통	양호	우수
사과	6	10	14	18
바나나	8	10	12	14
자몽	6	10	14	18
오렌지	6	10	16	20
딸기	6	8	12	14
토마토	4	6	8	12
수박	8	12	14	16
당근	4	6	12	18
케일	8	10	12	16
양상추	4	6	8	10
땅콩	4	6	8	10
감자	3	5	7	8
단옥수수	6	10	18	24

작물의 굴절률을 나타내는 이 표는 수많은 식품의 느슨한 측정값일 뿐이다(온라인에서 무료 제공).

다. 음, 이것을 측정하는 가장 간단한 도구 중 하나가 굴절계이지요."

게이브는 그들이 그들의 생산물과 곡물을 테스트할 뿐 아니라, 심지어 사료의 영양밀도가 가장 높을 때(보통 광합성 때문에 오후에) 가축을 이동시키기 위해 사료로 쓰는 피복작물의 영양밀도를 테스트한다고 말했다. 그들은 건초를 수확해서 겨울 동안 쓸 뭉치로 만들기 전에 최고의 영양밀도에 이르렀는지 확인하려고 굴절계를 사용한다. 그는 심지어 아내가 농장 밖에서 구입한 식품들도 테스트하는 습관을 갖게 되었다.

"그래도 이제는 식료품점에서 바로 테스트하지는 않아요. 그렇게 하다가는 쫓겨나지요. 어쨌든 이것은 음식의 영양밀도가 어느 정도인지 테스트하기 위해 사용되는 간단한 도구입니다."

게이브는 말했다.

폴은 내게 굴절계를 건네주었다. 내가 가게에서 산 달걀은 진열판에 흐릿한 선을 만들었다. 그 이미지 상단의 파란색 부분은 하단의 흰색 부분으로 흐려져서 브릭스 비율이 얼마인지를 정확히 알 수 없었다. 나는 그것을 깨끗이 닦고 이번에는 브라운가의 달걀흰자를 올려놓았다. 판독기를 들여다보자 상단의 파란색 영역과 하단의 흰색 사이에 예리한 선이 있었다. 이 수치가 (내가 가게에서 산 달걀 이외의) 지구상 나머지 달걀들과 비교해서 어느 정도인지는 모르겠지만, 브릭스 척도로는 높았다.

여피와 힙스터

오후의 태양은 뜨거웠고, 게이브는 먼지 더께가 앉은 기계들과 장비들이 들어 있는 헛간 앞 낡은 의자에 앉아 있었다.

그가 말했다.

"당신도 알다시피, 농부와 목장주는 소매로 구입하고 도매로 판매하며 양방향으로 운임을 지불하는 유일한 사람이라고 종종 일컬어집니다. 나는 그렇게 하고 싶지 않아요. 나는 소매로 팔고 싶고 가능한 한 많은 이윤을 남기고 싶습니다."

게이브는 농부들이 스스로의 시장을 창조하고, 곡물 및 선물 거래자와 슈퍼마켓 체인을 끊어내고, 소비자에게 직접 판매하기를 바란다. 그는 말했다.

"소비자들은 영양이 더 풍부한 음식을 원할 것입니다. 일단 소비자들이 그들의 식량이 다른 식으로 생산되어야 한다고 요구하기 시작하면, 생산 농업에 변화가 일어날 것입니다."

그는 나를 달걀 헛간 옆으로 데리고 가서 폴과 여성 인턴 샬리니가 주문 상품을 마을로 배달하려고 준비하고 있는 영업용 트레일러를 보여주었다. 그것은 아이스크림 트레일러처럼 생겼다. 내부에는 고기 덩어리들로 채워진 대형 냉동고가 있었다. 외부에는 로고와 "자연의 영양분으로 자란NOURISHED BY NATURE"이라는 글귀가 장식되어 있었다. "자연의 영양분으로 자란"은 게이브와 폴이 브라운 목장 생산물을 위해 고안해낸 브랜드이다. 게이브는 냉동고에 있는 물건 몇 개를 뒤적거렸다.

"'자연의 영양분으로 자라난' 립아이 스테이크, '자연의 영양분으로 자라난' 소고기, '자연의 영양분으로 자라난' 양고기, '자연의 영양분으로 자라난' 방목 돼지고기, '자연의 영양분으로 자라난' 방목 달걀 등이 있습니다."

게이브가 말을 이었다.

"우리는 지금 수요를 따라갈 수 없습니다. 노스다코타의 비즈마크에서 로컬푸드에 대한 이러한 유형의 수요가 있다는 사실에 나는 정말 놀랐습니다. 이러한 움직임은 점점 더 커질 거예요. 사람들은 자신이 무엇을 먹고 있는지, 그것이 어디서 왔는지 알고 싶어 합니다."

이제 폴이 "자연의 영양분으로 자라난" 트레일러를 끌고 마을로 향할 때가 되었다. 폴은 "고객은 온라인으로 주문하고, 우리는 배달 하루 전에 고객에게 정확한 총액과 주문 픽업 장소를 이메일로 보냅니다."라고 설명했다.

게이브는 말했다.

"우리가 농산물 직거래 장터에서 자리를 펼 때 듣는 질문은 '어디서 왔습니까?'입니다. 첫번째 질문의 100번 중 99번은 항상 이것이지요. 사람들은 아이들의 입에 넣어줄 음식에 대해 제대로 알고 싶어 하니까요. 사람들은 만약 뭔가가 잘못되면 어디서 이 사람을 찾을 수 있는지 알고 싶어 합니다. 두번째 질문은 100번 중 96번이 GMO입니다. '유전자변형 농산물을 사용하지 않았나요?' 우리는 여기 노스다코타의 비즈마크에 있습니다. 나는 이곳에서 그렇게 많은 사람들이 그 문제에 관심을 가지고 있다고는 생각하지 못했어요. 우리가 받는 세번째와 네번째 질문은 항생제와 합성호르몬에 관한 것입니다. 우리가 우리의 고기 제품에 그것들을 사용하는지 묻지요."

나는 비즈마크의 공원으로 가서, 회원들에게 매주 채소 상자들을 나눠주는 큰 CSA(공동체 지원 농업) 트레일러를 발견했다. 그 건너편에 주차된 것은 틀림없이 "자연의 영양분으로 자라난" 트레일러였다. 폴과 샬리니는 그들의 생산물을 열심히 나눠주고 있었다. 그들의 고객층은 서부 해안 홀푸드 구매자나 농산물 직거래 장터의 수호자들, 즉 퇴근 복장을 한 여피족과 플란넬과 데님을 입은 젊은 힙스터들을 무작위로 추출한 것과 정확히 일치하는 것처럼 보였다. 그러나 사람들 대다수는 그저 "보통" 사람이다. 그들이 브라운 가족에게서 구매하는 이유는 "건강", 그리고 "자녀의 건강" 때문이다.

폴은 내게 말했다.

"출생부터 수확까지 내 손을 거친 생산물을 가지고 와서 이 생산물로 인해 풍요로워지는 사람들과 연결된다는 것은 멋진 일이에요. 오늘날 식량 시스템에는 거대한 단절이 있습니다. 사람들은 식량을 길러서 그것을 떠넘기고 다른 누군가가 처리하게 합니다. 그들은 가장 보람있는 부분을 놓치고 있어요. 그것은 소비자와 대화하는 것이지요."

이것은 폴이 즐기는 가족 사업의 한 부분이다. 그는 미소 지으며 이름을 부르며 사람들을 반기고, 물건을 건네주고, 명단에서 그들을 확인한다. 공원에서의 시간이 끝날 무렵, 그들은 수천 달러를 벌어들였다. 나른한 노스다코타의 수요일 저녁치고는 나쁘지 않다.

거의 유기농

게이브는 거의 "유기농" 농업을 실천하고 있지만, 인증 없이 그렇게 한다. 오늘은 브라운 목장에서의 마지막 아침이고, 나는 그 이유를 물어보았다.

게이브는 설명했다.

"나를 인증하는 것은 내 소비자들입니다. 솔직히 나는 음식을 소비하는 것과 음식을 소비자에게 파는 행위는 신뢰라고 생각합니다. 내 소비자들은 내가 생산하는 생산품이 최대한 건강한 것이라고 신뢰합니다. '당신은 유기농 생산자인가요?'라는 질문을 몇 번 받았던 적이 있어요. 일단 내가 무슨 일을 하고 있으며 왜 유기농 생산자가 아닌지 설명하면, 우리가 인증된 유기농이 아니라는 이유로 판매를 놓칠 일은 결코 없습니다. 유기농이라, 좋지요. 유기농을 하는 사람은 화학비료, GMO, 살균제 또는 농약을 사용하지 않습니다. 훌륭해요. 나는 거기에 대찬성입니다. 그렇지만 영양이 풍부한 식량에 대해서는 무엇을 말하고 있나요? 유기농은 영양밀도가 높을 수도, 그렇지 않을 수도 있습니다. 진정으로 건강한 사회를 원한다면, 영양이 풍부한 생산물이 필요합니다. 나는 그것이 우리가 도달해야 하는 기준이라고 생각합니다."

게이브가 지적했듯이, 중요한 문제는 "유기농" 인증 여부가 아니라 토양의 경운 여부이다. 게이브는 계속 말했다.

"내가 날마다 개인적으로 씨름하는 일들 중 하나는 땅을 갈 것인가 아니면 제초제를 쓸 것인가 하는 것입니다. 나는 무경운 유기농을 원합니다. 우리는 매우 소규모로 채소밭 등에서 그렇게 할 수 있습니다. 그렇지만 내가 아는 한 무경운 유기농이 대규모로 이루어지는 곳은 이 세상에 없습니다. 그 이유는 이러합니다. 자연은 토양이 언제나 덮여 있기를 원합니다. 음, 잡초가 옵니다. 왜 잡초가 올까요? 그것이 자연 천이이기 때문입니다. 자연은 토양이 날아가고 씻겨나가는 것을 막기 위해 토양에 갑옷을 입히려고 합니다."

게이브는 동물이 항상 잡초를 먹어치우도록 대규모로 작물 순환 계획을 세우는 것은 매우 어렵다고 말했다. 그는 모든 농약과 비료를 없애버렸지만, 땅을 갈지 않기 위해서 때로는 제초제를 써야 한다는 사실을 알게 되었다.

"우리는 3~4년에 한 번은 안 쓰고 넘어갈 정도로 제초제 사용을 줄이고 있습니다. 그러나 아직 완전히 제초제 사용을 끊는 데에는 이르지 못했지요. 나는 포기하지 않을 겁니다. 세계 도처에는 나를 비롯해서 제초제를 완전히 끊는 단계에 도달하기 위해 애쓰는 많은 생산자들이 있습니다. 거기에 도달하기 위해 애쓰는 많은 훌륭한 연구자들도 있고요. 제초제를 완전히 없애기 위해 필요한 농작물 순환과 동물

경운, 해야 하나? 말아야 하나?

장점	단점
땅을 평평하게 함	토양에서 탄소를 산화시키거나 연소시킴
잡초 제거	탄소를 많이 섭취하는 박테리아를 없앰
토양 덩어리 분해	균근균 파괴
탄소를 즉시 사용 가능하게 만듦	미생물을 죽임
	토양의 "다공성" 또는 수분 보유 능력 파괴

의 영향력의 올바른 순서를 아직 밝혀내지 못했을 뿐입니다."

게이브는 제초제를 사용하는 것은 현재 진행 중인 어려운 선택이지만, 매우 주의를 기울여 사용한다고 말했다.

"우리는 환경의 생물작용에 최소한의 영향을 미치는 제초제를 사용하려고 노력합니다. 그래서 필요할 때만 그러한 제초제를 사용하지요. 우리가 훼손하고 있냐고요? 물론입니다. 제초제를 살포할 때마다 가슴이 미어지는 것 같습니다. 그렇지만 제초제로 인한 훼손, 그것이 생태계에 야기하는 영향은 밭 전체를 경운하는 것보다 훨씬 덜 해롭다고 생각합니다. 왜냐하면 경운에서 일어나는 일은 모든 생물작용을 위한 집을 파괴하고, 균근균을 파괴하는 것이기 때문입니다. 그것은 물 침투를 막는데, 물은 중대한 문제입니다. 경운은 모든 것을 파괴하기 때문에 토양이 영양분을 식물에게 전달하는 능력이 줄어들고, 이에 따라 식물의 영양밀도가 더 낮아집니다. 이런 식으로 차례차례 우리가 판매하는 생산물에서 영양밀도가 더 낮아지는 거지요. 나는 그렇게 하고 싶지 않습니다."

게이브는 자신의 농장과 목장 사업체가 더 작았다면 수월하게 무경운 유기농을 할 수 있었을 거라고 말했다. 그렇지만 그는 미국 농장에서 흔히 볼 수 있는 규모로 농업을 수행하는 쪽을 선호했다.

"현실을 직시합시다. 오늘날의 농장들은 너무 크고 좀 줄어들 필요가 있지만, 소규모 사업체로 되돌아갈 것 같지는 않습니다. 나는 그런 일이 일어날 수 있다고 생각하지 않아요."

게이브는 노스다코타에서는 그의 목장 규모가 평균이지만, 일반적으로 재생농업에 뛰어드는 사람은 더 작은 규모일 때 경제적으로 잘 해낼 수 있다고 설명했다.

"만약 나와 같은 유형의 재생농업을 한다면, 1,000에이커의 땅에서 쉽게 해낼 수 있을 거예요. 농부들은 훨씬 더 작은 규모로 할 수 있을 테고, 우리는 더 많은 사람들을 이 땅에 보낼 수 있을 겁니다. 그럼 더 많은 로컬푸드를 판매할 수 있을 테고요. 좋은 일이지요."

재생농업 운동을 하는 많은 사람들처럼 게이브의 목표는 유기농과 재생농업을 둘 다 하는 것(소위 재생 유기농)이다. 그와 세계 도처의 많은 이들은 새로운 농업 표준을 달성하기 위해 노력하고 있지만 쉽지 않다. 게이브는 대규모 작업에서 재생 유기농을 달성하려면 제초제 사용을 완전히 근절하기 위해서 농작물 순환과 동물의 영향의 올바른 순서를 완전히 파악해야 한다고 말했다. 그는 자신이 거기에 점점 더 가까이 가고 있다고 믿는다.

게이브는 말했다.

"나는 포기하지 않을 겁니다."

지휘봉 넘기기

브라운 목장은 모든 의미에서 가족 단위 사업장이다. 게이브와 폴은 매일 함께 일한다. 그들의 집은 8킬로미터 정도 떨어져 있다. 게이브는 그것에 개의치 않는다. 그의 사명은 목장을 폴에게 물려주는 것이다. 지나치게 감정적인 사람은 아니지만, 게이브는 이 점을 언급할 때 자부심으로 가득했다. 대학에서 사업장으로 돌아온 후, 지금 거의 서른 살이 된 폴은 사업과 그들이 제공하는 생산물을 확장하기 위해 로비를 했다.

"아버지와 함께 일하는 것은 재미있어요. 정말 즐겁지요."

폴은 웃음을 터뜨리며 말했다. 근처에서 듣고 있던 게이브는 자기가 옆에 없더라도 폴은 그렇게 말했을 것이라고 했다.

"나는 4년 동안 대학에 다녔는데, 실제로 농업이나 목장 사업으로 돌아간 친구들의 수는 한 손으로 꼽을 수 있어요. 친구들은 '거기에는 우리가 돌아갈 만큼 돈이 충분하지 않아. 우리가 할 만한 일거리도 없고.'라며 탓했지요. 글쎄요, 농장과 목장이 다양화된다면 많은 기회가 있을 거예요."

나는 폴에게 대학 교육에서 무엇이 부족했기에 친구들이 농사에 뛰어들지 않은 것인지 물어보았다.

"나는 교육 시스템에서 부족한 것은 실용성이라고 생각합니다. 나는 우리가 수업을 위해 토지로 나간 횟수를 두 손으로 꼽을 수 있어요. 아주 큰 단절이지요."

그는 농업과 목축으로 돌아간 친구들 대부분은 지역 농업대학에서 배운 관행적 산업 모델을 따랐다고 말했다. 그들은 구매해야 하는 투입물을 관리하고, 양곡기까지 트럭으로 운반해야 하는 곡물(월스트리트의 선물시장에서 판매될 것으로 간주되는)을 관리하느라 하루하루를 보낸다.

"그들은 앞서가려고 애쓰느라 너무 많은 시간을 보내요. 그러한 종류의 관행적 모델 안에 있으면, 평생을 자기 꼬리를 쫓아다니느라 낭비하게 돼요. 몇몇 친구들이 그런 길로 가고 있는 것을 보면 슬프지요."

그는 한탄했다.

반대로, 브라운가의 남자들은 함께 일함으로써 목장의 효율성을 높이고 수입원을 증대해왔다.

"대학에서 돌아와서 아버지의 사업장에 함께한 이래, 우리는 이 목장 전체의 순이익을 50퍼센트까지 쉽게 증가시켰어요. 목장은 이제 몇 년 전부터 빚이 없습니다. 이익은 토지의 풍부함에서 나옵니다. 만약 토지가 건강한 상태라면, 건강한 환경을 대신하기 위한 목발 역할을 하는 이 많은 투입물에 그토록 많은 돈을 쓸 필요가 없습니다."

그 아버지에 그 아들이다.

3만 달러의 빚을 가지고 졸업하는(대부분은 대출의 형태로 미국 정부에게 진 빚이다.) 그의 세대의 평균적인 사람들과는 달리, 폴의 경력은 시작부터 매우 달랐다.

"개인적으로 난 빚이 전혀 없어요. 목장이 내 교육비를 대는 데 도움을 주었지요. 그래요, 평탄한 운동장에서 시작해서 한 방향으로만, 바라건대 위로 올라가는 것은 기분이 좋지요."

밀레니얼 세대는 주목하라. 경력의 변화를 고려할 때일지도 모른다. 오늘날 미국에서 34세 이하의 농부는 약 12만 명에 불과하다. 그러는 동안 65세 이상 농부의 수는 2002년 약 55만 8,000명에서 2012년 70만 1,000명으로 서서히 증가해왔고 그러한 추세는 계속되고 있다.[3] 그동안 "초보 농부"(경력 10년 이하)의 수는 20퍼센트 급감했다. 매년 더 많은 농부들이 은퇴 연령에 다다르고 더 적은 수의 새로운 농부들이 등장한다. 나이 든 농부들이 "노화"함에 따라, 폴 브라운처럼 젊고 열정적이며 잘 훈련된 재생농부들로 채워질 수 있는 빈 공간을 남긴다.

폴은 가축을 관리하고 겨울을 대비해 건초를 정리하고 목장 주변의 일반적인 작업을 할 뿐 아니라 온라인 사업을 책임지고 있다. 그는 고객의 이메일에 답하고, 주문 시스템에서 작업하며 인터넷을 활용해 고객의 범위를 넓힐 방법을 끊임없이 찾아보고 있다. 그의 미래 전망은 밝다.

"언젠가는 아이를 낳아 이 사업장을 물려주고 싶습니다. 그리고 내가 아버지와 맺은 것과 같은 관계를 아들딸과 함께 발전시켜서 이 목장을 다음 세대로 물려주고 싶어요."

폴은 말했다.

여자 친구가 있냐고 물어보자 그는 몇 가지 "잠재적 가능성"이 있다고 말했다. 그의 아버지는 그를 나무라면서, 너무 많이 일하지 말고 데이트할 시간을 좀 내라고 말했다. 폴은 반항적으로 대꾸했다.

"잘될 거예요. 전 아직 서른도 되지 않았어요."

사과 대 사과

게이브는 농장 견학의 마지막 코스로 나를 데리고 갔다. 우리는 비포장도로를 따라 좌회전, 우회전, 직진, 그리고 또 좌회전으로 몇 마일을 달렸다. 수많은 농부들이 그렇듯이, 게이브는 분명 그의 동굴 같은 두뇌 어딘가에 어디가 그의 밭이고 어디가 이웃의 밭인지에 관한 지도를 가지고 있을 것이다. 조각들로 나누어진 5,000에이커를 담은 그 지도는 엄청난 지도임에 틀림없다. 마침내 그는 도로를 벗어나 화재로 불탄 것처럼 보이는 들판에 트럭을 세웠다.

그는 차에서 내려 트럭 뒤쪽으로 걸어가서 트럭에 몸을 기대고 죽은 들판을 살폈다.

"이 생산자는 올해는 이곳에서 농작물을 재배하는 대신 소위 화학적 휴경이라는 것을 하기로 결심했습니다. 달리 말해서, 잡초를 죽이기 위해 제초제를 뿌렸고, 지금 땅을 놀리고 있습니다. 그는 그렇게 하면 수분이 저장될 것이라고 생각했지만, 이곳에 살아 있는 식물이 없으니 토양은 더욱더 악화됩니다. 그는 이 사실을 깨닫지 못했지요."

게이브는 계속해서 들판을 가리켰다.

"역설적이게도, 그의 밭을 건너다보면 라운드업 제초제에 저항성을 가진 잡초들을 볼 수 있어요. 이런 식으로 끊임없는 잡초 문제를 계속 만들 뿐이지요."

밭에서 살아 있는 것처럼 보이는 유일한 것은 키가 크고 녹색이며 털로 덮인 잡초(그리고 미국 전역에서 라운드업에 점점 더 저항성을 갖게 된 잡초)인 망초 덤불이다. 게이브는 말했다.

"오늘날 글리포세이트는 물처럼 사용됩니다."

그는 라운드업의 주요 화학성분에 대해 말하고 있는데, 그것은 매년 미국인 1인당 살포되는 농약 3파운드 중 큰 부분을 차지한다.

"사람들은 그것을 다양한 방식으로 사용합니다. 글리포세이트는 킬레이트제입니다. 중금속을 묶어서 영양소 순환이 적게 일어나게 하지요. 그러면 식물에서 결핍이 일어나고, 그 식물은 곰팡이병을 물리칠 수 없게 됩니다."

게이브는 몸을 숙이고 마른 흙덩어리를 주웠다. 그는 그것을 코에

갖다 대고 냄새를 맡고, 고개를 저었다.

"흙냄새를 맡아보면, 박테리아가 많습니다. 이 흙은 박테리아가 지배하고 있다는 뜻이지요."

그는 흙을 내게 주었고 나는 냄새를 맡아보았다. 게이브의 정원에서 나던 흙냄새 대신 병든, 시큼한 냄새가 났다.

"이 밀도를 보세요."

그는 손으로 단단히 덩어리진 흙을 부수며 말했다.

"여기에는 지렁이도 구멍도 보이지 않습니다. 물이 스며드는 것도 아주 어려울 테고, 영양 순환도 거의 이뤄지지 않을 거예요. 이것은 대체로 그냥 진흙입니다. 토양이 아니지요."

그는 "진흙"을 땅에 다시 던지며 말했다. 게이브의 이마에는 쟁기질된 밭처럼 깊게 주름이 파였다. 그는 눈에 띄게 괴로워했다.

게이브가 나를 이 특정한 "죽음의 밭"으로 데려온 까닭은 "사과 대 사과"처럼 나란히 비교할 수 있기 때문이다. 먼지 긴 도로 바로 건너편에는 시끄러운 귀뚜라미를 비롯해서 생명이 넘쳐흐르는 진정한 식물 숲인 그의 다종작물 동시재배 밭 중 하나가 있다. 나는 게이브에게 각각의 밭에서 흙을 한 삽씩 퍼달라고 부탁했다. 그는 그렇게 해주었다.

죽음의 밭에서 가져온 흙은 뿌리가 없는 굳어진 점토처럼 보였다. 게이브의 밭에서 가져온 흙은 초콜릿 케이크 같았다. 그는 우리가 서 있는 것과 같은 "극도로 황폐화된" 땅을 기본적인 토양 건강 상태로 다시 복원하는 데에는 3년에서 5년이 걸린다고 말했다.

두 개의 밭을 보면 볼수록, 우리가 두 가지 미래 사이의 경계선 위에 서 있다는 것을 점점 더 실감하게 된다. 그중 하나의 미래에서는 빠르게 증가하는 전 세계 인구가 농부들에게 더 많은 화학물질, 더 많은 공학, 더 많은 기계, 더 많은 화석연료를 추가해서 영양이 없고 화학물질이 가득한 칼로리를 더 많이 생산하도록 압력을 가할 것이다. 다른 미래는 자연의 흐름 속으로 연결되는 훨씬 더 복잡한 생태학적 방식의 일부이다. 이 대안적 미래에는 우리의 식량 시스템을 다시 배우고 그것을 맨 처음부터 다시 설계하는 것이 포함된다. 그것은 또한 우리 문명을 자멸로부터 구원할 잠재력이 있는 식량을 약속한다.

우리는 여기서 두 밭을 바라보면서 잠시 침묵하며 서 있었다. 게이브는 천천히 각각의 밭을 가리키면서 한마디로 말했다.

"당신에게 묻겠습니다. 이쪽이 100억 명을 먹여 살릴 수 있을까요?"

그는 두꺼운 손가락으로 라운드업 저항성이 생긴 잡초밭을 가리켰다.

"아니면 이쪽이 100억 명을 먹여 살리게 될까요?"

그는 손바닥을 펴서 자신의 다종작물 숲을 가리키며 물었다.

노스다코타까지 와서 보려고 애쓰는 사람에게 그 대답은 고통스러울 정도로 명백하다.

위대한 북부의 태양

떠날 시간이 왔다. 나는 게이브와 그의 수익에 대해 이야기를 나눴다. 그는 노트북으로 그들의 모든 수익 흐름을 도표로 보여주었다. 많은

"수입"이 있지만 큰 액수의 "지출"은 없었다. 게이브는 말했다.

"때때로 내가 발표할 때 '안 돼요. 그런 일은 여기선 일어날 수 없어요.'라고 말하는 사람들이 있습니다. 그럼 나는 이렇게 도전하지요. '당신 사업장에서 이런 일을 할 수 있다는 것에 내 목장과 당신 목장을 걸고 내기합시다.' 토양 건강의 원칙, 곧 기계적 교란의 최소화, 다양성, 토양의 갑옷, 언제나 살아 있는 뿌리, 동물의 통합 등은 생산 농업이 있는 곳이라면 전 세계 어디서나 보편적입니다. 따라서 의심의 여지가 없습니다. 말 그대로 의심의 여지가 없지요. 나는 이러한 실천이 전 세계 어디에서도 작동할 수 있다고 생각합니다. 나는 원하는 사람이 있다면 누구와도 그 내기를 할 겁니다."

게이브는 내가 떠나기 전에 마지막으로 말했다.

"4년 동안 가뭄과 우박을 겪고 우리는 완전히 파산했습니다. 나는 우리가 화장실 휴지를 사면 은행가가 알게 된다고 농담을 했지요.

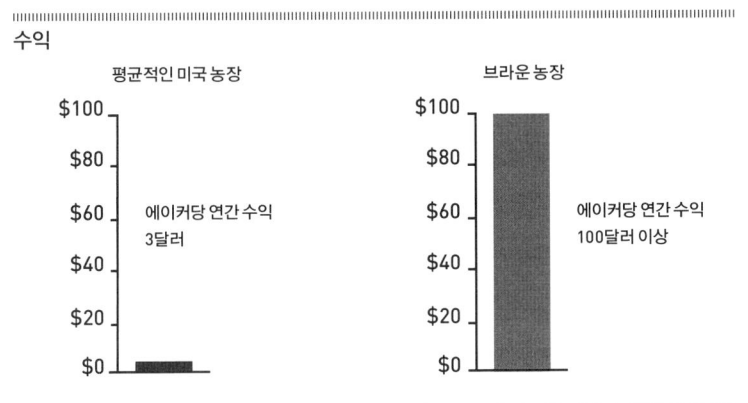

미국의 9억 에이커의 땅에서 브라운 농장만큼 에이커당 수익을 낸다면 미국 농업은 납세자의 돈을 들이지 않고도 연간 900억 달러를 벌어들일 것이다.

우리는 완전히 빈털터리가 되었습니다. 하지만 지금 우리는 목장을 우리 자녀에게 빚 없이 물려줄 수 있습니다. 내가 지금 54세인데, 우리는 은퇴할 만큼 충분한 돈을 가지고 있습니다. 이러한 유형의 시스템에서 매우 수익성이 높은 거지요. 만약 당신이 자연을 따라 농사짓고 목축을 한다면, 자연은 당신을 돌볼 것입니다. 간단한 일이에요."

브라운 목장이 백미러에서 희미해지면서, 나는 대부분의 생산자들이 연루되어 있는 정부 보험, 곧 산업 농업의 진퇴양난의 상황에 대해 게이브가 했던 말을 다시 생각해보았다. 원래 농부들을 돕기 위해 고안된 프로그램이 조악해지면서 이제 시장은 농부의 성공에 완전히 반대되는 것을 보장한다. 대부분 사육시설 동물의 사료가 되는 탄수화물이 풍부한 농산품의 과잉생산을 제도화함으로써, 우리 정부는 중대형 농가들을 이길 수 없는 게임으로 몰아넣었다.

게이브는 상품 게임의 악랄한 손아귀에서 벗어날 수 있는 열쇠는 식량 생산자와 소비자 사이의 새로운 관계, 새로운 결합이라고 믿는다. 연간 430억 달러 규모의 유기농 식품 산업은 확실히 그러한 관계에 대한 수요가 증가한다는 증거이다. 그러나 정말로 농업 혁명을 일으키려면, 농부/목장주와 소비자 모두가 엄청난 노력을 해야 할 것이다. 모든 운동과 마찬가지로, 이것은 견고한 정부 정책에서 시작하지 않을 것이며 그럴 수도 없다. 사실 재생농업은 적어도 지금은 정부 정책과 정면충돌해야 한다.

궁극적으로 관심을 가진 소비자와 독립적인 농부와 목장주의 선봉대가 재생농업을 향한 임무를 앞장서서 수행해야 할 것이다. 수요를 충족시킬 수 있는 게이브 같은 농부와 목장주가 있다는 사실을 아는 것은 중요하다. 그러나 이러한 변화를 만드는 것은 궁극적으로 소비자에게 달렸다. 인구의 98퍼센트의 식습관이 나머지 2퍼센트가 무엇을 재배할지를 결정한다는 점을 고려할 때, 우리에게 영양을 공급하는 시스템을 변화시키는 일은 우리, 먹는 사람들에게 달려 있다.

우리가 *음식*을 재정의해야 할 때다.

9장
새로운 접시

몇몇 예외는 있지만, 요리사는 한때 땀에 젖은, 교체 가능한 노동자로 여겨졌다. 그러나 지금은 더는 그렇지 않다. TV에 출연할 준비가 된 브랜드 친화적인 셰프의 등장은 미국인들이 훨씬 더 많이 하고 있는 일, 곧 외식과 맞물려 일어났다. 1970년대 이래 레스토랑 음식 판매는 약 430억 달러에서 5,200억 달러 이상으로 급증했다.[1]

물론, 이 모든 외식은 우리가 집에서 요리를 훨씬 더 적게 하고 있다는 사실과 관련이 있다. 놀랍게도 이러한 추세는 경제 부문 전반에 걸쳐 나타나며, 저소득층, 중산층, 고소득층 가구들이 모두 매년 집에서 더 적게 먹고 있다. 심지어 우리가 집에서 먹을 때조차 저녁 식탁에 오르는 음식은 점점 더 집에서 준비되지 않는다. 오늘날 집에서 먹는 저녁식사의 60퍼센트 미만이 실제로 집에서 조리된 것이다.[2]

이 모든 것은 자신의 TV쇼, 음식 제품, 라스베이거스 레스토랑, 블로그, 그리고 미식가 추종자들을 가진 새로운 유형의 셰프의 등장에

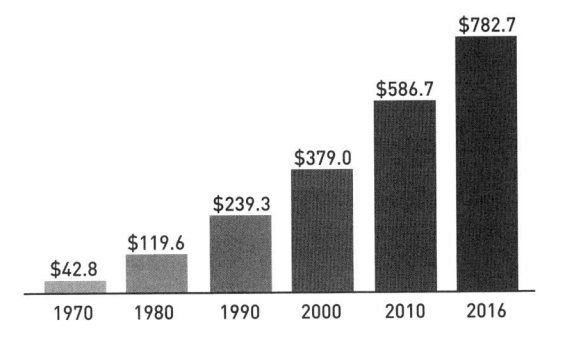

레스토랑 산업의 판매량　　　　　　　　　　　　　　　　　　(단위: 10억 달러)

미국인들은 훨씬 더 많이 외식을 하고, 집에서 먹을 때도 자주 음식을 포장해 와서 먹는다. 이 모든 것이 레스토랑 판매 호황에 기여했다.　　　　　(출처: 전국식당협회National Restaurant Association)

불을 지폈다. 그것은 또한 그들 중 일부를 엄청나게 부유하게 만들었다. 10대 유명 셰프들의 경우, 그들의 순자산을 합치면 거의 20억 달러에 달한다. 많은 요리사들에게는 나쁘지 않은 일이다.

요리에 관한 수백 가지 텔레비전 쇼, 존 파브로Jon Favreau의 2014년 《아메리칸 셰프Chef》 같은 영화들, 그리고 음식에만 몰두하는 모든 네트워크와 자기가 먹는 모든 것을 강박적으로 촬영하는 인터넷 문화를 고려할 때, 그 음식이 실제로 어디서 왔는지, 누가 그것을 재배하는지, 또는 그것이 어떻게 재배되는지에 그토록 적은 시간과 관심이 쏟아진다는 것은 이상하다. 나는 그런 이유에서 뉴욕시에서 북쪽으로 차를 몰아서 《뉴욕타임스》 베스트셀러인 『제3의 식탁: 미래의 요리를 위한 위대한 실험The Third Plate: Field Notes on the Future of Food』을 썼고 기성 음식의 전복을 목적으로 하는 인기 있는 블루힐 레스토랑을 운영하는 유명인 요리사를 만나러 간다.

최고의 "유명인" 셰프 50인에 이름을 올리지 못한 요리사치고 댄 바버Dan Barber는 다가가기 어려운 사람이다. 아마도 그 까닭은 들떠 있고, 불꽃을 튀기고, 미식가를 위해 요리하는 모든 창조자들 중에서 그는 생태계의 일부인 음식을 만들기 위해 애쓰는 유일한 사람이기 때문이다.

뉴욕주 태리타운의 "스톤반스 음식과 농업 센터Stone Barns Center for Food & Agriculture"에 위치한 그의 블루힐 레스토랑에서, 음식은 글자 그대로 현관문 밖에서 재배된다. 댄은 레스토랑 손님들에게 그들의 식사가 어디서 오는 것인지 알리기 위해 죽은 돼지 한 마리를 통째로 꼬챙이에 묶어서 퍼레이드를 하는 등의 제법 대담한 일들을 해서 유명해졌다. 그는 음식을 (말 그대로) 흙 위에 내놓는다. 그리고 완전한 식사를 기대하는 사람들에게 푹 삶은 콜리플라워 반쪽을 내놓은 적도 있었다. 그렇다. 그런 일들은 셰프를 유명인사로 만든다.

아, 그리고 인기 있는 넷플릭스 쇼 《셰프의 테이블》에 출연한 것도 나쁘지 않았다. 그 쇼는 음식에 대한 댄의 이론을 요약하고, 시청자가 간단한 음식에 침을 흘리게 만들었다. 당근과 브로콜리 같은 것 말이다. 그러나 그것은 그냥 브로콜리가 아니라 값비싼 브로콜리이다. 버락 오바마와 미셸 오바마 같은 단골을 가진 댄 바버는 사회의 상류층에게 음식을 공급한다. 블루힐의 1인 저녁식사 가격은 세후 약 245달러이다. 와인과 함께하면 가격은 껑충 뛰어서 449달러를 상회한다.

마침내 스톤반스에 도착했을 때, 나는 흠잡을 데 없이 단장된 80에이커의 시설에 깜짝 놀랐다. 그곳에는 대규모 온실들, 거대한 정원, 염소, 돼지, 닭, 꿀벌, 그리고 물론 중세 영화 세트의 일부처럼 보이는 석조 헛간들이 있었다. "헛간들"은 멋진 교육 센터, 부엌, 그리고 레스토랑으로 개조되었다. 그 시설은 스탠더드오일의 존 록펠러의 마지막 손자인 고故 데이비드 록펠러David Rockefeller에 의해 만들어졌다. 2017년 초 사망 당시 데이비드의 순자산은 30억 달러로 추정되었다. 오일머니의 일부가 흘러내려서 식량과 농업의 개혁을 위해 사용된다는 것을 알게 되어 기쁘다.

나는 이 회사와 뉴욕시의 회사에서 마케팅 일을 하던 조수의 안내를 받았다. 그녀는 스케줄을 줄곧 확인하면서 활기차게 이곳저곳을 보여주었다. 정원과 광대한 온실 그리고 재생농장의 견학이 끝나자, 나는 레스토랑 건너편의 대기실로 안내되었다. 의자와 테이블이 쌓여 있는 이 이상한 방은 때때로 사적인 저녁식사를 위해 사용되는 것임에 틀림없었다. 나는 첫번째 조수보다 훨씬 더 긴장한 또 다른 조수에게 인계되었다. 그녀는 내게 그날 일정이 "계획보다 끔찍하게 늦어지고" 있어서 댄이 나를 만날 시간이 없을 수도 있지만, 그래도 만일을 대비해서 여기서 기다리라고 숨 가쁘게 충고했다.

나는 앉아서 기다렸다. 한 시간이 지났다. 그리고 더 많은 시간이 지났다. 레스토랑 스태프는 여러 가지 물건을 나르고 냅킨을 접으며 그 방을 들락날락했다. 누군가 나를 불쌍히 여긴 것이 틀림없다. 어디선가 수프와 샌드위치가 나타났기 때문이다. 음식이 맛있다는 말은 절제된 표현이다. 그 음식은 끝내주게 맛있었고, 사실은 그 말로도 부족했다. 그 식사는 분명히 기다림을 조금 더 소화하기 쉽게 만들었지만, 나는 여전히 마지막 한 입을 먹어치울 때쯤이면 댄을 만날 수 있기를 바랐다.

마침내 댄이 조수와 함께 나타났고, 그 조수는 정확히 15분밖에 시간이 없다고, 1초도 더 낼 수 없다고 내게 알려주었다. 우리는 앉았고, 나는 질문을 던지기 시작했다. 빠른 뉴욕식 억양으로 이야기하는 댄은 코미디언 제리 사인펠드Jerry Seinfeld의 어퍼 이스트사이드 셰프 연기를 연상시켰다. 그러나 그는 또한 음식에 대해 진지하고 매우 열정적이었다.

나는 그에게 이 일을 어떻게 시작했는지 물어보며 말문을 열었다.

"내게는 특별히 마음이 가는 농부가 한 사람 있었습니다. 그는 내가 맛본 것 중에서 가장 놀라운 밀을 재배하고 있었지요. 우리는 그 밀로 빵을 구웠고, 그 빵은 정말 맛있었습니다. 나는 이 농부의 농장에 가서 밭 한복판에 섰습니다. 그런데 메밀과 보리와 콩과 많은 피복작물이 보였지만 밀은 거의 볼 수 없었습니다. 내가 들은 설명은, 모든 농작물은 내가 그토록 탐내던 그 밀을 얻을 수 있는 토양 조건을 만들기 위해 농장 여기저기에서 순환 가능성을 면밀히 고려해 파종된다는 것이었습니다. 그렇지만 토양이 지지하는 농작물은 내가 주방에서 지지하는 농작물이 아니었습니다."

댄은 이것이 큰 깨달음의 순간이었다고 말했다.

"나는 내가 농부와의 직접적인 연결에 의존하는 '농장에서 식탁으로'의 셰프라고 생각했지만, 실은 내 실속을 차리고 있었다는 것을 깨달았습니다. 나는 사치스럽게 살고 있었던 겁니다. 나는 이것이 '농장에서 식탁으로'의 문제라고 생각합니다. 우리는 동물을 존중하기 위해 동물 전부를 먹는 '코에서 꼬리까지'에 대해 이야기합니다. 그러나 우리가 농장 전체의 코에서 꼬리까지에 대해 이야기한 적이 있나요?"

바버의 대표 요리 중에 "순환 리소토^{Rotation Risotto}"가 있다. 그것은 수수와 메밀 등 밀 작물을 지탱하는 모든 곡물로 만들어진다. 댄은 뉴욕시의 웨이스티드^{WastEd}라는 팝업 레스토랑 메뉴의 일부로 그 리소토를 선보였고, 그것은 지금도 그의 메뉴에 올라 있다. 그 한시적인 레스토랑은 보통은 음식을 만드는 과정에서 버려지는 것들로 요리를 만들고 이에 대해 고객을 일깨우기 위해 만들어졌다.

바버는 "지역이 당신이 먹어야 할 음식을 지시하는 방식"으로 나아가야 한다고 말했다. 그는 전 세계적으로 음식의 역사를 조사하면, 음식 자체는 정말로 그 땅이 재배할 능력을 가진 것에서 나온다고 말했다.

"다양한 문화에서 요리의 역사와 식사 유형을 살펴보세요. 우리는 일본을 쌀 문화라고 생각하지만, 알다시피 쌀이 자라기 위해서는 메밀과 쌀을 돌아가며 재배해야 합니다. 그래서 그들은 메밀국수를 만들었습니다. 쌀밥을 먹었지만 또한 메밀국수도 먹었지요. 그렇게 해야 했지만 강요된 것은 아닙니다. 그것은 단지 문화의 일부였고, 맛있었지요. 그리고 인도에서 렌틸은 다른 모든 농작물을 위한 콩과식물입니다. 북아프리카에서 그것은 수수이지요."

댄 바버는 전통 요리법들이 토양을 지탱하는 농작물을 먹는 것을 강조하는 반면 육식은 덜 강조한다고 말했다. 바버는 자신이 유명인사라는 점을 이용해서 그가 "제3의 식탁"이라고 부르는 것에 최대한 많은 관심을 유도했다. 그것은 고기 중심적이지도 않고 채식도 아닌, 약간의 고기가 곁들여진 채소 중심의 접시이다.

그는 다그치는 말투로 말했다.

"수많은 사람들은 닭가슴살이든 스테이크든 양 다리든 혹은 연어 조각이든, 그런 단백질 덩어리가 없는 저녁식사를 생각하는 것만으로도 꽤 충격을 받습니다. 서구식 식단으로 유명한 이 단백질 중심의 이상ideal은 뒤집어져야 합니다. 광둥요리를 생각해보면, 밥이 조금 있고 고기도 있습니다. 그렇지만 고기의 양은 조금입니다. 인도 요리도 같은 식입니다. 이탈리아 요리도 실제로 매우 비슷합니다. 프랑스 시골 요리 역시 마찬가지지요."

댄 바버가 생각하는 새로운 식탁은 중앙에 커다란 채소 토막이나 채소 중심의 요리를 놓고 고기 소스 또는 여분의 고기를 곁들인 식탁이다. 그의 "반항"적인 요리 스타일은 그의 요리 업적에 대해 종교적인 믿음을 가지고 블로그를 하는 헌신적인 미식가들에게 영감을 주었다. 그의 요리에는 고기 소스 위에 올린 거대한 당근이나 완숙 달걀 두 개를 곁들인 다양한 채소 등이 정기적으로 등장한다. 그는 양고기, 가리비 등을 포함한 "보통" 요리도 만든다. 그러나 그러한 요리에도 그 짐승의 일반적으로 잘 알려지지 않은 부위가 일부 포함되어 있다.

바버가 미식가 공동체에 파장을 일으키고 있지만, 그의 제3의 식탁에 대한 생각은 지구상 최고의 의학과 직접적으로 일맥상통한다.

건강한 접시

2011년에 농무부는 오래된 식품 피라미드를 "나의 한 끼MyPlate"라는 이름의 간단한 원형 도표로 교체했다. 어떤 의미에서 그 접시 그림은 건강을 증진하는 방향으로 나아가는 한 걸음이다. 그것은 식단의 50퍼센트가 과일과 채소에서 유래한 것이어야 한다고 요구한다. 그러나 다른 의미에서 "나의 한 끼"는 불충분하다. 그것은 매 끼니마다 불필요한 유제품의 도움을 요청한다. "다양한" 단백질 공급원과 "통"곡물 외에, "나의 한 끼"는 30퍼센트의 곡물과 20퍼센트의 단백질을 어디서 얻어야 하는지에 관해서 어떠한 지침도 제공하지 않는다.

그해 말 하버드대보건대학원Harvard School of Public Health, HSPH은 『하버드 건강 저널Harvard Health Publications』과 협력해서 "건강한 한 끼Healthy Eating Plate"를 발표했다. 그 원동력은 "나의 한 끼"를 바로잡는 것이었다. 역학疫學 및 영양학 교수이며 하버드대보건대학원 영양학과 전임 학과장인 월터 윌렛^{Walter Willett}에 따르면, "불행히도, 이전의 미국 농무부의 피라미드와 마찬가지로 '나의 한 끼'는 과학을 강력한 농업 이익의 영향에 따라 이용하고 있으며, 건강한 식생활을 위한 요리법이 아니다."

월렛이 그다지 말하지 않은 것은 건강식을 촉진하려는 미국 정부의 형식적인 시도에도 불구하고 워싱턴과 옥수수-공장식사육시설 복합단지는 일심동체라는 점이다. 숫자는 거짓말을 하지 않는다. 연방 작물보험 프로그램 덕분에 미국 경작지의 80퍼센트에는 단지 네 가지 작물, 곧 사료용 옥수수, 콩, 건초, 밀만 파종된다. 결과적으로, 평균적인 미국인 1일 칼로리 섭취량의 63퍼센트는 대부분 이러한 농작물에서 또는 그 농작물을 먹은 동물에게서 얻어진다.

미국에 약 9억 1,500만 에이커의 목축장과 농장이 있으며 그 가운데 약 3억 3,000만 에이커에 대체로 사료용 옥수수, 콩, 건초, 밀을 포함한 "주요 작물"이 파종된다는 것을 생각해보라. 단지 약 700만 에이커, 즉 2퍼센트에만 당근, 양상추, 브로콜리 같은 "콩 종류와 채소들"이 파종된다. 그 결과 평균적인 미국인은 칼로리의 약 12퍼센트만을 채소에서 얻으며, 그 대부분도 ("건강한 한 끼"의 지침에서 특별히 "계산에 넣지 말라"고 명시되어 있는) 감자에서 얻는다.

우리가 심는 것은 우리가 먹는 것을 결정한다. 그리고 적어도 미국에서 유독한 화학물질을 필요로 하는 상품 농업 시스템을 보장하는 교묘한 방식은 그러한 농작물과 화학물질에 기초한 식단을 장려하는 것이다. 공급은 결국 수요와 같아야 한다. 미국인 표준식단^{Standard American Diet}에서 충격적인 점은 우리 식량 시스템의 각 층이 다음 층과 얽혀 있는 방식이다.

그것은 다음과 같이 작동한다. 미국의 중앙인 중부지역에서는 대체로 영양가 없이 칼로리만 높은 농산품이 대량으로 재배되는 반면, 신선한 것들은 해안에서 재배된다. 마찬가지로, 우리의 식료품점과 패스트푸드점에서 중앙에는 벌크 식품이 있고 신선한 것들은 가장자리에 있다. 우리의 식단 역시 이를 반영해서 우리의 칼로리의 대부분은 "중앙"의 영양가 없는 벌크 식품에서 온다. 당연히 평균적인 미국인은 이상적인 몸무게보다 10킬로그램이 초과되며 그 대부분은 중앙의 벌크 식품에서 온 것이다. 출렁이는 벌크의 그 모든 영광은 마침내 우리 몸의 중앙, 곧 허리 주변에 모인다.

그리고 기계 전체를 작동시키는 비밀 성분이 있다.

슈퍼마켓에서 어떤 상자나 봉투, 갑을 하나 꺼내서 성분을 훑어보라. 아마 거기에 있을 것이다. 흔히 "결정과당", "액상포도당" 또는 "달리아 시럽"과 같은 이름으로 숨겨져 있는 그것의 진짜 이름은 옥수수 시럽이다. 이 달콤한 성분은 우리가 먹는 대부분의 음식 속에 들어가 있으며, 다른 가공 당분과 함께 현재 미국인의 1일 평균 칼로리 섭취량의 14퍼센트가량을 차지하고 있다.

옥수수 시럽과 다른 정제 설탕의 숨겨진 기능은 옥수수, 콩, 건초, 밀이라는 거대 작물을 높은 가격에 판매하는 것이다. 이 작물들은 가공되어 중독적인 풍미로 채워진 밝게 채색된 포장에 담겨 우리에게 배달된다. 우리의 미뢰와 뇌를 속이는 설탕 덕분에, 미국인들은 모든 면에서 우리의 건강과 생태계의 건강에 상반되는 식단을 먹게끔 달콤함에 유린되어왔다.

우리의 전체 화학산업 농업 시스템, 옥수수-공장식사육시설 복합단지, GMO, 농산품, 연방보험 프로그램, 그리고 심지어 우리 정부의 영양 지침은 미국인들에게 2010년 다큐멘터리의 제목인《뚱뚱하고, 병든, 그리고 반쯤 죽은$^{Fat, Sick, and Nearly Dead}$》으로 쉽게 묘사되는 신체적 상태를 가져다주었다. 당뇨병, 심장마비, 그리고 다른 영양 관련 질병의 발생 빈도가 급증함에 따라, 우리의 몸과 생태계의 파괴를 하나의 동일한 문제로 보는 시각을 가져야 한다.

우리의 현대 식품 시스템은 식품 안전성의 약속을 이행하지 못했다. 그것은 오히려 우리를 죽이려 하고 있다.

대조적으로 하버드의 모델은 화학물질 제조업자와 곡물상을 부자로 만드는 대신, 지구상에서 최고의 의학 중 일부에 기초하고 있으며 수십 년의 연구에 의해 뒷받침되는 매우 다른 식단을 권고한다.

다음은 하버드의 "건강한 한 끼"에서 제시되는 지침이다.

식사의 대부분, 곧 한 끼의 2분의 1을 채소와 과일로 섭취하라

다양한 종류와 색깔을 섭취하는 것을 목표로 한다. 감자는 혈당에 미치는 부정적 영향 때문에 "건강한 한 끼"에서는 채소로 여기지 않는다는 점을 기억하라.

한 끼의 4분의 1을 통곡물로 섭취하라

통밀, 보리, 밀알, 퀴노아, 귀리, 현미 같은 온전한 통곡물과 그것들로 만들어진 통밀 파스타 같은 음식은 흰 빵, 백미, 그리고 다른 정제 곡물처럼 혈당과 인슐린에 급격한 영향을 미치지 않는다.

한 끼의 4분의 1을 단백질로 섭취하라

생선, 닭고기, 콩, 견과류는 모두 건강한 단백질 공급원이다. 그것들은 샐러드에 넣을 수도 있고, 접시 위에서 채소와도 잘 어울린다. 붉은색 고기를 제한하고 베이컨과 소시지 같은 가공육을 피하라.

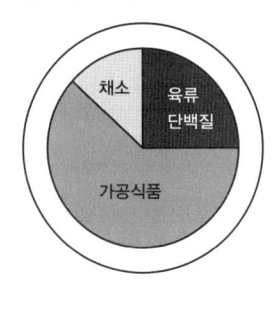

일반적인 미국인의 식단

건강한 식물성 기름을 적당량 섭취하라

(카놀라유, 콩기름, 옥수수유가 아니라) 올리브유 같은 건강한 식물성 기름을 선택하고, 건강하지 않은 트랜스지방을 함유한 경화유를 피하라. 저지방이 "건강한" 것을 의미하는 것은 아니라는 점을 기억하라.

미국 농무부의 "나의 한 끼"

물이나 커피, 차를 마셔라

가당음료를 피하고, 우유와 유제품은 하루에 한두 번으로 제한하며, 주스는 하루에 작은 컵 한 잔으로 제한하라.

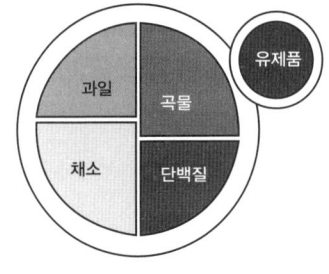

하버드의 "건강한 한 끼"

활동적으로 생활하라

"건강한 한 끼" 도표에서 달리기를 하고 있는 빨간색 아이콘은 활동적으로 생활하는 것 역시 체중 조절을 위해 중요하다는 것을 상기시킨다.

이것이 하버드 의사들과 의대 교수들이 제안한 최적의 식단에 대한 공식적 권고이다. 월렛 교수가 지적했듯이, "강력한 농업적 이해관계"는 건강에 대한 우리의 시야를 방해해왔는데, 그렇게 하는 것이 그들의 이익에 도움이 되기 때문이다. 미국이 "건강한 한 끼"를 따른다면, 옥수수-공장식사육시설 복합단지의 상품작물에 대한 수요는 근본적으로 감소할 것이다. 달리 말해서, 가공된 정크 식품에서 우리가 먹는 것의 일부를 바꾸는 것만으로도 우리가 알고 있는 농업을 변화시킬 수 있다.

하버드의 "건강한 한 끼"는 토양을 만들고 이산화탄소를 격리하는 연쇄반응을 일으키는 열쇠인 재생식단의 기본적인 부분을 설명한다. 현재 "건강한 한 끼"에는 한 줄의 문장이 빠져 있다. "접시 위에 놓인 것이 인증 유기농이거나 더 좋게는 재생 유기농 농부로부터 공급된 것인지 최선을 다해 확인하세요." 시간이 흐르고 의식이 높아지면 그러한 글귀나 이와 유사한 말이 언젠가는 추가될 것이다. (무엇보다도, 어떤 자존감 있는 보건과학자가 화학적 독성이 함유된 음식을 먹는 것을 기꺼이 옹호하겠는가?)

단순한 진실은 만약 우리가 농업의 세계와 그것이 우리 토양에 영향을 미치는 방식을 바꾸고 싶다면, 먼저 우리의 접시 위에 올라오는 것을 바꾸어야 한다는 것이다. 그리고 대기 중의 이산화탄소를 땅속으로 되돌리고 싶다면, 우리의 음식이 재생 가능한 방식으로 공급되는지 확인해야 할 것이다.

흙 먹기

뉴욕주 북부의 전원에 위치한 스톤반스로 돌아와서, 나의 15분은 거의 끝났다.

댄 바버는 미국의 농업이 전 세계에서 가장 비옥한 토양을 기반으로 하는 비교적 젊은 농업이기 때문에 경관의 생태학과 문화 사이에서 중요한 절충이 이루어진 적이 결코 없었다고 말했다. 한때 우리 땅을 배회하던 수백만(그리고 시간이 흐르면서 수십억) 마리의 동물 무리에 의해 만들어진 깊고 어두운 토양에서 미국의 농업이 시작된 지 200년도 채 되지 않았다는 점을 고려할 때, 우리는 그 땅의 비옥함을 짧은 기간 동안 제거하는 놀라운 일을 해왔다. 바버는 말했다.

"동부 해안에서 토양의 비옥도가 떨어지기 시작하자, 우리는 서쪽으로 이동해서 원래의 토양을 갈기갈기 찢어서 우리가 알고 있는 대로의 생산성을 얻으려 했습니다."

댄은 발견했을 때보다 더 좋은 장소를 남기고 떠나는 것에 관심이 많았다.

"농업은……."

그는 그 자체가 저절로 하나의 문장인 듯이 그 단어를 말했다.

"확실히 그것은 자연 시스템에 대한 방해입니다. 이를 피할 수는 없지요. 그렇지만 우리의 식단을 통해서 자연 시스템을 사려 깊고 우아하고 가볍게 방해할 수 있을까요? 실제로 정말로 제대로 한다면, 우리가 정말로 제대로 해낸다면, 우리의 자연 시스템을 향상시킬 수 있을까요? 휴, 할 수 있을까요? 그러니까 그건 건방진 말입니다. 다만 자연 시스템은 너무나 완벽한 것처럼 보입니다. 자연이니까요. 그러나 실제로 생태학적 장소를 개선하고 더욱 건강하고 맛있는 식량을 생산할 수 있는 농업에 대해 생각할 수 있는 방법이 있습니다."

바버는 2,000~3,000에이커의 (게이브 브라운의 농장과 같은) "중간 규모" 농장이 변화를 위한 가장 큰 기회를 대표한다고 믿는다. 그는 현재 매우 빠르게 무너지고 있는 이 농장들이 농산물 직판장에서 꾸물거리기에는 너무 크고 상품 게임에서 경쟁하기에는 너무 작다고 말했다.

"역설적인 것은, 이러한 농장들이 가장 민첩하다는 것입니다. 그 농장들은 다양한 식단에 가장 잘 적응합니다. 실제로 중간 규모 농장들은 토양을 지탱할 뿐만 아니라 맛도 좋은 다양한 작물을 많이 재배하도록 매우 쉽게 동기부여를 받을 수 있습니다. 그러나 다양성은 농부에게서 오는 것이 아닙니다. 그럴 수 없지요. 다양성은 문화에서 나와야 합니다. 다양성은 수요에서 나와야 하며, 이는 단지 농부와의 직접적 연결뿐 아니라 경관의 생태학적 필요에 상응하는 다양한 식단을 요구하는 것을 의미합니다."

그는 생각에 잠겼다가 말을 이었다.

"우리가 먹을 때 우리는 토양의 비옥함을 먹습니다. 맛있는 음식 한 접시는 건강한 경관을 들여다보는 창문입니다. 환경 관리와 토양 건강이 아주, 아주 제대로 되지 않고서는 당연히 맛있는 음식을 먹을 수 없습니다. 맛의 관점에서 가장 좋은 방법은 지능적으로 작물을 순환시키는 것입니다. 그리고 셰프로서 우리의 임무와 먹는 사람으로서 우리의 임무는 그것을 탐스럽고 맛있게 만드는 방법을 알아내는 것이지요. 풍요로움만 알고 있는 미국에서 어떻게 그렇게 할 수 있을까요?"

이것은 수사학적 질문 같았다. 댄 바버는 이미 그 답을 찾기 위해 자신의 모든 경력을 쏟았다.

"미국 음식문화에서 다행스러운 점은 문화가 없다는 것입니다. 우리의 구매력과 숫자 때문입니다. 우리는 빠른 속도로 움직이며 경관을 매우 빠르게 변화시킬 수 있습니다. 미국인들이 매우 잘하는 한 가지는 욕심을 느낄 때 그것을 좇아가고 그것을 위해 좀 더 많은 돈을 지불한다는 점입니다. 따라서 우리는 그러한 욕심을 만들어내야 하고, 올바른 일에 욕심을 내야 합니다."

댄이 마지막 문장을 마치자마자 조수가 와서 시간이 다 되었다고 말했다. 나는 댄에게 그의 사진과 인용문을 사용할 수 있도록 동의서에 서명해달라고 부탁했고, 그는 기꺼이 동의했다. 그는 하얀 셰프 옷을 입은 조수들에게로 가기 위해 서둘러 방을 나갔다. 몇 분 뒤 조수가 동의서를 손에 들고 와서 내 앞에서 찢어버렸고, 완성된 자료를 먼저 검토하지 않고서는 그러한 종류의 어떤 것도 허가하지 않는다고 설명했다.

아연실색한 나는 소지품을 챙겨 들고 빠져나왔다. 조수는 양심의 가책을 느꼈을 것이다. 그녀는 내가 떠나기 직전에 갓 구운 빵 한 덩어리를 가지고 나타났는데, 그것은 댄이 그의 순환 리소토로 지원하는 매우 특별한 밀로 만든 것이었다. 주문 제작한 보온용 면 덮개(그렇다. 그들은 그들만의 덮개를 가지고 있다.)에 덮인 그 빵은 따뜻했다.

나는 탑승수속을 하기 위해 사무실에 전화를 걸어서, 댄 바버의 빵 한 덩어리를 얻었다고 말했다. 내가 라구아르디아 공항의 활주로에 앉아 있을 무렵에는 내가 100달러, 아니 300달러, 음, 500달러짜리 빵

덩어리를 가지고 있다는 말이 돌았다. 그 빵을 집에 가져와서 여러 친구와 가족과 함께 먹을 수 있는지를 묻는 문자를 받았다. 그렇지만 너무 늦었다. 맛있고 따뜻했던 그 빵은 오래전에 사라졌다. 여느 아주 맛있는 곡물 제품과 마찬가지로, 그 중독적인 영향은 내가 무슨 일이 일어나는지 깨닫기도 전에 그 빵을 모두 먹어치우게 *만들었다.*

댄 바버 주위에서 유명인 셰프를 둘러싸고 벌어지는 그 모든 어리석은 짓거리에도 불구하고, 그는 단순한 음식을 맛있게 만드는 방법을 알고 있었다. 일론 머스크$^{Elon Musk}$가 처음에는 럭셔리한 자동차 구매자를 위해 테슬라를 만들었던 점을 고려할 때, 최고급 미식가 중심의 농업 개혁에 대한 그의 비전은 그렇게 미친 짓이 아닐 수도 있다. 머스크가 그의 제품에 대한 수요가 있음을 증명하고 그 회사를 수십억의 가치가 있게 만든 뒤에야 다른 자동차 제조업자들도 활기를 띠고 나머지 사람들을 위해 자동차에 플러그를 달기 시작했다.

머스크류의 혁명과 농업 혁명 사이의 큰 차이점은 농업의 경우 진입 장벽이 훨씬 낮다는 점이다. 농사짓기 위해서는 토지, 약간의 창업 자본, 그리고 엄청나게 많은 인내력이 필요하다. 행운에 약간의 연구를 더하면 당신은 식량을 재배할 수 있다. 그리고 게이브나 폴 브라운 같은 농부와 목장주가 보여주었듯이, 당신이 헌신적이고 영리하다면 작물을 많이 재배하고 돈도 벌 수 있다.

그렇지만 수요 중심의 농업 변화라는 댄의 모델의 진정한 시험대는 멋진 레스토랑에 있지 않다. 그것은 엄청나게 많은 사람들에게 음식을 공급하는 장소에 있다. 남부 캘리포니아의 어떤 카페 체인점 같은 장소 말이다.

완벽한 세 끼

라일랜드 엥겔하트는 상냥한 30대이다. 여러분은 호리호리한 체구에 짧게 깎은 머리, 거뭇거뭇하게 돋아난 수염, 항상 들고 다니는 아이폰, 미소 띤 얼굴의 그를 윌코^{Wilco} 콘서트의 인파 속에서 쉽게 찾아낼 수 없을 것이다.

나는 몇 년 전에 라일랜드와 그의 아내 새러^{Sarah}가 베니스로 이사하는 과정에서 그들을 처음 만났다. 그들은 살 곳을 찾고 있었다. 그러는 동안 내 아내와 나는 그 도시를 떠나고 있었다. 그들은 새로운 생활을 시작하고 있었고 우리는 옛 생활을 떠나고 있었다. 라일랜드와 새러는 우리가 10년 동안 빌렸던 집으로 이사를 가기로 했고, 우리가 남겨놓은 빈 공간을 채우는 것 이상의 일을 했다.

지난 몇 년 동안 라일랜드는 토양의 중요성에 대한 인식을 높이기 위해 행사를 주최하고 소식지를 보내며 비영리단체를 만드는 등 토양 관련 활동을 활발히 해왔다. 오늘날 그 비영리단체는 "키스 더 그라운드"(이 책 제목에 영감을 준 이름이다.)라고 불린다. 여러 면에서 그는 내가 이 여정을 시작하도록 영감을 주었다. 그리고 지금 나는 돌고 돌아 제자리로 돌아왔다.

나는 안개 낀 베니스의 어느 이른 아침에 라일랜드를 만났다. 한때 내가 사무실로 쓰던 창고에서 친구들과 통화하는 라이와 함께 앉아 있자니 마치 타임워프에 빠진 것처럼 느껴졌다. 불가능한 일은 없고 뭐든지 가능했던 나의 거칠고 미친 20대에는 나 역시 세상을 더 나은 곳으로 만들겠다는 꿈을 품고 베니스로 왔었다. 이제 라일랜드의 차례다.

라일랜드는 설명했다.

"나의 직함은 카페 그래티튜드의 CIO, 곧 최고 동기부여 책임자 Chief Inspiration Officer입니다. 카페 그래티튜드는 가족 사업입니다. 나의 아버지와 의붓어머니가 12년쯤 전에 시작하셨지요. 그때부터 나의 형제와 내가 참여했고 이제 새로운 남부 캘리포니아 단위를 운영하고 있습니다. 여기 로스앤젤레스에는 레스토랑 세 개가 있습니다. 우리에게는 카페 그래티튜드 두 개, 그라시어스 마드레Gracias Madre 한 개, 그리고 오렌지카운티에 카페 그래티튜드가 두 개 더 있습니다."

그가 "레스토랑 체인"이라고 말하지 않은 것을 눈치챘는가? 왜냐하면 라일랜드와 그의 가족에게 그 카페들은 정말로 일련의 조직 구성의 연장선이기 때문이다. 라일랜드는 다음과 같이 말했다.

"우리가 카페 그래티튜드를 시작했을 때, 그것은 정말로 새로운 사업 패러다임을 보여주기 위한 것이었습니다. 궁극적으로는 '어떻게 매우 지역화된 모델을 통해 지구 행성에서의 삶을 개선할 것인가'에 대한 것이었지요."

엥겔하트 가족 기업은 샌프란시스코 베이 지역에서 힘겹게 출발했다. 2003년에 작은 카페 하나로 시작했던 레스토랑은 빠르게 성장해서 여덟 개 지점이 생겼다. 그러나 고용인들에게 랜드마크 포럼이라고 불리는 자조 세미나에 참석하도록 "강요"하고 뒤이어 고용인의 팁 공유와 관련된 공개적인 법적 분쟁으로 비판을 받은 후, 2011년에 그들은 베이 지역에 있던 그들의 모든 레스토랑 문을 닫았다. 카페 그래티튜드의 페이스북 페이지에서 라일랜드의 의붓어머니인 터시스 엥겔하트는 유기농 농산물의 높은 가격, 적은 이윤, 그리고 무거운 법적 고

지서 등이 문을 닫게 된 이유라고 적었다.

실패에서 교훈을 얻은 엥겔하트의 새로운 미션 중심의 카페들은 이제 빠른 성장 가도에 있는 듯하다.

"우리는 샌프란시스코 20번가와 해리슨가에서 직원 열네 명과 함께 시작했습니다. 그리고 지금은 남부 캘리포니아에만 500명 이상의 직원이 있지요."

라일랜드가 말했다.

베니스에 위치한 카페 그래티튜드에 도착해서 문을 열자 환한 미소를 띤 젊은 여성이 나를 반겨주었다. 그녀는 금빛 글씨가 적힌 깨끗한 흰색 브이넥 티셔츠를 입고 있었는데, 브이넥의 V까지 합치면 티셔츠에 적힌 글씨는 "LOVE"였다. 그녀는 나를 바깥 테라스의 테이블로 안내했다. 여기서 나는 베니스의 힙스터 무리를 지켜보았다.

웨이터가 메뉴를 가져다주면서 자기네 레스토랑에 대해 조금 알려주었다. 모든 것이 100퍼센트 비건이고 100퍼센트 유기농이다. 메뉴 상단에는 시력검사표의 첫 줄처럼 큰 글씨로 "*나는…I AM…*"이라고 적혀 있고, 다음에는 선택할 메뉴명이 더 작게 적혀 있는데, 각각은 긍정적인 단어들로 표현되어 있다. 거기에는 "*모험적인*" 익히지 않은 코코넛 커리 수프와 "*멋진*" 익히지 않은 라자냐가 있다. 심지어 "*고마운*" 케일, 쌀, 콩 사발이 있는데, (만약 당신이 돈을 내고 싶다면) 3달러만 지불하거나 (당신이 만난 적 없는 누군가의 식사를 위해 기부하고 싶다면) 원하는 대로 지불하면 된다.

나는 전채요리로 로즈메리를 곁들인 구운 얌으로 구성된 "나는 *위로받았습니다*"를 주문했다. 그리고 코코넛 베이컨으로 만든 "나는 *특별합니다*" 하우스 "BLT" 랩을 추가했다. 식사를 마무리하기 위해서, 나는 레몬, 생강, 꿀, 사탕수수로 만든 뜨거운 음료 "나는 *아늑해요*"를 주문했다. 나는 (우선) 디저트에 저항했지만, 디저트 냉장고를 지나 걸어 들어올 때부터 줄곧 "나는 *기뻐요*" 생초콜릿과 트러플이 나를 유혹했다. 또한 "나는 *신비로워요*" 생카카오와 코코넛 마카롱도 있었다.

내가 각각의 메뉴를 주문할 때마다, 웨이터는 내가 주문한 단어들을 되풀이했다.

"좋아요, 당신은 *위로받았습니다*, 당신은 *특별합니다*, 그리고…… 당신은 *아늑해요*."

나는 메뉴를 끝까지 훑어보았다. 일반적으로 보이는 "우리는 가능하면 유기농 재료를 씁니다." 대신에 내가 발견한 구절은 다음과 같았다.

카페 그래티튜드는 풍요로운 세계에 대한 우리의 표현입니다. 우리의 음식과 사람들은 우리의 살아 있음을 축하합니다. 지구와 우리 자신은 하나이고 같은 존재이기에, 우리는 지구와 우리 자신을 존중하기 위해 최상의 유기농 재료를 선택합니다. 우리는 지역 농부들, 지속 가능한 농업, 환경 친화적 제품들을 지원합니다. 우리의 음식은 사랑으로 준비됩니다. 안으로 들어와서 스스로 선택한 사람이 되는 것을 즐기시기 바랍니다. 당신의 삶을 사랑하고, 당신 자신을 아주 좋아하고, 세계를 받아들이고, 매일 관대하고 날마다 감사하면서 제공되는 것을 경험하세요. 즐거운 시간 보내세요. 그리고 즐겁게 영양을 섭취하세요.

그것은 (곧바로) 정치적이지도 않고 (곧바로) 영적이지도 않지만, 확실히 둘 다의 함의를 가지고 있다. 누군가는 다소 이상주의적인 히피풍이라고 하겠지만, 이곳은 미국에서 유일한 100퍼센트 유기농, 100퍼센트 비건 레스토랑 체인이다. 게다가 유기농 운동 자체가 그러하듯이, 비약적으로 성장하고 있는 레스토랑 체인이다.

　로스앤젤레스의 세 곳의 레스토랑에서 각각 하루 1,000명의 사람들을 접대하는 카페 그래티튜드의 철학은 확실히 비용에 민감한 미식가들에게 호소력을 발휘한다. 웨이터는 내 주문을 주방에 전달하러 가기 전에 오늘의 질문을 듣고 싶은지 물었다. 물론이지요. 그는 내게 물었다.

　"무엇이 당신에게 평화를 가져다주나요?"

　그는 내가 혼자 식사하러 왔기 때문에, 대답을 그와 나눌 수도 있고, 그저 곰곰이 생각해볼 수도 있고, 내 인생의 사람들과 함께 나눌 수도 있다고 말해주었다.

　나는 모든 경험이 나의 냉소적인 X세대 사고방식에 스며들게 하려고 애썼다. 어떤 의미에서 라일랜드와 그의 가족이 온라인과 오프라인에서 "컬트"의 일부라고 비판받아온 것도 놀랄 일이 아니다. 그들은 확실히 특정한 부류의 영성과 일종의 음식 윤리를 결합하는 운동의 전위에 서 있었다.

베니스 카페에는 갑자기 세상을 떠난 직원 한 사람을 기리는 작은 선반이 있었다. 거기에는 예수의 그림, 성모 마리아의 양초, 힌두교 신 시바의 작은 그림, 그리고 스와미의 사진이 있었다. 수정과 향도 놓여 있었다. 그것은 진정한 베니스의 제단이며 엥겔하트의 "누구든 환영합니다"라는 태도를 보여주는 증거였다.

레스토랑에 도착해서 마주친 모든 이에게 말을 걸고 미소 짓던 라일랜드는 내가 점심식사를 즐기고 있는지 살펴보려고 내 테이블에 앉았다. 나는 레스토랑을 어떻게 시작하게 되었는지 물어보았다.

라일랜드는 레스토랑에 관한 생각은 사실 그의 부모가 만든 "풍요로운 강^Abounding River"이라는 이름의 보드게임에서 시작되었다고 말했다. 그는 설명했다.

"그것은 그저 모노폴리나 인생게임처럼 사람들이 게임판 이곳저곳을 여행하는 게임이었습니다. 카드를 뽑으면 그 카드들은 자신의 삶을 돌아보고 어디서 절망하거나 낙관하는지 살펴볼 기회를 줍니다. 레스토랑에 대한 모든 발상은 이러한 감사, 성취, 사랑, 친절, 관대함의 표현을 끌어내는 환경을 창조하는 것이었습니다. 문제는, 과연 우리가 수많은 파급 효과를 창조할 레스토랑을 만들 수 있느냐 하는 것이었지요."

라일랜드는 뭔가를 하기 위해 일어섰다. LA에서 혼자 외식하는 여느 사람들처럼 나는 바쁜 척하려고 스마트폰을 이용했다. 나는 "풍요로운 강"을 주문해야겠다고 결심했다. 그러나 이것은 내가 생각했던 것보다 더 어려운 일이었다. 새 게임이든 중고 게임이든 80달러 이하로는 어디서도 찾을 수 없었다. 그래서 나는 이베이^eBay를 시도했다. 수축

포장된 NIB(겉 박스를 뜯지 않은 새 제품) "풍요로운 강" 보드게임이 20달러부터 경매가 시작되고 있었다. 나는 속으로 25달러를 최대치로 생각하고서 일단 21달러로 입찰에 참가했다. 그러고 나서 그 문제는 잊어버리고 나의 베이컨 없는 BLT로 돌아왔다.

다음에 내가 라일랜드와 잠시 이야기를 나누었을 때, 그는 그 게임이 그들이 제공할 음식 유형의 기초를 형성했다고 설명했다. 그들의 게임은 세상을 더 나은 곳으로 만드는 것이었기에, 그들은 그들의 레스토랑이 건강한 음식을 제공해야 한다고 느꼈다.

"11년 동안 우리는 언제나 100퍼센트 유기농 재료를 썼지요. 대부분의 사람들은 '가격이 적당할 때 유기농'이라고 말합니다. 그러나 가격은 절대로 적당하지 않아요. 항상 좀 더 비싸지요!"

라일랜드는 웃으며 덧붙였다.

말한 대로 실천하는 가운데 엥겔하트 가족은 음식에 대한 자신들의 가정을 다시 생각하게 되었다.

"우리는 도시에서 살고 음식은 시골에서 재배되기 때문에, 우리는 우리가 먹는 것과 어떠한 관계도 맺지 않습니다. 우리는 식량 시스템처럼 보이는 것에서 완전히 동떨어져 있습니다. 농업 문화, 음식과의 연결은 더는 존재하지 않습니다."

엥겔하트 가족은 그들의 레스토랑을 통해서 그러한 연결을 재구축하려고 애쓰고 있다.

카페 그래티튜드의 메뉴는 계절에 따라 바뀐다. 국수호박 누들은 여름에는 먹을 수 없고, 겨울에는 코코넛 수프가 제공되지 않는다. 라일랜드는 메뉴에 관한 모든 결정은 그러한 음식이 거슬러 올라가서 농부들에게 어떤 영향을 미칠 것인가에 달려 있다고 말했다. 왜냐하면 라일랜드와 그의 가족은 (레스토랑과 식료품점의) 수요 측이 (농부와 농업의) 공급 측을 주도한다고 믿기 때문이다.

댄 바버와 마찬가지로 라일랜드는 우리가 농부들이 재배하기 쉽고 경제적이며 합리적인 음식에 대한 갈망을 만들어내야 한다고 말했다. 우리는 토양에서 시작해서 그다음에 농장을, 마지막으로 식탁을 살펴야 하며, 그 반대가 되어서는 안 된다.

"그저 '우리가 먹고 싶을 때 우리가 먹고 싶은 걸 먹고 싶어.'라고 할 수는 없습니다."

그는 말했다.

이 모든 것은 라일랜드의 아버지가 그들의 레스토랑에 음식을 공급하기 위해 그들 자신의 농장을 시작하도록 이끌었다. 그 농장은 라일랜드의 말에 따르면 "미래를 위해 필요한 종류의 음식을 재배"하는 실험이다. 달리 말해서, 재생농업이다.

빠른 요약: 재생농업은 토양을 비옥하게 만든다. 그것은 현 상태 그대로를 지속하지 않는다는 점에서 "지속 가능" 농업이 아니다. 오히려 그것은 적절히 관리된다면 자연이 첨가물이 될 수 있다는 원칙을 중심으로 설계되었다. (인공의 화학적 투입물이 아니라) 자연만이 토양 속의 탄소, 질소, 그리고 물의 진정한 "삼위일체"를 증가시키는 동시에 엄청난 양의 식량을 생산할 수 있다. 이를 위해서 퇴비 또는 동물의 분뇨 또는 둘 다가 필요하다.

퇴비는 소규모 유기농 농장의 일부이다. 그러나 브르타뉴의 농부들과 루돌프 슈타이너처럼, 오늘날의 재생농부들은 분뇨로 만든 거름

이야말로 대규모로 토양을 만드는 비법이라는 것을 알고 있다. 식물계와 동물계 둘 다가 없으면 자연이 이뤄지지 않는 것처럼, 재생농부들도 그들이 두 가지 생명 형태를 모두 포용해야 한다는 것을 알게 되었다. 이러한 포용은 특히 엥겔하트 가족 같은 채식주의자들에게 어떤 도전이 되고 있다.

존재하고 사랑하라

캘리포니아주 배커빌은 먼지투성이 자석처럼 나를 잡아끈다. 이번에 나는 쓰레기 더미를 퇴비로 바꾸는 시설이 아니라, 라일랜드의 아버지와 의붓어머니가 운영하는 소규모 유기농 농장으로 향했다.

번화가에서 8킬로미터 정도 떨어진 곳에 위치한 "비 러브 팜"은 중부 캘리포니아의 화학물질과 산업 농업으로부터 멀리 떨어진 플레전트 밸리라는 이름의 작은 지역에 위치하고 있다. 차를 몰고 올라가다가 나는 농장을 둘러싸고 있는 녹색 바다에 압도되었다. 열대우림은 아니지만, 배커빌과 새크라멘토 및 샌프란시스코를 가르는 먼지 많은 황무지와 비교할 때 이곳은 생명으로 고동치고 있었다.

태양은 지평선을 향한 긴 여정을 시작했지만, 낮의 열기는 여전히 공기 중에 맹렬하게 남아 있었다. 라일랜드의 아버지인 매슈는 내게 열을 식히기 위해 수영을 하라고 권했다. 작은 수영장에서 나는 아직 완성되지 않은 어도비 스타일의 본채, 밝게 채색된 별관 몇 채, 풍경의 일부가 된 낡은 캠핑 트레일러를 볼 수 있었다. 닭들은 땅을 쪼며 자유롭게 돌아다녔다. 한 남자가 고삐 채운 소 두 마리를 이끌고 걸어갔다.

수영을 마치자 저녁식사 시간이 되었다. 내가 집 안으로 걸어 들어 갈 무렵, 농장의 공동 소유자이자 운영자이며 매슈의 아내인 터시스 엥겔하트는 반쯤 산업적 규모의 대형 주방에서 일하고 있다가 음식을 조리대에 올려놓았다. 매슈가 농장에 있던 모든 사람들을 불러 모았고, 우리는 식탁에 둘러서서 손을 잡았다. 그러고는 돌아가며 차례로 감사할 만한 무언가에 대해 이야기했고, 나는 그들의 인도를 따랐다.

저녁식사는 간단한 음식이었다. 샐러드, 빵, 치즈, 집에서 만든 살사, 약간의 파스타. 파스타와 빵을 제외한 재료는 농장에서 나온 것이다. 저녁을 먹으면서 58세의 매슈가 자신의 채식주의 철학을 설명했다.

"나는 열일곱 살 이후 아주 가끔 먹는 생선을 제외하고는 고기를 먹은 적이 없습니다."

그는 여러 가지 복합적인 이유에서 채식주의자가 되기로 선택했다고 말했다.

"영적인 측면, 건강의 측면, 그리고 환경의 측면이 있습니다."

매슈는 자신이 한동안 생식을 하는 비건이었지만, 몸에 필요한 온기를 얻지 못하는 것을 느꼈다고 한다. 그는 요리된 음식을 먹는 것으로 바꾸었지만 여전히 비건 식단을 고수했다. 8년 동안 농장에서 살아온 그와 터시스는 마침내 소 몇 마리를 키워서 젖을 짜기로 결심했다. 그 후 터시스는 치즈, 우유, 요구르트, 크림을 만드는 장인이 되었다. 저녁식사에 나온 치즈는 정말 맛있었다.

다음 날 매슈는 내게 농장을 구경시켜주었다. 스스로를 "땅으로 돌아간 자들"로 여기는 엥겔하트 가족은 확실히 부지런했다. 본채 외에도 그들은 대형 헛간과 수많은 다른 농장 구조물을 만들었다. 줄지어 늘어선 채소, 이동식 온실, 퇴비 더미들은 모두 이곳에 있는 생명의 순환에 기여한다. 8년 동안 많은 일이 이루어졌다.

비 러브 팜은 채소, 닭, 오리, 소를 키우며, 또한 큰 과수원을 가지고 있다. 함께 걸어가면서 매슈는 내게 오디, 복숭아, 콩을 건네주었는데, 모두 풍미가 가득했다. 그는 말했다.

"농장은 훨씬 더 다양해질 필요가 있습니다. 그래야 토양 미생물이 좀 더 다양해지고, 비옥함이 더욱 강력한 방식으로 순환될 수 있습니다."

매슈는 비 러브 팜의 모토가 "나무의 보호 아래, 풀의 구원과 함께하는 한해살이"라고 말했다. 그는 한해살이 식물이 씨앗 또는 모종

비 러브 팜의 모델

"나무의 보호 아래, 풀의 구원과 함께하는 한해살이"

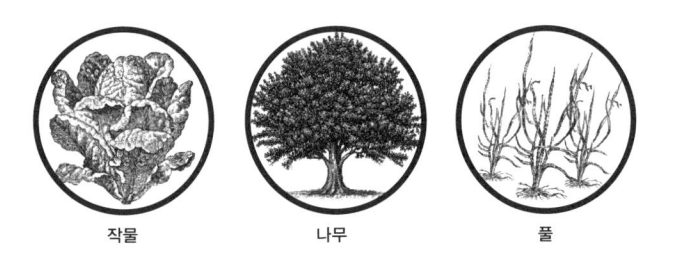

작물　　　　　나무　　　　　풀

비 러브 팜에서 나무는 그늘과 깊은 뿌리, 잎 덮개를 제공하고, 풀은 탄소를 토양으로 나르며, 작물은 레스토랑 체인에 음식을 제공한다.

으로 삶을 시작한다고 설명했다.

"그것은 잠시 동안 자라다가 죽습니다. 그러고 나서 땅을 다시 갈아엎어야 하지요. 반면 여러해살이의 경우 땅을 훼손하지 않습니다."

그는 풀은 탄소를 토양으로 내려보내고 다양한 곤충을 끌어들이며 소들을 먹이기 때문에 중요하다고 말했다.

매슈는 그들이 실천하고 있는 농업 모델에서는 토양을 "인터넷"으로 간주한다고 설명했다. 그의 목표는 가능한 한 그 네트워크를 방해하지 않는 것이다.

그는 말했다.

"우리가 땅을 갈 때마다 토양 인터넷은 다운됩니다. 균근균을 통해 서로 연결된 미생물의 '토양-먹이그물', 그것은 정말로 인터넷입니다. 그것은 미네랄과 에너지가 교환되는 활기찬 시장이자 바자회니까요. 따라서 중요한 것은 토양을 건드리는 일을 최소화하는 것입니다. 바로 그런 이유에서 다년생 풀이 큰 부분을 차지하고, 나무가 큰 부분을 차지하며, 무경운이 큰 부분을 차지하는 것이지요. 그리고 그것이 바로 우리가 실험하고 있는 것입니다."

나는 매슈에게 대부분의 농부들이 은퇴할 준비를 하는 인생의 시기인 60세를 앞둔 지금 오히려 농업에 더욱 헌신하게 된 이유를 물었다. 그는 이렇게 대답했다.

"우리 인구의 2퍼센트가 식량을 재배하고 있습니다. 그들은 농부라고 불리지요. 그리고 우리는 그들에게 불가능한 임무를 부여했습니다. 왜냐하면 그것은 교사 한 명에게 유치원생 1,000명을 맡기고 학생들을 교육하고 좋은 영향을 주기를 기대하는 것과 같기 때문입니다.

이 땅에는 더 많은 일손이 필요합니다. 땅에 더 많은 일손이 있을 때, 에이커당 훨씬 더 많은 식량을 생산할 수 있습니다."

녹색 식물이 자라는 들판으로 걸어가면서 매슈는 말을 이었다.

"사람들은 유기농 또는 재생농업으로는 세계를 먹여 살릴 수 없다고 말합니다. 그렇지만 세계는 사실상 압도적으로 소농이 먹여 살리고 있습니다. 대농보다 소농이 생산하는 식량이 훨씬 더 많지요."

매슈가 맞는 듯하다. 유엔 식량농업기구에 따르면, 전 세계 농장의 72퍼센트는 1헥타르(2.47에이커) 미만이다. 전 세계 농장의 12퍼센트는 1~2헥타르 사이이다. 특히 아시아, 아프리카, 유럽, 그리고 중앙아메리카와 남아메리카에서는 더 작은 농장들이 인구 대다수를 위한 식량의 대부분을 재배한다.[3]

그러나 북아메리카에서는 시나리오가 역전되어 농장은 점점 더 커지는 반면 소규모 농장은 사라지고 있다. 전 세계적으로 모든 농장 중에서 1퍼센트만이 50헥타르(123에이커)보다 더 크지만 그들이 토지의 65퍼센트를 지배하는 것은 그런 이유에서다.[4] 미국과 캐나다에서 대형 농장들은 전형적으로 옥수수, 콩, 건초, 밀과 같은 상품작물을 생산하는 데 전념하며, 그것은 동물사료 및 상자나 봉지나 갑 안에 들어가는 탄수화물 중심의 식품 유형으로 바뀐다. 이것이 바로 우리가 안전하고 지속 가능하며 제대로 된 식량을 공급받기 위해서는 "더욱 집중적으로 농사를 지어서 더 많은 식량을 생산하는 농부들이 더 많이 필요하다"고 매슈가 말하는 이유이다.

엥겔하트 가족의 비전이 실현 불가능한 것처럼 들릴 수 있겠지만, 그들은 또한 실용적이다. 매슈는 풀뿌리 기반 농업 혁명을 굳게 믿으며,

누가 미국의 농지를 소유하고 있는가?

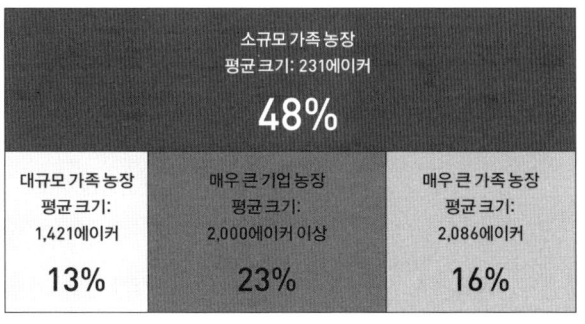

(총 에이커의 %)

소규모 가족 농장
평균 크기: 231에이커
48%

대규모 가족 농장 평균 크기: 1,421에이커	매우 큰 기업 농장 평균 크기: 2,000에이커 이상	매우 큰 가족 농장 평균 크기: 2,086에이커
13%	**23%**	**16%**

오늘날 미국에서 경작되는 농지의 대다수는 여전히 소농이 소유하고 있지만 점점 더 많은 농지가 대규모 농장과 기업에 의해 관리되고 있다.

(출처: USDA 등)

그것이 도시에서 바깥을 향해서만 일어날 수 있다고 믿는다.

그는 설명했다.

"모두가 땅에서 살아갈 수는 없습니다. 우리에게는 더 많은 소규모 농부들을 지원하고 집결시키고 옹호하는 깨어 있는 도시 거주자들이 필요합니다. 그러면 훨씬 더 많은 식량과 훨씬 더 좋은 식량이 생산될 겁니다."

매슈와 터시스에게 그것은 취미보다 훨씬 더 중요한 일이다. 그것은 사명이다.

그 커플은 실제로 "성스러운 상업"에 관한 첫번째 책을 썼다. 그들이 그 용어를 처음 만들어낸 이후, 그 아이디어는 널리 퍼졌다. 그 주제에 관한 가장 최근의 책『성스러운 상업: 지구 시민의 출현*Sacred Commerce: The Rise of the Global Citizen*』의 저자인 아이만 사와프*Ayman Sawaf*와 로언 가브리엘

Rowan Gabrielle은 성스러운 상업을 "모든 것 안의 신성함(즉 아름다움, 선함, 진실)을 드러내는 데 기여하며 영성(대자아^{Self}의 귀환)이 핵심이 되는 상품, 정보 및 서비스 교환에 대한 공동체의 참여"라고 정의한다.[5]

성스러운 상업은 "내추럴 스텝", "깨어 있는 자본주의", "트리플 바텀라인" 같은 용어로 느슨하게 정의되는 비즈니스 사고 트랜드의 또 다른 반복이다. 그것은 비현실적인가? 어쩌면 그럴 것이다. 그러나 홀푸드의 창립자이자 CEO인 존 매키^{John Mackey}가 『깨어 있는 자본주의: 사업의 영웅적 정신 해방하기^{Conscious Capitalism: Liberating the Heroic Spirit of Business}』라는 책을 발표했을 때 사람들은 귀를 기울였다. 무엇보다도 이 사람은 오스틴의 휘청거리던 건강식품 가게를 연간 140억 달러 이상의 수익을 얻는 식료품점 체인으로 성장시키는 방법을 생각해냈다.

당신이 그것을 뭐라고 부르든 간에, 이 새로운 유형의 사업 모델은 돈을 벌고 일자리를 창조하고 있다. 그것은 또한 식품 세계에 특히 잘 들어맞는 것처럼 보인다.

잔물결

카페 그래티튜드에서 스마트폰으로 이베이에 응찰한 "풍요로운 강" 보드게임은 알고 보니 경쟁이 별로 없었다. 집으로 돌아올 무렵 나는 그 경매에 대해 까맣게 잊고 있었다. 그 게임은 작은 봉투에 멋진 손글씨 쪽지와 함께 조심스럽게 포장되어 내게로 왔다. 그 쪽지는 이베이 판매자가 내게 배송비를 3달러 과다 청구했다고 설명하고 있었다. 차

액을 보상하기 위해서 그녀는(나는 손글씨를 보고 여성이 썼을 것이라고 추정했다.) 한 묶음의 우표를 동봉했다. 나는 말문이 막힌 채 쪽지를 바라보았다. 누가 그런 일을 하지?

익명의 판매자의 쪽지와 우표 묶음은 작은 소용돌이 같았다. 과도한 스케줄과 과도한 카페인, 계획대로 굴러가지 않는 나의 하루라는 강물에 일어난 잔물결 말이다. 그것은 내가 가던 길을 멈추고 라일랜드가 내게 말한 어떤 것에 대해 생각하게 만들었다.

"날마다 우리 레스토랑에 들어오는 모든 사람에게 우리가 하는 일은 약간의 사랑, 약간의 친절, 약간의 기쁨, 그들의 남은 하루에 잔물결 효과를 촉진시킬 수 있는 약간의 변화를 그들에게 '슬쩍 밀어 넣는 것'입니다. 그것은 미묘하지만, 미묘함이 거대한 차이를 만들어냅니다."

유기농 사과를 먹는 것, 혹은 더 낫게는 재생농업으로 생산된 사과를 먹는 것은 관행농으로 생산된 사과를 먹는 것과는 다르다. 그러나 그 차이는 미묘하다. 풍미에 대한 것도 있고 껍질에 대한 것도 있고 질감과 관련된 것도 있다. 미묘한 것들. 중요한 것은 그 사과를 식료품점, 직거래 장터, 또는 레스토랑으로 가져오는 과정이다.

비 러브 팜과 카페 그래티튜드의 교훈은 우리 미식가들이 거꾸로 된 모델을 가지고 있다는 점이다. 우리가 초점을 맞춰야 할 것은 "농장에서 식탁으로"가 아니라 오히려 "식탁에서 농장으로"이다. 매슈와 라일랜드 엥겔하트의 요점에 따르면, 미식가들의 운동은 도시에서 시작되어 시골에서 재배되는 것을 결정한다.

라일랜드는 이를 다음과 같이 요약했다.

"나는 내 음식이 농부에게 양질의, 올바른 생계를 가져다주기를 바랍니다. 한 농부는 물을 절약하고 있습니다. 한 농부는 대기에서 탄소를 끌어내 격려하고, 지구온난화를 역전시키고, 해양 산성화를 역전시키고 있습니다. 그는 건강한 지역 사회에 식량을 공급하고 있고, 그래서 다음 세대에도 계속 그렇게 할 수 있게 합니다."

오늘날 미국에서 음식을 먹는 대부분의 사람들은 아무것도 재배하지 않는다. 우유가 임신한 암소에게서 나온다는 사실을 알고 있는 사람은 거의 없다. 비록 이것이 완전히 이치에 맞는 것이지만 말이다. 관행농으로 길러진 식품이 미국인 1인당 연간 3파운드의 독성 화학물질을 필요로 한다는 점을 아는 사람은 더 적다. 유기농 농산물을 재배하는 과정이 막대한 수의 동물의 죽음을 요구한다는 사실을 아는 사람은 더더욱 적다. 따라서 식량의 미래를 위한 우리의 선택은 비건 대 팔레오paleo● 대 잡식 대 채식주의가 아니다. 오히려 우리는 동식물, 지구, 그리고 사람들의 생명을 존중하고 경외하는 식량 시스템 대 우리의 생물학적 공유지를 혼란시키고 비인간화하고 파괴하는 시스템 사이에서 선택해야 한다.

우리의 경제에서 수요는 공급을 지시하며 그 반대는 성립하지 않는다. 만약 우리가 토양을 재건하고, 지구의 바다와 대기에서 탄소를 끌어내고, 97억 명의 사람들을 먹여 살리기 위해 우리의 식량 시스템을 개혁하려면, 급진주의를 공감으로 바꾸는 법을 배워야 한다. 우리는 자연에는 "변하지 않는 것"도 없고 "죽지 않는 것"도 없다는 점을

● 구석기인의 단순한 식단

이해해야 한다. 우리의 생물권, 근권, 그리고 바다에서는 예외 없이 모든 살아 있는 유기체가 또 다른 유기체의 죽음을 필요로 한다. 가장 단순한 말로, 죽음은 생명의 필수조건이다.

그러나 대학살은 필수조건이 아니다. 걷잡을 수 없는 고통도 필수조건이 아니다. 생태계와 종의 대규모 파괴도 필수조건이 아니다. 우리는 더는 바다를 산성화하거나 대륙을 사막화할 필요가 없다. 우리 종은 우리가 살아가는 지구 행성의 생물학적 매트릭스에서 우리의 강력한 역할을 다시 배우고 진정으로 이해할 수 있는 고유한 기회를 가지고 있다.

이 일을 하기 위해서, 우리는 우리가 먹는 것에 대해 알고 있다고 생각하는 모든 것을 다시 배워야 한다.

우리는 다시 시작해야 한다.

똑딱똑딱

산업 농업의 다음 단계는 이미 개발되고 있으며 현장에서 점검되고 있다. 여기에는 인공지능 컴퓨터, 자율 로봇, 자가 비행 드론, 그리고 첨단 유전자 설계가 포함된다. 이 모든 "지능"은 우리의 고갈된 토양에서 영양가 없는 칼로리를 더 많이 쥐어짜내는 "많을수록 좋다"는 원칙에 기초한다. 달리 말해서, 더 많은 "과잉생산"이다.

우리 사회가 다음 "녹색혁명"을 승인하기 전에, 우리를 죽일 작정인 것처럼 보이는 식량 생산 기계에 대한 대안이 있음을 이해하는 것이 중요하다. 그리고 그러한 대안들 중 일부는 지구의 기후를 재조정하고 우리의 바다를 구하는 것 같은 다른 급진적인 일을 할 힘을 가지고 있을지도 모른다.

시속 6만 7,000마일로 우주를 질주하는 이 작고 푸른 공에서 살아남으려면, 인류는 이 불변의 현실을 받아들여야 한다. 우리의 유일하게 가능한 미래는 우리가 서 있는 바로 이곳을 구할 수 있는 우리의 능력에 직접적으로 달려 있다. 토양, 흙, 모래, 흙먼지. (당신이 뭐라고 부르든 간에) 우리가 이 소중한 토대를 돌보는 방식이 우리 종의 운명을 결정할 것이다. 그 운명은 "언젠가 어쩌면" 같은 종류의 운명이 아니다. 바로 지금의 일이다.

바로. 이. 순간.

시간이 똑딱거리며 가고 있다. 시간이 흐르고 있다. 그러나 이 경이로운 시대에 버튼을 클릭하는 우리의 모든 기술에도 불구하고 우리는 얼어붙어 있다.

이것은 일이 터진 후에 슬로모션으로 돌이켜보는 자동차 사고처럼 되어서는 안 된다. 그 대신 이 순간은 우리의 능력, 우리의 이해, 그리고 우리의 위대함을 정의하는 기회가 되어야 한다.

토양이 우리를 구해줄지도 모른다. 그러나 먼저 우리가 토양을 구해주어야 할 것이다.

나는 우리의 식량 시스템의 느린 진화에 대해 이야기하는 것이 아니다. 오히려 나는 전면적인 혁명을 요청하고 있다. 폭력적인 혁명은 아니다. 이 혁명은 우리가 묶여 있는 자연에 대한 평화와 존중과 경외에 기초해야 한다. 혁명*revolution*이란 단어의 라틴어 어근에 충실해야 한다.

"revolutio"는 "돌아서기"를 의미한다.

당신이 기후변화에 대해 어떻게 느끼든 간에, 사실은 간단하다. 이산화탄소는 우리의 바다를 산성화하고 있다. 우리 행성의 대부분을 덮고 있는 물은 우리가 숨 쉬는 산소와 먹이사슬의 기초이다. 바다가 죽으면 우리도 죽는다. 당신이나 내가 살아남더라도, 우리 자녀의 미래는 훨씬 더 불확실하다. 그들의 자녀는 훨씬 더 어려운 미래에 직면할 것이다.

적어도 산성 바다와 유독성 음식이 있는 세상은 얻으려고 애쓸 만한 무언가가 아니다. 오히려 그것은 우리가 허락해서는 안 되는 종말이다.

결속해야 할 때가 왔다. 당신과 내가 대열에 합류해야 할 시간이 왔다. 슬로푸드, 퍼머컬처, 다종재배, 바이오사이버네틱스, 재생농업, 유기농업, 농장에서 식탁으로, 1,000에 대한 4 프로젝트, 채식주의, 비거니즘, 리제너테리어니즘, 이것들은 모두 유효하다. 당신의 자리를 찾아서 참여할 때다.

또한 급진주의자가 되지 않고서 급진적 변화에 동참하는 것도 가능하다. 음식과 음식을 먹는 것은 우리의 가장 강력한 일상 행위이다. 우리가 음식을 접할 때, 우리는 미래를 결정짓는 선택을 한다. 따라서 먹는 행위로 이어지는 사건의 연쇄 속에서 모든 선택들이 마찬가지로 강력하다는 것을 확실히 알아야 할 때다.

이제는 우리의 식료품점, 식당, 농부들, 그리고 우리 자신에게 우리의 음식이 지금 우리가 살고 있는 세계에 맞게 재배되고, 보살펴지고, 가공되어야 하고 그런 음식을 먹을 수 있어야 한다고 평화적으로,

그러나 단호하게 요구해야 할 때다. 우리는 더는 미국이 서부로 확장하던 독립전쟁 이후 시대를 살고 있지 않으며, 마찬가지로 교외로 팽창하던 제2차 세계대전 이후 시대를 살고 있지도 않다. 지금은 21세기이며, 지구상에는 곧 97억 명의 인간이 살게 될 것이다. 이제는 그런 상황에 맞게 우리의 식량 시스템을 다루고 서로를 대할 때다.

우리는 우리 자신을 어떻게 먹이고 지구 시스템의 균형을 어떻게 이룰 것인지 그 방법을 정확히 알고 있다. 우리는 실행력을 가지고 있다. 우리에게는 이러한 혁명이 작동하도록 하기 위해 정부의 도움이 필요하지 않다. 우리에게는 훨씬 더 강력한 것, 즉 개인적·사회적 헌신이 필요하다.

미국에는 대략 2,000만 명의 청년 실업자가 있고, 빈곤선 이하로 살아가는 약 1,500만 명의 밀레니얼 세대가 있다. 이는 대공황 이후 미국이 목격한 힘을 빼앗긴 청년의 가장 많은 수이다. 그리고 맞다, 이 시대의 조건은 되풀이되고 있다. 오늘날 우리의 더스트볼은 훨씬 더 은밀하게 퍼지고 있지만, 기꺼이 중서부와 캘리포니아로 가는 사람은 누구라도 볼 수 있을 것이다. 그것은 거기에 있다. 1930년대와 마찬가지로 우리의 경제는 무너졌고 농업 시스템도 무너졌다.

그러는 동안, 우리 농부들은 떼 지어 은퇴하고 있다. 매일 1만 명의 베이비붐 세대가 은퇴한다. 미국에서 대형 농장을 가진 100만 명의 농부들 대다수가 10~15년 안에 은퇴할 것이다. 따라서 미국의 농지에는 두 가지 미래가 있다.

첫째는 거대 식품기업의 자회사들에게 집어삼켜지는 것이다. 수직적으로 통합된 다른 기업들처럼, 그들은 직접적으로 생산수단을 소유하지 않을 것이다. 그들은 말하자면 화학전쟁 지역에서 농사의 책임을 감당할 수 있는 제3의 회사들에게 "농사 외주"를 줄 것이다. 이것이 오늘날 우리가 그리고 있는 궤적이다.

만약 우리가 아무 일도 하지 않는다면, 당신의 음식, 당신 자녀의 음식, 그리고 미래 세대를 위한 음식은 종자부터 식탁까지 인간에게 영양분을 주지 않으면서 칼로리와 주주의 이익을 생산하는 회사들에 의해 통제될 것이다. 이러한 미래는 있음직하며 예측 가능하다. 그렇지만 불가피한 것은 아니다.

젊은이들이여, 이제 당신들이 당신의 나라와 당신의 행성의 미래를 결정할 때다. 커피숍, 실리콘밸리의 코딩 사업장, 패스트푸드 산업의 임금 노동직, 빚의 노예가 되는 고등교육 제도, 그리고 미국의 생기 없는 무계획적 도시 팽창으로 인해 버려진 지저분한 건물들을 떠날 때다. 땅으로 돌아갈 때다.

농사는 힘든 일이다. 죽은 땅에서 영광을 회복시키는 데에는 여러 해가 걸린다. 그 일은 쉽지 않을 것이다. 그러나 내가 제안하는 것은 쉬운 하룻밤의 혁명이 아니다. 그것은 수십 년, 심지어 수백 년 동안 지속될 종류의 변화를 만들기 위해 당신이 (말 그대로) 파고들어야 할 종류의 혁명이다.

오늘날의 농부들에게 지금은 선택의 시간이다. 더 나은 내일을 위해 배우고, 조언하고, 육성할 시간은 제한되어 있다. 땅을 팔아 현금화하고 싶은 유혹이 클 것이다. 태양이 지는 것처럼 확실하게 지급일이 기다린다. 그러나 나는 당신이 겨울에 플로리다에 갈 수 있을 만큼 충분한 보수를 받기 위해 그 땅에 평생을 바친 것은 아니었다고 단언할 수 있다.

내가 만난 농부들은 자연에 대한 경외심을 가지고 있다. 그들은 보름달이 뜰 때 버펄로 춤을 추지는 않지만, 우리 현대 사회에서 농사 짓는 사람들보다 자연의 순환을 더 잘 이해하는 사람은 거의 없다. 따라서 내가 요청하는 행동은 실패한 나치 실험의 연장선인 화학물질과 스프레이를 중단하라는 것이다. 전쟁의 결과로 설계된 경작 기계를 치워버려라. 그리고 젊은 농부들, 혹은 젊은 농부들의 모임을 찾아서 멘토가 되어라.

도시에서 살아가는 사람들의 경우, 우리의 음식이 우리의 힘이다. 기업은 괄시받는 소비자 기반의 구매력을 두려워한다. 우리의 돈과 우리의 선택으로 우리가 주도해야 할 때다. 어떤 기업은 이러한 혼란을 훼방이라고 여기고 무시하겠지만, 어떤 회사는 포용할 것이다. 그것을 포용하는 회사는 성공할 것이다. 무시하는 자들은 망할 것이다.

지금은 인류에게 결정적인 순간이다. 우리의 운명은 우리가 무엇을 먹느냐와 우리가 어떻게 식량을 생산하느냐에 달려 있다. 그것은 우리가 생태계에 미치는 영향력을 계속 무시하느냐, 아니면 우리가 생태계로부터 분리될 수 없다는 사실을 받아들이느냐에 달려 있다.

우리 모두가 선택할 때가 왔다. 우리는 생명이 풍부한 미래를 원하는가, 아니면 죽음으로 가득한 미래를 원하는가?

만약 우리가 생명을 원한다면, 지금은 우리 자신을 낮추고 대지에 입맞춤할 때다.

10장
재생 혁명

이 장은 토양을 복원하고, 농업을 활성화하며, 지구 기후의 균형을 맞추고, 당신의 몸에 필요한 영양분을 공급하기 위한 도구 모음이다.

토양은 우리 문명의 토대이다. 우리가 토양을 재생하면, 우리 자신과 미래 세대를 위한 건강한 음식의 기반이 형성된다. 농업은 우리가 토양을 다루는 방식을 주도한다. 따라서 토양을 재생하기 위해서 우리는 새롭고 안전하며 건전한 식량 시스템을 구축해야 한다.

이 일을 하기 위해서는 세 가지 요소가 필요하다.

1. 화학 및 산업 농업을 위한 수익 계획 대신 건강한 토양의 개발을 지원하는 새로운 연방, 주, 그리고 지역 정책
2. 재생농업에 종사하는 수십만, 잠재적으로 수백만의 젊은이들
3. 그리고 가장 중요한 요소, 새로운 재생 식단

"재생 혁명"은 이 세 가지 요소를 결합함으로써 현 상태를 붕괴시키는 것을 목표로 한다. 내가 말하고 있는 혁명은 평화적이고, 누구에게나 공개되어 있으며, 탈중심적이다. 이러한 혁명에 참여하려면 배지나 핀, 멤버십 카드, 비밀스러운 악수가 필요 없다. 요금도, 회비도, 규정도 없다. 사실, 당신은 누구에게도 말하지 않고서 조용히 참여할 수 있다.

왜냐하면 무엇보다도 우리가 입 속에 집어넣는 것이 지역적, 국가적, 또는 국제적 수준에서 재생농업의 원칙을 이끌어낼 것이기 때문이다. 이산화탄소를 토양 속에 격리하고, 사막화를 역전시키고, 바다에서 산성도를 낮추고, 산소를 생산하는 식물성 플랑크톤의 생존을 보장하며, 신선하고 다양한 식단을 대용량 상품보다 우선시하는 건강한

식량 시스템을 창조하고, 동물에 대한 인도적인 처우를 장려하는 것, 이 모든 것은 우리의 나날의 음식 선택의 문제이다.

여기에 우리 문화의 분수령이 있다. 미국이 거의 반세기 동안 추구해왔던 궁극적인 "식단"이 마침내 여기에 있다. 재생 식단이 그것이다.

그러나 식습관 유행과는 달리 이것은 생활방식이며, 더 나은 허리둘레뿐 아니라 더 나은 미래를 위한 헌신이다. 그렇다. 당신은 원하는 건강과 활력을 가질 수 있고, 과도한 몸무게를 뺄 수 있으며, 재포장된 대량 상품에서 떠나 9장에서 설명한 새로운 한 끼를 향해 의식적으로 신중하게 천천히 이동함으로써 세상을 구할 수 있다.

미국인들은 매년 적어도 200억 달러를 다이어트에 쓰고 있으며, 놀랄 것도 없이 미국인 5명 중 1명은 현재 다이어트 중이다. 다이어트를 하는 대부분의 사람들은 그해에 다이어트를 네 번 또는 다섯 번 시도할 것이고, 실패할 것이다. 그러고 나서 그만둘 것이다. 그 이유는 단순하다. 우리가 먹는 것은 일련의 습관적 선택이다. 우리 대부분의 식습관은 일찍이 아동기에 형성되며 미디어, 마케팅, 그리고 사회적 규범에 의해 강화된다. 과학자들은 이러한 습관이 흔히 세포 수준에서 깊이 배어 있다고 말한다.

문제는 대부분의 다이어트는 당신이 하고 있는 일이 무엇이든 그 일을 중단하게 하고 그 대신 재빨리 완전히 다른 무언가를 하도록 부추긴다는 점이다. 그러나 이는 우리 뇌가 연결된 방식과는 반대되는 것이다. 따라서 다이어트 산업은 막대한 금전적 성공을 거두고, 다이어트를 시도하는 사람들의 엄청난 실패는 도처에서 발견된다.

다이어트를 하는 것과 달리, 재생적으로 먹는 사람이 되는 것은 전환이다. 이 과정은 어느 정도 시간이 걸릴 것이다. 그것은 당신의 남은 평생에 걸쳐 일어날 수도 있다. 그 효과는 정말로 혁명적이지만, 당신의 식습관을 바꾸는 것은 그것이 진화적 과정일 경우에만 제대로 될 것이다. 이것을 일시적으로 유행하는 다이어트처럼 생각해서는 안 된다. 이것은 칼로리를 헤아리는 프로그램이 아니며, 깊이 스며든 식습관을 급속도로 바꾸려는 시도도 아니다.

이러한 개인적 혁명 행위는 완전히 다른 어떤 것이다. 그것은 자기^self의 "방향 전환"을 포함한다. 그것은 마찬가지로 전적인 정신적 변화에서 시작된 심층적이고 침투적인 생활방식의 변화이다.

재생 식단에 착수하는 것은 어느 정도의 실패를 포용한다는 점을 이해하는 것 역시 중요하다. 우리 사회에서 살면서 "완전한" 재생 식단을 먹는 것은 불가능하다. 당신은 결국 재생적이지 않고, 확실히 유기농이 아니며, 좋지 않은 듯하고, 어쩌면 매우 나쁜 뭔가를 먹는 상황에 처할 것이다. 그래야 한다는 게 아니라, 그럴 가능성이 있다는 말이다. 그리고 그것이 정상이다.

중요한 것은 *무엇을 먹느냐와 그것이 어디서 오느냐에 대한 일반적이고 지속적인 변화*이며, 현재 식습관으로부터 "단칼에" 날카로운 좌회전을 하는 것이 아니다. 먹는 음식을 바꾸면, 지금은 정상적이었던 어떤 음식은 비정상적인 것이 될 것이다. 핵심은 비재생적인 음식을 폐기하려고 시도하는 것이 아니라, 그것들이 항상 거기 있을 것이라는 점을 이해하는 것이다. 중요한 것은, 실천하고 인내한다면 시간이 지남에 따라 당신의 새로운 음식 접시에서 비재생적인 음식이 점점 줄어들 수 있다는 점이다.

만약 당신이 "핵심"을 곧바로 알기 위해 이 책의 맨 끝을 휙 펼쳤다면, 여기에 가장 중요한 정보가 있다. 이제 당신은 우리가 살고 있는 세계의 미래를 완전히 바꾸기 위해 당신의 돈, 당신의 목소리, 당신의 손, 그리고 가장 중요하게는 당신의 포크와 나이프를 사용할 힘을 가지고 있다.

무엇을 먹을 것인가 하는 딜레마는 마침내 끝났다. 우리는 이제 (식량 시스템이 의존하는) 자연을 재생하는 식량 시스템을 구축하는 일을 계속해야 한다.

다음은 재생 식단을 먹고, 기후변화를 역전시키고, 세계를 구하고, 재생 혁명가가 되기 위해 개인이 할 수 있는 "초보자 안내서"이다.

음식과 식사

1. 접시를 뒤집어라: 채소를 더 많이, 고기를 더 적게, 가공식품을 더 적게 섭취하라

9장에서 우리는 셰프 댄 바버가 전형적인 접시를 고기 중심이 아니라 채소 중심으로 "뒤집음"으로써 최고급 음식을 창조하는 방식을 살펴보았다. 당근과 고구마 같은 뿌리채소는 누에콩, 병아리콩 같은 단백질 중심의 콩과 함께 가족 저녁식사의 "중심 부분"을 채소로 만들 수 있는 많은 기회를 제공한다. 좋은 소식은, 당신이 이 채소들을 유기농으로 사더라도 고기보다 더 싸다는 점이다. 고기를 완전히 포기하라는 뜻은 아니다. 핵심은 고기가 전체 칼로리의 25퍼센트 이하가 되게 하고 나머지 75퍼센트를 통곡물, 신선한 채소, 유기농 유제품, 과일, 그리고 봉지나 상자나 갑에서 나오지 않은 음식으로 채우는 것이다.

2. 점심식사부터 시작하라

일하는 가족이 있는 사람에게 아침식사와 저녁식사는 혼란스러울 수 있다. 하지만 점심식사는 때로는 정신없이 바쁜 하루 가운데 우리가 얻을 수 있는 유일한 진짜 쉼이다. 점심을 당신의 접시를 바꾸는 기회로 사용하라. 샌드위치를 먹는 대신 큰 공기에 녹색 채소를 깔고 당신이 가장 좋아하는 아이템을 그 위에 올려서 샐러드드레싱을 뿌려라. 짜잔! 빵과 고기 중심의 점심식사는 속이 거북하지도 않고 졸리게 만들지도 않는 무언가로 대체되었다.

좀 더 쉽게 하려면, 녹색 채소는 미리 세척되어 상자에 담긴 것을 구매해도 된다. 견과류, 씨앗, 델리미트delimeat 등의 다른 품목도 미리 포장된 것을 구매할 수 있다. 여기서 목표는 완벽이 아니라 개선이다. 당신의 몸도 샐러드 중심의 점심식사에 고마워할 것이다!

최고의 식물성 단백질 공급원

채소

음식	섭취량	칼로리(CAL)	단백질(G)	단백질 함량(%)
조리한 시금치	1컵	41	5	49%
아스파라거스	1컵	27	3	44%
브로콜리	1컵	31	2.6	34%
브뤼셀 콩나물	1컵	38	3	32%
완두콩	1컵	118	8	27%
선드라이드 토마토	1컵	139	8	23%

단백질 파우더

음식	섭취량	칼로리(CAL)	단백질(G)	단백질 함량(%)
완두콩 단백질 파우더	1온스	103	24	93%
현미 단백질 파우더	1온스	110	15	55%
대마 단백질 파우더	1온스	113	13	46%

견과류와 씨앗

음식	섭취량	칼로리(CAL)	단백질(G)	단백질 함량(%)
헴프씨드(대마씨)	1온스	162	10	25%
껍질 없는 땅콩	1온스	164	7	17%
검은호두	1온스	173	7	16%
아마씨	1온스	110	3.8	14%
치아씨드	1온스	138	4.7	14%

빵, 곡물, 파스타

음식	섭취량	칼로리(CAL)	단백질(G)	단백질 함량(%)
밀 글루텐(밀고기)	1/2컵	180	31.5	70%
조리한 귀리 기울	1/2컵	44	3.5	32%
조리한 통밀 파스타	1/2컵	87	3.5	16%
메밀가루	1/2컵	291.5	11.5	16%
밀가루	1/2컵	203.5	8	16%
통밀빵	1온스	77	2.9	15%
조리한 퀴노아	1/2컵	111	4	14%
조리한 귀리	1/2컵	153.5	5.5	14%

콩과 콩과식물

음식	섭취량	칼로리(CAL)	단백질(G)	단백질 함량(%)
템페	1/2컵	169	15.5	39%
대두	1/2컵	127	11	35%
갈색 렌틸콩	1/2컵	115	9	31%
붉은 렌틸콩	1/2컵	115	9	31%
녹색 렌틸콩	1/2컵	115	9	31%
강낭콩	1/2컵	109.5	8	29%
말린 완두	1/2컵	115.5	8	28%

리마콩	1/2컵	108.5	7.5	28%
검은콩	1/2컵	113.5	7.5	26%
광저기	1/2컵	99	6.5	26%
두부	1/2컵	94	6	26%
핀토콩	1/2컵	122.5	7.5	24%
흰강낭콩	1/2컵	127.5	7.5	24%

(출처: 맷 프레이저Matt Frazier, www.NoMeatAthlete.com)

3. 재생 식단을 먹기 시작하라

재생 식단은 기후변화에 대처하고 잘 먹기 위한 강력한 새로운 도구이다. 그 식단은 비건, 채식주의, 또는 잡식성일 수 있다. 본질적으로 재생 식단은 가게에서, 직거래 장터에서, 그리고 식당에서 재생적인 방식으로 재배된 농산물을 선택하는 것과 관련된다. 여기에는 그 음식이 어떻게 그리고 어디에서 재배되었는지 묻는 것이 포함될 것이다. 그것은 당신이 먹는 채소와 곡물이 경운을 매우 적게 하고 피복작물을 심는 농부들에게서 왔는지 확인하는 것을 의미한다. 그것은 또한 인도적으로 목초지에서 사육되고 가능한 한 최소한의 고통으로 도살된 동물의 고기를 지지해 전통적인 고기를 대체하는 것을 의미한다.

4. 찬장, 식료품 저장실, 냉동고, 냉장고를 정리하라

오래된 음식들이 주위에 널려 있는데 새로운 선택을 할 수는 없다. 평균적인 미국인 식단에서 63퍼센트의 칼로리가 지방, 설탕, 그리고 화학물질이 들어 있는 옥수수, 콩, 밀에서 유래한 가공된 정크푸드에서 나온다는 점을 기억하라. 시작을 위한 간단한 지침은 다음과 같다. 만약 문제의 품목이 사탕수수 시럽이나 그냥 "설탕"과 같은 가공 설탕이라면, 그것을 없애버려라. 설탕을 주성분으로 하는 대부분의 식품은 재포장된 상품작물이다. 이러한 "청소"를 처음 시작할 때는 아마 어려울 것이다. 두려워하지 마라! 영양가 있는 다른 많은 것들이 곧 당신의 부엌을 채울 것이다.

5. 냉장고를 영양소 전시장으로 만들어라

다른 사람의 냉장고를 들여다보는 것만큼 흥미로운(그리고 무시무시한) 일은 없다. 대부분의 냉장고는 상태가 엉망이다. 음식으로 분류될 수 없는 것들이 너무 많이 채워져 있다. 흔히 가장 눈에 띄고 접근하기 쉬운 품목이 당신에게 가장 나쁜 것이다. 만약 당신이 가정의 미식가라

냉장고를 프레젠테이션 준비가 된 것처럼 깨끗하고 깔끔하게 유지하는 것은 약간의 노력이 필요하지만 가족의 식단을 바꾸는 가장 중요한 요령 중 하나이다.

(사진: 달리아 타헤르Dalia Taher[건강관리 코치], www.qijuices.com)

면, 냉장고를 프레젠테이션을 하는 것처럼 만들어보라. 앞쪽과 중앙에는 건강하고 영양분이 많은, 손으로 들고 나갈 수 있는 것들, 즉 과일, 채소, 통곡물빵, 샐러드 품목 등을 놓을 수 있다. 조미료와 첨가물은 주요 선반이 아니라 문 선반에 두어야 함을 명심하라.

6. 부엌에 과일 바구니가 있는가?

대부분의 동물들처럼, 인간은 가장 눈에 띄고 가장 접근하기 쉽고 가장 쥐기 쉬운 것을 먹는 경향이 있다. 계절 과일로 채워진 큰 과일 바구니가 있는 가정은 더 건강할 것이고 상자나 봉지, 갑에 든 것들을 덜 원하게 될 것이다. 당신의 바구니를 사과, 오렌지, 포도, 바나나, 또는 쉽게 집어 들고 먹을 수 있는 무언가로 채워라. 바구니에 포스트잇이나 메모를 붙여라. "사과를 먹자!" 이것은 완벽에 관한 것이 아니라 당신과 당신 가족의 전환에 관한 것임을 기억하라. 오레오를 떠나 유기농 사과로 가기 위해서는 몇 번의 시도와 약간의 자극이 필요할 것이다.

7. 일주일의 음식을 계산하라

유기농, 건강식을 먹는 것에 대한 사람들의 가장 큰 불만은 "너무 비싸다"는 것이다. 그러나 미국이 먹고 있는 음식의 절반 이상은 엄청나게 가격이 인상된 재가공된 대용량 칼로리이다. 달리 말해서, 좀 더 재생적인 식단으로 전환하기 위해서는 당신의 음식이 어디에서 오고 당신의 돈이 바로 지금 어디로 가고 있는지에 대해 스스로에게 정직해질 필요가 있다. 이를 위해서, 일주일 동안 당신이 구매한 모든 음식과 지출한 돈을 계산하라. 일단 당신이 어디에 돈을 쓰는지를 정말로 이해하면(도리토스와 콜라 따위도 모두 합산하라.) 유기농 빵, 유기농 달걀 같은 "비싼" 품목에 얼마나 지불하는지도 정직하게 비교할 수 있다. 음식 기록 앱이나 가격 추적 앱 등이 도움이 될 수 있다.

8. 부엌의 감미료를 바꿔라

대부분의 부엌에는 적어도 백설탕 한 봉지, 가짜 메이플 시럽(실제로는 옥수수 시럽인) 한 통, 그리고 종종 가루설탕 한 봉지가 있다. 이러한 품목을 스테비아, 아가베 시럽, 진짜 메이플 시럽, 그리고 가공되지 않은 생꿀로 대체하려고 시도하라. 저혈당 감미료를 많이 사용할수록 당신의 미각은 더 잘 적응할 것이다. 봉지나 상자나 갑에 든 물품에 대한 대부분의 충동은 설탕을 맛보려는 욕망에서 온다는 것을 기억하라. 부엌, 당신의 가족, 당신 자신 앞에서 설탕을 치워버리면 돈을 절약하고 당신의 몸을 구할 것이며, 당신의 찬장과 당신의 생활을 위해 좀 더 영양가 있고 재생 가능한 식품을 선택할 수 있을 것이다.

9. 음식 커닝 쪽지를 만들어서 눈에 보이는 곳에 붙여두라

비건, 채식, 팔레오, 자연식macrobiotic 식단에는 간단한 규칙들이 있다. 그렇지만 "재생 가능하게 먹는 사람"이 되는 것은 그렇게 명확하지 않다. 그런 까닭에 우리 가족은 우리만의 "음식 커닝 쪽지"를 만들어 코팅해서 우리 음식의 상당량이 저장되어 있는 식료품 저장고에 붙여둔다. 음식 커닝 쪽지는 가족들에게 재미있고 쉽고 비싸지 않은 음식과 간식을 위한 아이디어를 줄 것이다. 참고로 여기에 우리 가족의 커닝 쪽지를 공개하지만, 무조건 당신 자신의 것을 만들어라!

좋은 음식과 좋은 습관

#1단계: 자신을 사랑하고, 자기 몸을 사랑하며, 서로 사랑하라.
완벽한 사람은 없다. 건강은 목적지가 아니라 여정이다.
매일 용서하고, 사랑하고, 기뻐하라. 자신을 돌보는 시간을 가져라.

#2단계: 태워라, 태워라!
매주 500그램을 빼기 위해 매일 먹는 것보다 500칼로리를 더 태워라.

활동	소모된 칼로리
60분 빠른 걷기	200칼로리
60분 요가	300칼로리
60분 땀 흘리는 운동	400칼로리
60분 달리기	600칼로리

#3단계: 친구인 척하는 음식을 피해라.
피할 것: 튀긴 음식, 우유와 유제품, 빵, 베이글과 칩, 파스타, 비유기농 콩, 그리고 다음의 것들

음식	추가된 칼로리
설탕과 감미료(하루 평균)	350칼로리
치즈(1장)	110칼로리
빵(1장)	100칼로리
흰감자(1)	160칼로리
맥주 또는 와인(1)	150칼로리
쌀(1컵)(또한 파스타/옥수수 가루)	250칼로리
버터, 지방, 오일(1테이블스푼)	120칼로리
감자튀김(1인분)	500칼로리
토르티야칩(1컵)	300칼로리
케이크(1조각)	400칼로리
코코넛 밀크(1컵)	500칼로리

#4단계: 다음과 같은 친숙한 음식을 섭취하라.
30대 후반의 활동적인 여성에게는 매일 약 2,000칼로리가 필요하다. 활동적인 40대 남성에게는 매일 약 2,500칼로리가 필요하다. 다음의 식품에서 칼로리를 얻어라.

육류: 연어, 참치, 유기농 구운(튀기지 않은) 닭고기, 비계가 적은 풀 먹인 소고기(돼지고기가 아니라)
지방: 아보카도, 소량의 염소 치즈, 올리브유, 땅콩
단백질: 달걀, 아몬드, 호두
과일: 자몽, 바나나, 사과, 오렌지, 베리
탄수화물: 검은콩, 붉은강낭콩, 병아리콩(핀토콩이나 대두 제외), 렌틸콩, 퀴노아, 호박
카페인: 녹차(커피보다 바람직함.)
간식: 논밀크 저당 다크 초콜릿, 대추, 말린 과일, 건포도(유기농)
녹색 채소: 브로콜리, 콜리플라워, 양배추, 샐러드(드레싱에 유의할 것. 모두 지방이다.)
군것질: 당근 스틱, 샐러리 스틱, 후무스, 과카몰리, 논버터 팝콘

10. "주간 특별식"을 가족들에게 알려라

나는 우리 마을에서 농산물 직거래 장터가 열리는 일요일에 가족의 식료품을 구입한다. 일단 시장에서 장을 보고 나서, 아직 사지 못한 물건을 찾기 위해 건강식품 가게와 식료품점에 들른다. 집에 오면 부엌에 걸려 있는 칠판에 우리의 "주간 특별식"을 적는다. 이것은 때로는 블러드 오렌지처럼 제철 식품이고, 때로는 세일 품목이다. 요점은 당신이 첫째로 농부에게서, 둘째로 식료품점의 계절 과일과 채소 중에서 구입하기 시작할 때, 당신 집의 주요 식품 품목은 계절에 따라 바뀌게 된다는 것이다. 냉장고에 붙인 화이트보드든, 칠판이든, 또는 다른 어떤 표지판이든, 이번 주에 먹기 좋은 것이 무엇인지를 가족에게 알릴 수 있는 방법을 찾아보라.

11. 생선을 확인하라

전 세계 바다가 곤경에 빠진 것은 비밀이 아니다. 남획은 수많은 종들을 멸종시켰거나 거의 멸종에 이르게 했다. 말할 필요도 없이, 고래잡이나 돌고래 도살 행위에 대해서 그러한 관행이 근절될 때까지 계속 압력을 가해야 한다. 그러나 생선을 먹는 개인적인 선택 역시 중요하다. 시푸드워치Seafood Watch는 생선 살코기를 주문하기 전에 어떤 방식으로 수확했는지 확인해볼 수 있는 지갑 크기의 소책자를 발행하며, 웹사이트와 앱을 갖추고 있다. Seafoodwatch.org에 들어가 앱을 다운로드하라.

12. 한 달, 일주일, 하루, 혹은 적어도 한 끼는 채식주의자가 되어라

하루에 세 번 고기를 먹으며 자라난 우리에게 채식주의자가 되는 것은 급진적인 움직임처럼 보일지도 모른다. 그러나 당신의 몸에 휴식을 주려면 꼭 급진주의자가 되어야만 하는 것은 아니다. 걱정되는가? 그냥 그럴듯한 보통 음식점에 가서 웨이터에게 채식 메뉴를 물어보라.

13. 음식물 찌꺼기를 퇴비로 만들어라

자연은 모든 것을 퇴비로 만든다. 모든 쓰레기를 퇴비로 만들 수는 없지만, 당신 식탁의 찌꺼기 대부분은 퇴비로 만들 수 있다. 퇴비는 기본적으로 벌레가 없는 것과 있는 것(지렁이분 퇴비)의 두 가지 형태가 있다. 거의 모든 크기의 가정용 퇴비 텀블러와 용기가 있다. 심지어 아파트에서 사용할 수 있는 지렁이분 퇴비 장치도 있다. 생산된 토양은 보통 비옥하고 어두운색이며 화분에 담긴 식물부터 정원에 이르기까지 어디에든 사용할 수 있다.

14. 자녀와 함께 도시락을 싸라

나도 안다. 삶은 정신없이 바쁜데 누가 자녀의 점심 도시락을 싸줄 시간이 있겠는가? 당신 자녀의 학교 식당을 방문해보면 마음이 바뀔 수 있다. 교도소 음식과 공립학교 식당의 음식이 상당 부분 동일한 업체에서 공급된다는 것은 놀랄 일이 아니다. 당신 자녀에게 도시락이나 가방에 무엇을 넣고 싶은지 물어보라. 자녀를 농산물 직거래 장터와 식료품점으로 데려가서 먹을 것을 함께 골라보라. 또는 그저 건강한 학생 급식 사진이 수천 장 이상 있는 핀터레스트Pinterest를 방문하라. 제안하고 절충하라. 아침에 도시락을 쌀 시간이 없는가? 전날 저녁에 준비하라. 재빨리 도시락을 쌀 수 있도록 필요한 물품을 찬장이나 냉장고 선반에 올려두라. 가당 음료 대신 레몬즙(또는 허브차)과 스테비아를 곁들인 물을 시도해보라. 당신의 자녀는 더욱 건강해지고 학교에서 더욱 초롱초롱해질 것이다. 또 누가 알겠는가. 그들이 다른 아이들에게 영향을 미칠 수도 있다.

15. 모든 음식은 성스럽다는 것을 기억하고 용서와 감사를 실천하라

비교적 음식이 풍부한 세계에서 살고 있는 우리는 우리가 먹는 것으로 우리 자신과 다른 이들을 판단하기가 쉽다. 그러나 9명 중 약 1명은 충분히 먹지 못한다. 통계적으로 미국인은 대부분의 사람들보다 더 자주 먹는다. 따라서 먹을 때마다 음식에 대해 감사하는 것이 중요하다. 아마도 "완벽"하지 않을 수 있는 음식 선택에 대해 스스로를 용서하는 것도 중요하다. 점검하지 않고 내버려두면 "음식 죄책감"은 심리적 장애로 변할 수 있다. 당신이 더 높은 신격을 믿지 않더라도, 당신의 음식을 축복하는 시간을 갖는 것이 몸에 긍정적인 영향을 미칠 수 있으며, 어떤 경우에는 음식에도 긍정적인 영향을 미칠 수 있다는 것을 실제로 보여주는 연구가 많다. 아멘.

구매할 것

16. 유기농을 구입하라

돈은 우리가 먹는 음식을 제공하는 회사에 큰 목소리를 낼 수 있는 수단이다. 재생농업 운동을 하는 사람들은 USDA 인증 유기농 라벨을 "기본적인 표준"으로 여긴다. 달리 말해서, 식품이 재배되어야 하는 최소한의 허용 기준이다. 농산업이 화학물질과 GMO에서 벗어나 미래 세대를 위해 우리 종을 유지할 수 있는 방향으로 움직이게 하고 싶은가? 음, 그것은 이 라벨이 붙어 있는 생산품을 구매하는 것에서 시작한다. 과일, 채소, 우유, 닭, 달걀, 고기에서 이 라벨을 찾아보라. 만약 그 라벨이 없다면, 요청하라. "재생 유기농" 로고뿐 아니라 "전환 재생" 같은 로고도 찾아봄직 하지만, 시간이 좀 걸릴 것이다.

17. 다음의 라벨들을 찾아보라

USDA 유기농 인증은 훌륭한 출발이지만, 특히 동물복지와 건강의 경우에는 더욱 엄격하고 총체적인 정부 기준이 필요하다. 한편 제2차 세계대전 이후의 산업화된 공장식 농장 모델보다 훨씬 더 세심하게 키워지는 식품에 대한 지침을 제공하는 여러 단체가 있다. 다음의 라벨을 찾아보라.

가능하면 식품에서 USDA 인증 유기농 라벨을 찾아 이것을 구매 항목의 "기준"으로 삼아라.

미국 목초 사육	미국 인도주의 인증	인증된 인도주의	동물복지 검토 인증 ("동물복지인정")
American Grassfed	American Humane Certified	Certified Humane	Animal Welfare Review Certified ("Animal Welfare Approved")

글로벌 애니멀 파트너십	지속가능 해산물 인증	생명역동	조류 친화적
Global Animal Partnership	Certified Sustainable Seafood(MSC: Marine Stewardship Council)	Biodynamic	Bird Friendly

18. 지역 농산물 직판장에서 구매하라

오늘날 미국 대부분의 도시와 마을에서는 매주 농산물 직거래 장터가 열린다. 일주일에 한 번씩 그곳을 들러볼 때다. 샐러드 재료, 과일, 채소, 달걀, 고기, 유제품을 비롯한 많은 기본 식품을 생산물과 수확 방식에 대해 직접 물어볼 수 있는 사람들에게서 구매할 수 있다. 당신이 원하는 것이나 필요한 것이 보이지 않는가? 물어보라. 생산자와 소비자 사이의 소통은 재생농업의 주춧돌 중 하나이다.

19. 식료품점과 음식점에 투명성을 요구하라

솔직히 말해서 대부분의 음식점은 "묻지도 따지지도 말라"는 식이다. 이는 보통 "모든 것"(식품 선택)이 "전문가들"에 의해 이루어진다는 뜻이다. 외식에서 음식을 선택하는 것은 중요하다. 그렇기 때문에 식당 경영자들은 고객들이 건강한 땅에서 나온 음식을 선택하는 것에 압력을 느껴야 할 것이다. 음식점에 "농장에서 식탁까지"라는 문구가 쓰여 있더라도, 그것이 어느 농장에서 온 것인지 물어보라. 광고가 현실과 일치하는지 확인하는 것은 매우 쉽다. 이러한 문구가 의미를 갖기 위해서는, 소비자가 적극적으로 나서서 그것이 단지 라벨에 불과한 것이 아님을 확인해야 한다.

20. 유기농, 농장에서 식탁까지, 그리고 특히 재생 요리를 제공하는 음식점을 지지하라

USDA 유기농 식품을 쓰는 지역 식당에는 당신이 선호하는 무언가(의자, 식탁, 접시 등)가 없을 수도 있다. 그러나 이러한 곳이 당신 지역에 존재하려면, 당신의 돈으로 그곳이 계속 성공하도록 힘을 실어줘야 한다. 이러한 유형의 음식에 돈을 지불할 때, 토양이 다루어지는 방식에서부터 시작해서 당신의 접시를 지나 당신이 남긴 찌꺼기로 퇴비가 만들어지기까지 일련의 사건들에 대한 비용을 지불하는 것임을 기억하라. 만약 당신이 정말로 어떤 의자나 식탁, 접시 등이 필요하다면, 주인 또는 매니저에게 이야기하고 그 물건의 존재가 식당의 후원 여부를 결정지을 수 있다고 말하라. 그들은 매우 기꺼이 그것을 제공할지도 모른다.

21. 공동체 기반 농업에 참여하라

전국적으로 그리고 전 세계적으로 공동체 기반의 농장과 텃밭이 매우 많다. 공동체 기반 농업CSA: community-supported agriculture farms은 회원제이며, 회원들은 현재 재배하는 것이 담긴 바구니나 봉투, 또는 상자를 받는다. 일부는 배달 서비스를 제공하지만, 대부분은 매주, 격월 또는 월 단위로 회원이 와서 자기 몫의 신선한 농산물을 가지고 갈 수 있도록 픽업 시간을 정한다. LocalHarvest.org는 수년간 공동체 기반 농업의 디렉터리를 유지해왔다. 이 주제에 관한 훌륭한 책으로『수확물 나누기: 공동체 기반 농업에 대한 시민 안내서*Sharing the Harvest: A Citizen's Guide to Community Supported Agriculture*』가 있다.

22. 슈퍼마켓 가장자리를 둘러보라

화학물질이 없는 식품을 장담할 수는 없지만, 슈퍼마켓의 (중심부가 아닌) 가장자리에서 신선한 농산물과 유기농 제품을 찾을 가능성이 가장 높다. 모험심을 가지고 슈퍼마켓 중심부로 들어가다 보면, 가공된 옥수수, 밀 또는 콩으로 가득 찬 봉지나 상자에 들어 있는 무언가를 보게 될 것이다.

23. 자녀의 학교에서 건강한 유기농 음식을 점심으로 제공하게 하라

미국인들은 우리 자녀가 양질의 교육을 받을 수 있도록 세금을 낸다. 교육과정에서 유독성 음식을 제공해야 한다는 내용은 어디에도 적혀 있지 않다. 그러나 평균적인 공립학교 식당에 가보면, 대규모 식품공장에서 온 상자나 봉지, 갑에서 나오지 않은 음식을 찾기 어려울 것이다. 설탕과 소금, 화학물질로 채워진 음식들을 생각한다면, 우리 학생들이 세계의 다른 학생들보다 뒤처지는 것도 놀랄 일이 아니다. 북부 캘리포니아의 굿어스내추럴푸드The Good Earth Natural Foods 프로그램은 학교의 점심식사와 관련해서 어떤 일이 가능한지를 보여주는 사례이다. 매일 1,300곳에 유기농 급식을 제공하는 이 민관 협력^{public-private partnership}은 지역 기업이 지역 사회의 미래에 관심을 가질 때 무슨 일이 일어나는지를 보여준다. 당신의 학교가 더 좋은 음식을 제공할 여유가 없는가? 그렇다면 지역 회사나 회사 컨소시엄이 나서서 비용을 지불해야 할 때다.

24. 재생농업 프로그램에 투자하라

재생농업은 아직 새로운 영역이지만, 점점 더 많은 사회적 책임 기금이 생기고 있다. 임팩트 투자라고 일컬어지는 이 분야는 빠르게 성장하고 있다. 이를 주시하라. 투자자들이 재생농업 프로젝트를 지원할 수 있는 더 많은 기회가 분명히 있을 것이다. 또는 지역의 재생농업 농장에 투자함으로써 농부가 시작하도록 도울 수 있다.

25. 재생 원료로 만든 옷을 사거나 중고매장에서 옷을 구입하라

파이버셰드^{Fibershed}● 프로젝트는 재생적으로 재배된 원료로 지역에서 의복을 생산하는 것을 목표로 한다. 야심찬 계획으로 들릴 것이다. 하지만 의복을 생산하기 위해서는 엄청나게 많은 에너지와 수자원이 필요하며, 옷감을 만들어내는 공정에는 보통 엄청난 양의 화학물질이 들어간다. 또한 대부분의 의복이 저임금 국가에서 만들어진다는 점을 고려할 때 노동권 문제도 존재한다. 더 많은 정보를 얻고자 한다면 www.Fibershed.com을 보라. 재생적으로 만들어진 의복을 구입할 여

● 　재생농업을 지원하는 캘리포니아의 비영리단체

유가 없다고? 걱정하지 마라. 중고매장 쇼핑은 매우 현실적인 재활용이다(그리고 재미도 있다).

26. 대마 제품을 지원하라

대마^{hemp}는 완벽한 작물은 아니지만, 현재의 산업 작물들에 비해 수많은 이점을 가지고 있다. 마직 옷에서부터 대마 음식, 대마 신발에 이르기까지, 이 하나의 식물이 인류를 위해 수많은 생산물을 제공한다. 대마 음식은 건강한 오메가3를 포함하며 식물 기반 단백질의 좋은 공급원이다. 대마 식물로 의복, 밧줄, 플라스틱을 비롯해 여러 가지 산업 제품을 만들 수 있다.

USDA 유기농 대마인지 확인하라. 왜냐하면 대마가 좋은 만큼 오늘날 과도한 농약과 제초제를 사용해 제배하기 때문이다.

27. 탄소 상쇄 프로그램에 참여하라

탄소 상쇄 프로그램은 개인과 기업을 위한 상쇄 프로그램을 포함해서 다양한 방식으로 진행된다. 기본 발상은 이산화탄소 감축 방법을 "구매"하는 것이다. 이것은 일반적으로 나무를 심는 것으로 이루어진다. 서명하기 전에 프로그램을 잘 살펴보고, 특히 투명하게 운영되는지 주의 깊게 확인하라.

교육

28. 자녀에게 음식과 농업, 생태계에 대해 가르쳐라

집 안에 틀어박혀 TV와 다른 기기들이 오락의 중심이 되게 하는 것은 쉬운 일이다. 한 시간 동안 화면을 끄고 동네 공원에 나가거나, 자전거를 타거나, 산이나 해변으로 가보라. 광대한 미국 국토의 14퍼센트는 주립공원을 포함한 연방정부의 보호구역이다. 밖으로 나가라. 자녀를 데리고 산책하라. 자연에 대해 이야기하라. 자연이 우리 모두가 공유하는 이 멋진 행성의 일부라는 사실을 이해하고 인식하게 하라.

29. 전미토종박람회에(그리고 그와 비슷한 다른 모임에) 참석하라

아마도 미국 전역에서 우리 음식의 뿌리로 돌아가는 것과 관련된 최고의 행사는 캘리포니아 산타로사에서 열리는 전미토종박람회National Heirloom Exposition일 것이다. 일반적으로 9월 초에 개최되는 이 행사는 아이들과 부모 모두에게 배움과 재미를 선사한다. 연사들부터 음식과 노점상, 그리고 씨앗과 식물과 동물에 대한 발표에 이르기까지, 이것은 단연코 사람들을 음식과 연결하는 가장 매력적인 행사 중 하나이다.

농사와 텃밭 가꾸기

30. 농장에서 자원봉사나 실습을 하라. 또는 우프에 참여하라

나는 무임 노동을 받아들이지 않는 농부를 만난 적이 없다. 주말에 또는 한 달이나 한 해 동안 농사짓는 경험을 하면 음식과의 지속적이고 강력한 연결이 생긴다. 그것은 당신에게 다른 것도, 즉 힘도 줄 것이다. 당신이 당신 자신의 음식을 재배하고 관리하는 방법을 알게 되면, 더는 당신을 위해 그 일을 하는 회사와 정부에게 의존하지 않아도 된다. 이것 역시 당신의 시각을 바꾸어줄 것이다. 수많은 농부 실습 프로그램이 있다. 나는 우프ᵂᵂᵒᵒᶠ를 추천한다. 그들의 네트워크는 전 세계적이며, 그들의 조직은 오랫동안 지속되어왔다. 우프의 일원이 되면 후회하지 않을 것이다.

31. 당신의 잔디밭에서 화학물질을 치워라

잔디는 미국에서 가장 많이 화학물질이 살포되고 관개되는 작물이다. 예전에는 잔디밭에 클로버가 있는 것이 건강의 표시였다. 오늘날 대부분의 주택 소유자에게 클로버는 베트남전쟁과 같은 제초제 살포 캠페인의 원인이 되고 있다. 사실을 마주하자. 오늘날의 잔디밭은 터무니없다. 잔디밭에는 우리의 작물보다 에이커당 열 배 많은 제초제와 농약이 살포된다. 가장 흔한 제초제는 2,4-D이다. 이것의 독성은 우리의 자녀, 반려동물, 부모, 그리고 우리 자신에게 직접적인 영향을 미친다.

만약 당신에게 잔디밭이 있거나 잔디밭을 관리하고 있다면, 화학물질을 치워버려라. 토양 검사를 받아보거나 스스로 pH 테스트를 해보라. 잔디밭은 pH가 약 6.5 또는 7이어야 한다. 현지에 적응한 풀을 찾아보라. 8장의 게이브 브라운처럼 당신의 잔디밭을 클로버, 풀, 그리고 작은 콩과식물들의 "피복작물 혼합"으로 생각해보라. 잔디를 너무 짧게 깎지 말라. 대부분의 잔디 풀은 건강한 잎과 뿌리를 유지하기 위해 적어도 7센티미터는 되어야 한다. 약간의 실험과 작업을 통해 당신의 잔디밭은 탄소 저장고가 될 수 있으며, 당신, 친애하는 잔디밭 소유자는 재생농부가 될 수 있다.

32. 나만의 텃밭 또는 텃밭 상자를 만들어라

인도와 도로 사이에 좁고 긴 잔디밭이 있는 도시들은 많지 않다. 그런 까닭에 전국 도처의 도시에서는 멋지게 만들어진 텃밭 상자들이 인도 옆에 튀어나와 있다. 30~60센티미터의 토양에서도 양상추, 당근, 감자, 심지어 토마토를 포함해서 엄청나게 많은 것을 재배할 수 있다. 거리와 집 사이에서 수천 종의 음식이 재배되고 있다면 우리의 도시들이 더 아름답지 않겠는가? 텃밭 상자는 아파트 발코니에서도 가능하다. 혹시 맨땅이나 아스팔트, 또는 시멘트가 덮인 땅이 조금 남아 있는가? 곡괭이를 가져와서 사용하지 않는 단단한 표면을 제거하고 음식을 심어라. 당신만의 소규모 텃밭이나 텃밭 상자를 만드는 것에 관한 말 그대로 수백 권의 책과 웹사이트가 있다.

33. 농부들과 대화하고 그들을 방문하라

농장 견학은 재미있다. 보통 당신이 지역 농장에 초대받기 위해 해야 할 일은 부탁하는 것뿐이다. 당신의 지역 농산물 직거래 장터에서 가판대 뒤에 있는 사람과 대화하라. 그들의 농장이나 목장이 어디에 있는지 물어보라. 그들이 견학 프로그램을 운영하는지 물어보라. 자녀를 동반해도 되는지 물어보라. 대부분의 농부들은 그들의 작업을 보여주는 것을 좋아한다. 만약 그들이 농장을 보여주고 싶어 하지 않는다면,

그것은 위험신호일 것이다. 지역 농부를 알게 됨으로써 당신은 당신 삶에서 가장 중요한 사람 중 한 사람과 관계를 맺게 된다. 또한 농장 견학은 미국 전역에서 이벤트처럼 생겨나고 있다. 그러니 기회가 있을 때 혜택을 누려라.

34. 씨앗을 저장하라

수세기 동안 인간은 가장 좋은 농작물과 식물의 씨앗을 저장해서 다음 세대로 전달해왔다. 당신이 진가를 알아보는 식물이 있다면 어떤 것이든 씨앗을 저장할 수 있다. 씨앗은 단순한 유리병(혹은 가게에서 산 제품이 담겨 있던 세척된 병)에 보관할 수 있다. 씨앗을 저장함으로써, 당신은 유전적 다양성을 보존하고, 돈을 절약하고, 당신의 재배 환경에서 함께 작용하는 식물 유형을 찾는 데 실제로 참여할 수 있다. 이것은 또한 당신의 자녀(또는 부모)와 함께할 수 있는 재미있는 활동이다. 이 주제에 관해서도 수많은 훌륭한 책과 온라인 자료가 있다.

35. 양봉을 시작하라

농약에서 발견된 네오니코티노이드와 다른 환경 요인들로 인해 꿀벌의 개체 수는 급감했다. 꿀벌은 생태계에 매우 중요하며 인간에게도 매우 중요하다. 양봉을 시작하면 보답이 있을 뿐 아니라 지역 생태계에도 도움이 된다. 첫째로 당신이 벌침 알레르기가 있는지 확인하라. 지역 양봉 규정을 확인하고, 양봉조합에 가입하고, 온화한 꿀벌을 얻어라. 만약 그곳이 교외라면 울타리가 나무이거나 높이가 적어도 240센티미터가 넘는지(벌들이 사람들의 머리 위로 날아갈 수 있도록) 확인하고,

이웃에게 이야기하고, 꿀벌이 자기 일을 하도록 "기꺼이 내버려두고" 벌들을 많이 방해하지 마라.

36. 나무들을(또는 단 한 그루의 나무라도) 심어라

아마도 땅에 나무 한 그루를 심는 것보다 더 많은 혜택을 가져오는 활동은 없을 것이다. 나무는 이산화탄소를 격리하고, 물순환을 유지하는 데 기여하며, 국지적인 공기를 식히고, 그늘을 제공하며, 토양을 안정화하고, 바라보기에도 좋다. 세계 곳곳에는 나무 심기에 헌신하는 멋진 조직들이 너무나 많다. 그 조직들은 기금과 자원봉사자를 필요로 하고 있다. 그러니 참여하라.

37. 『탄소 농업 해법』을 읽어라

만약 당신이 농부이거나 농부가 되고 싶다면, 에릭 토엔스마이어Eric Toensmeier가 쓴 『탄소 농업 해법The Carbon Farming Solution』을 읽어보라고 강력히 추천한다. 이 책은 값비싼 교과서 같은 두꺼운 책이지만 페이지마다 통찰을 준다. 당신이 이 책에 쓴 돈은 농사를 지으면서 몇 배나 절약할 수 있을 것이다.

재생 혁명가가 되기 위한 활동 계획

1. 잔디밭, 공원, 골프장, 정원에서 화학제품을 치워라

당신의 자녀가 그 안에서 놀고 있다. 당신의 개가 그 안에서 구르고 있다. 당신의 배우자가 그 안에서 몇 시간 동안 골프를 치고 있다. 물론 나는 2,4-D, 곧 에이전트 오렌지의 일부였던 광범위하게 살포되는 제초제에 대해 말하고 있다. 상업적 잔디밭, 공원, 골프장, 그리고 정원에는 우리의 음식에 뿌려진 것보다 훨씬 더 많은 화학물질이 뿌려져 있고, 우리는 그 땅 위에서 놀고 있다.

이제는 도시와 주정부뿐 아니라 잔디 및 조경 회사를 토양 교육에 참여시켜야 할 때다. 대중이 상호작용하는 모든 땅에서 유독물질 살포를 금지하는 운동에 참여하라. 이 운동은 마린에서 미니애폴리스까지 많은 곳에서 일어나고 있지만, 이 책을 집필하는 동안에는 아직까지 중추가 없다. 경험에 의거한 좋은 방법은 당신이 있는 곳의 공원, 골프장 등이 USDA 유기농이 되도록 확인하는 것이다.

2. 학교에 텃밭을 조성하고 유기농 급식을 확립하라

많은 학교에는 사용하지 않는 운동장 구역이 있고, 이것을 텃밭으로 바꿀 수 있다. 점심으로 건강한 음식을 제공하는 프로그램도 함께 시작하라. 학교 텃밭은 생물학과 생태학을 비롯한 과학을 배우는 중요한 도구가 될 수 있다. 당신 자녀의 학교에 텃밭을 조성하는 데 도움이 되는 보조금과 사례들이 많이 있고, 비영리기구들을 포함하여 학교 텃밭 조성을 지원하는 온라인 자료도 점점 더 늘어나고 있다. 이 책을 집필하고 있는 현재, 홀푸드는 홀 키즈 파운데이션^{Whole Kids Foundation} 프로그램을 통해 재정적 지원을 하고 있다.

3. 농생태학 차터 고등학교를 만들어라

미국에는 6,000개 이상의 차터스쿨^{charter school}●이 있으며, 그 수는 증가하고 있다. 차터스쿨은 오늘날 수많은 공립학교들처럼 표준화된 시험에 전적으로 초점을 맞춘 학교가 아닌 새로운 교육 경험을 구축할 수 있는 방법을 학부모와 교사에게 제공한다. 샌프란시스코에서 골든브리지스쿨^{Golden Bridges School}을 만든 팀에게 물어보라. 그들의 현대식 건물은 미국 최초의 도시 농업 초등학교가 될 것이다. 잊지 마라. 프랑스 정부는 토양과 농생태학에 중점을 둔 고등학교를 위한 완전한 교육 커리큘럼을 가지고 있다. 프랑스의 모델을 미국의 차터스쿨의 본보기로 사용하면 이러한 교육 방법을 채택하는 데 도움이 될 수 있다.

4. 도시 퇴비 프로그램을 시작하라

새크라멘토에서 바이오사이클^{BioCycle}이라고 불리는 한 단체는 도시의 퇴비화 프로그램을 다음 단계로 끌어올리기를 원했다. 그들은 32갤런들이 쓰레기통을 수거할 수 있는 자전거 트레일러를 주문 제작해 설계

● 공립학교와 사립학교의 중간 형태로 정부의 재정 지원을 받아 설립·운영되지만 교육 내용에서는 자율성을 갖는 학교를 말한다.

했다. 바이오사이클 팀은 현재 식당들에서 퇴비화 할 수 있는 재료를 수거해서 완성된 퇴비를 정원에 뿌린다. 많은 도시의 퇴비화 프로그램은 변화를 일으키기 위해 헌신하는 능동적인 시민들에 의해 시작되었다. 조사하고, 사례를 인쇄하고, 프로그램 책임자에게 퇴비가 수입원이 될 수 있다는 것을 알려라.

5. 유기농 표준을 강화하고 USDA의 감독 개선을 요구하라

USDA 인증 유기농 표준은 식품에 유독성 화학물질이 살포되지 않았음을 보증하는 미국 유일의 정부 프로그램이다. 그 표준은 토양에 유익한 다른 많은 기술뿐 아니라 토양의 유기물 증가를 요구한다. 그러나 유기농 정신이 강조되지 않는 것은 물론이고 농민들의 현장 규제도 종종 시행되지 않는다. USDA 유기농의 현실이 문서에 명시된 이상에 부합하기 위해서는 USDA 유기농으로 전환하는 농민에 대한 더 많은, 더 나은 교육뿐 아니라 더 많은, 더 나은 규제가 필요하다. 유기농을 더 좋게 만들기 위해 농무부를 향한 격려와 압박이 필요하다.

6. 공장식사육시설을 영구적으로 없앨 수 있도록 지원하라

버크 베어Birke Baehr는 열한 살 때 "우리의 식량 시스템, 무엇이 문제인가?"라는 제목으로 테드 강연을 했다. 이 글을 쓰고 있는 현재 200만 명 이상이 조회한 그 강연은 어린이가 집중화된 공장식사육시설을 포함한 문제들에 대해 이야기하는 모습을 보여주었기에 강렬했다. 열한 살 어린이가 공장식사육시설을 없애자는 메시지를 200만 명 이상에게 전달할 수 있다면, 당신은 무엇을 할 수 있는가? 동물뿐 아니라

인간에게도 건강상의 위험을 야기하는 이러한 관행을 끝내기 위해 헌신하는 수많은 비영리단체, 청원, 컨소시엄이 있다.

7. 도시 텃밭을 시작하거나 참여하라

제2차 세계대전 이후 오랫동안 중단되었던 도시 텃밭이 부활하고 있다. 사람들은 전례 없을 정도로 인스타그램과 핀터레스트에 사진을 올리고 도시 텃밭 가꾸기 현상에 대해 일상적으로 온라인에서 공유하고 있다. 디트로이트의 버려진 중심지는 어두운 그림자를 녹색으로 바꾼 도심 텃밭 프로그램으로 잘 알려졌다. 시류에 편승해서 오래된 주차장 부지나 사용되지 않는 부지를 식량을 생산하는 부지로 바꾸자.

8. 개발도상국 여성을 교육하라

탄소 배출을 줄이는 가장 중요한 방법 중 하나는 개발도상국의 젊은 여성들을 교육하는 것이다. 교육받은 여성들은 아이를 더 적게 낳고, 땔감을 더 적게 태우고, 일반적으로 그들의 지역 사회를 좀 더 긍정적이고 안정적이며 지속 가능한 방향으로 움직이는 경향이 있다.

9. 종자은행을 시작하라

페탈루마 시내에 있는 1920년대 은행 건물은 종자 저장이라는 새로운 목적을 가지고 있다. "종자은행"은 사람들이 종자를 구매하고, 재배에 대해 배우고, 자신의 "텃밭"을 마련할 수 있는 장소이다. 종자은행은 훌륭한 지역 사회 센터이고 지역 텃밭과 농업 육성에 기여한다.

10. 옥상 텃밭을 시작하거나 참여해 도시를 녹색 지붕으로 덮어라

교외 및 도회지에서 건물 옥상은 지역 사회 텃밭을 위한 훌륭한 장소가 될 수 있다. 옥상 텃밭들이 충분히 많아지면 도시의 "열섬" 효과에 대항할 수 있고, 매우 필요한 자연적 오아시스를 얻을 수 있다. 시카고는 녹색 지붕이 넓게 펼쳐진 곳으로 잘 알려져 있다. 심지어 녹색지붕 전문가 교육 프로그램Green Roof Professional Training Program도 있다. 더 많은 정보와 자료를 얻으려면 Greenroofs.org를 살펴보라.

11. 신선한 농산물과 육류를 배달하는 도시 프로그램을 시작하라

많은 도심지는 신선한 농산물을 파는 식료품점에서 멀리 떨어진 "식품 사막"으로 알려져 있다. 이러한 사막은 사회경제적 지위가 낮은 사람들에게 불균형적으로 부정적인 영향을 미치며 수많은 저소득층 사람들이 직면한 식량 불안정 문제에 기여한다. 이동식 마켓 트럭으로 해당 지역의 회원들에게 신선한 식품을 판매하는 오클랜드 시민 식료품Oakland's People's Grocery 같은 프로그램에 가입하라. 식료품 트럭은 또한 푸드스탬프도 받는다. 이동식 식료품 서비스를 10년 이상 성공적으로 제공해온 "시민 식료품"은 시민 공동체 마켓People's Community Market이란 이름의 새로운 비영리단체가 생겨나도록 영감을 주었다. 그 단체는 1만 4,000제곱피트의 공간에 동네 식료품점, 헬스 허브, 행사장을 세우려고 노력하고 있다.

12. 농산물 직거래 장터에서 EBT/푸드스탬프 받기

미국에는 4,650만 명(거의 2,300만 가구)의 푸드스탬프 수혜자가 있다.

EBT는 전자이체^{Electronic Benefit Transfer}를 나타내며, 그것은 오늘날의 선불카드 같은 푸드스탬프 프로그램에 붙여진 이름이다. 2016년부터 로스앤젤레스는 농산물 직거래 장터의 모든 상인들이 EBT 카드를 받아야 한다고 투표했다. 농부들도 똑같이 생산물에 대한 대가를 받기 때문에 긍정적이다. 그것은 EBT 소지자들에게도 좋은데, 구하기 어려웠던 건강한 음식에 합리적인 가격으로 접근할 수 있기 때문이다. 당신의 지역 도시, 지방자치 구역, 그리고 주정부에 EBT를 농산물 직거래 장터에서 사용할 수 있게 하는 법률이 있는지 확인하라.

13. 농부가 관행농에서 유기농으로 전환하는 기간을 보장하도록 보험회사에 요청하라

USDA 인증 유기농 농장이 되기 위해 요구되는 3년의 전환 기간 동안, 농부는 흔히 전통적 작물보험 프로그램이나 유기농 프로그램 어느 것에서도 작물보험에 가입할 자격을 얻지 못할 것이다. 이것은 유기농으로 가는 이미 어려운 과정에 엄청난 재정적 위험부담을 더한다. 농부들이 화학적 의존에서 독립할 수 있는 보험 프로그램이 만들어져야 한다. 이것은 관련된 모두에게 재정적으로 보람 있는 프로그램이 될 수 있을 것이다.

14. 당신의 고등학교에서 "전국 FFA 조직" 지부를 시작하라

전국 FFA 조직(이전의 "미국의 미래 농부들^{Future Farmers of America}")은 전국 어느 학교에서나 조직할 수 있는 지부 기반의 정부 지원 프로그램이다. 최근 미국 전역에는 약 63만 명의 회원과 약 7,700개의 지부가 있다. FFA

프로그램은 농업과 목축업에 참여하기를 원하는 학생들에게 교육, 기술적 지원, 보조금을 제공한다. 대부분의 교육은 "전통적인" 산업 농업에 대한 것이지만, 그 프로그램은 오픈소스라서 학생들은 충분히 그들 지부의 목표를 만들어갈 수 있다. 당신의 학교에서 지부를 시작하기 위한 정부 보조금도 있다! 자료를 얻으려면 FFA.org와 USDA.gov를 보라.

15. 당신의 대학에서 "키스 더 그라운드" 지부를 시작하라

공익연구단체Public Interest Research Group, PIRG가 개발한 모델을 사용해서, 대학과 단과대학 학생들은 지역 사회와 학교에서 "키스 더 그라운드" 지부를 시작해 농생태학과 농림업, 재생농업에 참여할 수 있다. 더 많은 정보를 얻기 위해서는 www.Kisstheground.com을 보라.

16. 농부나 목장주가 되어라. 정부 자금을 받으라

초보 농부가 미국 농무부를 통해 이용 가능한 여러 가지 대출이 있다. 미국 농무부의 한 부서인 농업진흥청Farm Service Agency은 농지와 건물 구입 및 기타 농장 개선을 돕기 위해 최대 5만 달러의 "소액대출"을 포함한 다양한 낮은 이자의 대출 프로그램을 제공한다. "초보 농부와 목장주"를 위한 대출은 30만 달러까지 가능하며, 농장을 시작하고 싶은 사람들을 위한 대출은 100만 달러 이상도 가능하다. 여성 농부들 및 소수 인종 그룹의 농부들을 위한 대출도 있다.[1]

17. 만약 당신이 농부라면, 멘토가 되어라

지역의 농부 대 농부 멘토 프로그램이 매우 많이 있으며, 전국적인 프로그램도 몇 개 있다. 중서부 유기농 및 지속 가능한 교육 서비스^{Midwest} Organic and Sustainable Education Service는 유기농 공간에서 초보 농부들을 숙련된 농부들과 연결해주는 조직 중 하나이다. 만약 당신이 농부이고 이제 시작하는 젊은이에게 멘토가 되고 싶다면, 당신 지역의 농부 멘토 프로그램과 지역 FFA 지부를 살펴보라.

18. 농부는 코멧플래너를 사용해서 재생농업에 참여하라

자연자원보존청과 콜로라도주립대학교는 농부들이 이산화탄소 배출량 또는 격리량을 계산하는 데 도움이 되는 온라인 도구를 만들었다. 그 도구의 명칭은 코멧플래너^{COMET-Planner}이며, www.comet_planner. com에 있다. 이 사이트에는 자연자원보존청이 재생농업 계획을 수립하기 위해 사용하는 보존 계획 기술에 대한 정보가 담겨 있다.

19. 당신의 지역에서 재조림 프로그램을 시작하라

나무를 더는 심을 수 없는 마을과 도시는 거의 없다. 게다가 날마다 표토가 손실되고 있다. 전 세계적으로 10억 에어커가 넘는 땅이 지속적인 사막화를 겪고 있기에 나무를 심을 수 있는 무한한 기회가 존재한다. 지역을 돕는 지역 재조림 프로그램을 만드는 과정에 도움을 줄 수 있는 수많은 비영리단체들이 있다.

20. 1000에 대한 4 프로젝트에 서명하라

유엔 파리–리마 협정의 구성요소인 르 폴 장관의 프로젝트는 주, 지방 정부, 기업, 농민 단체, NGO, 그리고 연구 단체들에서 이용 가능하다. 무료로 참여할 수 있다. http://4p1000.org/understand를 방문하라.

21. 상품작물보험에 관한 법을 개정하도록 탄원하라

뉴저지주 프린스턴에 있는 로버트 우드 존슨 재단Robert Wood Johnson Foundation 같은 연구 집단은 보험 프로그램을 과일과 채소 생산자들에 까지 폭넓게 확대함으로써 공정한 경쟁의 장을 마련하라고 권고한다. 농촌업무센터Center for Rural Affairs는 작물보험이 "작물 중립적"이어야 한다고 말하면서 동의한다. 해야 하는 일은 명백하다. 새로운 농업 정책은 적어도 사람들이 건강에 해로운 음식을 먹게 하는 현재의 삐뚤어진 장려책을 제거해야 한다. 우리에게는 상품 농업이 아니라 토양을 지원하는 정책이 필요하다.

22. 미국 환경보호청, 환경부, 그리고 미국 농무부가 글리포세이트, 2,4-D, 아트라진, 그리고 가장 흔히 사용되는 다섯 가지 상품작물 제초제와 농약을 검사하도록 탄원하라

"농약을 넘어서Beyond Pesticides"는 식품에 대한 유독성 화학물질 사용을 종식하기 위해 헌신하는 조직이다. 그들의 블로그와 청원은 이러한 물질의 사용을 영원히 금지하려는 노력에 참여할 수 있는 기회를 제공한다. www.beyondpesticides.org 를 방문하라.

재생농업 지원 조직

1000에 대한 4	http://4p1000.org/understand
국제유기농업운동연맹	https://www.ifoam.bio
리제너레이션 인터내셔널	http://regenerationinternational.org
로데일연구소	http://rodaleinstitute.org
여성, 식량, 농업 네트워크	https://www.wfan.org
퀴비라연합	http://quiviracoalition.org
드로다운 프로젝트	http://www.drawdown.org
더 카본 언더그라운드	https://thecarbonunderground.org
농약을 넘어서	http://www.beyondpesticides.org
식품안전센터	http://www.centerforfoodsafety.org
환경교육미디어프로젝트	http://eempc.org
키스 더 그라운드	https://www.kisstheground.com
자연자원보존청	http://www.nrcs.usda.gov
파이버셰드	http://www.fibershed.com
우프	http://wwoofinternational.org
로컬 하비스트	http://www.localharvest.org
석유가 아닌 토양을	http://soilnotoilcoalition.org
전미 엄마 모임	http://www.momsacrossamerica.com

감사의 글

나의 아내 레베카에게 나와 이 책을 믿어준 것에 대해 가장 깊은 감사와 사랑을 전한다. 내가 가장 힘들었던 시간에도 당신의 사랑과 열정과 지원은 결코 흔들리지 않았다. 이 작업은 우리의 파트너십과 목적의 표현이다. 어린 나이에도 아빠를 끝까지 지지해준 딸 아테나에게 진심 어린 감사를 전한다.

인리븐북스Enliven Books의 발행인 지나 무지카Zhena Muzyka에게도 감사를 전한다. 그의 놀라운 끈기와 불굴의 긍정이 없었다면 이 단어들은 여전히 하드 드라이브 안에서 잠자고 있을 것이다. 아트리아북스Atria Books의 주디스 커Judith Curr와 사이먼 앤드 슈스터Simon & Schuster 출판사의 모든 직원들에게, 특히 헤일리 위버Haley Weaver와 앨버트 탱Albert Tang에게 감사를 전한다. 이 책의 독특한 그래픽을 만들어준 마일스 켈리Miles Kelly에게도 감사드린다.

농무부 장관 스테판 르 폴과 그의 직원들에게 감사드린다. 단독으로 프랑스 정부를 설득해서 테러 위기의 한복판에서 한 미국인 언론인이 세속과 격리된 세계 속으로 들어갈 수 있게 해준 앤 모얏Anne Moyat에게 고마움을 전한다. 그렇게 어려운 시기에 열린 마음으로 환대해준 프랑스 국민에게도 매우 감사드린다.

라일랜드 엥겔하트, 존 룰락John Roulac, 다리우스 피셔Darius Fisher에게 감사드린다. 그들은 각각 이 책에 영감을 주었다. 크리스틴 올슨Kristin

Ohlson에게 감사드린다. 그의 매우 중요한 책 『토양이 우리를 구원할 것이다*The Soil Will Save Us*』는 나 자신의 여정을 위한 초석이 되었다.

나는 또한 지난 20년 동안 나를 초대해준 수많은 농부들과 목장주들에게 특별히 감사드리고 싶다. 당신의 삶에 나를 초대해준 도니거와 에릭 마케가드에게 감사드린다. 또한 일찍 일어나서 늦게까지 깨어 있으며, 길을 비켜주고, 참을성 있게 자신의 시간을 내준 로버트 리드, 게이브 브라운, 레이 아출레타, 토니 텐 핑거스, 폴 호컨, 매슈와 터시스 엥겔하트, 레베카 버지스*Rebecca Burgess*, 존 윅, 칼라 로즈 오스트랜더*Calla Rose Ostrander*, 데이비드 브로너*David Bronner*, 카페 그래티튜드의 직원들, 내가 잊어버린 많은 사람들에게 감사드린다.

빅픽처 목장의 모든 직원들과《대지에 입맞춤을》제작진에게 특별히 감사드린다. 나의 촬영 감독 사이먼 발데라스는 이 이야기를 렌즈에 담아 그것을《대지에 입맞춤을》이라는 시각적인 향연으로 바꾸어내기 위해 여러 달 동안 가족을 떠나야 했다. 우리의 가장 헌신적인 직원 알렉사 코글린*Alexa Coughlin*, 우리 프로젝트에 영혼을 바친 샘 갈*Sam Gall*, 그리고 우리 영화의 편집자인 숀 키넌*Sean Keenan*, 앤서니 엘리슨*Anthony Ellison*, 라이언 니컬스*Ryan Nichols*, 모멘트 당키잉 루*Moment Dangquiing Lu*에게 감사드린다. 또한 이 프로젝트를 지원해준 우리의 제작 책임자 빌과 로리 베넨슨*Bill and Laurie Benenson*, 애너 게티*Anna Getty*, 미셸 리러치*Michelle Lerach*, 존 폴 디조리아*John Paul DeJoria*, 크레이그 매코*Craig McCaw*, 그리고 제나 킹*Jena King*에게 감사드린다.

마지막으로, "키스 더 그라운드" 조직의 모든 직원과 자원봉사 네트워크에, 특히 피니언 메이크피스*Finian Makepeace*, 로렌 터커*Lauren Tucker*,

카렌 로드리게스^{Karen Rodriguez}에게 감사드린다. 대의를 위한 여러분의 헌신과 이 문제를 해결하기 위해 지치지 않고 노력하는 수많은 훌륭한 NGO들의 노고 덕분에 마침내 재생 혁명이 날아오르고 있다.

미주

들어가며

1. Alison Abbott, "Scientists Bust Myth That Our Bodies Have More Bacteria Than Human Cells," *Scientific American*, January 11, 2016, https://www.scientificamerican.com/article/scientists-bust-myth-that-our-bodies-have-more-bacteria-than-human-cells/.

2. "땅의 비유"는 또한 "씨 뿌리는 자의 비유"로도 알려져 있다.

1장 파리에서의 결전

1. James Fallows, "Your Labor Day Syria Reader, Part 2: William Polk," The Atlantic, September 2, 2013, http://www.theatlantic.com/international/archive/2013/09/your-labor-day-syria-reader-part-2-william-polk/279255/.

2. Charles D. Keeling, "The Concentration and Isotopic Abundances of Carbon Dioxide in the Atmosphere," *Tellus* 12, no. 2 (1960): 200-203.

3. 제임스 본드라는 캐릭터가 만들어지기 전에, 프랑스 작가 장 브루스Jean Bruce는 위베르 보니세르 드 라 바트Hubert Bonisseur de La Bath, 이른바 "OSS 117"이라는 이름의 가상의 비밀요원이 등장하는 소설을 썼다. 이후 250개의 OSS 소설이 나왔고, OSS 117은 "원조" 비밀요원으로 프랑스에 남아 있다.

4. "Carbon Maths," Climate Consent, 2012, http://www.climateconsent.org/pages/carbonmaths.html.

5. Zhang-tingHuang,Yong-fuLi,Pei-kunJiang,ScottX.Chang,Zhao-liangSong, Juan Liu, and Guo-mo Zhou, "Long-term Intensive Management Increased Carbon Occluded in Phytolith (PhytOC) in Bamboo Forest Soils," *Scientific Reports 4* (January 2014), http://dx.doi.org/10.1038/srep03602.

6. 4 Pour 1000, "Understand the '4 per 1000' Initiative," 2015, http://4p1000.org/understand.

7. 톰 빌색은 2009년부터 2017년까지 미국 농무부 장관으로 일했다. 그는 도널드 트럼프의 취임 일주일 전에 사임했다.

8. "LancementDu4Pour1000:StéphaneLeFollSalueLaMobilisationInternationale, plus de 100 États et Organisations Soutiennent L'initiative," *Alim'agri*, December

9. 연설은 축약된 것이다. 연설 전문은 다음에 있다: "COP 21: Le 1er Décembre en Images," *Alim'agri*, December 1, 2015, http://agriculture.gouv.fr/cop-21-le-1er-decembre-en-images.

10. Lord Deben and Lord Krebs, "The Good, the Bad, and the Ugly of the Paris Agreement," Committee on Climate Change, December 21, 2015, https://www.theccc.org.uk/2015/12/21/the-good-the-bad-and-the-ugly-of-the-paris-agreement/.

11. Henrik Selin and Adil Najam, "Paris Agreement on Climate Change: The Good, the Bad, and the Ugly," *The Conversation*, December 14, 2015, http://thecon-versation.com/paris-agreement-on-climate-change-the-good-the-bad-and-the-ugly-52242.

12. Deben and Krebs, "The Good, the Bad, and the Ugly."

13. Charles C. Mann, "Solar or Coal? The Energy India Picks May Decide Earth's Fate," *Wired*, December 2015, http://www.wired.com/2015/11/climate- change-in-india/.

14. Coral Davenport, "The Marshall Islands Are Disappearing," *New York Times*, December 1, 2015, http://www.nytimes.com/interactive/2015/12/02/world/ The-Marshall-Islands-Are-Disappearing.html?_r=0.

2장. 나치와 질소

1. Diarmuid Jeffreys, *Hell's Cartel: IG Farben and the Making of Hitler's War Machine* (New York: Henry Holt & Co., 2010).

2. Oswald W. Knauth, "Farmers' Income," in *Income in the United States, Its Amount and Distribution, 1909-1919*, Volume II: *Detailed Report* (Washington, DC: National Bureau of Economic Research, 1922), 298-313, http://www.nber.org/ chapters/c9420.pdf.

3. Elizabeth A. Ramey, *Class, Gender, and the American Family Farm in the 20th Century* (New York: Routledge, 2014).

4. John H. Perkins, *Insects, Experts, and the insecticide Crisis: The Quest for New Post Management Strategies* (New York: Plenum, 1982).

5. David Tilman, Kenneth G. Cassman, Pamela A. Matson, Rosamond Naylor, and Stephen Polasky, "Agricultural Sustainability and Intensive Production Practices," *Nature* 418 (August 2002): 671-77.

6. Thomson Gale, "Paul Hermann Müller Biography," *BookRags*, 2005.

7. "Ciba-Geigy Ltd. History," Funding Universe, http://www.fundinguniverse.com/company-histories/ciba-geigy-ltd-history/.

8. "DDT General Fact Sheet," *SpringerReference: National Pesticide Information Center*, Oregon State University and the US Environmental Protection Agency, December 1999.

9. Ibid.

10. Daniel Smith, "Worldwide Trends in DDT Levels in Human Breast Milk," *International Journal of Epidemiology* 28, no. 2 (1999): 179-88.

11. Lindsey Konkel, "DDT Linked to Fourfold Increase in Breast Cancer Risk," *National Geographic*, June 16, 2015, http://news.nationalgeographic.com/2015/06/15616-breast-cancer-ddt-pesticide-environment/.

12. Dr. P. Toft, "2,4-D in Drinking-water," World Health Organization, 2003, http://www.who.int/water_sanitation_health/dwq/chemicals/24D.pdf.

13. Ibid.

14. Caroline Cox, "Herbicide Factsheet: 32,4-D," *Journal of Pesticide Reform* 25, no 4(2005): 10-15.

15. Ibid.

16. Enlist Duo Herbicide, *Enlist Duo Herbicide*, http://www.enlist.com/en/how-it-works/enlist-duo-herbicide.

17. "Slack Science Destroys Monsanto Breast Milk Study," *Sustainable Pulse*, July 27, 2015., http://sustainablepulse.com/2015/07/27/slack-science-destroys-monsanto-breast-milk-study/#.V2Muclc5P9o.

18. S. Thongprakaisang, A. Thiantanawat, N. Rangkadilok, T. Suriyo, and J. Satayavivad, "Glyphosate Induces Human Breast Cancer Cells Growth via Estrogen Receptors," *Food and Chemical Toxicology* (September 2013), http://www.ncbi.nlm.nih.gov/pubmed/23756170.

19. Gilles-Eric Séralini, Emilie Clair, Robin Mesnage, Steeve Gress, Nicolas Defarge,

Manuela Malatesta, Didier Hennequin, and Joël Spiroux de Vendômois, "Republished Study: Long-term Toxicity of a Roundup Herbicide and a Round- up-tolerant Genetically Modified Maize," *Environmental Sciences Europe* (June 2014): 1-17, https://enveurope.springeropen.com/articles/10.1186/s12302- 014-0014-5.

20. Tamsyn M. Uren Webster and Eduarda M. Santos, "Global Transcriptomic Profiling Demonstrates Induction of Oxidative Stress and of Compensatory Cellular Stress Responses in Brown Trout Exposed to Glyphosate and Roundup," *BMC Genomics* (January 2015): 1-14, https://bmcgenomics.biomedcentral.com/ articles/10.1186/s12864-015-1254-5.

21. Jason Best, "Monsanto Weed Killer is Discovered in Major Cereal Brands," *TakePart*, April 19, 1026.

22. M.S. Majewski, R.H. Coupe, W.T. Foreman, and P.D. Capel, "Pesticides in Mississippi Air and Rain: A Comparison between 1995 and 2007," *Environmental Toxicology and Chemistry* 33, no. 6: 1283-93, doi: 10.1002/etc.2550.

23. Shireen, "Another Strike Against GMOs-The Creation of Superbugs and Superweeds," GMO Inside, March 31, 2014, http://gmoinside.org/anoth-er-strike-gmos-creation-superbugs-superweeds/.

24. Curtis Mowry, Adam Pimentel, Elizabeth Sparks, and Brittany Hanlon, "Occurrence and Distribution in Streams and Ground Water," in Robert J. Gilliom, Jack E. Barbash, and Charles G. Crawford, *The Quality of Our Nation's Waters: Pesticides in the Nation's Streams and Ground Water*, 1992-2001 (Reston, VA: US Geological Survey, 2006), 41-66, http://pubs.usgs.gov/circ/2005/1291/pdf/circ1291_chapter4.pdf.

25. "Atrazine: Chemical Summary," *Toxicity and Exposure Assessment for Children's Health* (Washington, DC: Environmental Protection Agency, 2007), 1-12, https://archive.epa.gov/region5/teach/web/pdf/atrazine_summary.pdf.

26. Tyrone B. Hayes, Lloyd L. Anderson, Val R. Beasley, Shane R. de Solla, Taisen Iguchi, et al., "Demasculinization and Feminization of Male Gonads by Atrazine: Consistent Effects across Vertebrate Classes," *Journal of Steroid Biochemistry and Molecular Biology* 127, nos. 1-2: 64-73, doi:10.1016/j.jsbmb.2011.03.015.

27. Sheila Kaplan, "Studies Show Pesticides Harming Salinas Valley Children," *Investigative*

Reporting Workshop, December 21, 2010, http://investigativereportingworkshop.org/investigations/toxic-influence/story/studies-show-pesticides-harming-children.

28. Janie F. Shelton, Estella M. Geraghty, Daniel J. Tancredi, Lora D. Delwiche, Rebecca J. Schmidt, Beate Ritz, Robin L. Hansen, and Irva Hertz-Picciotto, "Neurodevelopmental Disorders and Prenatal Residential Proximity to Agricultural Pesticides: The CHARGE Study," *Children's Health* 122, no. 10 (2014): 1103-110, http://ehp.niehs.nih.gov/wp-content/uploads/122/10/ehp.1307044.alt.pdf.

29. Jim Feuer, "Study Links Exposure to Common Pesticide With ADHD in Boys," Cincinnati Children's, June 1, 2015, http://www.cincinnatichildrens.org/news/release/2015/study-links-pesticide-ADHD-in-boys-06-01-2015/.

30. Virginia A. Rauh, Robin Garfinkel, Frederica P. Perera, Howard F. Andrew, Lori Hoepner, Dana B. Barr, Ralph Whitelhead, Deliang Tang, and Robin W. Whyatt, "Impact of Prenatal Chlopyrifos Exposure on Neurodevelopment in the First 3 Years of Life Among Inner-City Children," *Pediatrics* 118, no. 6 (2006): E1845-1859.

31. Sean Poulter, "Up to 98% of Our Fresh Food Carries Pesticides: Proportion of Produce with Residues Doubles in a Decade," *Daily Mail*, August 28, 2013.http://www.dailymail.co.uk/news/article-2405078/Up-98-fresh-food-carries-pesticides-Proportion-produce-residues-doubles-decade.html.

32. Environmental Working Group, "EWG's Shopper's Guide to Pesticides in Produce," https://www.ewg.org/foodnews/summary.php.

33. Peter Wood,"USDA Releases 2014 Annual Summary for Pesticide Data Program: Report Confirms that Pesticide Residues Do Not Pose a Safety Concern for U.S. Food," US Department of Agriculture: Agriculture Marketing Service, January 11, 2016, https://www.ams.usda.gov/press-release/usda-releases-2014-annualsummary-pesticide-data-program-report-confirms-pesticide.

34. *Pesticide Data Program: Annual Summary* (2014), USDA: Agriculture Marketing Service, January 2016, https://www.ams.usda.gov/sites/default/files/media/2014%20PDP%20Annual%20Summary.pdf.

35. "Food and Agriculture," data files, Earth Policy Institute, http://www.earth-policy.org/data_center/C24.

36. Ibid. and FAOSTAT, http://www.fao.org/faostat/en.

37. Wenonah Hauter, *Foodopoly: The Battle over the Future of Food and Farming in America* (New York: New Press, 2012).

38. Gary Schnitkey, "Cost Cutting for 2016: Budgeting for $4 Corn and $9.25 Soybeans," *Farmdoc Daily*, University of Illinois Department of Agricultural and Consumer Economics, August 4, 2015, http://farmdocdaily.illinois.edu/2015/08/cost-cutting-for-2016-budgeting-for-corn-soybeans.html.

39. Action Group on Erosion, Technology, and Concentration (ETC Group), "Seeds & Genetic Diversity," http://www.etcgroup.org/issues/seeds-genetic-diversity.

40. Donald R.Davis, "Declining Fruit and Vegetable Nutrien tComposition: What Is the Evidence?" *HortScience* 44, no. 1 (2009): 15-19, http://hortsci.ashspublications.org/content/44/1/15.full.pdf+html.

41. Duke University, "How Much Water Does U.S. Fracking Really Use? Water Used in Fracking Makes up Less than One Percent of Total Industrial Water Use Nationwide, Study Finds," *ScienceDaily*, September 15, 2015, www.sciencedaily.com/releases/2015/09/150915135827.htm.

42. Natasha Geiling, "California Farmers Are Watering Their Crops with Oil Waste-water, and No One Knows What's In It," *Think Progress*, May 5, 2015, http:// thinkprogress.org/climate/2015/05/05/3654388/california-drought-oil-waste- water-agriculture/.

43. Alex Nussbaum and David Wethe, "California Farms Are Using Drilling Waste-water to Grow Crops," *Bloomberg*, July 8, 2015, http://www.bloomberg.com/news/articles/2015-07-08/in-california-big-oil-finds-water-is-its-most-prized-commodity.

44. Martha Rosenberg and Ronnie Cummins, "Monsanto's Evil Twin: Disturbing Facts About the Fertilizer Industry," Organic Consumers Association, April 5, 2016.

3장. 끝없는 여름

1. "California Economy," Netstate, http://www.netstate.com/economy/ca_econ omy.htm.

2. CaliforniaDepartmentofFoodandAgriculture, "CaliforniaAgriculturalProduction Statistics," https://www.cdfa.ca.gov/statistics/.

3. California Avocado Commission, "Irrigating Avocados Fact Sheet," http://www. californiaavocadogrowers.com/sites/default/files/documents/Irrigating-Avocados-Fact-Sheet.pdf.

4. 아보카도 200개는 약 100파운드이다. 아보카도 재배 지침에 따르면 3만 파운드의 과일을 생산하기 위해 275만 갤런의 물이 필요하다. 우리의 나무가 완벽하고 어쩌면 이상적일지라도, 그리고 생산량을 두 배로 늘려 각각 200파운드의 열매를 생산하더라도, 아보카도는 단지 6만 파운드만 자랄 것이다.

5. Ian James, "USGS Estimates Vast Amounts of Water Used in California," *The Desert Sun*, August 21, 2014, http://www.desertsun.com/story/news/environment/2014/08/21/usgs-estimates-vast-amounts-water-used-california /14400333/

6. Dana Gunders, "Wasted: How America Is Losing Up to 40 Percent of Its Food from Farm to Fork to Landfill," *National Resources Defense Council Issue Paper* B 12, no. 6 (August 2012): 4-21, https://www.nrdc.org/sites/default/files /wasted-food-IP.pdf.

7. Daniel Zohary, Maria Hopf, and Ehud Weiss, *Domestication of Plants in the Old World: The Origin and Spread of Domesticated Plants in Southwest Asia, Europe, and the Mediterranean Basin* (Oxford, UK: Oxford University Press, 2012).

8. Steven J. Mithen, *After the Ice: A Global Human History, 20,000-5000 BC* (Cam- bridge, MA: Harvard University Press, 2004).

9. Jacques Cauvin and Trevor Watkins, *The Birth of the Gods and the Origins of Agri- culture* (Cambridge, UK: Cambridge University Press, 2000).

10. 2017년 5월 현재, 다음 사이트에서 PDF를 이용할 수 있다. http://epsc413.wustl.edu/ Lowder milk_Conquest_USDA.pdf.

11. Walter Clay Lowdermilk, *Conquest of the Land through Seven Thousand Years, by W. C. Lowdermilk* (Washington, DC: US Government Printing Office, 1953).

12. H. E. Dregne, "Desertification of Arid Lands," in F. El-Baz and M. H. A. Hassan, eds., *Physics of Desertification* (Dordrecht, Netherlands: Martinus, Nijhoff, 1986).

13. Helmut J. Geist, *The Causes and Progression of Desertification* (Aldershot, UK: Ashgate Publishing, 2005).

14. R.W.A.Hutjes,P.Kabat,S.W.Running,W.J.Shuttleworth,C.Field,B.Bass,M.A.F. Da Silva Dias, R. Avissar, A. Becker, M. Claussen, A. J. Dolman, R. A. Feddes, M. Fosberg, Y.

Fukushima, J. H. C. Gash, L. Guenni, H. Hoff, P. G. Jarvis, et al., "Biospheric Aspects of the Hydrological Cycle," *Journal of Hydrology* 212-213 (1998): 1-21.

15. W. Ripl, "Mathematical Modelling in Limnology Management of Water Cycle and Energy Flow for Ecosystem Control: The Energy-transport-reaction (ETR) Model," *Ecological Modelling* 78, no. 1 (1995): 61-76.

16. R. A. Pielke Sr., "Influence of the Spatial Distribution of Vegetation and Soils on the Prediction of Cumulus Convective Rainfall," *Reviews of Geophysics* 39, no. 2: 151-177, doi:10.1029/1999RG000072.

17. Environmental Protection Agency, "Heat Island Effect," https://www.epa.gov /heat-islands.

18. Sanden Totten, "LA Area Has Highest Urban Heat Island Effect in California," 89.3 KPCC, Southern California Public Radio, September 21, 2015, http://www.scpr.org/news/2015/09/21/54511/la-area-has-highest-urban-heat-island-effect-in-ca/.

19. Pandi Zdruli, Marcello Pagliai, Selim Kapur, and Angel Faz Cano, eds., *Land Degradation and Desertification: Assessment, Mitigation and Remediation* (Dordrecht, Netherlands: Springer, 2010).

20. Dregne, "Desertification of Arid Lands."

21. Alex Park and Julia Lurie, "It Takes How Much Water to Grow an Almond?!" *Mother Jones*, February 24, 2014, http://www.motherjones.com/environment /2014/02/wheres-californias-water-going.

22. Todd C. Frankel, "New NASA Data Show How the World Is Running Out of Water," *Washington Post*, June 16, 2015, https://www.washingtonpost.com/news/wonk/wp/2015/06/16/new-nasa-studies-show-how-the-world-is-running-out-of-water.

23. Zafar Adeel, Janos Bogardi, et al., *Overcoming One of the Greatest Environmental Challenges of Our Times: Re-thinking Policies to Cope with Desertification* (Hamilton, Ontario: United Nations University Institute for Water, Environment, and Health, 2007), http://inweh.unu.edu/wp-content/uploads/2013/05/Re-thinkingPolicietoCopewithDesertification.pdf.

24. John Wendle, "The Ominous Story of Syria's Climate Refugees," *Scientific American*, December 17, 2015, http://www.scientificamerican.com/article/ominous-story-of-

syria-climate-refugees/.

25. UNHCR: The UN Refugee Agency, "Figures at a Glance," http://www.unhcr.org/en-us/figures-at-a-glance.html.

26. UNHCR: The UN Refugee Agency, *Global Trends: Forced Displacement in 2015*, http://www.unhcr.org/576408cd7.pdf.

4장 리제너테리언을 만나다

1. Broad and Blue, "Revenue Earned at Magic Kingdom since Page Load," per May 22, 2017, http://www.broadbandblue.com/disney-revenue.

2. 보고서 *A Brief Overview of the History and Philosophy of Organic Agriculture* (2010), http://kerrcenter.com/wp-content/uploads/2014/08/organic- philosophy-report.pdf에 대해 커 지속가능 농업센터Kerr Center for Sustainable Agriculture 와 조지 쿠퍼George Kuepper에게 깊이 감사드린다.

3. David McCandless, "How Many Gigatons of CO2?" Information Is Beautiful, February 2016, http://www.informationisbeautiful.net/visualizations/how-many-gigatons-of-co2/. 그 이산화탄소의 약 50퍼센트가 이후 바다와 땅에 흡수되었다.

5장 버펄로 은행계좌

1. Robb Campbell, "S. D. Native Grass Map," US Soil Conservation Service, 1997, http://www.augie.edu/dept/biology/tieszen/rcampbell/SCS1942.gif.

2. Bureau of Sport Fisheries and Wildlife, "The American Buffalo," *Conservation Note* 12 (January 1965).

3. Philip St. George Cooke, "Scenes in the West; or, A Night on the Santa Fe Trail, No. III," *Southern Literary Messenger* (February 1842).

4. Horace Greeley, *An Overland Journey, from New York to San Francisco in the Summer of 1859* (New York: C. M. Saxton, Barker & Co., 1860).

5. Shepard Krech III, "Buffalo Tales: The Near-Extermination of the American Bison," Brown University National Humanities Center, http://nationalhumanitiescenter.org/tserve/nattrans/ntecoindian/essays/buffalob.htm.

6. Joshua Lederberg, Robert E. Shope, and Stanley Oaks Jr., eds., *Emerging Infections:*

Microbial Threats to Health in the United States (Washington, DC: National Academies Press, 1992), http://www.nap.edu/read/2008/chapter /3#24.

7. Bureau of Sport Fisheries and Wildlife, "The American Buffalo."

8. J. Knox Jones Jr., "Roe, Frank Gilbert. The North American Buffalo: A Critical Study of the Species in Its Wild State," *Journal of Mammalogy* 52, no. 2: 487.

9. Bureau of Sport Fisheries and Wildlife, "The American Buffalo."

10. 1에이커의 토양을 4분의 1인치 깊이로 덮기 위해 33세제곱야드의 퇴비가 필요하다. 주민이 약 85만 명인 샌프란시스코는 하루에 488세제곱야드의 퇴비를 생산한다. 미국 인구는 약 3억 2,000만 명이다(즉 샌프란시스코보다 약 376배 더 많다). 376×488세제곱야드=하루에 미국에서 생산 가능한 퇴비 18만 3,488세제곱야드. 33으로 나누면 매일 5,560에이커를 미국에서 이론적으로 생산될 수 있는 퇴비의 총량으로 덮을 수 있다. 미국의 경작지 면적은 약 4억 3,334만 3,765에이커이다. 미국 인구의 100퍼센트가 1년 365일 퇴비를 생산한다면 약 202만 9,400에이커를 덮을 수 있다. 달리 말해서, 우리가 이용 가능한 모든 음식물 찌꺼기를 퇴비로 전환하면 미국 전체 농경지 토양의 약 0.5퍼센트를 덮을 수 있다. 전체 농경지 및 방목지(약 9억 1,500만 에이커)를 살펴보면, 도시에서 유래한 퇴비는 0.25퍼센트 미만을 덮을 수 있다.

11. 미국에서 생산되는 "소독된" 하수 폐기물의 상당 부분이 이미 농업 분야에서 사용되고 있기에, 생물고형물의 수치는 늘어날 수 있다. *Biosolids Technology Fact Sheet: Land Application of Biosolids*, Volume 832, Edi- tion F, Series 064 (Washington, DC: US Environmental Protection Agency, Office of Water, September 2000), https://www3.epa.gov/npdes/pubs/land_application.pdf.

12. 나는 톤을 완성된 퇴비의 세제곱야드로 변환하기 위해 1.33을 승수로 사용했다.

13. USDA Natural Resources Conservation Service, "Animal Manure Management: RCA Issue Brief #7," December 1995, http://www.nrcs.usda.gov/wps/portal /nrcs/detail/national/technical/nra/dma/?cid=nrcs143_014211.

14. "Lexicon Terms: Ecological Memory, Ecosystem Restoration and Novel Eco- systems," Framing a Modern Mess, January 15, 2011, https://cityarchpruittigoe.wordpress.com/2011/01/15/lexicon-term-ecological-memory-ecosystem-restoration-and-novel-ecosystems/.

6장 방목장 위의 집

1. National Chicken Council, "Per Capita Consumption of Poultry and Livestock, 1965 to Estimated 2016, in Pounds," September 21, 2016, http://www.nationalchickencouncil. org/about-the-industry/statistics/per-capita-consumption-of- poultry-and-livestock-1965-to-estimated-2012-in-pounds/.

2. 그들의 웹사이트(http://wildernessawareness.org)와 그들의 페이스북 페이지(https:// www.facebook.com/wildernessawareness/)를 살펴보라.

3. Frances Dinkelspiel, "What Did California Look Like Before People?" *Berkeleyside*, November 9, 2010, http://www.berkeleyside.com/2010/11/09/what-did-california-look-like-before-people/.

4. P. J. Gerber, H. Steinfeld, B. Henderson, A. Mottet, C. Opio, J. Dijkman, A. Falcucci, and G. Tempio, *Tackling Climate Change Through Livestock-A Global Assessment of Emissions and Mitigation Opportunities*, Food and Agriculture Organization of the United Nations, Rome, 2013.

5. Environmental Protection Agency, "Overview of Greenhouse Gases," February 14, 2017, http://www3.epa.gov/climatechange/ghgemissions/gases/co2.html.

6. "Grass-Fed Beef Has Bigger Carbon Footprint: Discovery News," *Seeker*, February 11, 2013, http://news.discovery.com/earth/grass-fed-beef-grain.htm.

7. Alexander Hristov, "Wild Ruminants Burp Methane, Too (Dairy)," *PennState Extension*, April 21, 2011, http://extension.psu.edu/animals/dairy/news/2011/wild-ruminants-burp-methane-too.

8. Fred Pearce, "What Is Causing the Recent Rise in Methane Emissions?" *Yale Environment 360*, October 25, 2016, http://e360.yale.edu/features/methane_riddle_what_is_causing_ the_rise_in_emissions.

7장 토양 전도사

1. David Pimentel and Mario Giampietro, *Food, Land, Population and the U.S. Economy* (Washington, DC: Carrying Capacity Network, 1994).

2. "The Five Main 'Crop Belts' of American Agriculture," *The American Farmer*, 1932, http://imgur.com/r3s1UxY.

3. David J. Wishart, ed., *Encyclopedia of the Great Plains* (Lincoln: University of Nebraska, 2011), http://plainshumanities.unl.edu/encyclopedia/.

4. "Soil Conservation in the New Deal Congress," *US House of Representatives: History, Art & Archives* (Library of Congress, 1935), http://history.house.gov/Historical-Highlights/1901-1950/Soil-Conservation-in-the-New-Deal- Congress/.

5. USDA Economic Research Service, "Data Files: U.S. and State-Level Farm Income and Wealth Statistics," http://www.ers.usda.gov/data-products/farm-income-and-wealth-statistics/data-files-us-and-state-level-farm-income-and-wealth-statistics.aspx.

8장 비즈마크에서 혼신을 다해

1. "The Basics of Crop Insurance," Proag.com, http://www.proag.com/basics-of-crop-insurance.

2. Bionutrient Food Association, "Brix," http://bionutrient.org/bionutrient-rich-food/brix.

3. US Department of Agriculture, "2012 Census Highlights," May 2014, https://www.agcensus.usda.gov/Publications/2012/Online_Resources/Highlights/Farm_Demographics/.

9장 새로운 접시

1. Lisa Abend, "The Cult of the Celebrity Chef Goes Global," *Time*, June 21, 2010, http://content.time.com/time/magazine/article/0,9171,1995844-3,00.html.

2. Roberto A. Ferdman, "The Slow Death of the Home-cooked Meal," *Washington Post*, March 5, 2015, https://www.washingtonpost.com/news/wonk/wp/2015/03/05/the-slow-death-of-the-home-cooked-meal/.

3. "Industrial Agriculture and Small-scale Farming," Global Agriculture: Agriculture at a Crossroads, http://www.globalagriculture.org/report-topics/industrial-agriculture-and-small-scale-farming.html.

4. Ibid.

5. Ayman Sawaf, *Sacred Commerce: The Rise of the Global Citizen* (Ojai, CA: Sacred Commerce, 2007).

10장 재생혁명

1.   USDA에는 아래 나열된 다양한 대출 프로그램이 포함된 다채로운 웹페이지가 있다(페이지를 더 클릭하면 PDF 대출신청서로 이동한다). http://www.fsa.usda.gov/programs-and-services/farm-loan-programs/index.

옮긴이의 말

1

나와 내 가족은 도시에서 내내 살다가 8년 전에 시골의 작은 농촌 마을로 이주했다. 이삿짐을 채 다 풀기도 전에 우리가 가장 먼저 구입한 것은 음식물 쓰레기봉투였다. 그리고 마을 할머니들께 음식물 쓰레기봉투는 어디에 버리느냐고 여쭈어보았다. 할머니들은 음식물 쓰레기봉투라는 말에 어리둥절하시더니, 자투리 채소 같은 것은 땅으로 돌려주라는 식으로 말씀하셨다. 알고 보니, 내가 사는 작은 시골 마을에서는 아무도 음식물 쓰레기봉투를 사용하지 않았다. 심지어 음식물 쓰레기라는 말 자체도 잘 사용하지 않는다. 요리를 위해 다듬고 남은 자투리 채소, 조금씩 남은 음식 등을 "쓸모없는 물건, 내다 버릴 물건"이라는 뜻의 쓰레기라는 말로 일컫지 않는 것이다. 순환 속에 들어와 있을 때, 그것들은 오히려 소중한 거름이 된다.

우리는 반신반의하며 마당의 흙을 얕게 파고 그 속에 자투리 채소와 음식물 찌꺼기 등을 묻었다. 그런데 불과 얼마 되지 않아 다양한 자투리 채소, 음식물 찌꺼기 들이 굉장히 빠른 속도로 분해되는 것을 목격할 수 있었다. 놀라운 일은 따로 있었다. 마당에 심은 복숭아나무, 포도덩굴, 자두나무, 매실나무 등이 별다른 비료나 거름을 주지 않았는데도 많은 열매를 내기 시작했다. 아마도 땅에 묻은 음식물 찌꺼기가 (그리고 마당을 돌아다니는 개들의 분뇨가) 마당의 각종 나무들의 양분이 되어서 풍성한 열매로 다시 돌아오게 된 것 같았다. "순환 속에 들어와 있으면 더러운 것도, 버릴 것도 없다"는 지역 농부의 말을 비로소 깨닫게 된 시점이었다.

그런데 음식물 찌꺼기는 어떻게 해서 식물의 양분이 될 수 있었을까? 지렁이와 곤충을 비롯한 땅속의 다양한 생물과 눈에 보이지 않는 미생물의 활발한 생명작용 덕분이다. 이제껏 나는 이 세계의 생명에 관심을 갖고 있다면서 처음에는 동물에 대해서, 다음으로는 식물에 대해서 조금씩 관심을 넓혀나가고 있었는데, 정작 내가 밟고 있는 이 땅속에서 얼마나 풍부한 생명작용이 일어나고 있는지에 대해서는 전혀 무지했다. "세계의 생명성을 다시 상상하자"고 말하면서도, 땅속에서 일어나는 일, 땅속의 숱한 비인간 행위자들의 복잡한 그물망, 그 영향력에 대해서는 제대로 상상하지 못했던 것이다.

2

이 책은 땅속에서 일어나는 일을 살피고, 땅을 살리고 세상을 살리는 재생농업을 다룬다. 그러나 단지 토양생태학이나 재생농업만을 전문으로 다루는 서적은 아니다. 저자인 조시 티켈은 갖가지 흥미로운 자료를 통해서 땅속에서 얼마나 많은 일이 일어나는지를 알려줄 뿐 아니라, 땅속에서 일어나는 일이 땅 위에서 일어나는 다양한 현상들(생태학적 현상뿐 아니라 사회적, 정치적, 경제적 현상들)에 어떻게 영향을 미치는지, 또 반대로 땅 위에서 일어나는 일이 땅속 사정에 어떻게 영향을 미치는지를 생생하게 보여준다. 그리고 땅속의 풍부한 생물 다양성을 지키는 것이야말로 이 행성의 미래를 위해서 얼마나 중요한 일인지를 조목

조목 짚어준다.

　문제는 현대의 농경 시스템과 식량산업이 토양 속 생물 다양성을 심각하게 훼손시키는 방향으로 나아가고 있다는 점이다. 의미 있는 변화가 일어나지 않고 이대로 계속된다면, 토양 훼손은 걷잡을 수 없는 수준에 이르게 될 것이다. 토양 속의 생명작용이 무너지면 땅 위의 온갖 살림살이 역시 무너지게 마련이다. 이는 인간의 신체적 건강은 물론이고 사회적 안정에도 악영향을 미치는 문제일뿐더러, 토양 속에 탄소를 제대로 저장하지 못함으로 인해 기후 위기와도 직결된 문제이다. (자세한 내용은 본문을 보라!) 이 책 3장의 제목은 "끝없는 여름"인데, 여기에는 우리 인간이 조화롭고 무성한 생태계 그물이던 지구를 거대한 사막으로, 인간이 살 수 없는 곳으로 만드는 "역 테라포밍"을 진행하고 있다는 구절이 나온다. 심지어 브라질 같은 습윤 기후 지역도 사막화의 예외가 아니다. 이미 우리는 사막화와 기아로 인해 평범한 시민이 난민으로 몰락하는 지구 곳곳의 사례들을 목격하고 있다.

　그러나 실망하기엔 아직 이르다. 이 책은 우리가 아직 토양을 되살리고 마침내 기후 변화를 역전시킬 수 있다는 희망을 이야기해준다. 그 복잡하고 어려운 문제를 풀어나가는 첫걸음이자 중요한 발걸음이 우리가 매일 먹는 음식의 선택과 연관되어 있다는 것이다. 그러한 결론에 이르기 위해, 티켈은 복잡하게 얽히고설킨 문제를 촘촘하게 그러나 또한 경쾌하게 풀어나간다. 저자가 때로는 발로 뛰며 때로는 책상 앞에서 수집한 풍부한 사례들을 차근차근 따라가다 보면, 우리는 토양을 살리는 일이 얼마나 중요한지, 그리고 이를 위해 우리가 무엇을 해야 할 것인지 생각의 가닥을 잡을 수 있게 된다.

다만, 이 책에서 다루는 사례가 주로 미국 중심이기에 우리의 상황과는 다른 여건이 존재한다는 점에 유의할 필요가 있다. 그러나 그 사실이 이 책의 논지를 해치거나 가치를 떨어뜨리는 것은 아니다. 오히려 우리는 우리의 땅에 발을 붙이고 서서, 이 책을 가지고 더 많이 이야기하고 논의하며 우리의 길을 개척할 필요가 있다. 현재의 농업 시스템과 식량산업에 물음을 가진 많은 사람에게 이 책은 좋은 안내자가 되어줄 것이다.

3

이 책을 번역하는 시간은 한편으로는 굉장한 지적 흥분 속에 있는 과정이었고 다른 한편으로는 곤혹스러운 어려움의 연속이었다. 티켈은 요소요소에서 중의적이고 재치 있는 문장과 위트 있는 단어들을 사용했기에, 이를 매끈한 우리말로 번역하는 일이 불가능한 경우가 많았다. 부득이하게 풍부한 색채를 덜어내고 의미 전달에 집중한 경우가 많아서 아쉬울 따름이다.

4

나는 이 책을 번역하면서, 내가 시골에서 사는 동안 만난 많은 농부가 얼마나 존경할 만한 일을 하고 있는지 비로소 생생하게 깨닫게 되었다. 땅을 살리고 생명을 살리는 농사를 지으려고 헌신해오신 지역의 농부 김홍대 님, 정성희 님께 감사드린다. 또 농사지으며 수확한 재료로 정성껏 음식을 만들어 나누어 먹는 일의 중요성을 알려주신 전흥순 님, 김동준 님께도 감사의 마음을 전한다. 생태문화모임 느티나무 회원들은 처음 시골로 이주해서 아무것도 모르던 우리에게 땅과 바다에 깃들어 사는 지혜를 나누어주셨다. 지역에서 나는 식재료로 함께 요리하고 장을 담그고 막걸리를 빚고 잡초요리를 만들어 나누어 먹으며 먹거리 모임을 함께했던 분들께도 고마운 마음을 전한다. 모두 크고 작은 순환을 위해, 생물 다양성을 살리기 위해 삶 속에서 애쓰고 계신 분들이다. 퍼머컬처 생태텃밭을 공동으로 가꾸고 있는 우리 지역의 여러 선생님께도 감사드린다.

5

밭에 나가본다. 내가 발 딛고 서 있는 땅은 죽은 공터가 아니다. 온갖 동물과 미생물과 식물이 영향을 주고받는 살아 있는 터전이다. 감사한 마음으로 대지에 입을 맞춘다.

땅이 살아야 우리도 살 수 있다.

2023년 6월
옮긴이 유기쁨

옮긴이 **유기쁨**

한국학중앙연구원 한국학대학원에서 종교와 생태학 분야의 연구로 철학박사학위를 받았다. 지은 책으로는『애니미즘과 현대 사회: 다시 상상하는 세계의 생명성』,『생태학적 시선으로 만나는 종교』,『아픔 넘어: 고통의 인문학』(공저),『바이러스에 걸린 교회』(공저) 등이 있다. 옮긴 책으로는『원시문화: 신화, 철학, 종교, 언어, 기술, 그리고 관습의 발달에 관한 연구』,『산호섬의 경작지와 주술: 트로브리안드 군도의 경작법과 농경 의례에 관한 연구』,『세계관과 생태학: 종교, 철학, 그리고 환경』,『문화로 본 종교학』등이 있다. 2015년에 시골로 이주하여 하늘과 땅의 리듬을 조금씩 익히고 있다.

대지에 입맞춤을

1판 1쇄 펴냄 2023년 7월 28일
1판 2쇄 펴냄 2023년 12월 15일

지은이 조시 티켈
옮긴이 유기쁨
펴낸이 정성원·심민규
펴낸곳 도서출판 눌민

출판등록 2013. 2. 28 제25100-2017-000028호
주소 서울시 강북구 인수봉로37길 12, A-301호 (01095)
전화 (02) 332-2486 팩스 (02) 332-2487
이메일 nulminbooks@gmail.com
인스타그램·페이스북 nulminbooks

한국어판 ⓒ 도서출판 눌민 2023

Printed in Seoul, Korea

ISBN 979-11-87750-67-3 03300